새 민족문학사 강좌 01

구비서사에서 조선후기까지

새 민족문학사 강좌 01
구비서사에서 조선후기까지

민족문학사연구소 엮음

창비

| 책을 펴내며 |

 이 책의 전신인 『민족문학사 강좌』(이하 『강좌』)가 출간된 것이 1995년이었다. 1990년에 출범한 민족문학사연구소는 1970, 80년대에 본격화된 진보적 시각에 입각한 한국문학 연구의 성과들을 기반으로 이 책을 기획·출간한 바 있다. 한국문학 연구가 문학사 서술로 수렴되던 당시, 충분히 과학적이고 진보적인 시각에 입각해 서술된 한국문학사를 갖고 있지 못하다는 판단 아래, 본격적인 문학사 서술을 준비하기에 앞서 먼저 한국문학사의 중요 주제를 항목별로 나열하는 서술방식을 통해 한국문학사의 흐름을 종합적으로 인식하도록 하는 데 기획의도가 있었다. '강좌'라는 조금 구투의 이름을 붙여 출간한 것은 다분히 대학 강의에 교재로 사용될 것을 염두에 두었기 때문이다. 실용적인 의도로 기획되고 절충적인 면이 없지 않았지만, 당시 창립한 지 얼마 되지 않은 연구소로서는 이 책을 위해 몇년간 심혈을

기울였다. 공동의 연구시각을 마련하기 위해 애썼고 모든 글이 발표와 토론이라는 '공동작업'의 과정을 거쳤다. 그 결과 다소 미흡하기는 했지만 한국문학 연구의 새로운 시각을 제기하고 참신한 해석을 담아낼 수 있었다.

그로부터 14년이 흘렀다. 이 14년 동안 한국문학 연구는 시각, 이론, 방법론, 자료 등 여러 면에서 변화를 겪었고 새로운 성과가 축적되었음은 물론이다. 당연히 출간 당시에는 진보적 시각과 해석을 담아 호응을 얻었던 『강좌』 또한 14년이라는 시간이 만들어낸 학계의 변화와 성과를 반영하고 수렴해야 한다는 요구와 반성이 제기되었다.

반성의 초점은 다른 무엇이 아니고 '민족'이라는 가치에 다소 편향된 데서 찾아야 할 것이다. '민족' 이외의 가치들에 대한 합당한 배려가 부족하여 한국문학사의 입체적이고 복합적인 면모를 좀더 풍부하게 보여주지 못했다는 결함을 지적할 수 있겠다. 이러한 한계는 『강좌』가 근본적으로 민족주의의 자장을 벗어나지 못했고 내재적 발전론의 한계를 극복하지 못한 데서 비롯된 결과라 할 수 있다. 물론 민중의 관점에서 민족의 의미를 새롭게 재구성했고, 일반사와는 구별되는 문학사의 상대적 독자성을 규명하고자 했으며, 작품의 사회적 가치와 예술적 가치를 함께 존중하는 균형감각을 유지하려 했다는 점 등 상당히 긍정적인 면모도 지니고 있었다. 그러나 현재의 시점에서 보건대 그러한 노력에도 불구하고 미흡한 면이 있으며, 이 또한 그 당시 한국문학 연구의 역사성을 반영한 것이라 할 수 있지만, 이제는 무엇보다 14년간의 학문적 변화상과의 거리를 간과하기 어렵게 되었다.

민족문학사연구소는 이러한 반성을 바탕으로 몇년 전부터 개정판의 출간을 준비해왔는데, 준비과정에서 개정판 정도로는 그간의 학문적 발전과 시대의 변화를 충분히 담아내기 힘들다는 것을 깨닫게 되었다. 그래서 아예 신편(新編)하는 쪽으로 방향을 바꾸고 1년이 넘는 기획과정을 거쳐 집필에 들어갔다. 차례에서부터 시각, 필자, 편제, 시대구분, 구체적 내용에 이르기까지 처음부터 다시 시작하는 마음으로 모든 것을 새로 구상하고 조직했다.

집필의 기본방향은 첫째로 민족주의와 내재적 발전론을 좀더 온전하게 극복하는 데 맞추어졌다. 이를 위해 먼저, 민족 이외의 가치를 반영한 문학들에도 적절한 위상을 부여하여 한국문학사가 다양한 가치들이 소통하고 경쟁한 역동적 과정이었음을 밝히고자 했다. 다음으로 종래 지향해온 내재적 발전론의 긍정적인 내용을 계승하면서 고질적 병폐라 할 수 있는 폐쇄성과 자기중심주의를 극복하기 위하여 우리 문학의 독자적 특질만이 아니라 동아시아문학, 나아가서 세계문학 및 타 문화와의 영향관계와 교류과정에도 관심을 두도록 하였다. 그럼으로써 기존 『강좌』에 비해 한국문학사의 입체성과 복합성을 좀더 올곧게 규명하고자 한 것이다. 두번째로는 지난 14년간 이루어진 새로운 연구성과와 학문적 발전상을 최대한 반영하도록 하였다. 작품 중심의 서술을 보완하여 제도와 매체에도 관심을 기울이고 나아가 여성문학과 대중문학, 아동문학 등의 하위 주제들에도 지면을 할애했다. 요컨대 전체적으로 기존 『강좌』에 비해 시각의 유연성을 기하고 그럼으로써 더 넓은 편폭으로 우리 문학사의 다양한 양상들을 기술하고자 하였다.

이러한 방향에 따라 본격적인 집필작업이 이어졌는데, 집필에서 출간에 이르기까지는 만 2년 이상의 시간이 소요되었다. 이렇게 오랜 시간이 걸린 까닭은 초고의 발표와 토론, 그에 따른 수정과 보완을 거치고 나서도 최종원고 검토위원회의 검토와 그에 따른 수정, 보완이 이어졌기 때문이다. 요컨대 개별 항목의 집필은 각 집필자의 책임 하에 이루어지되, 이들을 종합하는 틀 및 연구시각과 전체 서술에는 연구소의 공동연구적 성격이 스며들도록 한 것이다. 그러므로『새 민족문학사 강좌』는 기존『강좌』와 마찬가지로 개인 연구논문을 여럿 모아놓은 단순한 편저서가 아니라 민족문학사연구소의 공동연구의 결과물이다.

이처럼『새 민족문학사 강좌』는『강좌』의 단순한 개정판이 아니라 기획과 편집의 모든 과정이 새롭게 이루어진 새 책이다. 기본 골격을 유지하기 위한 몇편의 글을 제외하고는 거의 모든 글이 새로운 주제로 집필되었으며, 필진도 젊은 연구자들 중심으로 대폭 교체되었다. 체제와 내용을 일신한 것이다. 세부적인 서술 역시 좀더 폭넓은 대중이 소화할 수 있도록 난도를 낮추고, 글의 말미마다 해당 주제의 쟁점을 정리하고 주요 연구성과를 제시해 더 깊은 공부를 위한 길잡이가 될 수 있도록 하였다.

『새 민족문학사 강좌』가『강좌』와는 면모가 크게 달라진 것임에도 불구하고 제목에서 연속성을 살린 까닭은 왜일까? 그것은 민족문학적 시각을 아직은 견지해야 할 처지이기 때문이다. 남북의 현실과 미래에 비추어서도 그러하고 세계화라는 오늘의 추세를 보면 더욱 그러하다. 우리는 '개아적(個我的) 인식주체가 민족적 자아에 일치하기'를 노력하면서 다른 한편 '세계주의에 매몰되지 않고 세계성을 얻어야' 하겠다. 자민족중심주의를 벗되 자아의 세계적 시야를 가지고 국제적으로 소통·교류함으로써 세계의 보편성을 넓히고 인간 이해를 심화시켜갈 수 있을 것이다. 세계화 문제에 있어서도 인간의 창의성과 자율을 더욱 신장하기 위해서는 다원주의를 존중해야 할 뿐 아니라, 각각의 자아가 민족을 매개로 해서 세계와 소통하도록 민족문화의 세계적 조화를 지향해야 할 터이다. 오늘의 민족문학은 닫힌 민족 개념이 아니라 열린 자아로 진보해야 할 것이다. 요컨대 이 책이 한층 다양하고 열린 민족문학을 지향하고자 한다는 점을 여기에 밝혀두고 싶다.

오랜 산통 끝에 『새 민족문학사 강좌』를 세상에 내놓는다. 이 책이 학생들에게는 한국문학사에 대한 깊은 공부를 위한 적절한 길잡이가 되고, 일반인들에게는 한국문학의 풍성한 성취와 새로운 면모를 경험할 수 있는 좋은 교양서가 되었으면 한다. 독자 여러분의 많은 관심과 질정을 부탁드린다. 끝으로 오랜 산고의 진통을 함께 해주신 민족문학사연구소의 기획진과 필진 여러분, 그리고 제작에 수고를 아끼지 않으신 창비 편집진에게도 깊은 고마움을 표한다.

2009년 5월 8일
김시업

차례

책을 펴내며 · 김시업 __ 5

총론: 민족문학의 개념과 그 사적 전개 · 임형택 __ 19
    1. 민족문학의 개념과 민족문학사의 인식 __ 20
    2. 문학사의 체계: 국문학과 한문학의 이원구조와 통일적 인식의 과제 __ 26
    3. 신문학의 전개과정에서의 민족문학 __ 35

구전서사시의 전승과 민족신화의 형성 · 조현설 __ 42
    1. 구전서사시의 전승과 신화의 기록 __ 42
    2. 고대국가의 건국신화들 __ 45
    3. 건국신화의 재인식과 민족신화의 가능성 __ 49
    4. 근대 민족신화로 재탄생한 단군신화 __ 53

고대가요의 전통과 향가 · 김창원 __ 58
    1. 고대가요와 삼국속악 그리고 향가 __ 58
    2. 향가의 명칭과 내포 __ 60
    3. 향가의 형식과 구조 __ 62
    4. 향가의 주요 담당층 __ 64
    5. 향가의 내용과 작품세계 __ 66
    6. 연구사적 반성 __ 71

삼국시대에서 남북국시대까지의 한문학 · 정우봉 __ 75
    1. 한자의 수용과 활용, 그리고 중세문학의 형성 __ 75
    2. 삼국시대의 한문학 __ 77
    3. 남북국시대의 한문학 __ 81

동아시아 서사문학의 지평과 나말여초 서사문학 · 정출헌 __ 88
1. 나말여초 문학사의 새 지평 __ 88
2. 동아시아 서사문학의 교류와 『수이전』 __ 90
3. 『수이전』에 실린 지괴의 서사적 지향 __ 93
4. 『수이전』에 실린 「최치원」의 문학적 성취 __ 97
5. 나말여초 서사문학의 층위와 과제 __ 101

나말여초의 문학사적 전환과 최치원 · 정환국 __ 104
1. 전환기로서의 '나말여초' __ 104
2. 나말여초 문인지식층의 성향과 한문학 __ 106
3. 최치원 시문학의 세계 __ 109
4. 최치원의 문학사적 위치 __ 116

고려가요의 다양한 모습 · 김수경 __ 121
1. 전시대 시가의 전통과 고려가요 __ 121
2. 진솔함·다양성·개방성: 속요의 세계 __ 122
3. 반복과 변화, 풍류와 낙관: 경기체가의 세계 __ 129
4. 고려가요 이해의 새로운 방향 __ 135

고려중기 민족현실과 이규보의 모색 · 김승룡 __ 138
1. 고려중기와 지식인들, 그리고 이규보 __ 138
2. 「동명왕편」: 중국과 견주어지는 고려의 문화전통 __ 141
3. 농민시: 현실 비판과 체제 안정의 사이에서 __ 144
4. 이규보를 다시 읽기 위한 화두, 자유에의 욕망 __ 149

여말선초 사대부문학과 현실주의 경향 · 이성호 __ 155
1. 여말선초라는 문학의 전환기 __ 155
2. 여말 사대부문학의 채시관풍론과 현실주의 __ 158
3. 애민의식으로 담아낸 민생실태 __ 161
4. 이민족의 침입과 전란의 고통 __ 165
5. 신흥사대부 현실주의의 성과와 한계 __ 169

『금오신화』의 출현과 김시습의 문학사적 위상 · 신상필 __ 173
    1. 『금오신화』의 저술과 그 배경 __ 173
    2. 기이로 빚어낸 만남과 이별의 미학, 「만복사저포기」와 「이생규장전」 __ 176
    3. 인간사회를 논의한 사상소설 「남염부주지」 __ 178
    4. 이상사회에 대한 회고와 희망, 「취유부벽정기」와 「용궁부연록」 __ 181
    5. 김시습의 의식세계와 『금오신화』의 문학사적 위상 __ 184

조선전기 필기·패설의 전개양상 · 김준형 __ 187
    1. 잡록과 필기·패설 __ 187
    2. 필기·패설의 연원과 전개 __ 189
    3. 필기·패설의 일탈과 변모 __ 195

조선전기 시가문학의 동향 1 · 김용찬 __ 200
악장·서사시·경기체가
    1. 조선전기 시가문학의 개관 __ 200
    2. 예악의 정비와 악장의 효용 __ 203
    3. 훈민정음의 창제와 서사시의 등장 __ 206
    4. 경기체가의 지속과 쇠퇴 __ 210
    5. 시가 갈래의 단절 혹은 지속 __ 212

조선전기 시가문학의 동향 2 · 이상원 __ 215
시조·가사
    1. 조선전기 국문시가의 기본적 성격 __ 215
    2. 처사적 삶을 형상화한 작품들 __ 217
    3. 관인의 책무와 관계된 작품들 __ 224
    4. 주체의 내적 궁핍을 토로한 작품들 __ 226
    5. 여류문학의 성취: 기녀시조와 규방가사 __ 229
    6. 조선전기 국문시가의 변모양상 __ 231

16세기말~17세기 전반기 한문학의 새 경향 · 송혁기 __ 237
    1. 문화교류 양상의 변모와 문학사적 전변 __ 237

2. 당시풍의 확산과 시적 아름다움에 대한 모색 __ 239
　　3. 문학적 전범에 대한 인식의 변화와 산문의 문예미 추구 __ 243
　　4. 쟁점과 전망 __ 247

16, 17세기 소설사의 새로운 면모 · 김현양 __ 251
　　1. 주목해야 할 변모양상 __ 251
　　2. 16세기: 변모의 단초 혹은 징후 __ 252
　　3. 17세기 국문소설: '욕망'과 '이념'의 사이 __ 257
　　4. 17세기의 한문소설: 전기소설이 이룩한 성취 __ 261
　　5. 주시해야 할 그밖의 면모 __ 265

조선후기 한시의 안과 밖, 현실주의 경향 · 진재교 __ 268
　　1. 조선후기 한시 이해를 위한 몇가지 단상 __ 268
　　2. 문예미의 창신과 표현수법 __ 270
　　3. '민'의 삶과 현실문제의 여러 형상 __ 276
　　4. 다기한 인물의 형상과 서사한시 __ 282

조선후기 시가문학의 분화 · 박애경 __ 289
　　1. 조선후기 시가사에 접근하는 방식 __ 289
　　2. 시정담론의 동향과 시조의 통속화 __ 291
　　3. 가사문학의 양적 증가와 다양화 __ 297
　　4. 도시유흥의 성장과 잡가의 부상 __ 300
　　5. 조선후기 시가 연구의 쟁점 __ 302

장편소설의 형성과 조선후기 소설의 전개 · 장시광 __ 305
　　1. 17세기와 장편소설의 대두 __ 305
　　2. 유교이념의 표출: 18세기 국문대하소설 __ 309
　　3. 다양한 양식의 표출: 19세기 한문장편소설 __ 317
　　4. 장편소설의 통속화 경향 __ 320

조선후기 한문단편의 세계 · 윤세순 _ 325
1. 한문단편의 기원과 형성경로 _ 325
2. 한문단편의 작가들 _ 327
3. 한문단편의 작품세계 _ 329
4. 문학사적 위상 _ 336

조선후기의 여항문학 · 한영규 _ 339
1. 여항문학과 여항의 한시 _ 339
2. 여항인의 문학론, 천기와 성령 _ 344
3. 여항의 전기문학 _ 347

조선후기 실학파 문학과 박지원의 문학적 성취 · 김영 _ 354
1. 실학파 문인의 사상적 지향 _ 354
2. 현실주의적 문예관과 주체적 미의식 _ 356
3. 『열하일기』의 문학적 성취 _ 361
4. 실학파 문학의 의의와 영향 _ 367

조선후기 사행문학과 동아시아 문화교류 · 장경남 _ 371
1. 연행사와 통신사 _ 371
2. 조선후기 사행문학, 연행록과 통신사행록 _ 373
3. 사행문학과 동아시아 문화교류 _ 377
4. 문학사적 의의 _ 387

조선후기의 시정과 문학 속의 풍속 · 이지양 _ 390
1. 시정, 시정인, 시정 풍속 _ 390
2. 시정인의 생활과 정감에 가치를 부여한 문예논리 _ 393
3. 한문학 속에 그려진 시정인과 시정 풍속 _ 397
4. 풍속적 관점으로 문학을 연구하는 이유 _ 400

여성문학의 전개와 여성의 목소리 · 김동준 _ 405
1. 여성문학의 범위와 대상 _ 405

  2. 여성문학의 개괄적 흐름 __ 409
  3. 여성의 표정과 목소리를 찾는 문학사 __ 416

판소리의 성립과 판소리계 소설의 확산 · 신동흔 __ 425
  1. 판소리문학의 자리 __ 425
  2. 판소리의 성립과 그 문화사적 의미 __ 426
  3. 판소리계 소설의 충격 __ 430
  4. 시대현실과 이상 사이 __ 433
  5. 근대성 논란을 넘어서 __ 437

연행예술의 전통과 가면극 · 김영희 __ 440
  1. 한국 가면극의 '탈': 존재론적 전환과 역설의 미학 __ 440
  2. 가면극 형성의 다양한 원류: 외래와 내전의 만남과 창조 __ 443
  3. 내외·상하의 소통과 시정 유흥문화로의 성장: 상업화와 세속화 __ 446
  4. 무대양식적 특질과 판의 역동: 수직적 '산대'와 수평적 '마당' __ 449
  5. 변방인들의 탈주와 경계 넘기: 패러디와 아이러니 __ 454

19세기 문학사의 여러 양상과 근대문학의 접점 · 이형대 __ 462
  1. 19세기 문학사의 문제의식 __ 462
  2. 도시적 감수성과 소통영역의 확대 __ 464
  3. 체제모순의 심화와 민중문예의 부상 __ 469
  4. 근대문학과의 접점, 그 비연속의 연속 __ 473

찾아보기 __ 479
글쓴이 소개 __ 490

새
민족문학사
강좌02
차례

민족문학의 근대적 전환 · 최원식
계몽기 번역론과 근대적 소설 문체의 발견 · 정선태
근대문학제도의 성립 · 차혜영
근대계몽기의 서사문학 · 김영민
3·1운동 전후의 현실과 문학적 대응 · 유문선
1920년대 소설의 등장과 전개 · 박현수
한국 근대시 형성과정의 쟁점과 그 향방 · 정우택
근대극의 모색과 전개 · 이승희
카프의 성과와 문학사적 위상 · 이현식
1930년대 장편소설과 리얼리즘 · 채호석
식민지근대성과 모더니즘 문학 · 김종욱
파시즘시대 한국시의 자유와 부자유 · 최현식
근대의 위기와 한국문학의 새로운 대응 · 하정일
1940년대 '국민문학' · 윤대석
국민국가 수립과 문학적 대응 · 임규찬
식민지, 전쟁 그리고 혁명의 도상에 선 문학 · 한수영
한국 현대희곡사 개관 · 박명진
1960년대 문학 서은주 · 허윤회
민중·민족문학의 양상 · 김명인, 박지영
1970,80년대 자유주의 문학 · 류보선, 이기성
현대희곡의 전통 수용과 마당극 · 배선애
민족문학론의 역사적 전개 · 신두원
북한문학사의 쟁점 · 유임하, 오창은, 김성수
여성의 관점에서 본 근·현대문학사의 (재)구성 · 김양선
아동과 문학 · 원종찬
대중문학의 이해 · 조성면

| 총론 |

민족문학의 개념과 그 사적 전개

'새 민족문학사 강좌'란 제목의 이 책에서 민족문학은 한국문학을 가리킨다. 실상 '한국문학사 강좌'라고 일컬어도 좋은 것이다. 따라서 분과학문의 명칭으로 아직까지 통용되는 '국문학'과도 다른 말이 아니다. 그런데 굳이 민족문학이란 개념을 쓴 까닭은 무엇인가? 1, 2권 2책으로 엮인 이 책에는 고전문학편에 27편, 현대문학편에 27편의 글이 수록되어 있다. 겉으로 보면 고전과 현대로 양분된데다 수다한 주제들이 나열되어 있다.

이 '민족문학사 강좌'의 총론에 해당하는 이 글에서는 무엇보다 두 가지 문제를 고려할 필요가 있다고 본다. 우선 '민족문학'의 개념을 해명하고 문학사를 전체적으로 아우르는 인식의 구도를 잡아본 다음, 신문학으로 출발하여 식민지 상황을 통과했던 한국의 근대문학을 민족문학사의 체계에 어떻게 수용할 것인가 하는 문제를 서설 차원에서나마 언급해두려고 한다. 요컨대 이 글은 민족문학사 정립에 필요한 체계적인 인식논리를 세워보는 데 그 목적이 있다.

1. 민족문학의 개념과 민족문학사의 인식

'한국문학'(조선문학)은 문학이란 정신현상의 인식단위를 민족국가로 설정한 개념이다. 이런 개념은 언제 성립했을까? 물론 우리 조상들은 옛날옛적부터 노래 부르고 이야기도 하고 글을 쓰기도 했으므로 문학의 존재 자체는 상고시대로 소급해 올라간다. 그런데 국가를 인식단위로 뚜렷이 의식하여, 어떤 문화적 행위에 자국의 정체성을 부여하고 표출하려 한 것은 근대로 진입하면서 나타난 움직임이다. 이는 세계 보편의 현상인데, 한국의 경우는 지난 20세기 전반기에 그 과제가 제기되고 학적 개념으로 정착하기에 이른 것이다.

한국의 근현대 상황과 민족문학

1900년 전후 신구 문명의 전환과 함께 근대적 변혁이 일어난 시점에서 한글이 '국문'으로 부각됨에 따라 "동국(東國, 한국을 지칭하는 말)의 시란 무엇인가? 동국의 글, 동국의 소리로 지은 것이다"(신채호 「천희당시화(天喜堂詩話)」 1909)라는 주장이 처음 나온다. 종래 글쓰기를 동아시아 보편문어인 한문에 의존하던 데서 벗어나 '자국어문학의 수립'이란 과제를 비로소 제기한 것이다.

이 '자국어문학의 수립'이란 역사적 과제는 3·1운동 이후 활발해진 문화운동으로 성취된다. 바로 1920년대의 신문학이다. "조선문학인 다음에야 조선의 땅을 든든히 디디고서야 될 줄 안다. 현대문학인 다음에야 현대의 정신을 힘 있게 호흡해야 될 줄 안다."(현진건 「조선혼과 현대정신의 파악」 1926) 이처럼 신문학의 주체들은 '현대성'(근대성)을 지향한 동시에 민족국가적 정체성을 확실하게 의식했음을 알 수 있다. 여기서 '조선문학'이란 민족적 성격의 근대문학을 의미한다고 보아도 좋을 것이다.

이와같이 창작적 실천의 차원에서 한국문학(조선문학)의 개념이 성립하면서 그것을 학문 연구의 대상으로 인식하게 된다. 그에 따라 한국문학의 학적 인식이 발전했던바, 언어·역사·문화와 함께 근대 학문의 하나로서 '한국문학의 학'(국문학)이 자리잡게 된 것이다. 1920년대로부터 1930년대 사이의 일이었다. 이후 오늘에 이르도록 우리는 당시 창출된 문학형식을 당대문학으로 향유하고 있으며, 당시 성립한 학문제도를 현대학문으로 추구하고 있다.

이 대목에서 중요하게 고려해야 할 사실이 있다. 국가단위의 개념은 요컨대 '근대'라는 시대가 요청한 것이라는 점이다. 역사적 근대에서 국민국가의 수립이 정치적 과제라면 '자국어문학의 수립'은 '문학적 과제'라고 말할 수 있다. 그런데 한국의 경우 민족국가의 수립에 실패하고 식민지 시기를 통과해야 했다. 한국 근대의 문제적 현실이었다. 식민지 상태에서 민족적 자존심이 훼손되었을 뿐 아니라, 정체성 상실의 위기가 날로 가중되었다. 여기서 중시할 점은, 국민국가가 부재한 현실에서 국민국가를 단위로 문학 개념을 추구함으로써 오히려 민족적 성격이 더 선명해졌다는 사실이다. 있어야 할 '임'이 사라졌기에 '임'을 그리는 정서가 더욱 강렬해지는 것은 당연한 추세라고 하겠다. 요컨대 한국의 근대문학은 성립단계에서부터 민족문학적 지향성이 뚜렷한 특징을 보였다.

또한 돌이켜 생각해보면 민족문학을 요망하는 현실적 조건은 1945년 이후 오늘에 이르기까지, 비록 상황의 변화는 있었으나 해소되지 않은 상태이다. 식민지 억압 상태에서의 해방은 국토의 분단으로 이어졌으며, 여기에 세계 냉전체제가 겹쳐서 남북의 대치상태는 심각한 갈등을 초래하고 고착화되기에 이른다. 한반도의 분단체제는 냉전이 종식되었음에도 상존하고 있지 않은가. '나라 만들기'란 근대사의 숙제는 아직 제대로 해결되지 못한 것이다.

그런데 21세기로 들어서면서 '세계화'가 피할 수 없는 대세로 급속히 진행되는 중이다. 국가의 경계를 넘어 전지구적으로 생존을 영위하는 시대가 도래했고 탈민족적 사고가 주도하고 있다. 민족문학의 이념은 이미 낡은 것이니 폐기해야 옳다는 주장이 힘을 얻는 모양이다. 이런 상황변화에도 불구하고 민족문학의 개념을 견지할 필요가 있다고 생각하는 데는 크게 두 가지 이유가 있다.

첫째는, 한국의 근현대 상황을 고려해볼 때 아직은 민족문학을 폐기할 단계에 도달하지 않은 것으로 판단되기 때문이다. 근대의 출발선에서 오늘에 이르도록 미해결 상태인 민족문제와 관련해서 그러하다. 우리 민족이 한반도에서 삶의 공동체로 통일국가를 형성한 것은, 근대 이전에 이미 천여년의 역사를 가지고 있으며, 오히려 근대 이후에 심대한 역사적 결손이 발생하였다. 이 민족문제를 치유하고 해결하는 과업은 당위에 속할 뿐 아니라, 이 땅에서 삶의 안정과 발전을 도모함에 있어서 필수요건이다. 이 때문에 한국문학의 개념을 폐기할 수 없듯 민족문학을 스스로 해체할 수 없다고 여기는 것이다.

둘째는, 오늘의 현실에서 '세계화'에 대응하는 전략적 측면이다. 지난 세기에 민족국가의 수립이라는 근대사의 과제를 해결하지 못했다 해서 마냥 거기에 매달려 있을 수만은 없는 노릇이다. 과거의 부채 때문에 미래로 향하는 길목에서 발목이 잡히는 꼴이 되는 것은 결코 바람직하지 못하다. 기본과제를 똑바로 챙기면서 상황변화에 적절히 대응하는 현실감과 지혜가 요망된다고 하겠다.

지난 세기의 '식민화'는 민족주의라는 저항논리를 낳았지만 오늘의 '세계화'는 탈민족으로 유도해서 정신적 무장해제를 시킨 셈이다. 정체성의 위기가 역사상 유례없이 심각해진 실정이다. '세계화'에 대응하는 핵심은 다른 어디에 있지 않고 주체의 확립에 있다고 본다. 또 한편으로, '세계화'가 초래한 전지구적 자본주의 시대에 처해서 저마다 지역적 구체성을 살리고 고유한 '문화적 유전자'를 발굴, 활용하는 일이 꼭 필요하게 되었다. '세계화' 국면에서 민족문학은 폐기할 품목이 아니며, 거기에는 오히려 육성해야 할 특성이 깃들어 있다.

오늘의 민족문학은 자민족중심주의에서 벗어나 국제적으로 교류·소통하고 '세계화'의 물결 속에서 자신의 존재의미를 갖도록 하는 일이 긴요하다.

민족문학과 문학성·사회성

지금 민족문학이란 말은 민족의 성원이 창조하고 향유하던 문학을 통칭하는 듯하다. 사실 민족의 성원이 창조하고 향유하던 문학을 떠나서 민족문학이 따로 존재하는 것은 아니므로, 그렇게 생각해서 꼭 안될 것은 없겠다. 임화(林和)는 민족문학의 이념을 밝히는 글에서 "조선말로 쓰면 모두가 민족문학이 되는 것이며, 조선말로 쓴 것이면 죄다 민족문학이라고 생각하는 단순한 견해가 의외로 널리 퍼져 있는 것이 지금의 부정할 수 없는 현상이다"(「민족문학의 이념과 사상적 통일을 위하여」 1947)라고 꼬집은바 있다. '조선말로 쓴 것이면 죄다 민족문학이냐'고 묻기에 앞서 '조선말로 쓴 것이면 죄다 문학이냐'는 더 근원적인 질문을 한번쯤 던져볼 필요도 있겠다.

민족문학은 우리가 굳이 민족문학이라고 칭하는 데 따른 의미가 있지만 그렇더라도 문학으로서의 보편성을 갖추어야 한다는, 원론적인 차원에서 의문을 제기해본 것이다. 문학을 현상의 하나로 간주하고 표피적으로 바라보면 한국어로 썼으면 한국문학이며, 또한 모두다 문학이 된다. 오늘날 이런 사고방식이 만연해 있다. 어쨌건 그런 식으로 문학을 인식하고 보면 한국문학이란 용어는 국적의 표시로는 갖다붙일 수 있으나, 문학 앞에 '민족'이란 한낱 사족에 불과하다. 민족이란 용어는, 문학성을 포함해서 가치문제를 배제해버리고 나면 실상 갖다붙일 필요가 없어지는 것이다.

문학이란 본디 가치를 내포한 개념이기 때문에 민족문학 또한 그에 상응하는 의미를 따질 수밖에 없다. 명색이 민족문학이라면 민족을 외면하고는 되지 않을 터이니, 민족의 삶을 향상시키는, 이를테면 자유와 행복을 실현하는 데 의미가 있는 그런 내용을 요망하지 않겠는가. 또 명색이 민족문학이라면 민족적 정감에 소원해서는 되지 않을 터이니, 민족의 생활과 생활에서 펼쳐진 사상을 진실하고 아름답게 표출해서 깊은 감명을 줄 수 있는 그런 내용과 형식이어야 하지 않겠는가. 민족문학의 기본요건은 이에서 멀리 벗어나지 않을 것이다.

방금 민족문학은 민족을 외면하고는 성립하지 않는다고 했는데, 가령 소수의 특권층과 다수의 인민 사이에 이해가 상반되고 부딪히는 경우 어느 편으로 고개를 돌려야 옳은가? 이처럼 시비가 엇갈리는 경우를 만나면 대체로 다수에게 이로운 편이 옳은 법이다. 자유와 행복이 다수로 확산되는 과정이 곧 역사의 진보가 아니었던가. 근대적 민족 개념 또한 중세적 속박에서 인민을 해방시킴으로써 성립되었다. 민족은 어디까지나 민, 인민 혹은 민중을 본위로 삼는 개념이니, 민족문학의 핵심은 민주주의에 있다고 할 수 있다.

민족문학사

민족문학의 개념을 문학사에 적용하자면 부딪히는 문제는 근대 이전에 실재한 문학을 어떻게 처리할 것인가이다. 한국문학이란 개념부터가 근대에 정립된 터요, 민족문학은 본래 근대적인 정신현상이므로, 그 이전 단계에는 해당하지 않는 개념이라고도 주장할 수 있다. 이 문제는 민족 개념 그리고 민족의 형성과 연관되는 사안이다.

우리의 경우 민족의 형성과정이 서구의 경로와는 다르다. 이웃 중국과 마찬가지로 우리는 벌써 오랜 옛날에 중앙집권적 국가체제를 이루고 살아왔으며, 외부의 침략으로 그 체제가 위기에 봉착했을 때는 공동체의식을 발휘해서 힘을 모아 싸우고 지켰다. 근대 이전에 이미 민족의 실체가 있었고 나름의 민족의식 또한 없지 않았다고 여겨진다. 이 구래(舊來)의 민족이 자본주의사회로 이행해가고, 제국주의 침략에 대응하는 과정에서 근대적 의미의 민족으로 전환된 것이다.

물론 우리의 전근대사회에 민족이란 용어를 부여하더라도 그것은 국왕을 정점으로 하는 가부장제하의 백성을 내용으로 한 것이다. 그렇긴 하지만 한겨레라는 의식을 가지고 단일국가를 이루어, 이웃 국가나 지역들과 관계를 맺으면서 그들과 구별되는 생활을 이어왔고, 그런 과정에서 문학 또한 산생(產生), 발전해온 것이다. 민족의 역사가 있었고 민족의 문학이 있었다.

우리 민족이 근대 이전에 이미 풍부하고도 높은 수준의 문학유산을 축적해온 것은 객관적 사실이다. 이 고전적 문학유산은 민족의 소중한 정신적 자산으로, 우리의 민족문화를 구성하는 큰 부분임은 더 말할 나위가 없다. 다만 이것은 근대라는 시대환경에서 산생된 것이 아니기에, 근대적 의미의 민족문학으로 규정짓기에 맞지 않는 면이 있다. 말하자면 근대적 민족문학의 전사(前史)로서 민족문학사를 구성하고 있는 것이다. 그러므로 고전적 문학유산은 민족문학사를 체계화하기 위해 파악해야 하는 것이다.

2. 문학사의 체계: 국문학과 한문학의 이원구조와 통일적 인식의 과제

지난 20세기에 한국문학이 학적으로 성립하는 과정상에서 최대의 쟁점사안은 한문학의 처리 문제였다. 중국 글인 한문으로 씌어진 문학이 우리 문학이 될 수 있느냐는 것이다. 이 사안을 연구사적으로 보면 '국문학'의 성립기인 1930년 전후에서 1960년대에 이르기까지, 한문학은 우리 문학에 포함될 수 없다는 견해가 우세했다. 그러다가 1970년대를 지나면서 한국문학을 역사적으로 고려할 때 한문학을 배제할 수 없다는 쪽으로 가닥이 잡혔고, 이후 한문학에 대한 연구 또한 활발히 이루어졌다.

한문학은 한국문학의 역사적 개념에 포괄된다. 쟁점사안이 이렇게 결말이 나서 이 문제를 재론할 필요는 없게 되었다. 다만 그 중대한 사안을 전체 한국문학사에서 어떻게 정리하느냐는 이론적 과제가 남아 있다.

우리 문학사에서 한문문학(이하 '한문학'이라 함)과 국문문학(이하 '국문학'이라 함. 국문학이란 개념은 '한국문학의 학'이라는 의미와 한문학에 대한 상대적인 의미의 두 가지가 있는데, 이하에서는 후자의 뜻으로 쓴다)이 실로 장구한 세월에 걸쳐 병존한 현상을 어떻게 논리를 세워 설명할 것인가? 나아가 그처럼 병존한 현상과 그 다음에 등장한 신문학과의 관계는 어떻게 설정할 것인가? 이는 우리 문학사의 착종(錯綜)한 발전경로를 전체로 체계화하는, 문학사의 이론적 과제이다. 이는 곧 민족문학사와도 직결되는 사안이다. 민족문학사 인식의 첫 출발은 무엇보다 우리 문학사의 통일적인 인식을 가능케 하는 논리의 틀을 마련하는 데 있기 때문이다.

남북의 분단현실은 그대로 문학사의 분단을 초래하였다. 이 문제 또한 문학사의 통일적 인식이란 구도 속에서 아울러 언급할까 한다.

한문학의 발전

우리 민족이 고유의 표기수단을 갖게 된 것은 누구나 다 아는 바와 같이 15세기 이후이다. 국문이 창제되기 전에는 우리 고유의 표기문자를 소유하지 못했음은 물론이다. 그렇기에 한자를 대신 사용했던 것이다.

문자는 기본적으로 도구이다. 도구란 필요하다면 빌려 쓸 수 있는 것이다. 서양의 여러 민족국가들이 각기 말은 서로 다르면서도 로마자를 공용하는 것을 보라. 우리 민족이 한자를 사용한 것은 당시로서는 불가피했을 뿐 아니라 당연시되던 일이었다. 그런데, 세종이 '나라 말씀이 중국과 달라'라고 분명히 지적한 터이지만, 한자는 우리의 말을 표기하기에 알맞은 도구가 아니었다. 여기에 난관이 있었다. 이 난제를 해결하기 위해 우리 조상들은 한자의 음과 뜻을 빌려 쓰는 묘방을 고안해내기도 했다. 향찰(鄕札)과 이두(吏讀), 구결(口訣)이 그것이다. 이 차자(借字) 방식으로 이루어진 문학이 바로 신라의 향가(鄕歌)이다.

향가는 지금 남아 있는 작품을 보면 그야말로 새벽하늘의 별처럼 희소하지만, 한 시대에 참으로 찬란하게 빛났음을 짐작케 한다. 그러나 유감스럽게도 그 아름답던 꽃들은 뒤이어서 피어나지 못했다. 고려로 접어들면서 차자표기(借字表記) 방식은 그 용도가 아주 국한되고 한문이 보편적으로 쓰였으며, 문학에서도 향가와 같은 차자문학은 퇴장하고 한문학이 성행하게 되었다.

왜 그랬을까? 차자표기 방식은 불편하다는 점이 한 가지 요인으로 작용한 듯싶다. 그러나 더욱 중요하고 근본적인 이유는 다른 데 있었다. 당시 동아시아지역은 통일된 세계를 구성하고 있었다. 중국을 중심으로 질서가 세워져서 유교와 불교가 그 세계의 공통이념으로, 한자가 공용문자로 통용되었던 것이다. 이를 가리켜 '한자문화권'이라고 부르는데, 세계사적으로 보면 서양의 라틴문화권에 대응하는 현상이다. 문화 또한 전반적으로 민족의 개성을 추구하는 쪽보다는 보편성을 지향하게 된다. 요컨대 한문학은 중세 역사가 지향하는 발전방향이었다. 그리하여 최치원(崔致遠)-이규보(李奎報)-이제현(李齊賢)-이색(李穡)으로 이어지는 문학사의 거봉들은 오직 한문학의 산맥에서 솟아오른 것이다. 그러면 자국어의 표기수단을 갖게 된 이후로는 어떠했던가?

훈민정음의 창제는, 자기 말에 적합한 표기법이 개발되어 민족의 표현수단을 갖게 되었다는 면에서 그 의의와 가치는 더 말할 나위가 없다. 그러나 그것이 정작 국문으로서의 기능을 다했던가? 20세기에 이르기까지 전혀 그렇지 않았음은 여러 사실들이 증언하고 있다. 한문이 공용문자로 통용되는 현실에 하등 변화를 주지 못했고, 한문학은 여전히 보편적 문학으로 더욱 융성한 반면 국문의 사용은 극히 제한적이었을 뿐이다. 이는 아직은 한자문화권의 보편주의, 중국 중심의 세계주의를 극복하는 역사단계로 들어서지 못했음을 뜻하는 것이다. 그리하여 우리 문학사에는 국문이 창제된 이후로도 한문학에서 김시습(金時習)-임제(林悌)-허균(許筠)-박지원(朴趾源)-정약용(丁若鏞)으로 이어지는 거대한 산맥이 형성되었다.

결과적으로 우리 문학사는 풍부한 한문학유산을 물려받게 되었다. 오늘날 우리가 받아들이든 그렇지 않든 한문학은 이미 객관적 실체로 우리 앞에 놓여 있다.

국문학의 존재

한문학이 주류로 자리잡은 가운데서 국문학은 어떻게 존속할 수 있었던가? 국문학은 한문학의 도도한 형세에 견주어보면 미약한 편이었으나 어쨌건 소멸되지 않고 이어졌다. 국문학의 존재 근거와 양식에 대해 캐묻지 않을 수 없다.

무릇 문학 역시 현실의 요구에 호응해서 존재 여부가 결정되는 것이다. 국문학의 요구는 과연 어디서 제기되었던가? 문제의 해답을 다음 두 측면에서 찾아보고자 한다.

첫째는 가창(歌唱)에서의 요구이다. 시와 노래〔歌〕는 근원적으로 뗄

수 없는 관계에 있다. 시는 당초 노래에서 나왔고, 노래는 시를 음률에 맞추어 부르는 것이다. 때문에 '시가(詩歌)'라는 명칭이 생겨났다. 그러나 차츰 시는 시로, 노래는 노래로 분화되기에 이른다. 더욱이 한시는 우리에게 노래로 부르기에는 알맞지 않은 것이었다. 노래는 예나 지금이나 인간생활에서 결코 빼놓지 못할 부분이다. 유명한 학자 이황(李滉)은 그의 「도산십이곡(陶山十二曲)」에 붙인 글에서 "지금 시는 읊을 수 있어도 노래할 수는 없다"고 지적한 다음, "만약 노래 부르려면 필히 속어(俗語, 국어를 뜻함)로 엮게 된다. 대개 우리 언어의 음절이 그럴 수밖에 없기 때문이다"라고 가창의 필요에 응해서 국문시(國文詩)를 짓는 사정을 밝혔다.

요컨대 국문학은 가창의 필요성 때문에 발생, 발전했다. 즉 시양식으로 한시가 존재하였으며, 노래양식으로 국문시가 존재했으니, 시조·가사가 그것이다. 이런 이원적 구조는 성립된 역사가 사뭇 오래다. 10세기의 문헌인 「균여전(均如傳)」에서 이미 "시는 당사(唐辭, 중국 글을 뜻함)로 엮으며 노래는 향어(鄕語)로 배열한다"(詩搆唐辭 歌排鄕語)라고 정리하고 있는 것이다. 그렇기에 국문학 장르는 향가-속요-시조-가사로 이어진, 가요만의 단선(單線)으로 전개되는 특징을 보여준다.

둘째는 여성과 서민 일반의 문학적 요구이다. 국문학의 장르가 가요 단일 품종으로 빈약하게 전개된 사정은 방금 지적하였다. 그런데 17세기부터는 국문소설이 출현하여 자못 성황을 이루었다. 이 현상은 주로 여성과 서민 일반의 문학적 요구의 소산이다.

국문소설은 당초에 부녀층의 요구에 응답해서 발전했던 것이다. 17세기말에 창작된 『구운몽(九雲夢)』 『사씨남정기(謝氏南征記)』 『창선감의록(彰善感義錄)』이 대표적인 작품인데, 이들은 규방소설(閨房小說)의 성격을 지녔다. 규방이란 다름 아닌 사족(士族) 부녀들의 생활공간을 뜻한다. 중세사회의 여성들은 제아무리 고귀한 신분에 속하더라도 규방에 갇혀 있었다. 규방에서 읽힌 소설이 곧 규방소설이다. 그래서 당시 소설을 가리켜 '여사고담(女史古談)'이라고도 부른 것이다. 이것들은 재미난 읽을거리로, 여성의 교양을 높이는 의미까지 지녔던 것인데, 어떤 연유로 성립되었던가?

요컨대 규방소설은 여성을 규방이라는 보수적인 생활공간에 붙잡아두면서도 정서적으로나마 속박을 살짝 늦추어주어야 하는 모순의 타협점에서 산출된 것이다. 다시 말하면 부덕(婦德)이라는 도덕률만 가지고는 변화하는 시대현실에 여성을 안주시킬 수 없으므로 '흥미'를 제공하면서 교화, 교양적 기능까지 수행하도록 한 것이다.

이 규방소설에서 특히 주목할 문학적 사실은 국문으로 장편화된 형식이 출현한 점이다. 『구운몽』이나 『창선감의록』 같은 길고 복잡한 편폭(篇幅)의 작품은 국문학은 물론 한문학에서도 그때까지 유례를 찾을 수 없는 것이었다. 단순히 작품 길이를 주목하자는 것이 아니다. 국문장편소설이 갖는 신흥 장르로서의 의미를 말한다.

그 소설적 '흥미'는 대단한 마력을 발휘하여 규방의 문턱을 넘어서 다른 신분계층의 여성, 또 사회 저변의 여러 남성들에게까지 확산되었다. 수요가 공급을 창출하는 상품경제의 원리가 문학 분야에서도 적용되기 시작한 셈이다. 독자의 수적 증가와 그 계층의 다양화는 소설 생산에도 직접 영향을 미쳤으니, 한편으로 소설 종수가 많아지고 다른 한편으로 길이가 늘어났다. 18세기에 이르러서는 소설이 수백 수천 종을 헤아렸고 이른바 대하소설까지 출현했다. 그러나 이러한 양적 비대가 질적 향상으로 전환되지는 못했다. 이때 한편으로 기층민중의 연희 형태에서 발생한 판소리가 소설로 정착된 서민소설이 등장하여 새로운 작풍을 열었다. 판소리계 서민소설의 발랄한 예술성은 민중의 건강한 삶과 거기서 우러난 풍요로운 심미적 감각에 의해 성취된 것이다.

이원구조의 통일

앞에서 우리는 여성을 포함한 서민 일반의 문학적 요구에 응답하여 소설장르가 부상한 사실을 주의해 보았다. 저들은 말하자면 새로운 성격의 독자라 할 수 있다. 종전에는 대개 문인 엘리뜨들이 자기네끼리 어울려 창작하고 감상하는, 그런 방식으로 문학이 존재했다. 이 경우 대중독자의 수요가 발생함으로써 작가와 독자의 분리 현상이 일어나고 문학은 일종의 문화상품이 된 것이다.

노랫가락으로 가냘프게 이어지던 국문학은 흐름의 폭이 개천에서 강물로 나아가듯 갑자기 달라졌다. 국문학은 어느덧 괄목상대할 정도가 되었지만 한문학과의 관계에서 위상의 큰 변화, 위치의 전도가 일어났다고 볼 수 있을까?

국문소설이 유행하던 당시(18, 19세기) 그에 대한 지식층의 발언을 들어보면 대개 그 가치를 긍정하는 말 대신 부정적인 소리만 들릴 뿐이다. 그런 발언들은 낯선 신생장르에 대한 거부반응 내지 보수적 편견의 소치로 돌릴 수 있다. 그렇지만 부정적으로 비칠 소지를 소설 자체가 가지고 있었다는 점 또한 부인하기 어렵다. 소설의 양적 비약은 상당하였으나 당시 널리 읽힌 국문소설이란 대부분 독자에 영합한 저질 상업주의적 통속물 아니면 매너리즘화하여 부실하게 길어진 것들이었다. 그리고 판소리계 소설의 민중적 발랄성은 그 자체로 값진 것이지만, '민속문학적' 차원에서 아직 본격문학으로 승화하지는 못했던 것으로 여겨진다. 당시 국문학은 자기 시대를 심오한 내용으로 감당하고 높은 수준으로 대변하는 정도의 위상을 확보하지는 못했다.

그 시대 현실과 사회모순을 깊이 있게 통찰하고 역사의 진운(進運)을 모색한 문학의 형상은, 여전히 한문학 쪽에서 걸출하게 이루어졌다. 당대 최고의 세계관에 의한 최고의 미적 형상은 박지원의 산문, 정약용의 시에서 만나게 된다.

19세기말에 이르기까지 우리 문학사는 한문학이 주류를 이루면서 국문학과 병존하는 상태로 내려왔다. 이러한 이원구조를 극복하게 되는 것은 20세기 들어서이다. 20세기 벽두의 애국계몽운동, 그리고 3·1운동과 신문학운동의 성과로 비로소 이원성의 국문학을 청산하고 신문학을 창출했다. 우리가 살고 있는 시대의 문학사는 바로 이 신문학의 자기발전과정의 한 국면이다. 이러한 총체적 관계를 표로 정리해보자.

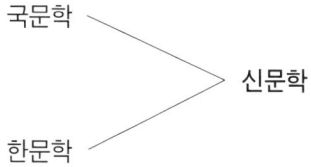

한문학과 국문학의 이원구조는 동아시아 한자문화권에서 진행된 중세사의 특수성으로 인해 형성된 것이다. 그것은 물론 역사의 객관적 실상에서 도출된 구조지만, 그 자체가 모순구조이다. 우리의 중세문학사는 이원적 모순구조의 발전이었던바, 근대문학의 길은 이 모순구조의 극복을 통해서만 명확히 찾을 수 있었다. 신문학은 문학사적으로 보면 이원성의 지양인 동시에 근대문학의 새로운 출범이라는 의미를 띠고 있다.

앞의 구조를 중심에 놓고 한국문학사 전체를 총괄하는 도표를 그려본다.

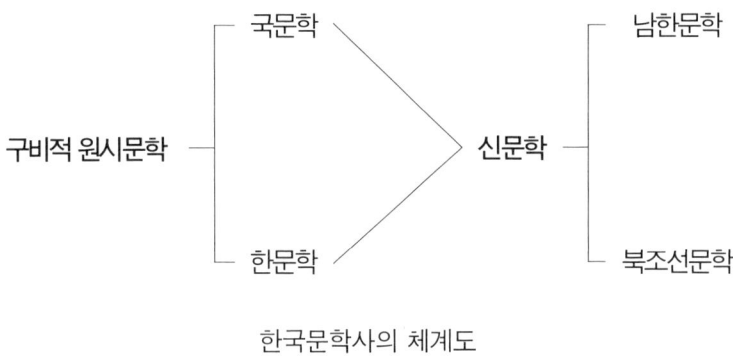

한국문학사의 체계도

우리 문학사는 국문학과 한문학의 이원구조가 1900년대에 이르러 신문학으로 일단 통합되었으나 1945년 이후 다시 남한문학과 북조선문학으로 양분된 상태임을 위의 도표는 명시하고 있다. 남한문학과 북조선문학이란 용어는 상호의 현상을 일단 사실로 받아들이는 취지에서 쓴 것이지만, 양쪽 다 온전한 것이 아니라는 의미이기도 하다. 용어 자체가 분단현실을 인정하면서 통일을 지향하는 뜻을 담고 있다.

문학사의 체계는 '하나의 한국문학사상(像)'의 형성을 목적으로 하는 것이다. 국문학과 한문학의 이원구조, 신문학과 구문학의 분리 양상, 남한문학과 북조선문학이 평행선을 그리며 나아가는 이질화는 실천적 극복과제이며, 이론적 극복 또한 긴히 요망된다. 그러나 이원구조의 실상을 간과한 나머지 모호하게 처리하기, 문학사의 연속성만을 과장하거나 그 반대로 불연속의 단절처럼 속단하거나 혹은 한쪽만을 내세워서 다른 한쪽을 무시하는 태도 등은 결코 바람직하지 않다는 점을 특히 지적해둔다.

3. 신문학의 전개과정에서의 민족문학

신문학과 그에 대한 시각

신문학은 구문학에 대립하는 개념이다. 근대사가 자기발전의 길을 따라서 순조롭게 전개되었다면 신문학이란 말이 학적 개념으로까지 쓰이지는 않았을 것이다. 문호개방을 강요당한 이후 구래의 문물제도가 온통 문란해지고 붕괴되는 한편, 제국주의의 강도적 침탈로 민족의 위기가 눈앞에 밀어닥친 상황에서 우리는 불가피하게 제구포신(除舊布新)의 자기청산, 자기쇄신을 전면적으로 요망받게 된다. 이것은 시대적 요청이었다. 이에 신사상·신문명이 풍미하면서 신문학이 등장하게 된 것이다.

신문학의 출현은 근대로의 전환이라는 역사적 의미를 띤다. 이는 한국근대사의 특수성 때문이다. 그렇지만 한국만의 특수성이 아니며, 세계사적으로 이와 유사한 경로, 식민지 혹은 반식민지를 거친 민족국가에는 원칙적으로 해당할 것이다. 중국문학사에서도 신문학의 개념이 우리와 같은 의미로 쓰이는 실례를 볼 수 있다.

이 신문학이란 명사는 우리 문학을 사적(史的)으로 정리한 초유의 저작, 안확(安廓)의 『조선문학사』(1922)에 이미 도입되었던바, 그 개념 정의는 임화의 『신문학사』(1939~41)에서 볼 수 있다. 임화에 의하면 구문학과 변별되는 신문학이란 "내용·형식이 함께 서구적 형태를 갖춘 문학"으로 규정되며, "신문학사는 조선에 있어서는 서구적 문학의 이식으로부터 시작되는 것이다"라는 결론에 이른다. 이른바 '이식사관'이다.

임화는 "동양제국과 서양제국의 문화교섭은 일견 그것이 순연(純然)한 이식문화사를 형성함으로 종결하는 것 같으나, 내재적으로는 또한 이식문화사 자체를 해체하려는 과정이 진행되는 것이다"(「신문학사의 방법」)라고 갈파한다. 굴러든 돌이 박힌 돌 빼는, 민족유산이 밀려나고 외래문화가 안방을 차지하는 현상을 객관적 형세로 인식하면서도 그는 이 형세에 종지부를 찍지 않고, 이식이 창조적으로 전환될 계기를 내다보고 있다. 그 계기는 '전통의 부활'로 나아감을 뜻하니, 여기서 "신문학은 고유한 가치를 새로운 창조 가운데 부활시키는 한 영역이다"라고 신문학의 새로운 정의를 내리고 있다. 이것이 임화가 사고하는 진정한 '신문학사'이다. 그러나 이 '신문학사'는 귀납적 실상(實像)이라기보다 이상적인 추상에 가깝다. 그리고 현재의 실태는 여전히 이식문화사의 일부로 간주되고 있는 것이다.

임화의 신문학사관은 그 이론구성의 출발점에 세워진 '이식'에 원죄가 있었다. 제구포신적 변혁을 두고 '이식'이란 개념을 적용한 것은 아무래도 적절하지 못하다. 그리고 '근대'의 내용과 형식을 선진 유럽에서 수용하게 된 데에는 외적 작용이 있었으나, 내적 요망 또한 절실한바 있었다. 신구의 교체를 객이 안방을 차지하는 식으로 보는 것은 옳지 않다. 우리의 신문학은 기본적으로 '타율적 근대상황에 대한 주체적 대응의 산물'이며 식민지 피압박민족의 자기발견, 자기표현의 형상으로 인식해야 하는 것이다.

근대적 민족문학의 정립과정

우리 문학사에서 민족문학이 확립된 시기는 언제인가? 아니, 그것은 아직까지도 완수하지 못한 숙제로 생각되기도 한다. 민족적인 자주통일을 이루지 못한 마당에 민족문학인들 어디다 뿌리를 박고 제대로 자랄 수 있었겠는가. 하지만 이러한 의문은 '진정한 민족문학은 미완의 과제다'라고 다짐하는 깨우침의 소리로 돌리면서, 근대적인 의미의 민족문학이 수립된 과정은 또 과정대로 고찰할 필요가 있다. 이 과정은 기실 한국근대문학의 성립과 궤도를 같이하는 것이다.

본 건에 대해서는 학계의 논의가 분분하였으나 공인된 정설은 없다. 필자의 가설적 견해를 간략히 제시해두기로 한다.

결론부터 먼저 밝히자면 한국의 근대적 민족문학은 신문학이 상당한 정도로 발전하여 구체화된 단계에서 성립하는바 1920년대가 그 시간대다. 1920년대말에 이르러 근대문학으로서 민족문학의 내용과 형식이 갖추어진 것으로 판단한 것이다. 따라서 1894~1910년에 이르는 근대계몽기는 그 제1단계에 해당하며, 3·1운동 이후 제2단계에서 활발히 일어난 신문학은 민족문학으로 본격 진입하는 과정으로 볼 수 있다.

제1단계에서 전통적인 이원구조, 그러니까 국문학과 한문학이 신문학으로 통일될 때 거기에는 '국민문학(근대적 의미의 민족문학)의 수립'이 당위의 과제로 주어져 있었던 셈이다. 당시 발생한 여러 문학적 시도들이 강렬히 애국적·계몽적 성격을 띠었던 것은 바로 이 때문이다. 그 결과 문학사의 체계에 미증유의 지각변동이 일어나게 된다. 그런데 아직은 구문학이 폭넓게 잔존했을 뿐 아니라, 새로운 문학적 현상 역시 대개 신사상·신문물이 구형식과 결합된 방식을 취하고 있었다. 당시는 신구(新舊)가 뒤섞인, 창조적 과도기였다. 문제는 신구의 혼돈에 있었던 것이 아니고 모처럼의 창조적 혼돈이 외압에 의해 종식된 데 있었다. 국권상실과 함께 애국계몽운동 또한 좌절되면서 민족문학을 향해 걸린 시동이 꺼져버린 것이다. 그렇다고 영영 꺼져버린 것은 아니고 일단 잠복하여 3·1운동과 함께 일어난 신문학의 원천이 되었다.

  3·1운동은 제국주의의 피압박 상태에서의 해방이라는 소기의 정치적 목표를 달성하지는 못했지만 사상해방과 문화운동 측면에서 국제적인 의의를 지니고 있다. 3·1운동의 여파는 중국 대륙에 5·4운동을 촉발하여 신사상·신문화 운동으로 발전했던 것이다. 당시 조선에서는 식민지적 족쇄의 제약을 받으면서도 문화운동에 상응하는 움직임이 각 분야에 걸쳐 확산되고 있었다. 신채호가 "3·1운동 이래 가장 현저히 발달된 자는 문예운동"(「낭객(浪客)의 신년만필(新年漫筆)」 1925)이라고 지적했듯, 신문학은 그 구체적 성과로 뚜렷이 드러났다. 이 제2단계에서 민족문학의 과제는 얼마나 성취되었던가?

  신문학 제1단계에서는 실상 신문학의 범주 자체가 모호한 상태였으나 이때에 이르러 과도기적 상태를 벗어나 신문학의 형식, 즉 근대적 양식이 일단 갖추어진다. 곧 민족문학의 근대적 양식이 마련된 셈이다. 하지만 민족문학적 관점에서 두 가지 취약점을 지적하지 않을 수 없다. 첫째, 형식적 측면에서 민족전통과의 연속성이 소원해진 점이다. 신문학이 이식문학으로 치부된 것은 주로 이 때문이다. 둘째,

내용적 측면에서 소시민적 정서로 흐른 나머지 민족현실을 제대로 담아내지 못한 점이다. 신채호는 일찍이 "강토의 전부를 주고라도 재미있는 몇 줄의 신소설을 바꿈"(같은 글)이라고 신문학에 대해 혹독한 어조로 매도한바, 일리가 없지 않았던 것이다.

그러나 무릇 운동이란 움직이면서 발전하는 것이다. 신문학 역시 발전하는 과정에서 내용이 상당히 확충되고 일정한 수준에 이르러 방향전환이 일어난다. 염상섭의 『만세전』과 현진건과 나도향의 단편소설들, 이상화의 시편들과 한용운의 『님의 침묵』은 신문학이 민족현실을 발견함으로써 얻어낸 빛나는 성과물이다. 바로 이무렵 현진건에 의해서 "조선문학인 다음에야 조선의 땅을 든든히 디디고 서야 된다"(「조선혼과 현대정신의 파악」)는 명제가 제출된다. 이때 한편에서 이른바 카프가 결성되어 '계급문학'(당시 용어로 프로문학)이 전면으로 대두한다.

계급문학의 문학사적 위상에 대해서는 견해가 엇갈리는데, 그것은 기본적으로 신문학의 자기발전과정의 산물로 간주해야 할 것이다. 물론 계급문학이란 액면 그대로 보면 신문학과는 다른 단계이다. 실상이 꼭 그러했던가? 그것은 프롤레타리아계급의 운동이 아니고 급진적 지식인들의 운동이라고 말해야 옳다. 더욱이 주목할 사실은 신문학 그 자체에서 이미 계급문학으로의 전환이 준비되고 있었던 점이다. 신문학의 작가·시인의 일부가 자기 현실에 차츰 눈을 뜨면서 사회주의 이념을 수용하고 마침내 계급문학으로 경도된 것이다.

사회주의 이념의 수용, 계급문학의 대두는 그에 반대되는 입장을 자극하여 갈등을 불러일으켰다. 우리의 역사·문학사에서 고질적인 좌우대립의 원형이 1920년대 중반에 이미 형성된 셈이다. 당시 문학적 대립상은 '민족문학'과 '계급문학'이란 용어로 변별되고 있었다. 우리 문학사에서 민족문학이란 말 자체는 유감스럽게도 계급문학에 대립적인 입장을 표명하기 위해 도입되었다. 사정이 그러했기에 그 때의 민족문학이란 복고적인데다 반민중성을 내포한 것이었다. 그리 하여 민족문학(혹은 국민문학)을 내세우면서 기껏 시조부흥을 주장 하는 데 그치고 말았다.

우리가 계급문학을 완전히 다른 단계로 인식하지 않는 이유는, 실 상이 그렇기도 하지만 우리의 역사, 우리의 문학사가 새로운 단계로 진입할 상황이 아니었다고 보기 때문이다. 계급주의 노선은 근대적 과제를 달성하지 못하고 식민지 압제하에 놓인 자기 현실을 건너뛴 것으로 보지 않을 수 없다. 계급문학이 대개 관념적 과격성으로 흐르 고 작품의 성과가 미흡했던 요인 또한 여기서 짚어볼 수 있다. 당시 의 소위 계급문학과 민족문학은 역사적으로나 현실적으로나 통일되 어야 마땅했다.

1920년대말에 이르면 민족문학과 계급문학의 대립을 지양하려는 움직임이 나타난다. 박영희(朴英熙)는 "1929년, 이 해는 민족주의 문 학론이 적극적으로 진출한 기념할 만한 시기였다"(「초창기의 문단 측면 사」)라고 하면서 대개 신간회운동에 기맥이 통했던 것으로 당시를 회 고한 바 있다. 이 시기 진정한 '민족문학의 수립'은 뜻있는 사람들 사 이에서 공감대를 형성하고 있었다. 외형상 문단에서는 신간회에 준 하는 정도의 통합도 이루어내지 못했지만 문학은 외형에서만 찾을 것이 아니다. 내실을 살펴보면 계급문학의 이념을 민족문학으로 통 합하려는 노력이 창작을 통해서 구현되고 있었다. 1928년말부터 발 표되기 시작한 홍명희의 『임꺽정(林巨正)』은 그 대표적인 사례이다.

이후 출현한 민족문학의 빼어난 성과들, 이기영의 『고향』은 물론, 채만식의 『태평천하』와 염상섭의 『삼대』까지도 사회주의적 관점을 수용한 현실인식의 기초 위에서 씌어진 것이다.

  필자는 앞서 신문학의 기본성격을 식민지 피압박민족의 자기발견·자기표현으로 규정했다. 당시의 식민지 반(半)봉건사회의 현실에 대면해서 눈을 똑바로 뜨게 하고 가장 조리있게 설명해주는 논리의 틀은 무엇보다 사회주의에 근거한 이론이었다. 우리의 근대적 민족문학은 신문학이 계급문학으로 나아간 단계를 거쳐, 사회주의 이념을 민족문학으로 통합하는 데서 성립하게 된 것이다.

: 임형택 :

구전서사시의 전승과 민족신화의 형성

1. 구전서사시의 전승과 신화의 기록

신화는 인류 최초의 문학형식으로, 상징적·은유적 사고를 획득한 현생인류가 처음으로 만들어낸 이야기이다. 약 4만년에서 3만년 전에 그려진 구석기 동굴벽화들은 신화를 빚어낸 원시적 사유를 어둠 속에서 증언한다. 그러나 오늘날 우리가 알고 있는 우주와 신, 그리고 인간의 창조신화나 종족과 사물의 기원신화 등이 언제 형성되었는지는 정확히 알 수 없다. 다만 고고학이 발굴한 유물자료나 문화인류학이 발견한 원시사회의 모습으로 미루어, 정착생활과 농경이 시작된 신석기시대에 이미 이런 신화들이 나타나 있었음을 알 수 있다.

신화는 문자로 기록되기 이전에는 주로 구전서사시 형태로 전승되었다. 신화는 신성시되는 이야기였기 때문에 일상의 시공간이 아니라 집단의례가 행해지는 신성한 시공간에서 구연(口演)되었다. 이런 자리에서 불리는 신화는 천지개벽에서 인류의 기원까지, 한 종족의 기원에서 영웅의 탄생, 그리고 이동에서 정착까지를 망라한 일대 구전역사였다. 근대화의 물결이 밀려들 때까지 구술문화 속에서 살아온 소수민족들에게 노래로 전승되어온 서사시들이 이를 잘 보여준다. 만주족의「우처구우러번」, 아이누족의「카무이유카르」, 이족(彝族)의「므이꺼」등이 그런 예들이다.

우리 민족의 경우 삼국시대 이래 문헌기록이 정착되면서 구전서사시 전통은 약화되었지만 무가(巫歌)를 통해 그 자취와 저류를 만날 수 있다. 우리의 무가들은 천지개벽, 해와 달의 조정, 물과 불의 기원, 인류의 창조, 영웅의 투쟁 등 문헌기록이 관심을 보이지 않던 영역의 신화들을 오늘날까지 전승하고 있기 때문이다. 함경도 지역에 전승되던「창세가」나 제주도의「천지왕본풀이」, 한반도 지역에서 두루 불리는「바리데기」나 제주도에서 불리는「세경본풀이」등 적지 않은 무속신화들이 구전서사시를 증거한다. 이들 구전서사시와 문헌에 기록된 신화들이 어울려 우리 민족의 신화체계를 형성하고 있다.

구전서사시는 무가 형식으로 민중들 사이에서 구연되고 전승되면서 서사문학의 주요한 원천이 되었다.「제석본풀이」와 주몽신화의 구조적 유사성은 문헌에 기록된 건국신화의 서사적 원천을 일깨워준다. 건국신화 역시 본래 서사시 형식으로 국가의 제전에서 구연되었으리라 짐작할 수 있다. 또 건국서사시 같은 신성서사시에 비해 세속서사시라고 할 수 있는 판소리의 형성에 서사무가 전승집단이 중요한 구실을 했으며, 이후 판소리가 판소리계 소설로 발전한 것은 잘 알려진 사실이다. 조선시대 영웅소설에 등장하는 영웅의 형상 역시 신화적 영웅상을 벗어나지 않는다는 점 또한 구전서사시와 신화가 서사문학의 비옥한 토양이었음을 증언한다.

그런데 우리가 '민족신화'라는 개념을 민족(ethnic group)의 신화유산 전체가 아니라 '민족적 동일성을 만들어내는 신화'라는 의미로 사용할 때 사정은 달라진다. 물론 한 민족에 전승되는 신화유산 전체가 민족 공동의 자산이고, 이 자산의 공유를 통해 민족의 동질성이 확인되는 것은 사실이지만, 더 적극적인 의미에서 동일성을 만들어내는 신화는 따로 있기 때문이다. 원시사회에서 집단의 동일성은 민족기원신화(시조신화)를 통해 형성되었다. 그래서 대개 우주와 인류의 기원을 노래하는 창세서사시를 부르더라도 마지막에는 '그래서 우리 민족이 지상에 존재하게 되었다'는 민족의 기원 이야기를 덧붙이는 것이다.

그런데 민족기원신화의 경우 또다른 굴절의 계기가 있다는 점을 염두에 두어야 한다. 역사상 국가체제로 나아가지 않은 민족의 경우 민족기원신화가 민족의 동일성을 형성하는 구실을 했지만, 국가체제로 이행한 민족에게는 다른 곡절이 있기 때문이다. 바로 민족기원신화의 건국신화로의 이행이다. 이 경우 건국신화는 국가 내에 존재하는 여러 씨족을 통합하는 새로운 신화를 지향한다. 이 새로운 신화는 물론 신성담론을 통해 국가의 설립을 정당화하는 건국신화지만, 그 안에는 국가 내의 여러 민족을 통합하여 한 부족으로 재구성하려는 민족신화적 자질이 잠재되어 있다. 우리 민족의 경우가 그렇다. 우리가 민족신화의 형성 문제를 건국신화를 통해 살필 수밖에 없는 까닭이 여기에 있다.

2. 고대국가의 건국신화들

역사적으로 한반도 북부지역에는 여러 고대국가들이 명멸했고, 이들은 건국신화를 남겼다. 한반도와 그 북부지역에 등장한 첫 고대국가인 고조선의 건국신화인 단군신화를 비롯해 북부여의 해모수, 동부여의 금와, 고구려의 주몽, 나아가 백제까지 이어지는 부여계 건국신화, 이들과는 신성혼 형식이 다른 남쪽의 신라와 가락국 건국신화, 그리고 건국신화의 형태를 덜 갖춘 제주의 탁라(乇羅)국 건국신화가 그것이다. 삼국시대 이후에는 『편년통록(編年通錄)』을 통해 알 수 있듯이, 고려가 왕건의 출신을 신비화하는 건국신화 만들기를 시도했고, 조선 역시 「용비어천가(龍飛御天歌)」를 통해 유사한 기획을 보여 준 바 있다.

그런데 이런 고대·중세 국가의 건국신화 제작은 관련 신화들을 건국의 목적에 맞춰 선택하거나 배제하고, 통합하는 과정이다. 단군신화를 보자.

고기(古記)에 일렀다. 옛날 환인(桓因)의 아들 가운데 환웅(桓雄)이 있어 천하에 자주 뜻을 두고 인간 세상을 탐구(貪求)했다. 아버지가 아들의 뜻을 알고 삼위태백(三危太伯)을 내려다보니 인간들을 널리 이롭게 할 만했다. 이에 천부인(天符印) 세 개를 주어 내려가 다스리게 했다.

환웅은 무리 삼천 명을 거느리고 태백산 꼭대기 신단수(神壇樹) 아래로 내려와 이곳을 신시(神市)라고 불렀는데 이 분이 환웅천황이다. 풍백(風伯), 우사(雨師), 운사(雲師)에게 곡식·수명·질병·형벌·선악 등을 맡기고, 무릇 인간살이 삼백예순 가지 일을 주관하여 세상에 살면서 교화를 베풀었다.

  때마침 곰 한 마리와 범 한 마리가 같은 굴에서 살았는데 늘 신웅(神雄)에게 사람 되기를 빌었다. 이때 환웅신이 영험한 쑥 한 심지와 마늘 스무 개를 주면서 "너희들이 이것을 먹고 백 일 동안 햇빛을 보지 않는다면 곧 사람의 모습을 얻으리라"고 했다. 곰과 범은 이것을 얻어먹고 삼칠일(三七日) 동안 몸을 삼갔다. 곰은 여자의 몸이 되었지만 금기를 지키지 못한 범은 사람의 몸을 얻지 못했다. 웅녀(熊女)는 혼인할 자리가 없었으므로 늘 단수(壇樹) 밑에서 아기를 배게 해달라고 빌었다. 이에 환웅은 잠시 사람으로 변해 웅녀와 혼인하여 아들을 낳으니 이름을 단군왕검(壇君王儉)이라 했다.

  단군왕검은 요(堯)임금이 왕위에 오른 지 오십 년인 경인년(庚寅年)에 평양성에 도읍하고 비로소 조선(朝鮮)이라 일컬었다. 또 도읍을 백악산(白岳山) 아사달(阿斯達)로 옮겼는데 그곳을 궁홀산(弓忽山)이라고도 하고 금미달(今彌達)이라고도 한다. 그는 일천오백 년 동안 나라를 다스렸다. 주(周)의 무왕(武王)이 즉위한 기묘년(己卯年)에 기자(箕子)를 조선에 봉하니 단군은 곧 장당경(藏唐京)으로 옮겼다가 뒤에 돌아와 아사달에 숨어 산신(山神)이 되었다. 수(壽)는 1908세였다.

  『삼국유사(三國遺事)』에 실린 단군신화이다. 한데 일연은 이 기록을 '고기(古記)'에서 끌어왔다. 『삼국유사』 관련 대목에는 『위서(魏

書)』『배구전(裵矩傳)』『통전(通典)』같은 문헌이 더 있다. 다시 말해 일연은『삼국유사』의 단군 이야기를 몇몇 문헌자료를 조합해 재구성했던 것이다. 그러나 이보다 더 근원적인 건국신화 만들기 과정이 있다.

이 기록대로 환웅은 웅녀와 결혼하여 단군을 낳는다. 하지만 전혀 다른 전승도 있다. 조선시대 승려 설암(雪巖)이 지은 기행문인「묘향산지(妙香山誌)」를 보면 작자는『제대조기(第代朝記)』라는 문헌을 인용하여 "환인의 아들 환웅이 태백산에 내려와 신단수 아래 살았다. 환웅이 하루는 백호(白虎)와 교통하여 아들 단군을 낳았다. 그가 요임금과 같은 해에 나라를 세워 우리 동방의 군장(君長)이 되었다"라는 기록이 있다. 이런 전승은 결국 단군신화가 형성되는 과정에서 곰과 환웅의 결합 화소(話素)는 선택되고 호랑이와 환웅의 결합 화소는 배제되었다는 사실을 증언한다. 이런 식의 통합과 배제의 과정은 단군신화에만 국한된 현상은 아니었다.

이런 신화통합을 통해 건국신화가 표명하려 한 것은 무엇보다 국조(國祖)의 신성성이다. 우리 신화에서 국조의 신성성은 천신과 지신의 결합을 통해 주로 표현된다. 단군신화의 환웅은 천신 환인의 아들이고 웅녀는 땅의 신성을 대표하는 존재다. 따라서 양자 사이에서 태어난 단군은 천지일체, 세계통합의 상징일 수밖에 없다. 주몽신화에서는 해모수와 유화가 천지를 대표하는 존재들이다. 신라 건국신화에서는 하늘에서 내려온 알 속에서 출현한 혁거세와 계룡이 낳은 알영이, 가락국 건국신화에서는 역시 하늘에서 내려온 알 속의 수로와 바다를 건너온 허황옥이 각각 천지를 대표하는 존재들이다. 이들 국조의 신성성을 통해 건국신화는 국가의 존재를 정당화한다.

국조의 신성성과 아울러 건국신화가 드러내려 하는 것은 집단의 화합이다. 이는 이미 신화통합으로 시도되었지만, 통합을 통해 구축된 건국신화 서사 내부에서도 갈등은 가려지고 화합은 드러난다. 제주도 탁라국의 건국신화인 삼성(三姓)신화에서는, 땅속 구멍에서 나온 세 신인(神人)이 도래자인 벽랑국의 세 공주와 결혼해 사이좋게 세 지역에 나눠 살다가 백성들의 마음을 얻은 고씨(高氏)가 왕이 된다. 신라의 박혁거세는 6부 촌장들의 공동추대로 임금이 되고, 가락국 역시 공동체의 집단적인 신맞이 의례에서 수로왕을 맞이하여 임금으로 추대한다. 고조선 건국신화는 홍익인간이라는 환인의 이상을 선포하고, 웅녀와 환웅의 신성혼을 통해 집단의 결속을 드러낸다. 어디에도 갈등은 없다. 다른 건국신화들과 달리 고구려의 건국신화에는 해모수와 하백, 주몽과 송양, 또는 주몽과 대소를 비롯한 동부여 왕자들의 대결이 보이지만, 이들의 갈등은 해모수와 주몽의 신성한 능력을 드러내는 장치에 불과하다.

　이처럼 건국신화는 화합의 중심에 천지의 통합자인 신성한 건국영웅이 있다는 점을 강조한다. 건국신화는 고대국가 내부의 여러 부족들의 목소리를 종합하는 일종의 교향악이기 때문이다. 그래서 건국영웅은 반드시 천명(天命)을 받고 태어나야 한다. 화합이 바로 천명이라는 뜻이다. 이런 점 때문에 건국신화는 각 고대국가가 존속하는 동안에는 국가 제전(祭典)으로 공식화되는 민족통합 이데올로기가 되었다. 그리고 이런 속성으로 인해 해당 국가의 소멸 이후에도 후대의 필요에 따라 집단의 통합을 강제하는 담론이 될 수 있었던 것이다. 우리는 단군신화가 고조선의 건국신화를 넘어 민족신화로 재탄생하는 과정에서 그 점을 확인할 수 있다.

3. 건국신화의 재인식과 민족신화의 가능성

고려 이전 제주도를 포함한 한반도와 그 북부지역에 있던 여러 고대국가의 신화 가운데 고려 이후에도 지속적으로 관심을 끈 것은 고조선과 고구려의 건국신화였다. 고구려 주몽의 신화가 주목받은 까닭은, 이규보가 「동명왕편(東明王篇)」 서문에서 밝혔듯이, 우부애부(愚夫騃婦)도 아는 흥미로운 이야기였을 뿐만 아니라, 그 이야기에 고구려 역사에 대한 강한 자부심이 깃들어 있었기 때문일 것이다. 근대계몽기에 단재 신채호가 신라 중심의 역사서술을 비판하면서 부여·고구려 계통의 역사를 『조선상고사』의 중심으로 삼은 까닭도 거기에 있다. 그러나 우리 역사에서 지속적으로 관심을 모은 신화는 고조선의 단군신화였다. 이는 고조선이 고구려보다 앞선 나라, 한반도와 그 북부지역에 설립되었던 나라들의 기원에 해당하는 나라로 인식되었기 때문일 것이다.

여기서 '고조선 멸망 후 단군신화는 어떻게 되었을까?'라는 질문을 던질 필요가 있다. 신화(또는 신성서사시)는 그 이야기와 거기에 얽힌 의례를 신성하게 여기는 이들이 있어야 신화일 수 있다. 그렇다면 고조선의 해체와 더불어 단군신화도 해체되었어야 마땅하다. 그러나 실상은 그렇지가 않았다. 『삼국사기』와 『삼국유사』는 이구동성으로 고조선의 유민(遊民)들이 남하했다고 말하고 있다. 고조선은 역사무대에서 사라졌지만 그 역사와 단군의 신화는 이들 유민의 기억에 남아 구전되었을 것이다. 『고려사』에 강화도 마니산에 단군을 모시는 제단이 있다고 기록돼 있고, 『세종실록』에는 황해도 구월산에 삼성

(三聖, 檀因·檀雄·檀君)을 모시는 사당이 있다고 적혀 있으며, 나아가 19세기『무당내력(巫堂來歷)』(서울대 규장각 소장) 같은 자료에도 단군이 거론되는 것을 보면, 무당들에 의해 의례와 신화는 부단히 지켜지고 지속되었던 듯하다.『삼국유사』가 '옛 기록〔古記〕'을 인용하는 것으로 보아 문헌에도 남아 전해졌을 것이다. 고조선은 사라졌지만 단군신화는 여러 갈래로 나뉘어 살아남았다.

그러나 지금 우리에게 전해지는 단군신화는 단지 '살아남기만' 한 것은 아니다. 고조선 멸망 이후 전승과정에서 조금씩 변형을 거치면서 지속되었다고 보는 편이 옳다.『삼국사기』에는 없지만『삼국유사』의 첫머리에 놓인 것이 고조선의 역사, 곧 단군신화이다.『삼국유사』는 삼국으로 이어지는, 삼한을 비롯한 여러 소국들 앞에 단군신화를 수원지처럼 배치해놓고 있다.『삼국유사』만 그런 게 아니라 같은 시기에 이승휴가 지은『제왕운기(帝王韻紀)』도 그러하니, 단군을 삼한 공동의 시조로 여기는 것은 13세기 다수 고려인들의 공통감각이었던 것 같다. 이를 역사학계에서는 삼한일통(三韓一統)의식이라고 한다. 이런 의식은 일반적으로 삼국통일 이후 형성되었다고 보지만, 이것이 13세기에 이르러 특히 역사서술의 형태로 부각된 이유는 몽골제국이라는 외세의 위협과 무관치 않다. 이 시기에 이런 의식을 공유한 이들에게 단군신화는 이미 고조선만의 신화가 아니었다. 고조선이라는 일개 고대국가를 넘어선 '민족'의 신화였던 것이다. 물론 여기서 '민족'이란 근대적 의미의 민족(nation)은 아니다. 삼국통일 이후 중국이나 북방민족과의 관계 속에서 형성된 공통의 집단의식을 지칭한다는 점에서 '준(準)민족'(semi-nation)이라고 부르는 편이 타당하다.

이런 준민족신화 만들기의 흥미로운 징표 가운데 하나가 '주몽 단군 아들설'이다.『삼국유사』를 보면 일연은 '기이(紀異)'편에서는 하지 않은 이야기를 '왕력(王曆)'편에서 하고 있다. 일설에 따르면 고구려 동명왕의 이름이 추몽(鄒蒙)인데 단군(壇君)의 아들이라는 것이다. 일연은 여기서 그치지 않고 주몽신화를 기록하면서「단군기(壇君記)」를 인용하여 "단군이 서하 하백의 딸과 관계하여 아들을 낳았는데 이름을 부루라고 하였다. 이제 이 기록(『삼국사기』 고구려 본기)을 보니 해모수가 하백의 딸과 사통하여 주몽을 낳았다고 한다.「단군기」에도 아들을 낳아 부루라고 했다 하니 아마도 부루와 주몽은 배다른 형제일 것이다"라는 해석을 덧붙인다.『삼국유사』보다 몇년 늦게 씌어진『제왕운기』(1287) 역시「먼저 부여와 비류를 일컫네」라는 시구에「단군본기(檀君本紀)」를 인용하여 주석을 달면서 "비서갑 하백의 딸과 혼인하여 아들을 낳았는데 부루"라고 적었다. 또「동명본기(東明本紀)」를 끌어와 부여의 왕 부루가 늙도록 자식이 없어 아들을 낳게 해달라고 산천에 제사를 드렸는데, 말이 곤연이라는 곳에서 큰 돌을 보고 눈물을 흘리는 것을 보고 돌 밑에서 금빛 개구리 모양의 아이를 얻어 금와(金蛙)라고 이름짓고 태자로 삼았다고 했다. 기록들을 종합해보면 부루는 단군의 아들이고, 주몽의 이복형제이며, 동시에 부여의 왕이다. 관계가 상당히 혼란스럽다. 이는 고조선을 비롯한 고대사를 언급하는 다양한 자료들이 있기 때문이겠지만, 결국 고조선과 고구려, 부여를 같은 핏줄로 묶으려는 의도, 다시 말해 준민족신화 만들기라는 기획의 결과로 보인다.

이러한 단군신화 재구성은 도가(道家) 계통의 문헌에도 계승되어 16세기 조여적(趙汝籍)의『청학집(青鶴集)』에 이르면 숙신·부여·말갈까지 모두 단군의 후예가 된다. 단군에 대한 민족적 자부심이 한층 고양된 형태라고 할 만하다. 그뿐 아니라 『청학집』에는, 환인은 진인 (眞人)이고 동방 신파(仙派)의 비조로 그 선맥(仙脈)이 환웅-단군으로 이어지면서 대대로 백성을 교화했다고 기록되어 있다. 그리고 단군에게 네 아들이 있었는데, 부루는 하우(夏禹)가 치수(治水)의 마무리를 축하하기 위해 배설(排設)한 도산(塗山, 현재 중국 절강성 소흥현 서쪽) 모임에 참여했고, 부여는 구이(九夷)의 난을 토평했으며, 부우는 질병을 치료했고, 부소는 맹수를 다스렸다는 것이다. 『삼국유사』의 단군신화와는 상당히 다른 신화로 재탄생한 셈이다.

그렇다면 조선의 사대부들은 단군신화를 어떻게 읽었을까? 1396년 권근이, 새로 건국한 이씨 조선의 표전(表箋) 문제, 즉 왕조가 바뀐 사실을 알리는 표전의 문구에 대한 명(明)의 시비를 해명하는 문제로 남경(南京)에 갔다. 이때 황제가 조선의 역사에 대해 묻자 이에 대답하는 시〔應製詩〕를 지어 올리는데, 이 시의 주석에 단군신화가 언급되어 있다.

옛날 신인(神人)이 박달나무 아래 내려오자 나라사람들이 왕으로 세웠다. 박달나무 아래 내려왔으므로 이름을 단군이라고 했다. 이때가 당요(唐堯) 원년 무진(戊辰) 일이다.

요약된 자료여서 간단하지만 또다른 모습의 단군신화라고 할 만하다. 단군의 작명 유래와 요임금 즉위 원년에 고조선을 건국했다는 사실은 이전 문헌에도 있으므로 새로울 것이 없지만, 환웅이 아니라 단군이 내려오자 나라사람들이 추대했다는 화소는 『삼국유사』와도, 『청학집』과도 다르다. 환인이나 환웅, 혹은 웅녀에 대한 언급도 없다.

단군을 신인이라고는 했지만 여기서 신인은 오히려 유가의 성인(聖人)에 가까운 개념으로 읽힌다. 동물과 인간의 결합을 인정할 수 없었던 유가적 인식으로 인해 신화적 신성성은 상당히 약화되어 있다. 하지만 당요 원년에 나라를 세웠다는 진술은 『청학집』의 자부심과 별반 다르지 않다. 명나라, 혹은 중화에 대한 민족적 자의식이 드러난 결과로 보인다. 중국사에서 역사시대의 시작이라고 할 수 있는 하(夏)나라 이전인 신화시대의 성군으로 추앙되는 요임금의 즉위와 단군의 즉위를 동렬에 놓음으로써, 고조선을 계승한 조선이 명과 대등하다는 입장을 천명했던 것이다.

이처럼 고려에서 조선으로 이어진 단군신화에 대한 재인식과 평가는 단군을 하나의 표상으로 만들어갔다. 단군은 이제 조선-고려-통일신라-삼국-삼한-고조선으로 이어지는 한반도 역사를 통합하는 상징적 존재가 된 것이다. 그리고 이 상징성 안에 이미 단군 이야기가 근대적 민족신화로 재탄생할 수 있는 조건이 충분히 마련되어 있었다.

4. 근대 민족신화로 재탄생한 단군신화

고려에서 조선까지 조금씩 다른 모습으로 전승되던 단군신화는 조선이 서구 열강의 침입과 일본 제국주의의 위협에 놓이자 강력한 민족(nation)통합 담론으로 떠오른다. 이미 1895년부터 일본의 시라또리 쿠라끼찌(白鳥庫吉), 나까 미찌요(那珂通世) 같은 학자들은 단군신화를 일연이 만든 허무맹랑한 이야기로 평가절하했지만, 그럴수록 단군신화는 고조선의 건국신화를 넘어 한반도와 요동지역 여러 종족의 기원에 놓인 위대한 민족통합의 신화로 인식되었다. 이런 인식의 고양에는 단군신앙운동이나 근대적 민족계몽운동이 크게 기여한 것으로 보인다.

민족의 위기를 우리 고유의 정신에서 찾자는 운동이 19세기말에 시작되었는데 평안도와 백두산을 중심으로 일어난 단군신앙운동 역시 그 일환이었다. 이 운동의 흐름 속에서 『환단고기(桓檀古記)』나 『규원사화(揆園史話)』처럼 찬란한 단군시대의 역사를 기록한 비서(秘書)들이 '발견'되고, 1909년에는 나철을 중심으로 단군을 교조(敎祖)로 숭배하는 대종교(大倧敎)가 창시되기에 이른다. 오래전에 존재했던 한 고대국가의 건국신화가 근대 민족종교로 재탄생한 것이다. 대종교가 그후 중광단(重光團)이나 대한군정부(大韓軍政府)의 이름으로 항일운동의 중심에 서고, 포교활동의 일환으로 『신단실기(神檀實記)』『신단민사(神檀民史)』 등을 출판했던 것을 보면, 단군신화가 민족신화로 격상하고 단군이 민족을 하나로 묶는 종교적 상징으로 자리잡을 수밖에 없었으리라는 점을 이해할 수 있다.

단군신화가 민족신화로 성립되는 데에는 근대적 계몽운동의 흐름도 무시할 수 없을 것이다. 1895년부터 근대적 학교교육의 일환으로 발행되기 시작한 학부(學部)의 역사교과서는 민족사의 첫머리에 단군신화를 배치함으로써 단군을 민족의 시조로 추인한다. 1905년을 기점으로 역사교과서의 단군 이미지가 합리적으로 변모하지만 민족의 시조라는 지위에는 변함이 없었다. 학부의 역사인식을 비판한 신채호는 단군-기자(箕子)로 연결되는 계보가 아니라 부여와 고구려로 계승되는 단군 계보를 주장했지만, 기자로 이어지든 부여로 계승되든 민족사의 첫머리에 시조 단군이 놓여 있다는 점에서는 다를바 없다. 이런 교과서의 계몽뿐만 아니라 『대한매일신보』 등의 신문이 단기(檀紀)를 사용하고, 단군의 후손이라는 기사를 통해 단군민족주의를 확산시킨 것도 같은 맥락에서 기억할 만하다.

아울러 이른바 문화통치기인 1920년대에 일제의 식민사학에 맞서 최남선이 『동아일보』 등의 신문연재를 통해 벌여나간 단군계몽운동 역시 식민지 민족에게 단군을 각인시키고, 우리가 단군의 단일혈통을 이어받았다는 인식을 확산하는 데 적지 않은 기여를 했다. 최남선은 일제 학자들의 단군 부정에 맞서 불함문화론(不咸文化論)이라는 문화사적 기획을 통해 단군을 민족의 시조이자 역사적 존재로 이해했을 뿐만 아니라, 단군시대의 문화가 동북아문화의 근원이라는 단군중심주의 또는 단군민족주의를 강력하게 제창했다. 최남선의 이런 논조에는 과도한 민족주의가 엿보이는 것이 사실이지만, 그가 단군신화를 민족신화로 만드는 데 일조한 것도 사실이다.

조선의 멸망, 대한제국, 그리고 식민지시기를 거치는 동안 근대적 민족신화로 재탄생한 단군신화는 해방 이후에도 역사교육의 현장에서 민족사의 시원으로 회자되면서 지속적으로 살아남는다. '단군의 기록이 고조선의 성립이라는 역사적 사실을 반영하고 있다'는 역사교과서의 진술을 통해 단군신화에서 고조선 역사, 아니 민족사가 나왔고, 우리가 단군의 자손이자 순수한 단일민족이라는 설은 자명한 사실이 되었던 것이다. 나아가 대종교에서 시작하여 임시정부로, 다시 대한민국정부로 계승되어 해마다 반복되는 개천절이라는 국가의례는 그것을 되새기는 재교육의 장이 되고 있다. 다양한 형태로 빚어져 온 단군신화는 결국 민족, 더 정확하게는 단일민족이라는 이념의 장으로 수렴되었다고 할 수 있다.

이런 장구한 민족신화의 성립과정은 우리에게 민족신화로서 단군신화가 역사적 실체라는 것을 말해준다. 단군신화가 태생적 민족신화가 아니라 민족의 단일성에 대한 역사적 요청에 의해 민족신화로 재구성되었다는 뜻이다. 이 점을 분명히 인식해야 단군신화에 객관적으로 접근할 수 있다. 다시 말하면 민족의 단일성을 무리하게 강조하여 오히려 공동체의 통합을 해칠 경우 민족신화로서의 단군신화는 해체될 수도 있다는 것이다. 여전히 한반도의 통일이라는 역사적 과제가 놓여 있고, 그 과정에서 민족의 단일성에 대한 강조가 의미있는 역할을 수행할 수 있겠지만, 그럼에도 불구하고 다양성의 공존을 추구하는 최근 한국사회의 변화는 단군민족신화에 대한 새로운 성찰을 요구하고 있다.

: 조현설 :

● 더 읽을거리

단군신화를 비롯한 건국신화에 대해서는 일연, 김원중 옮김 『삼국유사』(을유문화사 2002); 김부식, 이강래 옮김 『삼국사기』(한길사 1998); 이규보·이승휴, 박두포 옮김 『동명왕편·제왕운기』(을유문화사 1974)가 권장할 만한 번역본이고, 20세기초에 씌어진 단군 중심의 역사서로는 조선광문회 편저 『신단실기』(민속원 1995); 북애, 고동영 옮김 『규원사화』(흔뿌리 1986); 김교헌, 고동영 옮김 『신단민사』(흔뿌리 2006) 등을 참조할 수 있다.

단군신화에 대한 이해의 역사와 관련자료는 윤이흠 외 『단군 그 이해와 자료』(서울대 출판부 1994)에 잘 정리되어 있다.

무속신화, 건국신화 등 한국신화 전반에 대한 논의는 김열규『한국의 신화』(일조각 1976); 서대석『한국 무가의 연구』(문학사상사 1980); 홍기문『조선신화의 연구』(지양사 1989); 김헌선『한국의 창세신화』(길벗 1994); 서대석『한국 신화의 연구』(집문당 2001) 등에서 이뤄졌고, 조현설『동아시아 건국신화의 역사와 논리』(문학과지성사 2003)에서는 건국신화에 대한 논의가 동아시아로 확장되었다.

　고려중기 '민족'신화에 대한 논의는 이우성「고려중기의 민족서사시」, 이우성·강만길 편『한국의 역사인식』상(창작과비평사 1976)에서 일찍이 거론된 바 있고, 근대계몽기의 민족신화에 대한 논의는 조현설「근대계몽기 단군신화의 탈신화화와 재신화화」,『민족문학사연구』32(민족문학사학회 2006)에서 이뤄졌다.

　서영대「한말의 단군운동과 대종교」,『한국사연구』114(한국사연구회 2001); 송호정『단군, 만들어진 신화』(산처럼 2004)에서 단군 담론이 근대 민족주의와 결합되는 과정과 그에 결부된 문제가 상세히 규명되었다.

고대가요의 전통과 향가

1. 고대가요와 삼국속악 그리고 향가

우리 민족의 선조인 여러 종족들이 한반도를 포함한 동북아시아 일대에 정착한 시대에는 이미 다채로운 서정가요들이 발달해 있었다고 생각된다. 중국의 사료들을 통해, 우리는 제의적 맥락과 연관이 깊은 고대가요 외에 그와는 성격이 다른 서정적 시가 또한 일찍부터 발달해 있었으리라 짐작할 수 있다. 이 시대 노래의 잔편으로 전해지는 「공후인」이나 「황조가」를 통해 우리는 고대 우리 민족의 서정가요 수준이 후대가요에 비해 손색이 없음을 알 수 있다. 절실한 비탄을 담은 서정시인 「공후인」, 유리왕이 사랑하는 여인을 잃고 돌아오는 길에 나무 밑에서 쉬다가 꾀꼬리들을 보고 느낀 바를 노래했다는 「황조가」는 간결하면서도 직절(直切)한 표현력을 갖춘 서정시라고 이를 만하다.

　고대가요가 노래하는 이같은 서정세계는 『고려사』나 『삼국사기』가 전하듯이, 삼국시대 우리말 노래들에 그 흐름이 이어지고 있다. 태평성대의 화락함을 찬양하는 「동경」이란 노래를 비롯하여, 승전의 기쁨을 노래한 「장한성」, 하루 빨리 전쟁이 사라지고 태평한 시절이 오기를 희구한 「무등산」, 부역 나간 남편을 눈 빠지게 기다리는 내용의 「선운산」, 장사 나간 남편이 무사히 돌아오기를 기원하는 내용의 「정읍사」, 자식을 버린 아버지를 원망하며 부른 「목주」, 남편에 대한 아내의 변치 않은 사랑을 노래한 「지리산」, 사랑하는 사람 사이의 신비로운 인연을 주제로 한 「명주」 등이 보여주는 삼국속악(俗樂)의 세계는 「공후인」이나 「황조가」에서 노래하는 바와 크게 다르지 않다.

　그렇다면 이들 삼국속악은 그 성격에서 삼국시대~통일기의 향가와 어떻게 변별되는가? 남아 있는 자료가 영성(零星)하여 상세히 논의할 수는 없으나 다음 글을 통해 실마리를 마련할 수는 있을 것 같다.

　　신라, 백제 및 고구려의 음악을 고려가 아울러 써서 악보(樂譜)로 편성하였다. 그래서 여기에 붙여 기록한다. 가사는 다 우리말(俚語)로 되어 있다.

『고려사』의 편자가 「악지」 '삼국속악'에 붙인 설명이다. 이들 노래가 모두 우리말로 씌어 있다 했으니 그것은 우리의 노랫말을 적던 향찰식 표기가 분명하다. 그렇다면 이처럼 향찰로 표기되어 전승된 삼국속악은 그 장르적 성격이 향가와 어떻게 변별되는가? 흔히 향가를 정의할 때 광의로는 중국 시와 구별하여 우리나라의 시가 일반을 지칭하고, 협의로는 신라시대부터 고려초에 이르는 시기에 제작된 이두식 문자로 표기된 시가를 이른다. 그렇다면, 광의로든 협의로든 이 삼국속악을 향가라 부르지 못할 이유가 없다.

우리는 향가 하면 자연스럽게 『삼국유사』의 향가만을 떠올린다. 그리고 이를 바탕으로 향가의 성격을 자연스럽게 주술적이고 종교적인 색채의 노래거나, 주술과 종교의 성격을 채 벗어나지 못한 서정시양식으로 가늠한다. 그러나 어느 시대, 어느 사회를 막론하고 사랑과 이별, 생사의 고락 등 인생의 희로애락을 노래한 작품들이 존재하게 마련이며 또 그러한 노래들이 주류를 형성하는 것은 자명한 사실이다. 그런데 현전 『삼국유사』의 향가 자료는 이러한 인간 보편의 정서를 충실히 보여준다고 할 수 없다. 그런 점에서 『고려사』 「악지」의 '삼국속악'과 『삼국사기』 「악(樂)」의 '삼국노래'들은 『삼국유사』 향가에서 무엇이 빠져 있는지를 비추어주는 거울이라고 하겠다.

2. 향가의 명칭과 내포

향가는 삼국시대에서 통일기를 거치면서 생성·전래된 자국어 시가 전반에 대한 명칭으로, 단일한 갈래가 아니라 여러 층위의 작품군과 시가양식을 망라한다.

향가라는 용어가 처음 발견되는 문헌은 『균여전』과 『삼국유사』 등 고려시대에 씌어진 문적으로, 삼국시대~통일기에도 이 명칭이 실제 쓰였는지는 정확히 알 수 없다. 향가라는 용어가 가장 많이 사용된 문헌은 『삼국유사』이다. 여기서 향가는 단지 자국어 시가라는 뜻 외에 몇가지 중요한 의미를 내포하고 있다. 이와 관련하여 주목을 요하는 텍스트가 「월명사도솔가」이다.

국난을 타개할 산화공덕(散花功德)을 베풀라는 경덕왕의 당부에 월명사(月明師)는 '자신은 화랑의 무리에 소속된 미천한 신분의 사람인지라 향가는 할 수 있지만 전아(典雅)한 양식의 범패(梵唄)는 모른다'고 하였다. 그럼에도 그의 향가는 범패보다 훨씬 뛰어난 감동을 불러일으켜 국가를 위기에서 구한다. 일연은 이 이야기를 마무리하면서, '신라사람들이 향가를 숭상해온 지가 오래인데, 향가가 이처럼 천지귀신을 감동시킨 일이 한둘이 아니었다'고 논평한다.

이 이야기는 당대인들의 향가에 대한 중요한 인식을 반영하고 있다. 여기서 우리는 중국에 대한 변별의식, 나아가 민족의식이라 이를 수 있는 모종의 의식이 향가 창작의 이념적 기반으로 기능했음을 알 수 있다. 그리고 이처럼 향가가 천지귀신을 감동시킬 정도로 커다란 감화력을 발휘할 수 있었던 데에는, 무엇보다 향가가 민족어를 바탕으로 당대인들의 폭넓은 애호를 받으며 민족의 생활에 깊이 뿌리 내렸기에 가능했을 것이다. 실제로 향가의 향유층은 한시에 비해 훨씬 두터웠을 것으로 짐작된다. 현전 자료만 보더라도 왕과 귀족에서 하층의 낭도와 승려, 그리고 무명의 민중에 이르기까지 각계각층이 망라되어 있다. 이렇게 폭넓은 애호를 바탕으로 향가는 점차 개인의 감정과 정서를 표현하는 세련된 창작시가로 발전하면서 수준 높은 서정의 세계로 나아갔던 것이다.

3. 향가의 형식과 구조

현전 자료로 보아, 향가는 4·8·10구체 형식이 공존했던 것으로 보인다. 이 세 가지 형식은 나름의 발생론적인 연관이 있으면서도 각기 양식적 개별성과 의의를 지녔던 듯하다.

향가의 형식적 다양성은 구수의 많고 적음에 그치지 않고 시상 전개구조의 차이까지를 포괄한다. 이 가운데 특히 10구체 형식의 향가를 독립시켜 흔히 사뇌가(詞腦歌)라고 부르는데, 10구체 향가는 향가 가운데서도 특히 당대의 귀족·지배층의 정신세계를 반영하는 시가 양식이라 할 수 있다.

10구체 향가는 전편이 세 토막으로 나뉘어, 앞의 네 구에서 시상을 일으키고 다음 네 구에서 이를 심화 혹은 전이시킨 뒤, 감탄사에 이어지는 낙구에서 이를 서정적으로 완결하는 견고한 짜임을 지니고 있다. 예로 월명사의 「제망매가」를 보자.

생사 길은
이에 있음에 어그러지고
나는 가노라 말도
못다 이르고 가버렸는가
어느 가을 이른 바람에
여기저기 떨어질 잎처럼
한 가지에 나고
가는 곳 모르겠도다

아아 미타찰에 만나올
　　나 도 닦아 기다리겠노라

　첫째 단락인 1~4행에는 누이의 죽음에 맞닥뜨린 서정자아의 괴로운 심경이 잘 나타나 있다. 삶과 죽음의 길이 함께 있는 이 세계에서 한마디 말도 나눌 겨를 없이 허망하게 떠나버린 육친에 대한 슬픔이 의문형의 탄식 속에 담겨 있다. 이러한 개인적 아픔은 둘째 단락인 5~8행에서 존재 일반의 무상성에 대한 고뇌로 확대된다. 부모의 골육을 나눠 태어난 혈육의 관계를 하나의 나뭇가지에 돋아난 나뭇잎에 비유하되, 그것들이 한번 가지에서 떨어져 이곳저곳 사방으로 흩어져 가버리면 다시 만날 길이 없듯, 생사가 나뉜 길을 따라 살아야 하는 우리 인간의 숙명에 대한 안타까운 고뇌가 터질 듯 심화된다. 감탄사에 이어지는 낙구는 이처럼 심화된 고뇌의 한 정점에서 터져 나오는 탄식이자 그 종교적 초극을 향한 발원의 계기로서, 이같은 인간의 슬픈 운명을 완전히 벗어날, 헤어짐 없는 영원한 존재의 길을 이 세계에서 닦으리라는 서정자아의 비장한 결의이다.
　이같은 정서적 고양과 해결 구조는 숭고한 존재의 예찬 혹은 간절한 기원의 표출 같은 주제에 특히 잘 부합하여, 「제망매가」 「찬기파랑가」 「원왕생가」 등의 맑고도 깊은 서정과 기원을 담은 명작들이 창작되었다. 여기에 불교적 세계관이 직간접으로 가세하여 작품의 서정적 깊이를 심화하는 데 중요한 영향을 미쳤다. 당시 사람들은 향가를 가리켜, 그 뜻이 매우 높다든가 시어가 맑고 구절이 아름답다고 평했는데, 이는 주로 10구체 향가의 이러한 서정적 세련과 높은 격조를 가리킨 것이다.

4. 향가의 주요 담당층

향가의 담당층은 승려 또는 화랑도를 중심으로 하는 당시의 귀족층이라 보는 것이 일반적인 견해이다. 그런데 최근 들어 향가를 풍류도(風流道)와의 사상적 연관 속에서 보려는 시각이 나타나면서, 향가의 담당층이 화랑이나 낭도가 중심이고, 승려라 해도 화랑에 소속된 낭도승이 중심이라고 보는 견해가 제기되고 있다. 향가라는 민족시가를 이른바 풍류(風流)라는 민족 고유의 사상과 연관지어 이해하려는 노력은 원칙적으로 타당하다고 할 수 있다. 풍류가 오래 지속되어 신라인에게는 습속 차원으로 수용되었으며, 민족의 생활 속에 체질화되어 녹아들었다고 볼 때, 당대의 산물인 향가 역시 이와 관련짓지 않고 설명하기는 어렵기 때문이다. 그렇다 하더라도 향가를 풍류사상과 연관지어 이해하려는 입장과, 화랑이라는 특수한 제도의 형성·발달·쇠퇴의 과정에 따라 그 부침(浮沈)을 이해하려는 시각은 엄밀히 말해서 다른 것이라고 할 수 있다. 이와 관련하여 최행귀(崔行歸)의 발언이 음미할 만하다.

우리 인자의 나라에서는 마사(摩詞)가 문칙(文則), 체원(體元)과 함께 전아한 곡을 짓기 시작했고, 원효(元曉)는 박범(薄凡), 영상(靈爽)과 더불어 현묘한 노래의 발판을 만들었으며, 또 정유(定猷), 신량(神亮) 같은 현자들은 구슬 같은 시운을 잘 읊었고, 순의(純義), 대거(大居)와 같은 준걸들은 보석 같은 시편을 몹시 잘 지었다. 모두 구슬 같은 언어로 꾸미지 않은 것이 없어 그 청아한 노랫말은 감상할 만하고, 백설곡과 같은 음악은 그 묘한 음향이 참으로 들을 만하였다.

이 글은 최행귀가 균여의 향가를 한시로 번역하고 나서 거기에 붙인 서문의 한 대목이다. 중국의 한시에 견주어 향가가 전혀 손색이 없음을 역설하면서, 우리의 향가가 삼국시대와 통일기를 거치면서 어떻게 전개되어왔는지를 역사적으로 조망하고 있다. 따라서 이것은 고려전기 한 지식인이 바라본 향가의 역사라고 할 수 있다.

최행귀에 따르면, 향가는 화랑이나 낭도의 전유물이 아니었다. 또한 화랑의 성쇠에 따라 부침을 겪은 것도 아니었다. 향가가 화랑도와의 특수한 연관 속에서 생성·발달해왔다면 아마 이러한 글은 나오지 않았을 것이다. 여기서 거론한 승려들은 비록 원효, 대거(大居, 大炬, 大炬) 외에는 전혀 알려진바 없지만, 정황상 화랑과 특별한 친연관계에 있는 승려는 아니었을 것으로 짐작된다. '시어를 갈고 닦다'는 의미의 "마사", '문장의 법칙'이라는 의미의 "문칙", '문체의 으뜸'이라는 의미의 "체원" 등은 시문에 뛰어난 승려의 별호인 듯한데, 아마 이들로부터 향가는 본격적인 자기표현의 시가양식으로 발전하기 시작했을 것이다.

한편, 화랑과의 관계를 강조하여, 향가가 화랑이 주관한 제의(祭儀)와 관련해 발달했다고 보는 시각도 있다. 그런데 화랑제도와 병행하여 제도화된 팔관회 같은 대규모 축제에서 가악을 담당한 주체가 과연 화랑이었는지에 대해서도 좀더 신중히 연구해야 할 것으로 보인다. 왜냐하면 팔관회 같은 축제는 천신과 산신 혹은 그것의 불교적 변용인 제석천과 그 제석천을 호위하는 용신(龍神)을 섬기는 것이었기에, 이러한 하위 신격에 대한 제의에서 상위 신격, 즉 미륵의 화신이던 화랑이 주재자가 된다는 것은 논리적으로 맞지 않기 때문이다.

향가의 주 담당층을 화랑으로 보는 시각은 근본적으로 향가가 주술·종교에 종속된 특수한 성격의 가요였다는 인식에서 비롯한다. 그러나 균여는 자신의 향가에 대한 자서(自序)에서 향가를 세상사람들이 놀고 즐기는 데 쓰는 도구라고 규정한바 있다.『삼국사기』「악지」에도 이와 동일한 관점이 나타나 있다.「악지」는「회악(會樂)」에서 시작하여 사뇌가의 일종으로 보이는「사내악」「사내기물악」「덕사내」「석남사내」등을 시대순으로 거명하면서 이들을 신라인의 기쁨과 슬픔에서 우러나온 노래들이라고 설명한다. 이들 노래가 신라인의 일상적인 희로애락의 감정을 표현하는 통로였다는 의미이다.

5. 향가의 내용과 작품세계

향가는 불교가 들어오기 이전부터 민족어 시가로서 당대인들의 사랑을 받으며 우리 민족의 생활에 깊이 뿌리박고 있었다. 향가 가운데 가장 세련된 형식과 서정세계를 보여준 사뇌가가 문헌상으로 이미 유리왕(儒理王, ?~56)대부터 확인되는 터이다. 그렇지만 향가가 본격적으로 한단계 신장·상승할 수 있었던 까닭은 불교, 특히 대승불교의 유입이 계기였을 개연성이 크다. 대승불교를 접함으로써 비로소 당대 지식인들은 타인의 고통과 사회모순에 눈뜨고 사회적 실천에 나서게 되었고, 그러한 실천과정 속에서 자아와 세계에 대한 이해가 한층 깊어지고 성숙함으로써 새로운 노래들이 세상에 나올 수 있었을 것이기 때문이다. 최행귀가 향가의 역사를 더듬으면서, 마사, 문칙, 체원이라는 승려가 '허공 속에 전아한 노래를 새기기 시작했다'(鑿空雅曲)고 말한 것도 이런 사정과 무관하지 않을 것이다. 대승불교의 유입과 더불어 신라인들이 어떤 노래를 부를 수 있게 되었는지, 우리는 그 실마리를 「혜성가」를 통해서 찾아볼 수 있다.

  옛날 동해 바닷가에
  건달바의 놀던 성을 바라보고
  왜군이 왔다 하여
  봉화를 사른 사람이 있었어라
  세 화랑의 산 오른단 말 듣고
  달도 바지런히 밝히려 할 차에
  길쓸별 바라보고
  혜성이여 사뢴 사람이 있도다
  아으 달 아래 떠갔더라
  이 어느 무슨 혜성이 있을꼬

「혜성가」는 진평왕대에 융천사(融天師)가 지었다고 전해진다. 이 노래는 보통 주술가요로 알려져 있으나, 실상 이 노래를 떠받치고 있는 사유는 대승불교의 핵심개념인 공(空)이라고 할 수 있다. 이 노래에 따르면, 옛날 동해 바닷가 파수꾼이 신기루를 보고 왜군이 나타났다고 소란을 피운 것처럼 혜성도 하나의 꿈 같은 환영에 지나지 않는다. 물론 신기루와 달리 혜성은 하늘에 실제 존재한다. 그러나 문제는 혜성을 혜성으로 만드는 것, 즉 그것을 결정적으로 만드는 것은 강박증에 가까운, 사람들의 두려움과 집착이다. 그런 점에서 혜성은 환영이요 꿈이라고 할 수 있다. 환영이 꿈이라면 그것은 허망하고 무의미해서가 아니라, 환영을 만드는 사람들의 공포와 욕망, 즉 마음의 작용 때문이다. 그것이 환영이라는 이름에 값하는 것은 그 욕망이나 마음이 무상한만큼 그 현실성도 유효성도 무상하다는 사실 때문이다.

「혜성가」는 이처럼 고통에서의 해방을 주술이 아닌 실존의 문제로 이해한다는 점에서 중요한 의미를 갖는다. 그러나 이처럼 모든 것을 마음의 문제로 환원하는 것은, 사회적 고통에 대한 문제의식이 아직 부족하다는 증거이기도 하다. 이 문제는 「안민가」 같은 노래에서 조금 다른 모습으로 나타난다.

> 임금은 아비이며
> 신하는 따사로운 어미이며
> 백성은 어리석은 아이라고 하실 때에
> 백성이 따사로움을 알리이다
> 구물구물 살아가는 불쌍한 중생들
> 이를 먹여 다스릴지어다
> 이 땅을 버리고 어디를 가리 할 때에
> 나라가 지녀짐을 알지어다
> 아아 임금답게 신하답게 백성답게 하면
> 나라가 태평할 것이로다

국난을 극복할 방안을 찾는 경덕왕에게 충담사(忠談師)라는 승려가 나타나 이 노래를 지어 전했다고 한다. 충담사가 실존인물인지 아닌지는 알 수 없으나, 이 이야기에서 중요한 것은 그가 나라의 태평을 위해 경덕왕에게 전한 것이 만파식적(萬波息笛)이나 옥대(玉帶) 같은 초월적인 주력(呪力)이 아니라는 사실이다. 대신 그는 경덕왕에게 사랑과 자비를 호소하는 노래를 지어 바쳤다.

이 노래에 따르면, 한 나라의 통치자에게 가장 필요한 것은 백성을 자식처럼 사랑하는 마음, 즉 다른 사람의 고통을 자신의 고통으로 체험하는 부처 같은 감수성이다. 이는 충담사가 고통에서의 해방, 가난에서의 구원을 갑작스럽고 느닷없이 다른 상태로 변화되는 것으로 생각하지 않았음을 의미한다. 대신 그는 자식에 대한 부모의 사랑처럼 다른 사람들의 비천함을 자신의 비천함으로 경험하고, 다른 사람의 아픔을 그 자신의 아픔으로 느끼는 부처의 감수성을 경덕왕에게 권면하고 있다(충담사는 미륵부처를 모신 승려로 전해진다). 따라서 「안민가」는 외부의 기적을 기대하는 주술의 자세와는 거리가 멀다. 또한 인간의 고통을 마음의 문제로 환원하는 「혜성가」의 세계와도 거리가 멀다고 말할 수 있다.

이처럼 향가를 떠받치고 있는 서정은 나말여초를 살았던 균여의 향가 「보현십원가」에서 한층 더 실천적으로 나아간다. 그 예로 그중 한수인 「항순중생가(恒順衆生歌)」를 보자.

    각수왕(覺樹王)은
    미혹의 중생을 뿌리로 삼으시니라
    대비(大悲)의 물로 적시어
    아니 이울었더라

온 법계(法界)에 가득한 중생들과 더불어
나도 같이 살고 같이 죽으리라
한순간도 그치지 말고 한량없이 생각하여
부처 하듯 그들을 공경할지라
아아 중생들 편안하거든
부처 또한 기뻐하시리라

  이 시에서의 이른바 "대비"는 인간에 대한 가없는 사랑과의 동일시, 공감적 연대라고 할 수 있다. 그것은 다른 사람의 아픔을 자신의 아픔으로 느끼는 감수성이며, 다른 사람의 절망이 내 절망이고 다른 사람의 기쁨이 내 기쁨이요 힘이라고 느끼는 감수성이다. 그것은 또한 고통을 당하는 사람들과 나를 일치시키는 정서적 공감이요, 그런 고통스런 상황에 대한 책임을 함께 지는 마음이기도 하다.
  이 시의 화자는 더불어 사는 인간의 고통과 희망을 나의 것으로 동일시한다. 따라서 그에게 세계 안의 모든 사태는 연기(緣起)적으로 관계한다. 이때 연기는 감성 위에 존재하는 무엇이라고 할 수 있다. 왜냐하면 이 감성은 설령 나의 행복과 다른 이들의 불행이 직접 관련돼 있지 않을 때도 나에게 책임이 있다고 느끼는 것이기 때문이다.
  「보현십원가」는 『화엄경』의 「보현행원품(普賢行願品)」을 서정적인 형식의 노래로 옮긴 것이다. 여기서 보현의 행원이란 부처가 걸어간 자비의 길을 자신도 따라가겠다는 소망이다. 다시 말해 부처의 운명을 자기 것으로 삼아 짐지고 가는 것이다.
  실오〔得烏〕라는 낭도가 지은 「모죽지랑가」도 바로 이러한 자비의 화신에 대한 사모의 마음을 노래했다. 왜냐하면 죽지랑은 실오처럼 힘없고 나약한 것들의 고통을 위로하고 질곡에서 풀어주는 존재이기 때문이다. 이런 죽지랑의 모습은 미륵부처에 대한 이미지와 상당 부분 겹친다(실제 설화에서 죽지랑은 미륵의 화신으로 출현한다). 그리고 이런 이미지는 실오의 노래를 통해 봄이라는 자연의 상징으로 나타난다. 봄으로 상징되는 사랑의 화신이 떠나자 모든 생명은 마치 빛을 잃은 나무처럼 시름에 젖는다. 그러나 지나간 봄은 다시 오게 마련이다. 그는 사라지고 없지만 그의 사랑과 자비는 사라지지 않고 이 세상에서 재생한다.

현재 전해지는 10구체 향가는 이처럼 종교적 깨달음과 발원을 주조로 한다. 따라서 그 수사는 자연히 깊고 숭고한 인상을 주게 마련이다. 우리는 오늘날 전하는 10구체 향가 가운데 저속하고 침음한 표현을 찾기 어렵다. 향가는 그 수사가 순진하고 원융할 뿐만 아니라 숭고하고도 평화롭다. 이런 점에서 우리는 향가를 가리켜 그 뜻이 매우 높다든가, 시어가 맑고 구절이 아름답다고 한 표현을 재삼 음미하여 그 진의를 비로소 이해할 수 있는 것이다.

6. 연구사적 반성

일연의 『삼국유사』는 지난날의 여러 저작 가운데 특히 『삼국사기』를 민감하게 의식하면서 편찬된 것으로 알려져 있다. 일연은 『삼국사기』에 대응하여 불교적 세계관에 기초한 신이(神異)를 전면에 내세운다. 일연은 현실 너머에 존재하는 초월적 세계를 현실의 지평으로 끌어들이기 위해, 우리나라 건국시조의 신이한 탄생 이야기와 삼국의 제왕들에 관련된 신이한 사건들, 그리고 감응과 주술을 비롯한 불교의 신이한 사건들을 수많은 문헌과 구비자료를 통해 수집해놓았던 것이다. 일연은 이처럼 유가의 합리주의 아래 버려진 사실들에 새로운 가치를 불어넣으면서 '세계의 진실'을 새롭게 되살리려 했다. 그는 이 책을 통해 눈으로 볼 수 없고 합리적으로 설명할 수 없지만 우리의 일상세계와는 다른, 물리법칙의 작용을 받지 않는 세계, 그러면서도 이승과 단절된 것이 아니라 어딘가 서로 연결하는 실마리를 가진 세계가 엄존한다는 사실을 말하고 싶었던 것이다.

이처럼『삼국유사』는 현실에서 일어나기 어려운 신비와 기적을 주요 문제로 설정해두었다. 이 점은 향가가 전승되는 문헌에도 동일하게 적용된다.『삼국유사』의 향가가 주로 주술·종교와 관련된 신비로운 사건과 얽혀 있는 이유도 여기에 있다. 이들 이야기에서 향가는 놀라운 마력을 발휘하여 인간을 죽음에서 구원하고, 혜성을 사라지게 하여 국가의 재앙을 막아내기도 한다. 또 절통한 원망을 품어 사철 푸른 잣나무를 시들게 하기도 한다. 한편, 이승과 저승, 인간과 귀신의 세계가 연속된 총체적 세계에서 저승의 신물(神物)이 미모의 여인에게 나타나 구애의 노래를 부르는가 하면, 역신(疫神)에게 아내를 빼앗긴 처용은 고뇌의 노래를 부르기도 한다.

이처럼『삼국유사』는 아주 특수한 주제와 관련하여 수집한 향가만을 제시하므로 여기에 실린 향가에 대해서는 아주 조심스럽게 접근해야 한다. 이러한 자료의 성격상『삼국유사』의 향가 14수는 그 시대의 노래를 대표하거나 온전히 대변한다고 볼 수 없기 때문이다. 그뿐 아니라 이들 14수의 노래 가운데 일부는 지괴(志怪), 전기(傳奇) 등의 서사체에 삽입된 형태로 전승되어 그 역사적 실재를 입증하기 곤란한 작품들도 있다. 따라서 『삼국유사』의 향가를 중심으로 우리의 고대시가사를 구상할 경우, 자칫 그 문학사는 사람살이의 일상에서 소외되어 다소 기이한 모습으로 기술될 위험이 있다. 그런 점에서 『고려사』「악지」와 『삼국사기』에 전하는 삼국의 노래들은, 우리 고대시가사에서 『삼국유사』의 향가보다 훨씬 더 주목받아야 하지 않을까 한다.

: 김창원 :

● 더 읽을거리

현재까지 나온 향가의 주요 주석서는 다음과 같다. 양주동 『增訂 古歌硏究』(일조각 1965); 양희철 『삼국유사향가연구』(새문사 1988); 강길운 『향가신해독연구』(학문사 1995); 신재홍 『향가의 해석』(집문당 2000). 향가 연구는 주석사라고 해도 과언이 아니다. 향가 원문에 대한 주석이 그 노래에 대한 해석의 방향을 결정적으로 좌우하기 때문이다. 단행본으로 나온 주석서 외에 소논문을 통해 개별 작품에 대한 중요한 주석을 발표한 사례도 적지 않다. 이 글에서 인용한 작품의 주석은 양주동의 것을 따르되, 수정이 필요하다고 판단되는 부분에 한해서 한두 군데 다른 주석도 참조·반영하였다.

고대가요 및 향가를 전반적으로 이해하기 위해서는 김열규 「향가의 문학적 연구 일반」, 『향가의 어문학적 연구』(서강대 인문과학연구소 1972); 정병욱 「고전시가의 사적 전개」, 『한국고전시가론』(신구문화사 1993); 김흥규 「고대가요」, 「향가」, 『한국문학의 이해』(민음사 1986)를 먼저 읽어볼 필요가 있다.

향가를 장르론적으로 이해하기 위해서는 김학성 『한국 고시가의 거시적 탐구』(집문당 1997); 성기옥 「'감동천지귀신'의 논리와 향가의 주술성 문제」, 최진원 외 『고전시가의 이념과 표상』(임하 최진원 박사 정년기념 논총간행위 1991)이 좋은 참고가 된다.

향가의 형성과 역사적 위상 그리고 그 전개과정을 깊이있게 이해하기 위해서는 장원철「향가와 한시, 향가적 서정과 한시 미의식의 역사적 성립 양상을 중심으로」,『한국한문학연구』15(한국한문학연구회 1992); 정출헌「향가의 민족문학적 성격과 그 문학사적 의의」,『어문논집』34(고려대 국어국문학연구회 1995)가 좋은 길잡이가 된다.

향가에 대한 다양한 작품론을 접하기 위해서는 박노준『신라가요의 연구』(열화당 1982); 김승찬『신라향가론』(부산대 출판부 1990); 김창원『향가로 철학하기』(보고사 2004)를 읽어볼 필요가 있다.

고려시대 균여와 그의 향가를 살펴보기 원하면, 최철·안대회「향가 해제」, 『역주 균여전』(세문사 1986)이 좋은 참고가 된다.

그리고 최근에 나온 성과 가운데 박재민「〈모죽지랑가〉의 사건 발생 시기에 대하여」,『관악어문연구』30(서울대 국문과 2005)은 향가와 관련 텍스트에 대한 본문 비평적 성격의 글로서, 향가 연구자라면 꼭 일독해볼 만한 글이다.

삼국시대에서 남북국시대까지의 한문학

1. 한자의 수용과 활용, 그리고 중세문학의 형성

중세문학은 개인 창작문학의 출현, 공통문어에 의한 기록문학의 성립, 보편종교의 전래, 상하층문학의 분화 등이 특징이라는 점에서 원시·고대 문학과 구별된다. 삼국시대에서 남북국시대에 이르기까지의 한문학은, 동아시아문화권에 편입하여 자국의 문학을 발전시킨 중세문학의 첫 단계에 해당한다. 불교 공인, 율령 반포 등을 통한 정치 이념과 체제의 확립, 한자 수용을 통한 공통의 문화적 기반 확립 등은 중세문학을 알리는 지표들이다.

한자가 한반도에 전래된 시기는 기원전 300년 전후로 추정된다. 한자의 수용은 기록문학의 정착을 의미할 뿐만 아니라, 이로써 고대문학에서 중세문학으로 전환하는 계기를 마련하였다는 점에서 더욱 주목된다. 고대국가의 성립을 전후로 한 시기에 이르러 한자가 전래됨으로써, 그 전시대 구비문학의 일부가 문자로 기록되고 한문문학이 출현한다. 그리고 삼국시대와 남북국시대에는 구비문학과 병행하여 향가 같은 차자표기 문학이 형성·발달하고, 귀족과 육두품 지식인 등을 중심으로 한문문학이 성장하기에 이른다.

　이와같은 문학사의 전환과 변화를 추동한 동력의 하나로 무엇보다 민족과 지역을 넘어 동아시아문명권에 보편적으로 통용된 문자언어로서의 한자를 들 수 있다. 우리 민족은 한자를 적극 수용하여 한자문화권을 형성·발전시키고 자국의 사상과 감정을 표현하였다. 한문의 어법을 그대로 따르기도 했지만, 한국어의 어법과 구조에 맞추어 변개해서 사용하기도 했다. 그 변형의 초기 형태는 6, 7세기경에 작성된 「임신서기석(壬申誓記石)」이다. "若此事失, 天大罪得誓"(만약 이 맹세를 어기면 하늘에 큰 죄를 짓는 것이라 맹세한다)에서 보듯이, 한자로 적었으되 우리말 어순으로 되어 있다. 이 문장은 한자의 뜻을 파악한 뒤, 우리말의 적당한 문법 형태소를 보충해주면 그 뜻을 이해할 수 있다.

　이같은 초기 변용방식을 더욱 발전시켜, 우리말의 어법과 구조에 걸맞게 한자를 활용하여 표기한 형태가 향찰이다. 향찰은 단어문자인 한자를 차용하여 음절문자 또는 음소문자처럼 사용했으니, '혁신적 변용'이라 할 만하다. 이러한 방식은 이 시대의 민족어문학을 대표하는 향가를 표기하기 위해 나타났다. 고유어를 표기하는 적절한 수단으로 향찰을 고안해냄으로써, 민족어문학으로서의 향가가 즉흥적으로 불리고 입에서 입으로 전승되는 방식에서 벗어나 개인이 창작하는 기록문학으로 정착, 발전할 수 있는 길이 열렸다.

한편 향찰식 표기와 함께 한문 문장을 그대로 사용하는 방식은, 이 시기 중세문화의 이중적 언어체계를 반영한다. 이러한 이중적 언어체계는 한글이 창제되면서 더욱 확대되었으며 19세기말까지 존속했다. 중세문학시대에는 보편문어로서의 한문과 우리의 독특한 언어체계가 이원적으로 공존하는데, 이 시기는 그 첫단계에 해당한다.

2. 삼국시대의 한문학

삼국 초기에는 지배체제의 확립과 효율적 운영을 위해 문자가 필요했다. 주로 국가의 공식 역사서, 외교문서, 각종 금석문, 국내 정치문서 등이 문자로 기록되었다. 특히 산문은 주로 서정적 내면을 표현하는 시(詩) 혹은 시가(詩歌)와 달리, 국가체제의 확립이나 외교문서의 작성 등, 공공적·실용적 목적에 부합하며 이념성을 구현하는 방향에서 주로 창작되었다. 이에 비해 시양식은 일찍부터 창작되었고, 가악무(歌樂舞)와 분화되지 않은 상태에서 제의와 유희의 속성을 지니고 있다가 점차 개인의 서정을 표현하는 쪽으로 변화해왔다. 산문창작은 대부분 정치·외교적 필요성, 국가 위업의 선양과 체제정비 요구에 부응했으니, 역사서 편찬과 기념비 건립이 대표적인 예이다. 이와 함께 대(對)중국 외교문서 작성과 국왕의 율령 반포 같은 국가의 공식행사와 제도 정비를 중심으로 그 사용 범위가 확대되었다.

지금까지 전하는 자료가 많지 않은 가운데 삼국시대 한시 작품으로 주목되는 것은 고구려 정법사(定法師)의 「영고석(詠孤石)」, 을지문덕(乙支文德)의 「여수장우중문시(與隋將于仲文詩)」, 그리고 신라 선덕여왕의 「태평송(太平頌)」 등을 들 수 있다. 이들 작품은 4언고시의 소박한 형태에서 벗어나 한층 복잡한 5언고시 형식을 취하고 있다는 점에서 주목된다.

외로운 바위를 노래하다

멀리 보이는 바위 곧게 하늘로 치솟았고	迥石直生空
넓은 호수 사방으로 툭 트였네	平湖四望通
바위 아래는 항상 물결에 씻기우고	巖隈恒灑浪
나뭇가지 끝은 바람에 나부끼네	樹杪鎭搖風
물결 위에 누워 그림자를 담그고	偃流還漬影
노을에 젖어들어 더욱 붉은 빛을 띠네	侵霞更上紅
여러 봉우리 밖에 우뚝 솟아	獨拔群峰外
홀로 흰 구름 속에 빼어나다네	孤秀白雲中

「외로운 바위를 노래하다〔詠孤石〕」는 고구려 승려 정법사가 6세기 후반 무렵에 창작한 5언 8구의 고시 작품이다. 호숫가 외로운 바위를 소재로 한 이 작품에서 시인은 주관적 감정을 가능한한 배제하고 객관적 경물을 집중적으로 묘사하고 있다. 우뚝 솟은 바위의 자태를 그림으로써 높고 넓고 강인한 이미지를 표현하고, 그 외로운 바위에 자신의 심경을 의탁하고 있다. 이것은 수도자의 고고한 정신세계의 우의(寓意)로, 바위는 시인 혹은 시인이 열망하는 이상적 표상이라고 할 수 있다.

고구려 한시를 대표하는 또다른 작품으로 「여수장우중문시」가 있다. 이 한시는 5언 4구의 고시로, 612년 을지문덕이 고구려에 쳐들어온 수나라 장수 우중문에게 보내는 형식의 작품이다. 반어적 표현을 통해 적장의 허세를 비웃고 있으며, 화려한 표현보다는 내용의 질실(質實)함에 비중을 두었다. 이런 점은 활동성과 실질, 그리고 무(武)를 함께 숭상하는 고구려의 문풍(文風)과 연결된다.

한편 이 시기 산문 창작과 관련해 먼저 언급할 작품으로는 고구려의 『유기(留記)』 백제의 『서기(書記)』 신라의 『국사(國史)』 등 역사적인 사건을 기록한 자료이다. 관련기록을 통해 이들 서적의 개략적 내용과 편찬의식 등을 추정할 수 있는바, 구비전승되던 신화·전설·왕실의 계보 등을 기록하는 데 중점을 두었던 듯하다. 그후 고구려에서는 『유기』 100권을 토대로 영양왕 때 『신집(新集)』 5권을 새로 편찬하였다. 이는 정치·사회의 발전과 더불어 현실문제에 관심이 고조됨에 따라, 그 이전의 신화적·설화적 성격과 구별되는 현실적·실용적 성격을 강조한 것으로 짐작된다. 이들 역사서는 현재 전하지 않지만, 이후 산문사 전개의 초석이 되었다는 평가를 받는다.

역사서 편찬의 실제 효용에 대한 더 뚜렷한 인식은 진흥왕 때 『국사』 편찬을 건의한 이사부의 언급에서 재확인된다. 즉 "국사(國史)라는 것은 군신의 선악을 기록하여 포폄(襃貶)을 만대에 보이는 것입니다. 사기(史記)를 편찬하지 않으면 훗날 무엇을 보고 알겠습니까?"라는 말이 그것이다. 그러니까 『국사』는 군신의 선악을 기록하여 포폄을 후대에 전하기 위하여 편찬한다는 유교의 교훈적·실용적 목적에 입각하여 편찬된 것이다. 우리나라 산문사의 맨 앞자리를 차지하는 이들 역사산문자료들은 구비전승되던 설화를 수집 정리했으며, 사건들의 충실한 기록이라는 '기사(記事)'의 창작 방법에 입각하여 이후 산문 발달을 촉진했다. 또한 김대문(金大問)의 『화랑세기(花郞世紀)』 『고승전(高僧傳)』 그리고 김장청(金長淸)의 『김유신행록(金庾信行錄)』 등 개인전기산문의 발달에 일정한 영향을 미친 것으로 보인다.

삼국시대의 대표적인 산문은 「광개토대왕릉비문」 「모두루묘지문」 「진흥왕순수비문」 등의 비문, 「간진평왕서(諫眞平王書)」 「옥중상의자왕서(獄中上義慈王書)」 「상후위효문제표(上後魏孝文帝表)」를 위시한 서간문과 표문(表文) 등이다. 「광개토대왕릉비문」(414)은 고구려 건국부터 광개토왕까지의 내력, 광개토왕의 공적과 위세, 왕의 능을 수호하는 데 차질이 없어야 한다는 내용 등을 담고 있어, 고구려의 웅혼한 기상과 민족에 대한 자긍심을 실감케 한다. 「진흥왕순수비문」 또한 왕이 여러 신하들을 이끌고 자신이 개척한 지역을 돌아본 것을 기념하여 세운 것으로, 당시 발전해가던 신라의 정치이념이 표현되어 있다.

한편 「사택지적비문(砂宅智積碑文)」은 정교한 대구와 수식을 갖추어 변려문의 미적 특질을 잘 구현하고 있다. 사택지적이 늙어가는 것을 한탄하여 금옥으로 사탑을 건립하니 그 위용이 장려하다는 내용이다. 일부만 남아 있어 단정짓기 어렵지만, 인간으로서 겪어야 하는 무상한 삶의 문제를 적절한 형식적 장치(비유와 대구 등)를 동원하여 표현했다는 점에서 문예적 취향에 경사되었음을 알 수 있다. 또한 「상후위효문제표(上後魏孝文帝表)」는 김윤식이 「동감문초서(東鑑文鈔序)」에서 '글의 표현이 전아하고 순하다'라고 평했듯이, 정제된 4언체의 우아하고 전실(典實)한 문장으로, 후대의 표문양식에 흔히 보이는 과도한 수식과 조탁의 폐단과는 거리가 멀다. 이처럼 삼국시대에는 중국 육조(六朝) 시대의 변려문을 받아들이고 문선풍(文選風)이

유행하는 등 변려체 형식이 널리 유행했지만, 화려하거나 내용이 부실한 폐단에 빠지지는 않았다. 오히려 산문체에서 획득하기 어려운 문예적 정취와 감각을 효과적으로 표현하는 데 변려체를 적극 활용한 듯하다.

3. 남북국시대의 한문학

한문문학은 삼국시대 초기부터 창작되었으나 통일신라와 발해가 양립한 남북국시대에 들어서 본격 발달했다고 할 수 있다. 이 시기의 신라는 문치(文治)에 힘을 기울여 많은 학자와 문인을 양성했으며, 적지 않은 유학생을 중국 당나라에 파견하여 활발하게 문학을 교류했다. 발해의 자료는 많지 않으나, 당과 일본에서 그 문학적 수준을 높이 평가한 사실로 보아 한문문학이 융성했음을 알 수 있다.

삼국을 통일한 신라는 국학의 설치, 입당(入唐)유학생 증가로 인하여 많은 문인들을 배출하였다. 국학과 독서삼품과 설치, 견당(遣唐)유학생의 증가 등에 따라 성덕왕과 경덕왕 때에는 한문학이 융성했다. 국학의 설치에서 독서삼품과의 시행에 이르는 개혁과정에서 두드러지게 부각된 세력이 다름아닌 골품제도 아래에서 신분차별을 받아온 육두품을 비롯한 하급귀족이었다. 강수(强首), 설총(薛聰) 등 육두품 출신은 국학 설치를 주도했으며, 통일신라의 외교문서를 담당한 제문(帝文), 수진(守眞), 골번(骨番) 등은 모두 진골이 아닌 하급귀족 이하 출신이었다. 이들 하급귀족 출신 문인들은 풍부한 경학과 문학 지식을 바탕으로 8세기를 한문학의 전성기로 만드는 데 중요한 역할을 했다.

　한시는 7~9세기에 신라·발해·일본 등 동아시아 전역에 걸쳐 공통 양식으로 널리 수용, 정착되기에 이른다. 개인의 서정을 본격적으로 노래한 한시 작품은 삼국이 통일된 7세기 말엽 이후에 성행한 것으로 보인다. 현존하는 자료로 볼 때,『왕오천축국전(往五天竺國傳)』에 삽입된 혜초(慧超)의 작품, 김지장(金地藏)이 당나라 구화산(九華山)에 머물 때 쓴 작품 등에 이르러 한시가 종교적·정치적·외교적인 공적 기능에서 벗어나 한 인간의 서정을 노래하게 되었다.

　그러나 현존 한시 작품이 많지 않은 가운데, 우선 8세기 이후 중국, 일본 등에 사신으로 왕래하면서 한시를 남긴 발해 시인들이 주목된다. 발해의 작품은 거의 남아 있지 않지만 남북국시대의 한시문학은 국제적 영향관계를 파악하는 데 매우 귀중한 가치가 있다. 양태사(楊泰師), 왕효렴(王孝廉), 석인정(釋仁貞) 등의 발해 시인들은 일본 시인들과 활발히 교유했으며, 이들의 작품이 일본의 대표적 한시집에 실려 전한다. 특히 이 시기에 한시는 정치적 교화와 의례의 차원을 넘어 서로 다른 언어를 사용하는 개인들의 의사소통을 담당함으로써 서정성을 더욱 강화해갔다. 이 가운데 양태사가 지은「밤에 다듬이소리를 듣다(夜聽擣衣聲)」는 일본에 사신으로 갔을 때 고향을 그리워하며 읊은 것으로, 24행의 7언배율이다. 그 앞부분을 인용한다.

밤에 다듬이소리를 듣다

서리 내린 하늘에 달빛 비치고 은하수 밝은 밤	霜天月照夜河明
나그네는 고향 생각에 감회가 새롭다네	客子思歸別有情
긴 밤 오래 앉아 있노라니 근심으로 애가 타는데	厭坐長宵愁欲死

홀연히 들려오는 이웃 아낙네의 다듬이소리	忽聞隣女擣衣聲
끊어질 듯 이어지며 바람결에 실려와	聲來斷續因風至
밤 깊어 별이 기울도록 잠시도 그치지 않네	夜久星低無暫止
고국을 떠난 후로 들어보지 못했더니	自從別國不相聞
이제 타향에서 듣는 저 소리 그때와 비슷하다네	今在他鄉聽相似

귀국할 날을 앞둔 시적 화자는 고향생각으로 잠 못 이루며, 향수는 애틋하기만 하다. 그런 가운데 어디선가 들리는 다듬이소리가 심회를 북돋아, 고향에 대한 그리움이 더욱 구체적인 정감을 띠고 다가온다. 이같은 시적 안목과 구성을 통해 발해인들의 한시가 높은 수준에 이르렀음을 알 수 있다. 양태사는 출중한 문학적 재능으로 국외에서까지 이름을 떨친 인물로, 동아시아문화권의 국제인다운 시적 감각과 표현력을 보여준다.

통일신라에서는 728년 당에 정식으로 유학생을 파견한 것을 계기로 유학열기가 고조되었다. 837년에는 유학생수가 216명에 이르렀으며, 외국인을 위해 설치한 당의 빈공과에서는 821년 김운경(金雲卿)을 시작으로 당이 멸망할 때까지 58명의 급제자가 배출되었다. 이들 빈공제자들의 한시문학을 통해 신라 한문학은 한층 성숙한 단계로 진입하였다. 김운경, 김입지(金立之) 등으로 대표되는 빈공제자의 시풍을 일률적으로 평가할 수는 없지만, 최치원으로 대표되는 남북국시대 말기의 유미적(唯美的) 만당풍(晚唐風) 시와는 거리가 있었던 것으로 파악된다. 또한 이들 빈공제자의 시인들은 중당시(中唐詩)를 폭넓게 체험하고 당시인들과 활발히 교유하는 한편, 일본 한시집에 그들의 시작품이 수록될 정도로 국제적인 명성을 떨치기도 했다. 이를 통해 그동안 잠재해 있던 신라 한시문학이 꽃피어 풍성한 결실을 거두었으며, 그 발전과정에서 최치원으로 대표되는 9세기 후반 육두품 지식인들의 시적 성취가 두드러졌다.

통일 이후 100여년에 걸친 신라 중대는 그 문화의 전성기였으며, 정치적으로는 왕권이 크게 강화된 시대였다. 이 가운데 강수는 유교 경전을 전공하여 『효경(孝經)』『곡례(曲禮)』『이아(爾雅)』『문선(文選)』 등을 공부했다. 삼국통일기의 대표적인 유학자·문장가로서, 통일전쟁기에 조서 작성 등에서 크게 활약했으며, 외교문서 작성에 특히 뛰어나 대당 외교에 많은 공을 세웠다. 삼국통일을 전후로 국제 외교관계가 복잡하게 얽힌 가운데 국가의 공식입장으로서 적절한 외교문서의 작성은 긴요한 것이었다. 『삼국사기』 「강수전」에서는, 당나라에 보내기 위해 지은 조서에 대해 "글이 솜씨가 있고 내용이 충분히 전달되었다"고 평한다. 요컨대 외교문서상 전달하고자 하는 내용을 적실하게 드러내는 한편 효과적으로 표현했다는 뜻이다. 또한 문무왕이 삼국통일의 과업을 달성한 공로자로 강수를 언급한 대목은 이 시기 산문 창작의 공공적·실용적 측면에 대한 인식을 짐작케 한다.

삼국통일기 전후의 대표적 유학자 중 한 사람인 설총은 이두체계를 정비하고 후생의 교육에 힘썼다. 유학의 종사(宗師)로 일컬어지는 그는 여러 작품을 남긴 듯한데, 현재 「화왕계(花王戒)」만이 전한다. 「화왕계」는 왕을 풍간(諷諫)하기 위해 지은 우언(寓言)으로, 정교한 대우법, 다수의 전고, 첩자(疊字)와 첩운(疊韻) 등을 능란하게 구사했다. 4자와 6자를 기본으로 대구로 이루어진 변려체의 미감을 살리는 한편, 대구와 글자수에 얽매이지 않는 산문체의 특성을 적절하게 결합시켜 예술적 완성도를 높이고 있다. 이 작품은 완곡한 표현을 구사하면서, 당시 정치의 득실과 폐단을 암시·권고·질책하는 풍유법을 효과적으로 활용하고 있다. 이처럼 권계와 풍간의 뜻을 기탁하는 수법은 『시경(詩經)』과 『이소(離騷)』의 창작정신을 계승한 것으로, 전통적인 유가적 문학관의 소산이다. 그리고 우언을 통해 임금의 도리를 밝히려는 창작태도에는 산문의 창작행위를 도덕적·정치적 이념과 결부시켜 파악하는 의식이 내재해 있다고 하겠다. 아울러 「화왕계」의 독특한 예술적 수법은 후대의 가전체소설, 즉 「화사(花史)」 「화왕전(花王傳)」 등의 선구적 형태로 기억해야 할 것이다.

8세기 전반 인물인 혜초의 『왕오천축국전』은 완정(完整)한 형태로 남아 있는 가장 오래된 고전작품으로, 우리나라 기행문학의 효시이다. 8세기 인도와 중앙아시아 지역을 여행하면서 견문한 것을 산문으로 기록했으며, 여행 도중에 느낀 감회를 한시로 노래하였다. 『왕오천축국전』은 8세기 전반 인도 불교의 상황, 카슈미르·파키스탄·페르시아·터키·중앙아시아의 풍속·지리·역사를 알려주는 서역사(西域史) 연구의 귀중한 자료이다. 기행문으로도 탁월할 뿐 아니라, 그 안에 삽입된 5수의 한시는 구도여행에 나선 혜초의 감회와 내면 심리를 매우 뛰어난 품격으로 형상화했다.

한편 7, 8세기는 전기(傳記)산문이 크게 발달한 시기로, 김대문(金大問)과 김장청(金長淸)이 주목된다. 김대문은 성덕왕 3년(704)에 한산주 장관을 역임한 사실로 미루어 진골 출신으로 추정되는데, 현재 5종의 저술목록이 확인된다. 그 가운데 진위 여부를 둘러싸고 논란이 일었던 『화랑세기』는 화랑의 세계(世系)와 생애를 모아놓았으며, 『고승전』은 신라 역대 고승들의 행적을 기록한 전기산문의 대표적 저작이다. 그리고 김부식이 『삼국사기』 「김유신 열전」을 편찬하면서 참조한 김장청의 『행록』은 김유신의 생애와 행적을 소상히 적은 것으로, 모두 10권의 방대한 분량이다. 이같은 전기산문의 전통은 이후 최치원에 이르러 더욱 발전했다. 최치원은 「법장화상전(法藏和尙傳)」을 창작하면서 이전의 많은 전(傳)과 비(碑)를 참조하여 법장(法藏)의 생애를 10과(科)로 구성했는데, 이는 법장의 전생애를 효과적으로 드러내기 위해 고안해낸 서술방식이다. 이같은 구성방식은 이후 『균여전』에 영향을 미쳤다. 실제 산문작품은 많이 남아 있지 않지만, 이 시기에 이르러 전기문학의 산문 전통이 확립되었고, 우언산문이 다양하게 발달했으며, 선구적이고 빼어난 기행문학이 등장함으로써 한국 산문문학의 초석을 굳건히 다졌다.

: 정우봉 :

● 더 읽을거리

　중세시대에 있어 국문문학과 한문문학의 상호관계에 대해서는 조동일이 『공동어문학과 민족어문학』(지식산업사 1999)에서 연구했으며, 차자표기법에 대해서는 남풍현의 『차자표기법 연구』(단국대 출판부 1986)에서 역사적으로 논의되었다.

　한자 및 한문 전래시기에 대해서는 여러 학설이 공존하는데, 대체로 기원전 300년을 전후로 한 시기에 한자와 한문이 우리나라에 수용된 것으로 추정하고 있다. 한자 수용 및 정착 과정에 대해서는 황위주 「한문자의 수용시기와 초기 정착과정 연구(1)」, 『한문교육연구』 10(한국한문교육학회 1996); 「한문의 초기 정착과정 연구(2)」, 『대동한문학』 13(대동한문학회 2000); 「한문의 초기 정착과정 연구(3)」, 『동방한문학』 24(동방한문학회 2003)에 의해 자세하게 연구되었다.

삼국시대 한문학자료가 많지 않은 가운데, 이들 자료를 정리한 작업이 유용하게 활용된다. 지준모「신라한문학사」,『신라가야문화』4(영남대 신라가야문화연구소 1972)는 신라 한문학자료를 모아놓았으며, 안동주「백제 한문학의 문헌적 자료 연구」,『한국언어문학』51(한국언어문학회 2003)는 백제 한문학의 자료들을 정리하였다.

발해문학과 관련된 자료는 김육불『발해국지장편』(신학문사 1994)과 고구려연구재단『발해사자료집』(2004)에 의해 집성되었다.

삼국시대 이후의 한문학에 대한 연구로는 심호택「삼국시대와 신라중대의 한시에 대하여」,『한문학논집』2(근역한문학회 1984); 양광석「한국한문학의 형성과정연구」(고려대 박사학위논문 1985); 지준모「삼국시대의 한문학」,『한국학논집』20(계명대 한국학연구소 1993); 이구의『신라한문학연구』(아세아문화사 2002); 호승희「신라한시연구」(이화여대 박사학위논문 1993) 등을 참조할 수 있다.

그동안 상대적으로 소홀하게 취급되었던 고구려와 발해 문학을 집중조명한 기획논문이 최근 여러 편 제출되어(『대동한문학』26, 대동한문학회 2007), 이 방면 연구의 활성화에 도움을 주고 있다.

남북국시대의 문학, 그리고 발해와 일본 문학의 상호교류에 대해서는 장원철「懷風藻에 실린 한족도래인韓族渡來人의 한시에 대하여」,『어문논집』9(민족어문학회 1991); 「삼국 남북국 시대의 언어생활과 문학활동」,『대동한문학』20(대동한문학회 2004); 김성진「懷風藻와 文華秀麗集을 통해 본 한일간의 문화교류」,『부산한문학연구』11(부산한문학회 1997); 이혜순「한문화권 형성 초기 한시 창수를 통한 동북아 국가간의 문화교류」,『한국문학연구』27(동국대 한국문학연구소 2004)의 연구가 주목된다.

동아시아 서사문학의 지평과 나말여초 서사문학

1. 나말여초 문학사의 새 지평

나말여초(羅末麗初)는 자기중심적인 문화를 일궈가던 고대사회를 벗어나 중세보편주의로 진입하던 시기였다. 이때를 보편주의시대라 부르는 이유는 공동의 문자와 사상으로 동아시아 중세문명을 꽃피우기 시작했기 때문이다. 이 문명권의 중심에는 당시 세계제국이던 당나라가 자리잡고 있었다. 우리 한문학의 비조로 일컬어지는 최치원도 12세 어린 나이에 당나라 유학길에 올라 선진문물을 흠뻑 섭취할 수 있었다. 그렇다면 세계문화를 체험하고 돌아온 최치원은 무슨 생각을 했을까? 다음과 같은 그의 발언에서 나말여초문학사의 동향을 가늠할 단서를 발견할 수 있다.

문화가 중국과 서로 섞여 같게 된 것은 기쁘게 여기고자 하나, 필설(筆舌)은 중국과 차이가 있어 부끄럽습니다. 무엇 때문이겠습니까? 문체(文體)는 비록 충적(蟲跡)을 짝하게 되었지만 토성(土聲)은 조음(鳥音)과 구별하기 어려우며, 문자는 겨우 결승(結繩)을 면했으나 말은 기어(綺語)를 이루기 어렵습니다. 그러기에 모두 번역에 의지해야 비로소 통할 수 있습니다. 이로 인해 당나라에 주달하고 사신을 맞아들임에 있어서는 모름지기 중국에서 배운 사람의 통역에 의지해야 바야흐로 동이(東夷)의 정을 통할 수 있습니다.

최치원이 당나라로 유학을 가 그곳에 머물던 숙위학생(宿衛學生)들을 돌려보내라고 청하는 글「주청숙위학생환번장(奏請宿衛學生還蕃狀)」의 한 대목이다. 여기서 '문체가 충적과 짝하게 되고 문자가 결승을 면했다'는 것은 신라에서 독자적으로 개발해 사용하던 이두식 표기를 가리키는 것으로 보인다. 우리는 설총이 완성한 그 표기법을 소중하게 여겨 높이 평가하지만, 최치원은 그렇지 않았다. 말과 문자가 중국과 다르기 때문에 겪을 수밖에 없는 동아시아 문명교류의 장벽을 지적한 것이다. 역시 중국유학을 했던 고려초의 최행귀도 설총의 그런 작업을 통렬히 비판한 바 있다.

양송(梁宋)의 뛰어난 글이 동쪽으로 오는 배편에 자주 전해오지만, 신라의 훌륭한 글은 서쪽으로 가는 사신 편에 전해지는 경우가 드물다. 그같은 막힘은 통탄할 만한 일이다. 이 어찌 공자가 이 땅에 살고자 하였으나 끝내 동방에 이르지 못한 이유가 아닐 것이며, 설총이 억지로 한문을 바꾸어 번거롭게 쥐꼬리 같은 일을 만든 소치가 아니겠는가?

　최행귀의 태도는 최치원보다 훨씬 단호했다. 중국과 우리의 언어 장벽이 된 이두식 표기야말로 신라는 물론 고려가 동아시아문명권으로 진입하는 데 장애가 되었다고 통렬히 비판한 것이다. 공자 같은 성인이 우리나라에 오지 못한 까닭을, 이두식 표기로 말미암은 언어 장벽 때문이라 강변할 정도였다. 최치원과 최행귀의 이런 언어관은 중국이라는 세계제국을 자주 접했던 나말여초 지식인의 생각을 대변한다고 보아도 좋다. 그리고 이런 인식의 전환은 우리 고유의 향찰식 표기를 폐기하는 대신 한문을 동아시아 보편문어로 채택하는 방향으로 나아가도록 만들었다. 그렇다고 향찰식 표기의 폐기를 주장했던 이들을 사대주의자라고 몰아붙이는 것은 옳지 않다. 왜냐하면 이런 인식의 전환이야말로 우리가 고대국가의 고립성을 극복하고 중세사회로 진입할 수 있을 만큼 발전했음을 보여주는 유력한 증거이기 때문이다. 실제로 육두품 지식인 이들이 주도한 나말여초문학사는 중국의 선진문물을 받아들이면서 새 단계로 도약할 수 있었다. 나말여초 서사문학을 동아시아 서사문학의 전통 위에서 조망해야 할 필요도 바로 여기에 있다.

2. 동아시아 서사문학의 교류와 『수이전』

　우리는 나말여초 서사문학을 탐구하는 데 필요한 자료를 충분히 확보하지 못한 상태다. 지금은 산일(散佚)되어 전하는 『수이전』, 그리고 고려중후기에 편찬된 『삼국사기』와 『삼국유사』에서 그 편린을 짐작할 따름이다. 하지만 중국측 기록을 통해 당시의 정황을 얼마간 짐작해볼 수는 있다. 당시의 서사문학 지반은 우리의 통념을 훨씬 넘어설 정도로 두터웠던 듯하다.

백거이(白居易)의 시들을 베껴 시정(市井)에서 팔고, 혹은 술이나 차와 바꾸는 자도 있었으니 곳곳이 모두 그러했다. 심한 경우에는 이름을 도용해 자신이 지은 작품을 백거이의 시와 뒤섞어놓을 정도였으나 어쩔 도리가 없었다. (…) 신라의 상인들이 시장에서 그것을 구할 때는 자못 조심스러웠는데, 그들이 말하기를 "우리나라 재상이 편당 일금(一金)을 주고 사지만 백거이의 가짜시는 재상이 능히 가려낼 정도이다"라고 한다.

장작(張鷟)은 글 쓰는 것이 매우 민첩하고 말은 자못 회해(詼諧)가 있었는데 당시에 크게 유행하여 후진들 가운데 전하여 기록하지 않는 자가 없었다. 신라·일본과 같은 동쪽의 오랑캐 나라들은 더욱 장작의 글을 중하게 여겨 매번 사신을 보내 우리 조정에 들어오게 되면 반드시 중한 값을 내어 그의 글을 구매해 가곤 했다.

첫번째 인용문은 당나라 백거이의 시가 널리 사랑받던 상황을 증언하는 『백거이전주(白居易箋注)』한 대목이고, 두번째 인용문은 당나라 장작의 글이 크게 유행하던 사정을 증언하는 『구당서(舊唐書)』의 한 대목이다. 이들의 시문은 동아시아 각국으로 팔려나갔다. 그리고 거기에는 신라도 포함된다. 이런 시문이 신라 상인의 수입품목 가운데 하나였다는 점도 흥미롭지만, 신라인들이 백거이 시의 진위를 가려낼 수 있을 만큼 날카로운 감식안을 갖고 있었다니 놀랍다. 백거이가 지은 근체시에 대한 원숙한 안목이야말로 전기소설 향유의 기본요건임은 물론이거니와, 장작의 전기소설 『유선굴(遊仙窟)』은 신라·일본으로 전해져 동아시아 서사문학의 새 지평을 여는 데 큰 영향을 미쳤기 때문이다.

고려시대에 들어서면 이런 동아시아 문학교류는 더욱 활발해진다. 나말여초 서사문학의 중핵을 차지하는 지괴(志怪)와 전기에 한정하더라도, 이들의 방대한 총집인 『태평광기(太平廣記)』까지 유입되어 널리 읽히고 있었던 것이다. 이런 사정은 13세기초 『한림별곡(翰林別曲)』에서 짐작할 수 있는데, 여기서 여러 문인들은 『태평광기』 400여 권을 읽은 사실을 자랑스럽게 노래하고 있다. 물론 『태평광기』는 그보다 훨씬 전에 전래되었다. 윤보(尹輔)란 사람이 1146년에 「태평광기촬요시(太平廣記撮要詩)」 100수를 지었다는 사실이 그의 묘지(墓誌)에 적혀 있다. 송나라 초인 978년에 완성되어 사본(寫本)으로만 유통되던 거질의 『태평광기』조차 큰 시차를 두지 않고 유입되어 널리 읽혔던 것이다. 이런 정황을 감안해볼 때, 『태평광기』 권375에 실린 「진랑비(陳朗婢)」와 『태평광기』 권452에 실린 「임씨전(任氏傳)」 같은 전기소설이 『수이전』에 실린 「최치원」에 인용되었다는 사실은 결코 놀랄 일이 아니다.

나말여초에는 이처럼 동아시아 문화교류의 물결을 타고 지괴·전기 같은 중국의 우량한 서사문학이 유입되면서 서사문학사의 지평을 새롭게 구축하고 있었다. 구체적인 사례 하나를 들어본다. 『수이전』 가운데 「심화요탑(心火繞塔)」이란 작품이 있다. 지귀(志鬼)라는 미천한 젊은이가 고귀한 선덕여왕을 사랑했던 사연을 담은 짧은 서사다. 그런데 이는 인도의 용수(龍樹)가 편찬한 『대지도론(大智道論)』에 실린 「술파가설화(術波伽說話)」를 변용한 것이다. 이 설화는 당나라 승려 도세(道世)의 『법원주림(法苑珠林)』에도 실려 있는데, 『법원주림』 역시 일연이 『삼국유사』에 인용하고 있다. 「술파가설화」는 불교경전의 전래를 통해 중국을 거쳐 나말여초의 『수이전』에까지 유입되었던 것이다. 나말여초에 편찬된 서사문학의 보고 『수이전』은 인도-중국-한국을 아우르는 동아시아 문화교류의 지반 위에서 산출되었다.

3. 『수이전』에 실린 지괴의 서사적 지향

현재 『수이전』 전편은 전하지 않고, 대신 『삼국유사』 『삼국사절요』 『태평통재』 『대동운부군옥』 같은 후대 문헌에 여기저기 흩어져 전한다. 모두 합하면 12편가량인데, 그 내용은 다채롭기 그지없다. 아도(阿道)가 신라에 불교를 처음 전하던 비화를 담은 「아도」와 원광법사가 수도할 때 늙은 여우의 도움을 받았던 일을 전하는 「원광」, 바닷가에서 수초(水草)를 뜯다 표류해 일본의 왕과 왕비가 되었다는 「연오, 세오」와 반대로 일본 용성국(龍城國)에서 표류해 들어와 신라의 왕이 되었다는 「석탈해」, 흥륜사에서 탑돌이를 하던 김현(金現)이 여자로 변신한 호랑이와 비극적인 사랑을 나누었다는 「김현감호(또는 호원虎願)」와 미천한 신분의 젊은이가 선덕여왕을 사모하다 마음의 불이 일어나 불귀신으로 변했다는 「심화요탑」, 김유신이 두 미녀를 대나무통 속에 넣고 다니던 나그네를 만난 이야기 「죽통미녀」와 범ㆍ

닭·매·개로 변하는 도술을 자유자재로 부리던 노인을 만난 이야기 「노옹화구」, 그리고 최치원이 당나라에서 율수현위로 있으면서 두 원혼녀와 하룻밤의 운우지정(雲雨之情)을 나눈 사연을 담은 「최치원」(또는 선녀홍대) 등이 그것이다.

위로는 왕이나 귀족·승려에서 아래로는 미천한 신분의 남녀와 동물에 이르기까지, 『수이전』에 실린 서사의 주인공은 각계각층의 인물을 망라한다. 신화류(神話類), 승전류(僧傳類), 지괴류(志怪類), 그리고 전기류(傳奇類)에 이르기까지 그 갈래 역시 다채롭다. 향가를 집대성한 『삼대목』이 신라시대 시가문학의 보고(寶庫)라면, 각종 이야기를 담은 『수이전』은 나말여초 서사문학의 보고라 할 만하다. 그럼에도 그간 「최치원」을 제외한 여타의 작품들, 즉 「심화요탑」 「죽통미녀」 「노옹화구」 「수삽석남(首揷石枏)」 등은 깊이 있게 다루어지지 않았다. 소박한 설화로 치부되기 일쑤였던 것이다. 하지만 이들은 단순한 민간설화가 아니라 중국 위진남북조시대 문인지식층을 휘어잡은 지괴라는 독특하고도 역사적인 서사의 갈래였다.

지괴는 민간에 떠돌아다니는 신(神)·선(仙)·귀(鬼)·괴(怪)·요(妖)·이(異) 같은 신화·고사·전설을 문인지식층이 수집·가공하여 완정한 형태로 정착시킨 단형서사다. 지괴라는 서사에는 귀신·요괴·신선이 세계 저편 어딘가에 존재하는 실체인지 아닌지, 또는 삶과 죽음의 경계는 가시적으로 드러나는 것인지 아닌지에 대한 당대 지식인의 진지한 사유가 담겨 있다. 일반적인 설화처럼 신선·귀신·요괴 등이 거처하는 유명(幽冥)의 세계를 경이로운 시각에서 전달하는 데 그치지 않고, 그에 대한 합리적인 근거를 제공하거나 또다른 지식을 전달하려 했던 것도 그 때문이다. 중국 지괴집을 대표하는

『수신기(搜神記)』의 편자 간보(干寶)가 그 서문에서 "귀신의 도가 허망한 것이 아님을 밝히겠다"(發明神道之不誣也)고 선언한 데서 그런 작가적 태도를 엿볼 수 있다.

이처럼 지괴가 유명세계(幽冥世界)에 대한 지식을 전달하려는 목적으로 수집·가공된 것이며, 지괴집의 편찬자가 그런 서사를 통해 역사적 사실을 보충하거나 새로운 시각으로 재구성하려는 의도를 갖고 있었다면, 흥미 본위의 설화나 소설을 감상하는 것과 다른 시각에서 접근할 필요가 있다. 예컨대, 김유신이 두 미녀를 대나무통에 넣고 다니는 나그네를 만났다는 「죽통미녀」라든가 범·닭·매·개로 변하는 도술을 자유자재로 부리던 노인을 만났다는 「노옹화구」는 우리가 쉽게 경험할 수 없는 또다른 세계가 현실세계와 더불어 엄존하고 있음을 말하려 했던 것이다. 여기서 우리는 갈홍(葛洪)이 『신선전(神仙傳)』 서문에서 "세상에서 접하는 것이란 실제의 천 가지 가운데 하나도 안되는 것이다"(世之所聞者 猶千不得一者也)라 호언했던 것을 상기할 필요가 있다. 「죽통미녀」나 「노옹화구」를 지은 작가도 그처럼 쉽게 드러나지 않지만 분명히 존재하는 또다른 세계의 실존을 말하려 했으며, 자신의 말이 거짓이 아님을 보여주기 위해 누구도 부정하기 힘든 김유신이란 인물의 실제 경험으로 포장했던 것이다.

중국의 지괴를 보면, 역사적으로 이름난 인물을 끌어들여 믿기 어려운 유명세계를 설득력있게 제시하려는 수법이 종종 발견된다. 또 다른 방법이 동원되기도 하는데, 서술자의 입을 빌려 설명하는 방식, 등장인물을 통해 확인하는 방식, 전범이 되는 전적(典籍)을 끌어들여 증명하는 방식 등이다. 『수이전』에 실린 지괴도 그러하다. "이것은 신라 아달왕(阿達王) 4년의 일이다"(「연오, 세오」) "용성국(龍城國)은 왜나라 동북 2천리 되는 곳에 있다"(「석탈해」) "천보(天寶) 4년 을유년 4월 8일 신시(申時)에 오나라를 떠나 술시(戌時)에 민장사(敏藏寺)에 도착한 것이다"(「보개(寶開)」) 등은 서술자가 직접 개입한 사례이다. 그리고 "동경(東京) 안일호장(安逸戶長) 정효(貞孝)의 집에 있는 고본『수이전』에 실린 「원광법사전」은 다음과 같다"(「원광」) "박인량의『수이전』을 살펴보면 다음과 같이 전한다"(「아도」) 등의 경우에는 신뢰할 만한 전적(典籍)을 증빙자료로 삼았다. 모두 작품에 그려진 유명세계가 허황한 거짓이 아니라 부정할 수 없는 또다른 현실임을 믿게 하려는 의도에서 고안된 서사적 장치인 것이다.

하지만 『수이전』 가운데 유명세계를 더욱 선명하게 보여주는, 그러면서 후대의 전기소설과 깊은 관련을 맺고 있는 지괴 작품은 삶과 죽음의 경계를 넘나드는 내용을 담은 「심화요탑」과 「수삽석남」이다. 여기서는 「심화요탑」만 살펴보기로 한다. 서사를 간추려 인용하면 다음과 같다.

신라 활리역(活里驛) 사람이던 지귀(志鬼)는 선덕여왕을 사모하여 울고 지내다가 파리해졌다. 여왕이 불공을 드리러 절로 행차했을 때, 지귀는 탑 아래에서 선덕여왕이 오기를 기다리다 잠이 들어버렸다. 선덕여왕은 자신의 팔찌를 빼어 지귀의 가슴에 얹어두고 궁으로 돌아갔다. 잠에서 깬 지귀는 오래 번민하다가, 마음의 불이 일어나 그 몸을 불태웠다. 불귀신으로 변한 것이다. 이에 왕은 술사(術士)에게 명하여 주문을 짓게 하였는데, 당시 풍속에 이 주문을 문과 벽에 붙여 화재를 막았다.

우리는 여기서 미천한 사내가 고귀한 여인을 뜨겁게 사랑하다 결국 마음의 불이 일어나 불귀신이 되었다는 서사에 무척 감동한다. 이루어질 수 없는 사랑이 궁극적으로 중세 봉건사회의 신분적 질곡에서 비롯했음을 실감할 수도 있다. 하지만 작품의 서사적 초점은 마지막 언술, 곧 "지귀가 불귀신이 되었다. 그리하여 왕은 화재를 예방하는 주문을 만들어야 했다"는 초현실적 사실 전달에 놓여 있음을 간과해서는 안된다. 지존 선덕여왕을 지귀의 상대역으로 등장시킴으로써, 기이한 현상을 엄연한 진실로 받아들이게 만든 수법은 김유신을 등장시킨 「노옹화구」「죽통미녀」에서 이미 본 바 있다. 하지만 지귀와 선덕여왕의 사랑이 실제 사건이 아님은 이 이야기가 인도에서 중국을 거쳐 신라에 전래되었다는 사실로 알 수 있다.

4. 『수이전』에 실린 「최치원」의 문학적 성취

현실과 비현실, 이승과 저승을 자유롭게 넘나들던 신이한 세계와 그것을 엄연한 진실로 전달하려 했던 지괴는 우리 서사문학의 전통에 편린만 남겼을 뿐 그 형식이 본격 전개된 자료가 남아 있지는 않다. 잦은 전란이라든가 유가이념으로 무장한 조선시대 사대부에 의해 무차별 훼손된 까닭일 수도 있다. 당나라와의 교류를 통해 나말여초 문인지식층 사이에서 성행했을 전기소설도 그런 와중에 다수 사라져버렸을 것이다. 하지만『태평통재』에 실려 전하는『수이전』의 「최치원」은 전기소설의 면모를 충실히 갖추고 있다. 그런 사실은 중국 당나라 때의 전기소설「유선굴」「심경」「낙신전」과 분위기나 구조가 매우 흡사하다는 점 말고도 「임씨전」 「진랑비」 구절을 직접 인용했다는 데에서도 확인된다.

　「최치원」은 이렇게 시작된다. 당나라 유학을 간 최치원이 과거에 급제하여 율수현에서 벼슬을 하고 있을 때의 일이다. 어느날 그는 초현관(招賢館)에 나가서 노닐다가 두 여인의 무덤〔雙女墳〕을 보고 위로의 시를 지어 석문에 붙였다.

어느 집 두 처자 이 버려진 무덤에 깃들여	誰家二女此遺墳
쓸쓸한 지하에서 몇번이나 봄을 원망했나	寂寂泉扃幾怨春
모습은 달 비친 시냇가에 부질없이 남아 있고	形影空留溪畔月
이름은 먼지 덮인 무덤으로 묻기도 어려워라	姓名難問塚頭塵
꽃다운 마음을 혹 그윽한 꿈에서 만날 수 있다면	芳情儻許通幽夢
긴긴 밤 나그네 위로함이 무슨 허물이 되리오	永夜何妨慰旅人
외로운 관(館)에서 만나 운우의 즐거움을 만난다면	孤館若逢雲雨會
그대와 더불어 낙신부(洛神賦)를 이어 부르리	與君繼賦洛川神

　최치원은 이름조차 모르는 두 여인을 어찌하여 꿈에서나마 만나 운우의 정을 나누고 싶다 했을까? 참으로 엉뚱하지만, 그건 긴긴 밤을 이역땅에서 홀로 지새워야 했던 외로움 때문이었을 터다. 정말로 그는 외로움을 많이 타던 사람이었다. 최치원은 어린 나이에 당나라로 유학을 갔다. 신라에서 육두품 출신으로서는 자신의 능력을 펼치기 어려웠기 때문이다. 그리하여 6년 만에 빈공과에 합격한다. 하지만 최치원은 '오랑캐의 나라' 신라인이라는 한계를 안고 있었다. 과거에 합격할 정도로 능력이 뛰어났지만, 당나라 사람과 동등한 지위를

누릴 수는 없었다. 아니, 소외감을 벗 삼아 지내기 일쑤였다. 그리하여 이방인의 고독감에 진저리쳤고 곧잘 향수에 젖어들었다.

그런 점에서 최치원이 울울한 심사를 달래려 초현관을 거닐다가 쓸쓸한 무덤에 묻힌 두 여인에게 동병상련의 정을 품게 된 것은 자연스럽다. 진정으로 바라면 소원이 이루어지는 것일까? 꿈속에서나마 만나자던 바람은 기적처럼 이루어졌다. 두 여인이 밤에 찾아왔던 것이다. 이들이 어둡고 차가운 무덤에 묻혀 있던 두 자매의 원혼이었음은 물론이다. 최치원과 원혼녀의 만남, 이것이 핵심서사이다. 하지만 그 만남의 의미를 단순히 귀신과의 만남이라는 신이체험 자체에서 찾을 것은 아니다. 거기에는 깊은 의미가 담겨 있으니, 사연인즉 이렇다.

우선, 최치원을 보자. 그는 당나라 과거시험에 급제할 만큼 능력이 뛰어났음에도 조그만 고을의 관리 노릇밖에 못하는 신세였다. 중국인이 아니라 신라인이기 때문이다. 이런 점에서 최치원은 자부심과 능력을 겸비한 인물이지만, 사회에 나아갈 길이 막힌 이방인이다. 한편, 두 자매를 보자. 이들은 재물만을 보고 자신들을 장사꾼에게 시집보내려는 부모에 맞서다가 한을 품고 죽은 여인이었다. 두 여인이 밝은 세상으로 나와 하룻밤 함께하기를 청한 까닭은, 생전에 바라던 배우자의 기품을 최치원에게서 발견했기 때문이다. 무덤에 남기고 간 최치원의 뛰어난 시가 그들을 사로잡았던 것이다. 최치원은 자기 능력을 오로지 귀신만이 알아주었다는 점에서, 두 여인은 그토록 갈망하던 이상적인 남성을 죽어서야 비로소 만날 수 있었다는 점에서, 그들의 만남은 뜻깊다.

하지만 산 자와 죽은 자로 만나야 한다는 건 비극이다. 자신들이 열망하던 현실에서는 만날 수 없었으니. 그런 점에서, 고독한 인물끼리의 만남은 세계와 화합할 수 없는 자들이 만들어낸 역설이었다. 게다가 그 만남은 길게 지속될 수도 없었으니, 생사의 나뉨은 엄연했기 때문이다. 하룻밤을 함께하고, 새벽닭이 울자 이별의 순간이 다가온다. 두 여인은 이별을 안타까워하는 시를 남기고 사라진다. 뒷날 이곳을 지나간다면 황폐한 무덤을 보듬어달라는 말을 남긴 채. 짧은 만남, 긴 이별! 하지만 이들의 짧은 만남이 자매에게는 묵은 한을 푸는 계기로, 최치원에게는 삶에 대한 새로운 깨달음의 계기로 작용했다. 특히 주인공 최치원에게서 그 점이 분명하게 확인된다. 부귀공명을 향해 내달리던 삶, 그러나 그것이 모두 부질없다는 사실을 깨달은 것이다. 두 여인과의 짧은 만남이 선사한 깨달음은 바로 그것이었다. 최치원은 자신을 사로잡은 두 여인과 이별한 뒤, 부귀공명으로 자신을 들뜨게 했던 중국과도 이별한다. 그러고는 고국으로 돌아오는 길에서 다음과 같이 다짐한다.

> 뜬구름 같은 영화는 꿈속의 꿈이러니 　　　浮世榮華夢中夢
> 흰 구름 깊은 곳에 이 한몸 좋이 깃들리로다 　白雲深處好安身

부귀영화를 갈망하던 육두품 지식인 최치원이 그 덧없음을 깨닫고 백운(白雲)에 몸을 맡기겠다고 다짐하는 대목은, 원혼녀와의 만남이라는 전기적 서사를 통한 삶의 전환을 보여준다. 『삼국유사』에 실린 「조신전(調信傳)」의 주인공 조신이 꿈속 세계를 경험하고 나서 애정의 부질없음을 깨닫는 정신적 전환을 보여준다면, 최치원은 유명세계를 경험하고 나서 정신적 전환을 보여준다고 하겠다. 이는 나말여초라는 문화적 전환기를 경험하며 이루어낸 전기소설의 빛나는 문학적 성취이다.

5. 나말여초 서사문학의 층위와 과제

지금까지 동아시아 서사문학 교류의 국면, 그를 통해 새롭게 전개된 초기 서사문학의 지평을 『수이전』에 초점을 맞추어 살펴보았다. 그리하여 『수이전』의 지괴는 나말여초 문인지식층의 유명세계에 대한 지식을 전달하려는 의도를 담은 서사였음을 확인할 수 있었다. 우리가 발딛고 살아가는 세계란 눈으로 확인할 수 있는 현실세계와 쉽게 드러나지는 않지만 어디엔가 있는 또다른 세계, 곧 유명세계가 공존한다고 믿었던 당대의 세계관이 만들어낸 독특한 서사체였던 것이다. 하지만 『수이전』에 실린 「최치원」은 이런 지괴와는 다른 세계를 지향하고 있다. 바로 작가 자신이 구축해놓은 서사세계의 주인공을 통해 현실을 바라보는 인식의 질적 상승, 또는 새로운 전환을 보여주려 했던 것이다. 그것이야말로 지괴와 전기가 구분되는 지점이라 할 수 있다.

물론 삼국시대에서 나말여초에 이르기까지의 서사문학을 살피기 위해서는 더 폭넓은 문헌을 연구대상으로 삼아야 한다. 그때 『삼국유사』와 『삼국사기』는 빠뜨릴 수 없는 소중한 문헌이며, 그런 점에서 『수이전』만을 대상으로 한 우리의 고찰은 한계가 있다. 더욱이 지괴가 서사적 초점을 거대한 '세계'에 맞추고 있는 반면, 전기소설은 그런 세계에서 살아가는 '인간'에 관심을 두고 있다는 점을 더욱더 세밀하게 비교·고찰할 필요가 있다. 그리고 주인공의 질적 변화를 문제 삼는 전기소설의 미적 성취를 제대로 읽어내기 위해서는, 나말여초 지식인의 세계관은 물론 당대의 문화사 전반에 대한 입체적인 시각을 반드시 확보해야 한다. 그럴 때 비로소 나말여초 지괴와 전기의 계승과 변주 과정을 꼼꼼히 추적·분석할 수 있을 것이다.

: 정출헌 :

● 더 읽을거리

『수이전』 소재 「최치원」을 대상으로 한 그간의 논의는 대부분 그 소설적 면모를 인정할 수 있는가 없는가에 초점이 맞춰져 있다고 할 수 있다. 논의의 단서를 연 주요한 성과로는 임형택 「나말여초의 전기문학(傳奇文學)」, 『한국문학사의 시각』(창작과비평사 1984)과 이헌홍 「최치원전의 전기소설적 구조」, 『수련어문학』 9집(부산여대 1982) 등을 꼽을 수 있다. 이후 김종철 「서사문학사에서 본 초기소설의 성립문제」, 『고소설연구논총』(다곡 이수봉 선생 회갑기념 논총간행위원회 1988); 박희병 「한국고전소설의 발생 및 발전단계를 둘러싼 몇몇 문제에 대하여」, 『관악어문연구』 17(서울대 국문과 1992); 박일용 「소설의 발생과 수이전 일문의 장르적 성격」, 『조선시대의 애정소설』(집문당 1993); 윤재민 「전기소설의 인물 성격」, 『민족문화연구』 28(고려대 민족문화연구소 1995); 정환국 「나말여초 전기의 '욕망의 형식화'에 대하여」, 『한문학보』 11(우리한문학회 2004) 등에서 보다 진전된 성과를 거두었다. 이들에 대한 연구사적 검토로는 장효현 「전기소설의 성과와 과제」, 『민족문화연구』 28(고려대 민족문화연구소 1995); 김현양 「최치원의 장르 성격 논의에 대한 비판적 검토」, 『민족문학사연구』 10호(민족문학사연구소 1997)가 좋은 참고가 된다.

한편 나말여초의 서사문학을 동아시아적 시각에서 접근한 논의는 이제 시작 단계에 있다고 할 수 있다. 실증을 통해 초기적 단서를 마련한 성과로는 인권환「심화요탑 설화고」, 『국어국문학』 41(국어국문학회 1968); 황패강「지귀 설화소고」, 『신라 불교설화 연구』(일지사 1975); 차용주「쌍녀분 설화와 유선굴과의 비교연구」, 『어문논집』 23(고려대 국문과 1982); 한영환「최치원전과 유선굴의 비교연구」, 『인문과학연구』 7(성신여대 1987) 등을 꼽을 수 있다.

그리고 당나라의 지괴 · 전기를 비교문학적 차원에서 함께 끌어들이고 있는 최근의 논의로는 김대현「傳奇小說 형성과정과 搜神記의 연관성」, 『한국한문학연구』 21(한국한문학회 1998); 이상구「나말여초 전기의 특징과 소설적 성취 —— 당대 지괴 및 전기와의 대비를 중심으로」, 『배달말』 30(배달말학회 2002) 등을 꼽을 수 있는데, 아직 탐구해야 할 부분이 많이 남아 있다.

최치원 · 박인량 · 김척명 등 『수이전』 편찬자에 대한 논란은 아직도 끝나지 않았는데, 나말여초 전기소설의 창작과 유통의 정황으로「최치원」의 작자를 최광유(崔匡裕)로 추정한 이동환의 논의는 일단 주목할 만하다. 추론의 타당성 문제는 유보한다고 해도, 전기소설이 창작 · 유통될 수 있는 나말여초의 문학사적 분위기가 매우 풍부하고도 설득력 있게 제시되고 있다. 이동환「쌍녀분기의 작자와 그 창작 배경」, 『민족문화연구』 37(고려대 민족문화연구원 2002).

나말여초의 문학사적 전환과 최치원

1. 전환기로서의 '나말여초'

 고전문학사를 훑어보면 몇번의 큰 전환점이 있었고 그에 따라 고전문학은 그 형식과 내용의 변화가 적지 않았다. 이는 대개 역사의 '전환기'와 맞물려 있기도 했다. 더불어 놓칠 수 없는 점은 이런 전환과 변화를 통해 한국문학은 점점 성숙해왔다는 사실이다. 따라서 문학사의 흐름을 이해하는 첩경은 이런 전환기에 주목하여 그 실상을 파악하는 데 있다. 그렇다면 우리 문학사에서 그 첫번째 전환기는 언제였으며, 그 양상은 어땠을까. 이 점에 관해서는 '나말여초(羅末麗初)'를 주목할 수밖에 없다.
 신라가 삼국을 통일하고 북쪽에서 발해가 일어나 성립된 남북국시대는 확실히 우리 민족의 문화적 역량이 고조되던 시기였다. 한자문명권이 본격적으로 형성되어 중국을 통한 수준 높은 문화를 접할 수 있었고, 불교를 바탕으로 한 문화적 역량도 성숙했다. 이런 양상은 이 시기 문학과 예술에 잘 드러나 있다. 결과적으로 남북국시대는 한국문학의 '요람'이었다고 해도 과언이 아닐 것이다. 그러나 9세기에 접어들면서 남북국시대의 균형이 깨지고 역사는 새로이 전환기를 맞았다. 북쪽의 발해가 세력을 잃으면서 북방은 다른 세력권에 넘어갔으며, 남쪽의 통일신라 지역에는 후삼국시대가 도래하였다. 이후 우리 역사는 남쪽 중심의 체제로 축소·개편되는데, 신라에서 고려로의 전환은 단순히 국가가 바뀌는 것이 아니라 지배구조가 바뀌는 과정으로 이해할 수 있다. 즉 신라의 골품제적 지배구조가 지방호족 연합의 지배구조로 바뀌었던 것이다. 이러한 지배층의 변화는 정치는 물론이고, 경제·사회와 문화·사상 방면에도 적지 않은 영향을 미쳤다.

　이런 전환기는 비단 우리만의 현실은 아니었다. 한자문화권을 구축하여 문화와 예술을 꽃피웠던 중국은 당나라가 국운이 다하자 전국시대를 거쳐 송(宋)나라로 왕조가 교체되었다. 일본은 나라(奈良)시대가 막을 내리고 헤이안(平安)시대가 도래하면서 한문학의 수준이 고양되는 한편 전영역에 걸쳐 문화가 융성해졌다. 그리고 남쪽에서는 베트남이 서서히 독립국의 면모를 갖추기 시작했다. 동아시아 전체가 전환기를 맞고 있었던 것이다. 중국의 경우는 상황이 조금 달랐지만, 우리를 비롯한 일본과 베트남 등 동아시아권역은 이 역사적인 전환기를 통해 문학과 예술이 진보의 길로 나아갔다.

　나말여초는 바로 이런 지배구조의 개편은 물론이고 사회·문화 방면에 급격한 변화를 몰고 왔던 9~10세기까지를 지칭하는 개념으로,

문학사에서는 주로 '여초'보다는 '나말'에 주목한다.

우리가 나말여초를 문학·문학사의 전환기로 주목해야 하는 이유는 특히 다음 두 가지 점 때문이다. 먼저 그 이전의 문학과 예술이 주로 집단적으로, 또는 집단과 관련을 맺어 창작되거나 제작되었다면, 이 시기부터는 개인적인 영역에서 창작되는 경향이 강해진다. 이에 따라 문학의 본질, 또는 성격이 변할 수밖에 없었다. 다음으로, 동아시아 한자문화권에서 구축된 문화적 패러다임은 자국의 문학·예술을 새로운 차원에서 바라보게 했다. 즉 한자라는 공용어를 글쓰기의 표기체계로 구축했지만, 거기에 자국(또는 개인)문화를 반영해야 했다는 뜻이다. 나말여초는 이른바 문학의 보편성과 특수성의 문제가 본격적으로 제기되는 시점인 것이다. 바로 이 점에서 새로운 문학의 주체로 부상한 육두품 출신 문인을 비롯한 신진 지식층과 그들의 문학세계가 흥미롭게 다가온다.

2. 나말여초 문인지식층의 성향과 한문학

나말여초의 문학사적 전환의 면모를 확인하기 위해서는 다방면으로 연구가 필요하다. 그러나 문학과 관련해서는 무엇보다 이 시기 창작의 주체였던 문인지식층에 주목해야 한다. 이들은 이 전환기에 무엇을 고민하고, 그것을 작품에 어떻게 나타냈는가 하는 문제는 이 문명사적 전환기의 핵심 코드이기도 하다. 특히 생활방식과 이념이 획일화될 공산이 큰 왕조사회일수록 당대 지식인층의 움직임이야말로 그 사회의 현실을 파악하는 척도가 된다.

육두품 출신 문인들은 이 시기를 대표하는 지식인층이었다. 원래 신라사회에서 육두품은 그 지위가 성골·진골보다 하위계층이긴 했으나, 본질적으로는 중앙귀족의 한 핵을 이루고 있었다. 그런데 신라 하대로 가면서 귀족세력간의 왕위쟁탈전이 격화되고, 중앙과 지방의 정치적 혼란이 심화되면서 육두품은 정치적으로 위축, 소외되기에 이른다. 따라서 점점 정권과는 괴리되는 방향으로 가기 십상이었고, 어느새 정치적 '타자'가 되기에 이르렀다. 그렇다보니 이들은 불교뿐만 아니라 이외의 학문을 통해서 자신들의 입지를 마련하려 했다. 즉 이들의 학문적 지향은 유학(儒學)이었고, 한문학 글쓰기를 통해 문학 재능을 발휘하고자 하였다.

이들은 신라가 하대로 접어듦에 따라 문학을 장기로 삼아 중앙에 진출하려는 경향을 강하게 드러냈다. 그러나 와해되어가던 정권을 고수하려 했던 진골세력은 이들에게 실무직 이상의 관직을 주지 않았다. 이런 한계와 갈등구도는 갈수록 확대되었다. 『삼국유사』의 「진성여대왕거타지(眞聖女大王居陀知)」는 이런 관계를 극명하게 반영한 작품이다. 신라 후대의 국왕을 비롯한 진골세력의 부패는 날로 심해져 진성여왕 시기가 되면 거의 구제불능에 빠진다. 도적떼가 창궐하고 사회가 혼란에 빠지면 유언비어가 나돌게 마련인데, 이 유언비어의 선동자로 왕거인(王居仁)이 지목된 것이다. 왕거인은 육두품 출신으로 당시 은자로 칭송되던 문인이었다. 무고에 걸려 감옥에 갇힌 왕거인은 "하늘이여 왜 가만히 있는가"라고 외치며, 자신의 무죄를 항변한다. 9세기말에 있었던 이 왕거인의 무고옥(誣告獄)은 진골세력과 육두품 문인의 갈등이 표면화된 예이다.

그런데 이런 육두품의 한계와 갈등은 한편으로는 그들의 문학적 성장의 주요한 토양이 되었다. 사회현실의 문제를 날카롭게 드러내면서 문학적 역량을 키울 수 있었기 때문이다. 이들의 주요 글쓰기 수단은 한문학이었다. 정치적 타자가 되면서 육두품 문인들은 자신의 처세와 한문학 글쓰기를 통해서 크게 두 가지 행태를 드러낸다. 즉 신라 골품제의 모순과 사회현실을 비판하거나, 아예 현실을 등지고 은둔하는 것이다. 이런 경향은 후삼국시대가 펼쳐지자 새 국면으로 접어든다. 주로 신라사회를 비판하며 개혁적 성향을 보이던 문인들은 신진세력에 적극 가담하여 사회를 개혁하고자 했으나 끝까지 현실을 등지고 은둔하는 인물들도 있었다. 그것이 신라에 대한 미련이었든 아니면 현실에 대한 절망이었든 간에 새 세력에 참여하지 않고 종적을 감추는 예가 없지 않았던 것이다. 전자에 해당하는 인물로 최승우(崔承祐), 최언위(崔彦撝) 등이 있고, 후자로는 최치원이 대표적이다. 같은 시기 육두품 출신으로 문명을 날린 최광유(崔匡裕)와 박인범(朴仁範) 등도 있는데, 이들의 지향이 어떠했는지는 정확히 알 수 없다.

 이들 육두품 출신 문인들은 당나라 유학파라는 공통점을 갖고 있는데, 이들의 지향이 이처럼 달랐다는 점은 시대가 전환기였다는 사실을 다시금 환기시켜준다. 특히 최승우와 최언위, 그리고 최치원은 이 시기 '삼최(三崔)'로 불렸던 대표적인 문인들이다. 그런데 최승우와 최언위는 신라를 버리고 새로 일어난 세력에 참여하였고, 최치원은 은둔을 택했다.『호본집(餬本集)』이라는 문집을 남긴 최승우는 후백제의 견훤을 따랐고, 최언위는 왕건을 따랐다. 그러나 최승우는 견훤의 몰락과 함께 실패하였고, 최언위는 고려 건국에 일등공신이 되었을 뿐만 아니라 통일 후에 최고의 관직에 올랐다. 결과적으로 최언위는 신라 육두품 출신 문인으로 쌓은 문장력과 당나라에서 익힌 외교적 안목을 접목하여 고려 건설에 이바지하여 새 역사를 창도하는 주역이 된 것이다.

　반면, 최치원은 빼어난 문재(文才)를 자랑하고도 중국과 신라 어디에서도 안주하지 못한 채 방외(方外)적인 삶을 살다가 종적을 감추어 버렸다. 최광유 역시 귀국 후의 종적이 묘연한데, 남아 있는 시작품으로 볼 때 최치원과 비슷한 궤적을 밟지 않았나 싶다. 더구나 이 시기에 창작되었을 것으로 판단되는 전기(傳奇)인 「최치원」을 그의 작품으로 보는 견해도 있는바, 이런 심증이 가는 것이다. 이에 반해 박인범은 신라에서 한림학사와 예부시랑 등의 관직을 지낸 관료였다. 다만 그가 남긴 찬(贊)을 보면, 불교 성향이 강함을 확인할 수 있다. 당시 지방호족세력과 관련을 맺고 일어난 선종에 깊은 호감을 보인 점으로 미루어, 개혁 성향이 강했을 것으로 판단된다.

　이처럼 나말여초 문인지식층은 모두 같은 길을 간 것은 아니나, 당시 새롭게 정립되고 있던 한문학으로 전환기를 대변한 작가들이었다. 특히 최치원의 경우는 그의 문재와 행적이 여느 문인들과는 다르다는 점에서 문제적이다. 그는 확실히 현실에 안주하지 못하고 방황했으며, 그의 문학은 바로 이런 자신의 처지를 반영하여 다른 어떤 문인·문학과도 변별되는 독창적인 내용을 담고 있다.

3. 최치원 시문학의 세계

　최치원은 대표적인 견당유학생으로, 12세에 유학을 떠나 18세에 빈공과에 급제, 20세에 율수현위(溧水縣尉)가 된다. 그리고 23~27세에 고병(高駢)의 막하에 있으면서 뛰어난 필력을 자랑하다가 이듬해 28세 나이로 당나라의 국서(國書)를 가진 사신 자격으로 고국으로 돌아온다. 고국에서 크게 등용될 것으로 기대했으나, 정작 몇몇 지방의 태수 자리가 주어졌을 뿐이다. 진성여왕 때 시무책을 올려 아찬 벼슬을 받았으나, 특별히 중용된 것도 아니었다. 몇년 뒤 가야산으로 들어가 마침내 속세와의 인연을 끊는다. 40세 이후의 최치원의 행적은 자세히 전해지지 않는다. 20대초에「격황소서(檄黃巢書)」를 지어 황소의 반란을 진압하는 데 일등공신이 되었던 이 전도양양하던 젊은이는 이후 특별한 직위도 얻지 못하고 세상에서 종적을 감추어버린 것이다. 이렇게 된 이유가 따로 있을지 모르겠지만, 기울어져가는 신라사회에서 그가 할 수 있는 일은 별로 없었던 셈이다. 이런 삶의 궤적은 그의 문학에 그대로 반영되어 있다. 따라서 최치원의 문학세계는 그의 생애를 좇으며 살펴볼 때 더 흥미롭고 유익하다.

　최치원의 생애를 일반적으로 재당기(在唐期), 환국사환기(還國仕宦期), 탈속기(脫俗期)로 구분한다. 먼저 주목되는 시기가 재당시기이다. 현재 남아 있는 한시의 대부분과 본격적인 산문이 이 시기에 지어졌기 때문이다. 이때 엮인『계원필경집(桂苑筆耕集)』은 우리나라 최초의 개인문집이라는 점에서도 그 의의가 크다.

　이 시기 최치원의 산문은 표(表)·장(狀)·서(書)·격(檄)·제문(祭文)·기(記)·잡록(雜錄) 등 다양한데, 주로 공용문이었다. 대필(代筆) 성격인 이런 공용문은 그가 고병의 막하에서 종사관으로 활동한 결과물이기도 하다. 대표적인 작품으로 평가받는「격황소서」는 육조시대부터 유행한 변려체 글이다. 이 글을 접한 황소가 자신도 모르게

상 아래에 내려와 엎드렸다는 일화가 전해질 정도로 글의 효용성 또한 컸다. 그러나 이런 대필은 다분히 형식적인 경향이 강해, 후대에는 화려한 수식 위주의 사장(詞章)이라고 비판받기도 했다. 그러나 관직에 종사하면서 명을 받아 외교문서 등을 작성할 때는 형식이 대단히 중요한 것 또한 사실이다. 이를 최대한 이용하여 형식미를 갖추면서도 상대를 설득하는 것은 문(文)의 효용성이란 측면에서 당연히 중시되어야 한다. 어쨌든 재당 시기 그의 산문은 비록 대필 형식이었지만 젊은 시절의 빛나는 문재로 관직생활과 그에 대한 의욕을 잘 드러낸 작품들이다.

한편, 재당시기 한시는 산문과 전혀 다른 경향을 보여준다. 최치원의 한시는 실로 그의 내면을 읽을 수 있는 거울과 같다. 분명 그의 눈은 사회현실을 직시하고 있었다. 이 점은 강남의 화려함과 사치를 그 뒤에 숨어 있는 베틀 짜는 여인을 통해 예리하게 부각시킨 「강남의 여인(江南女)」에서 가장 잘 드러난다. 그러나 「들을 태우다(野燒)」라는 작품도 눈여겨볼 만하다. 전장에 치솟은 불길을 소재로 한 이 시는, 들에 불길이 번져 우마(牛馬)를 방목하지 못하고 이리떼가 제 짝을 잃을까 걱정이라고 읊는다. 그러나 더 두려운 일은 "이 불길 바람을 따라 산으로 번져, 부질없이 옥석을 단번에 태워버리는"(只恐風驅上山去 虛敎玉石一時焚) 것이다. 전란 속에서 옥이 돌과 함께 무참히 소진되는 상황을 심히 우려하고 있다. 여기에서는 은근히 자신을 옥에 비유함으로써 다가올 현실을 예측하는 듯하다. 그러다보니 이러한 사회문제에서 '자신'에게로 시상을 옮겨오기에 이르렀다.

적막한 황무지 한 모퉁이에　　　　　　　　　　　寂寞荒田側

무성하게 꽃피어 가지 휘었네	繁花壓柔枝
매화비 맞아 향기 그치고	香輕梅雨歇
보리바람결에 그림자 비스듬하네	花影帶麥風
수레 탄 이 뉘라서 보아줄까	車馬誰見賞
벌과 나비떼만 날아들 뿐	蜂蝶徒相窺
천한 땅에 태어난 것 스스로 부끄러워	自慙生地賤
사람들에게 버림받는 것 슬퍼할 만	堪恨人棄遺

이 작품은 「접시꽃(蜀葵花)」으로, 황무지에 무성하게 핀 접시꽃을 노래하였다. 자신을 봐줄 윗사람이 없어 벌과 나비만이 날아들 뿐인데, 천한 땅에 태어나 사람들에게 버림받는 접시꽃은 최치원 자신의 자화상이기도 했다. 이외에 「진달래(杜鵑)」이라는 작품이 있다. 진달래 또한 고운 빛깔로 자태를 뽐내지만 지나가는 나무꾼이나 봐줄지 걱정한다. 역시 「접시꽃」과 같은 맥락이다. 후미진 곳에 피어 남들이 알아주지 않는 접시꽃이나 진달래에 한미한 자신의 신세를 우의하고 있는 것이다.

이런 현실은 그 자신 어쩔 수 없는 '이국의 나그네'라는 처지를 기반으로 하여 곧잘 향수로 옮겨간다. 외로움과 향수는 그의 시 전반을 관통하는 소재이기도 하다. 결국 현실과 이상의 간극과 그 속에서의 갈등이 재당시기 한시의 주요 테마였다.

나이 28세에 최치원이 귀국한 이유가 명확하지는 않지만, 아무래도 고병이 실권을 잃어 의지할 데가 없어지자 중국은 더이상 자신이 머물 곳이 못된다고 생각한 듯하다. 앞의 시에서 볼 수 있듯이 최치원은 이국에서의 한계를 실감하고 귀국길을 택했던 것이다. 그러나 고국에서도 뜻을 펼 수는 없었다. 그는 40대 초반까지 고작 몇몇 지방의 태수를 지냈을 뿐이다. 귀국 후 곧장 국사(國師)들의 비문을 찬술하라는 명을 받은 것으로 보아, 이미 신라를 대표하는 문인으로 당대에도 인정을 받았던 듯한데, 그럼에도 중용되지 못했다는 사실은 쇠망의 길에 들어선 신라의 한계로밖에 이해되지 않는다. 어쨌든 이 왕명에 의해 찬술된 글들의 정수가 「사산비명(四山碑銘)」이다. 이 「사산비명」은 비록 국가의 영으로 찬술한 것이지만 그의 사상이 총화된 명문이다. 이중 특히 「지리산쌍계사진감선사비명(智異山雙溪寺眞鑑禪師碑銘)」은 진감선사라는 탁월한 선승의 면모를 생생히 재현하였다. 또 이 글에서 유불도의 근본은 차이가 없다고 하여 '삼교습합(三敎習合)'의 정신을 선양하기도 했다. 「사산비명」은 최치원이 해박한 지식을 바탕으로 불교를 중심으로 한 바람직한 사회를 구상했다는 점에서 의의가 클 뿐만 아니라, 유려한 변려문체로 국사들의 생애를 조명하여 비명의 한 전형을 창출했다는 점에서 학술사에서도 중요한 의미가 있다.

그러나 「사산비명」은 왕명으로 찬술되었고, 남의 사적을 서술했다는 특성상 그의 박학다식한 면모를 확인하는 차원의 글이라 할 수 있다. 이에 비해 귀국 후 지었을 것으로 판단되는 시편들은 재당시기의 고민과 한계의 연장선상에 있다.

여우가 미녀로 둔갑하고	狐能化美女
삵이 서생으로 행세하네	狸亦作書生
누가 알까 짐승의 무리가	誰知異類物
사람모습을 하고 호리는 것을	幻惑同人形

변화하는 것은 어렵지 않지만	變化尙非難
마음을 다잡기 진정 어렵다오	操心良獨難
진짜와 가짜를 분별하려거든	欲辨眞與僞
원컨대 마음의 거울을 닦아보라	願磨心鏡看

「옛뜻(古意)」이란 작품으로, 참과 거짓이 뒤섞여버린 현실을 풍자하고 있다. 특히 이 시기에는 여우가 부정적인 존재로 설정되는 경우가 많은데, 개인의 영달을 위해 여우나 삵처럼 남을 호리는 사람들에 대한 조소이다. 그러나 그렇게 변하는 것은 쉽지만 변치 않고 자신을 지키는 것은 지극히 어려운 일이다. 진짜와 가짜를 구별하기 어렵게 된 현실 때문에 더욱 그렇다. 이 시에는 당대 현실과 영리를 좇는 존재들에 대한 깊은 혐오감이 깃들어 있다. 이렇게 그의 고민은 더 깊어져 거의 회복 불능 상태로 빠져들고 있었다. 그러나 여기까지만 해도 아직 현실에 대한 애착이 남아 있다. 그런데 「가을밤 비 내리고(秋夜雨中)」에 이르면 그런 애착마저 버려야 할 상황임을 알 수 있다.

가을바람에 홀로 괴로이 읊조리나	秋風唯苦吟
인생길에 내 노래 알아주는 이 없네	世路少知音
창밖에는 삼경의 비만 내리는데	窓外三更雨
등불 앞의 내 마음은 만리 밖이라	燈前萬里心

'인생길에 자신을 알아주는 사람이 없다'는 말이야말로 한 개인의 '불우(不遇)'를 단적으로 드러낸다. 그는 가을바람 불고 삼경의 비가 내릴 적에 이를 뼈저리게 느꼈던 것이다. 그래서 몸은 등불 앞에 있

지만 마음은 이미 만리 밖으로 내달리고 있었다. 추측건대 그는 이 시를 짓고 속세와 인연을 끊었던 듯하다.

최치원은 아찬 벼슬에서 물러난 42세부터 전국을 떠돌아다니며 더이상 세상에 나오지 않고 종적을 감추어버린다. 바로 「가야산 독서당에서 쓰다(題伽倻山讀書堂)」는 이 만리 밖으로 떠나온 자신에 대한 시적 표현으로, 인간세상의 온갖 시비를 흐르는 물로 막아버렸던 것이다. 자료에 의하면 이 은거 시기에도 「석순응전(釋順應傳)」「석이정전(釋利貞傳)」「법장화상전(法藏和尙傳)」「부석존자전(浮石尊者傳)」 등 승려의 전(傳)과 「수창군호국성팔각등루기(壽昌郡護國城八角燈樓記)」「지증대사적조탑비명(智證大師寂照塔碑銘)」 등의 산문을 지었다고 한다. 대개 전국의 사찰을 주유하며 관련 작품을 지은 듯하니, 속세를 떠나 불가에 귀의한 것으로 보인다.

한편, 「향악잡영(鄕樂雜詠)」 5수는 최치원 시에서 특별하다. 이 시는 금방울놀이, 다리꼭지놀이, 탈춤, 꼭두각시놀이, 사자춤 등을 차례로 읊은 것으로, 공연사에서 의미가 클 뿐만 아니라 최치원의 시 가운데 가장 활력 넘치는 작품이기도 하다. 방랑길 어느 지방에서 신명나게 벌어지는 가면놀이를 보고 이 시를 지었던 모양이다. 그는 이런 민중의 에너지를 속세를 떠나서야 발견한 것이 아닌가 싶다. 따라서 이 작품은 최치원이 가면 속에 감추어진 민중을 발견한 유일한 예로 볼 수 있겠다. 그러나 이런 발견을 했을 당시에 그는 이미 탈속한 존재였고, 더는 시대적 전망도 갖지 못했다. 이 민중의 발견이 최치원에게 스쳐지나는 한 장면에 불과했다면 진정 아쉬운 일이다.

이처럼 최치원의 생애와 관련하여 시문을 살펴보면, 당대 현실 속에서 좌절할 수밖에 없었던 나말여초의 위대한 문인의 면모를 실감하게 된다.

4. 최치원의 문학사적 위치

최치원은 나말여초의 대표적인 문인이다. 동아시아가 재편되는 과정, 본국이 쇠망의 길로 접어들던 시대, 전망이 불투명했던 시기의 바람직한 지식인상은 무엇인가. 이런 점을 따질 때 최치원은 가장 좋은 본보기이기도 하다.

당나라가 빈공과를 마련하여 외국인을 자국 과거에 참여시킨 이래 최치원만큼 실력을 인정받은 인물도 없었다. 그런데 그가 보여준 이후의 행력(行歷)은 기대에 미치지 못할뿐더러 다소 의아하기까지 하다. 얼핏 보면 그는 자기 사상이 투철하지 못했고, 그러다보니 중요한 결단을 내리지도 못했다. 스스로 '유교와 불교 양역(兩役)에 종사한다'는 어정쩡한 발언을 하기도 했다. 게다가 후삼국의 쟁패가 벌어진 역사의 커다란 전환점에서, 자신이 무엇을 해야 하는지에 대해 특별히 글이나 문학으로 보여주지도 않았다. 그는 공사문자(公私文字)에서 한결같이 북쪽 발해를 헐뜯고 부정하였다. 이것은 신라인이라는 현실적 조건의 귀결이겠지만, 하여튼 이런 모습들은 그의 역사인식과 시대인식의 문제점으로 거론되곤 한다. 시문의 내용을 보아도 한시와 산문 사이에 괴리되는 일면도 발견되어 '놀라운 재능을 역사의 방향과 연결시킬 수 없었던 지식인의 본보기를 보여준 사례'로 들기도 한다. 또 그의 대표작 중 하나인 「가을밤 비 내리고」를 두고, 무엇 하나 이룬 것 없다는 신세타령이라고 보아 그의 '실패의 증언'으로 읽기도 한다.

그러나 최치원을 나말여초의 지식인으로 이해하는 데 유의할 점이 있다. 이유야 어찌되었든 최치원은 속세를 떠나 전국의 산림강해(山林江海)를 유람했지만, 그 행보는 끝까지 조국의 운명과 함께한 셈이다. 그의 문학은 자신의 '인생'에 대한 자조이지만 공교롭게도 조국의 '운명'을 노래한 것이었으니 말이다.

그렇다면 후인들은 그를 어떻게 평가했을까. 사실 최치원만큼 후대의 평가를 많이 받은 문인도 없다. 또한 설화나 소설의 주인공으로도 심심치 않게 등장했다. 우선 그는 고려시대에 들어와 긍정적인 평가를 받았다. 특히 이규보가 '동국문종(東國文宗)'으로 추앙하면서 이후 한국문학의 비조로 일컬어진다. 그러나 조선시대에 들어오면 상황은 좀 달라져, 긍정과 부정이 엇갈린다. 특히 퇴계 이황이나 율곡 이이 같은 거유(巨儒)들은 사장학(詞章學)에 빠졌고 불교에 아첨한 인물로 최치원을 혹평한다. 반면 사림학자들은 그를 동정했으며 그의 문학을 빼어난 성과물로 인정하기에 이른다. 주로 도학자들은 최치원을 부정적으로 본 데 반해 문인들은 그를 추숭(追崇)하는 형국이었다.

한편, 전국적으로 분포하는 설화에서 최치원은 거의 무조건적인 추앙의 대상으로 나온다. 최치원의 생애를 자신들의 처지와 연관지었던 민간에서는 끝없는 연민과 동정을 불러일으켰던 것이다. 진작 「최치원」이라는 전기가 탄생하여 '고독한 자아'로 표상되었는가 하면, 조선중기에는 비상한 재주를 발휘하는 최치원을 소설화한 「최고운전(崔孤雲傳)」도 커다란 관심을 끌었다. 16세기 후반에 창작된 것으로 판단되는 이 작품에는 최치원이 중국 천자와 대결해 승리한다는 이야기가 나온다. 게다가 중화질서에 대한 강한 회의를 피력해 문제적인데, 그 주인공으로 최치원이 설정된 까닭은 그만큼 중국에서도 문명을 떨쳤던 그에 대한 자긍심이 작용한 결과이리라. 나아가 16, 17세기에 잇따라 나온 도가서(道家書)에서 최치원은 우리나라 도맥(道脈)을 전수한 핵심인물로 등장한다. 실제로 최치원은 도교에 깊은 관심을 보였으며,『선사(仙史)』라는 작품을 지은 것으로 알려져 있다. 후대의 이러한 다양한 견해와 관련 작품들은 최치원에 대한 끝없는 관심의 결과이다. 어쨌든 그는 어느 시대에서나 비상한 주목을 받아온 것만은 분명하다.

이런 최치원에 대한 열띤 관심은 당연히 빼어난 문학적 성과가 있었기 때문이다. 그러나 거기에 불우한 삶이 덧붙지 않았다면 이야기는 달라졌을 것이다. 뛰어난 재능을 지녔으되 자신을 알아주는 이와 시대를 만나지 못해 불우할 수밖에 없었던 인물에 대한 관심은 우리 문학에서 불후(不朽)의 주제 가운데 하나였다. 따라서 최치원의 문학을 한마디로 표현하면 '불우'라고 할 수 있다. 특히 그의 한시세계는 그런 경향이 농후하다. 요컨대 우리 문학사에서 '불우의 미학'을 본격적인 문학의 장으로 끌어냈다는 점에서 최치원의 문학사적 위치는 확고하다. 공교롭게도 「최치원」의 주인공 '최치원'도 불우하고 고독한 존재로 표상되어 있으니, 이 작품은 서사문학사에서 불우한 주인공을 본격적으로 다룬 작품이기도 하다.

이처럼 최치원의 문학은 공적 이익을 대변하는 한편, 문학을 개인의 미적 감수성을 발현하는 양태로 전환시켰다는 점에서 의미가 크다. 그렇지만 그의 문학의 불우성은 개인적인 영역에 매몰되는 경향을 보임으로써 사회와 소통하지 못하는 한계를 안고 있다. 이로써 우리 문학사는 최치원의 문학을 통해서 새로운 가능성과 과제를 함께 떠안고 출발하게 되었다.

: 정환국 :

● 더 읽을거리

최치원의 문학과 관련하여 지속적인 논란거리 중의 하나는 『수이전(殊異傳)』 창작설과 전기작품 「최치원」 작가설이다. '신라수이전' '고본수이전' 등으로도 불리는 『수이전』은 현전하지 않지만, 초창기 한국서사문학의 집대성이라는 평가를 받고 있다. 지금까지 『수이전』의 작자로는 최치원과 고려 문종 때의 문인 박인량(朴寅亮, ?~1096)이 거론되고 있다. 그리고 「최치원」은 최치원 자신의 저작설과 나말여초의 문인, 특히 앞서 거론한 최광유의 저작설이 있다. 어쨌든 『수이전』과 「최치원」은 나말여초에 형성된 작품집과 작품이며, 그것이 문인 최치원과 긴밀한 연관관계가 있다는 점은 분명하다.

나말여초 문학과 최치원에 관한 연구에 대한 기본정보는 다음과 같다.

우선 나말여초의 정치사회에 대한 연구로는 황선영 『나말여초 정치제도사 연구』(국학자료원 2002)와 전기웅 『나말여초의 정치사회와 문인지식층』(혜안 1996) 등을 참조할 수 있다.

최치원에 관한 기본자료로 『崔文昌侯全集』(성균관대 대동문화연구원 1972)과 이우성 교역의 『新羅四山碑銘』(아세아문화사 1987)이 있다. 최치원의 문집은 최영성의 『역주 최치원전집』(아세아문화사 1998)을 참조할 수 있고, 주요 작품을 감상하기에는 김수영 편역의 『새벽에 홀로 깨어—최치원 선집』(돌베개 2008)이 도움이 된다.

나말여초와 최치원 문학에 대한 연구로는 이우성 「남북국시대와 최치원」,

『한국의 역사상』(창작과비평사 1982)에서 선편을 잡은 이래로 이강옥「남북국시대 지식인의 고뇌와 문학」, 민족문학사연구소『한국 고전문학 작가론』(소명출판 1998) 등의 논문이 제출되었으며, 최치원 문학에 대한 본격적인 연구로는 김중렬「최치원 문학 연구」(고려대 박사학위논문 1983); 유영봉「사산비명 연구」(성균관대 박사학위논문 1993) 등의 학위논문과 이구의『최고운문학연구』(아세아문화사 2005) 등의 단행본이 있다.

한편, 나말여초 문인들에 대한 연구로는 조동일『한국문학통사 1』(지식산업사 1989)에서 최치원 이외의 문인들에 대한 균형잡힌 연구의 필요성을 제기한 이래 후속 연구결과들이 나오고 있으나 아직은 미약한 상태이다.

고려가요의 다양한 모습

1. 전시대 시가의 전통과 고려가요

　예종의 「도이장가」 같은 새 작품이 창작되기는 했으나 고려시대에 접어들면서 향가는 점차 쇠퇴한다. 표기방식의 제약 때문이기도 하지만 무엇보다 한문학이 발달하여 굳이 번거로운 향찰 표기에 의지하지 않고도 충분히 감정을 표현할 수 있었기 때문이다. 향가의 뒤를 이어서는 속요(俗謠)와 경기체가(景幾體歌)가 등장했다. 물론 고려시대에 향유된 시가라면 속요와 경기체가 외에도 불가와 무가, 그리고 참요(讖謠) 등이 있다. 여기에 고려 중반까지도 창작되던 향가와 고려말 새롭게 등장한 시조·가사·한시를 더한다면 고려시대의 시가문학은 매우 다양하게 전개되었음을 알 수 있다. 그러나 흔히 '고려가요'라고 하면 「가시리」 「사모곡」 「청산별곡」 등의 속요와 「한림별곡」

으로 대표되는 경기체가로 크게 구분된다.

민가에서 불리던 노래가 궁중음악으로 수용되었다가 조선조에 이르러 한글로 기록된 속요는, 민요에 기반을 두고 있기에 소박하고 곡진한 감정을 담고 있다. 반면 신흥사대부들의 새로운 세계관을 특정 형식에 담은 경기체가는 교술적(敎述的)인 성격이 강하다. 이 둘은 향유계층의 이념과 역사적 성격, 표현기법 면에서 서로 판이한 것이 사실이나, 여러 연이 나란히 이어진 연장의 형태나 후렴구와 감탄사 등 형식에 있어 공통점도 엿보인다.

속요는 고려시대에 활발히 창작되고 전승되었지만 조선시대 악보, 악서와 같은 매우 한정된 자료에 소수의 작품만이 실려 전해진다. 그러나 경기체가는 고려말 성립된 새 장르임에도 조선시대에 창작된 작품이 더 많이 남아 전해지고 있다. 속요의 경우는 창작 시기와 상황, 원텍스트의 모습을 구체적으로 확인할 수 없다는 점에서, 경기체가의 경우는 지나칠 정도로 양식성이 강한데다 장르의 특성을 분명히 밝히기 어렵다는 점에서 연구에 어려움이 따르지만, 둘 다 고려를 대표하는 시가라는 데는 이견이 없을 것이다.

2. 진솔함·다양성·개방성: 속요의 세계

속요는 우리말 노래인 시조·가사·민요처럼 음악과 깊은 관련이 있다. 속요라는 이름부터가 고려시대 노래의 음악적 특성을 고려한 것이다. 고려시대 음악은 크게 아악(雅樂)·당악(唐樂)·향악(鄕樂)으로 나뉘는데, 아악은 예종 때 송나라의 대성악(大晟樂)을 받아들여 만들어진 것으로 매우 엄격한 격식을 갖추었으며 주로 제례에서 사용되었다. 당악은 고려 광종~목종 때 송나라의 사악(詞樂)을 받아들인 것인데,「답사행가무」「포구락」처럼 노래·춤·음악이 어우러진 정재(呈才) 공연의 형태로 사신의 접대, 국왕의 탄생일, 왕세자 책봉 등 나라의 큰 행사가 있을 때마다 사용되었다. 향악은 삼국의 음악을 받아들여 고려에서 스스로 만든 음악으로 속악(俗樂)이라고도 했다. '속요'란 이러한 속악에 붙여진 노랫말이라는 뜻으로 속악가사(俗樂歌詞)라고도 불렸다.

속요는 고려가 망하고 조선이 세워진 지 100여년 이상 지난 뒤에야 문자로 채록되었다. 성종·중종 대에 가악을 정리하면서 대부분의 고려 노래들은 그 노랫말이 '비리(鄙俚)' '망탄(妄誕)'하고 '남녀상열(男女相悅)'의 내용을 담았다고 하여 '사리부재(詞俚不載)' 원칙에 따라 삭제, 변개되었다. 이처럼 조선초 성리학적 이념을 준거로 하여 고려의 속악을 수용하다보니 국가 의식에서 연주된「정읍사」「처용가」「정과정」「동동」등 4편만이『악학궤범』에 남아 있으며, 그밖에 몇몇 작품이『악장가사』『시용향악보』『대악후보』『악학편고』『금합자보』등 악보에 채록되어 전해질 뿐이다.

가사가 남아 있지는 않지만,『고려사』「악지(樂志)」의 고려속악(高麗俗樂)조에는 이어(俚語) 작품 26편, 한문으로 된 작품 6편 등 모두 32편이 제목과 창작상황을 중심으로 수록되어 당시 속악의 실체를 짐작하는 데 중요한 실마리를 주고 있다.『고려사』「악지」는 민간에 전래된 음악을 수집하여 인륜에 합당하다고 생각되는 것만 추려 실은 것이므로, 노래 제목이 대부분「서경」「대동강」「원흥」「금강성」「총석정」「예성강」「한송정」등 지명을 따서 지어졌다. 그 가운데「오관산」「거사련」「처용」「사리화」「장암」「제위보」「정과정」 등이 익재(益齋) 이제현(李齊賢)의 『소악부』에 한역되어 있고,「삼장」「월정화」「안동자청」 등이 급암(及庵) 민사평(閔思平)의 『소악부』에 한역되어 실려 있어 속요가 존재하던 당시의 분위기를 알려 준다.

민간에서 불리던 노래가 궁중속악으로 채택되고, 왕조가 바뀐 뒤에도 명맥을 유지하면서 문헌에 정착되기까지의 과정은 단순치 않을 터이다. 먼저 민간가요가 왕실에 유입되어 왕실악부화되었을 것이다. 지금까지는, 민간에 떠돌던 순수 민요나 민간에서 창작된 가요가 채시(采詩)와 풍교(風敎)의 전통에 의해 채집되고 궁중의 필요에 맞게 편곡된 뒤, 세련화 과정을 거쳐 왕실악부로 정착되었다는 설명이 보편적이다. 예를 들어「원홍」은 동북면 원홍진에 살던 사람이 장사를 나갔다가 돌아오자 아내가 기뻐서 불렀다는 노래인데, 공민왕 때 동북면의 수복을 되새기기 위한 정치적 의미로 악부화되었을 것으로 추정한다. 효자 문충이 지었다는「오관산」, 충숙왕대 채홍철이 유배지에서 지었다는「동백목」, 기철이 평장사로 임명받은 후 귀국하며 총석정에 올라 불렀다는 풍류가「총석정」 등 작자가 알려진 작품들 역시 민간에서 창작된 작품들이 궁중악부화된 것이다.

그다음으로, 이렇게 왕실악부화된 노래의 일부가 고려왕실에서 조선왕실로 전해지는 과정이 뒤따랐을 것이다. 조선왕조는 고려에서 사용하던 노래 중 일부를 탈락시키고 일부를 채택해 계속 사용하였다. 즉 고려왕조를 찬양하는 노래(「금강성」「송산」「장단」)나 불교적인 노래(「무애」「미타찬」「관음찬」), 고려대의 역사적 인물이 창작한 노래(「동백목」「오관산」「총석정」), 풍교의 내용을 담고 있되 고려의 색채가 두드러지는 노래(「예성강」「원흥」「사리화」「월정화」) 등이 탈락되고,「청산별곡」「서경별곡」「정석가」「가시리」등 '고려'라는 징표가 두드러지지 않는 탈역사적 민요계의 노래들, 아박정재(牙拍呈才)에서 부르는「동동」, 무고정재(舞鼓呈才)에서 부르는「정읍사」처럼 종합공연물인 '정재'에서 사용되는 노래들, 제의에 필요한 무가인「처용가」등이 왕조가 바뀐 뒤에도 계속 연주될 수 있었다. 현재 노랫말이 남아 있는 대부분의 속요가 바로 이러한 경로를 통해 전해진 것이다.

속요는 당시 민간의 노래가 궁중에 수용되어 변개되었고, 고려의 노래가 왕조가 바뀐 조선에 들어와서야 문자로 정착되었다는 사정 때문에 여러 측면에서 복잡한 성격을 띤다. 이런 까닭에 속요의 민간 노래 성격을 강조하는 입장과 궁중음악 성격을 강조하는 입장이 팽팽히 대립하고 있으며, 연구자의 입장에 따라 명칭과 특성, 담당층과 창작시기 등이 판이하게 논의된다.

현재 가사가 남아 전해지는 속요 작품은 모두 13편으로 알려져 있다. 이 가운데 단연체가 4편으로「정과정」「이상곡」「사모곡」「처용가」이고, 연장체가 7편으로「청산별곡」「서경별곡」「정석가」「가시리」「쌍화점」「만전춘」「동동」이며, 현전 형태로는 그 형식을 파악하기 어려운「상저가」「유구곡」, 백제가요에 귀속해야 한다는 논란이 일고 있는「정읍사」등이 있다.

속요의 특징은 무엇보다 그 형식에 있다. 민간에서 향유하던 노래를 궁중의 쓸모에 맞도록 변개해 사용하다보니 현재 전해지는 텍스트는 원형과 다를 수밖에 없다. 먼저 시적 단위와 악곡 단위, 즉 문학적 형식과 음악적 형식이 서로 맞지 않는 경우가 있는데,「서경별곡」(내용상 3연/음악적으로는 13절),「가시리」(내용상 2연/음악적으로는 4절),「정석가」(내용상 6연/음악적으로는 11절), 「만전춘」(내용상 6연/음악적으로는 1절) 등이 그렇다. 「정석가」를 예로 들면, 각 연의 2행은 모두 1행을 반복(딩아 돌하 當수에 계샹이다/딩아 돌하 當수에 계샹이다/先王盛代예 노니ᄋ와지이다//삭삭기 세몰애 별헤 나눈/삭삭기 세몰애 별헤 나눈/구은밤 닷되를 심고이다)하는데, 이는 원텍스트를 악곡에 맞추기 위해 생긴 반복구이다. 또한 「서경별곡」의 '위 두어령성 두어령성 다링디리', 「청산별곡」의 '얄리얄리 얄랑셩 얄라리 얄라', 「동동」의 '아으 動動다리', 「정읍사」의 '어긔야 어강됴리 아으 다롱디리' 등 악기의 구음(口音)으로 추정되는 여음과 후렴구들은 원텍스트에는 없었으나 속요가 궁중악에 맞게 개편되면서 덧붙여졌다고 알려져 있다. 그러나 이러한 여음과 후렴구들은 악곡상 필요에 의해 첨가되었을 뿐 아니라 속요의 율격미를 생동감있게 조성하고 시적 구조를 완성하는 데 중요한 역할을 한다.

「정석가」와 「서경별곡」의 '구스리 바회에 디신돌 긴힛돈 그츠리잇가/즈믄히롤 외오곰 녀신돌 信잇돈 그츠리잇가'와 「정과정」 「만전춘」에서 '넉시라도 님은 혼딕 녀져라 아으/벼기더시니 뉘러시니잇가'처럼 똑같은 구절이 서로 다른 노래에서 동시에 발견되는 경우도 있는데, 당시에 유행하던 민요의 구절이 각 작품에 삽입되었는지 어느 한 작품이 다른 작품에 영향을 미쳤는지는 논란의 여지가 있다. 여러 노래를 합성한 듯한 「서경별곡」과 「만전춘」, 원래 노래는 짧은데 동일한 구조를 반복하여 오늘날의 형태에 이른 듯한 「청산별곡」 「정석가」 「쌍화점」 역시 악곡 형식으로 보아 원텍스트의 변화를 짐작케 하는 예들이다.

문학으로서의 속요는 형식이 독자적이고 다양해서 전시대의 향가와는 다른 면모를 보여준다. 속요는 동일한 구조로 된 연이 나란히 이어진 연장체와, 연이 중첩되지 않고 한 연으로 된 단연체로 되어 있다. 연의 구분이 없고 비교적 짧은 노래가 「사모곡」「유구곡」「상저가」「정과정」「이상곡」 등인데, 원래 민간에서 불리던 민요 형식을 그대로 간직하고 있는 것으로 보인다. 그에 반해 연장체는 대부분 호흡이 긴 연시(聯詩)로, 연마다 규칙적으로 후렴이 붙는 것(「청산별곡」「동동」「가시리」), 동일한 구조로 된 연이 병렬적으로 배열되는 것(「쌍화점」「청산별곡」「동동」), 여러 노래들이 합성된 형태를 보이는 것(「서경별곡」「만전춘」) 등 다양한 모습으로 나타난다.

단연체는 다시 짧은 형식과 펼침 형식으로 나누어볼 수 있다. 짧은 형식인 「사모곡」「상저가」「유구곡」은 연 구분이 없는 아주 짧은 노래다. 이것은 형식으로 보아 민요를 원형 그대로 간직한 듯 단순소박한데, 4구체 향가의 맥을 이은 것이라는 견해도 있다. 다소 긴 펼침 형식은 연 구분이 없이 길이가 상대적으로 긴 것이 특징이다. 짧은 형식의 노래들이 소박한 아름다움을 간직하고 있다면 「이상곡」「정과정」「처용가」 등 펼침 형식 곡들은 상당히 세련되고 내용도 풍부하다.

율격의 측면에서는 3보격이 지배적이라는 널리 알려진 견해와는 달리, 2보격(正月 ㅅ 나릿므른/(아으) 어저녹져 ᄒ논더—「동동」: 살어리 살어리랏다/靑山에 살어리랏다—「청산별곡」: 가시리 가시리잇고/ᄇ리고 가시리잇고—「가시리」: 비두로기 새논/비두로기 새논/우루믈 우루더—「유구곡」)과 3보격(솽화뎜에 솽화사라 가고신딘/회휘아비 내손모글 주여이다—「쌍화점」: 西京이 셔울히 마르는/닷곤더 쇼셩경 고외마른—「서경별곡」: 삭삭기 셰몰애 별헤 나논/구은밤 닷되롤 심고이다—「정석가」: 아바님도 어이어신마르논/어마님ᄀ티 괴시리 업세라——「사모곡」; 듥기동 방해나 디히히얘 / 게우즌 바비나 지어 히얘——「상저가」; 비 오다가 개야 아 눈하 디신나래 / 서린 셕셕사리 조븐 곱도신 길헤 / 잠짜간 내니믈 너겨 / 깃돈 열명길헤 자라오리잇가——「이상곡」)의 비율이 비슷하다. 4보격의 흔적을 보이는 「만전춘」(경경 고침상에 어느ᄌᆞ미 오리오 / 셔창을 여러ᄒᆞ니 도화ㅣ 발ᄒᆞ두다)의 짝수행에 대해서는 시조 형식과의 관련성을 논의하기도 한다.

  속요는 민간의 노래에 근간을 두는만큼 주제가 다양하다. 부모에 대한 효(「사모곡」「상저가」)와 임금에 대한 충(「정과정」)이 그려지는가 하면, 굿 현장에서 불린 무가(「처용가」)가 있고 전란의 와중을 떠도는 유랑민의 노래(「청산별곡」)도 있다. 그러나 속요의 보편적 주제는 '임의 노래'라는 별명이 말해주듯 남녀간의 사랑과 이별, 기다림과 그리움이다. 사랑의 모습도 다양해서 돌아올 리 없는 임을 기다리면서도 변함없는 사랑을 다짐하는 비극적인 노래(「이상곡」「동동」)나 불가능한 일에 대한 비유를 통해 임을 향한 극단적 사랑을 표현하는 노래(「정석가」), 임에 대한 적극적인 사랑과 원망을 동시에 드러내는 노래(「서경별곡」)가 있는가 하면, 육체적 사랑을 거침없이 드러내는 정염의 노래(「만전춘」), 성애 장면을 통해 당시 지배층의 타락을 고발하고 풍자하는 노래(「쌍화점」)도 있다.

  이러한 내용 때문인지 '고려속요는 남녀상열지사를 다룬 것이 많다'는 견해가 가장 주목받았다. 무신란과 몽골의 침입을 겪은 뒤 왕조의 위엄과 이념의 질서는 무너지고, 관념적·추상적 내용보다는 경험을 바탕으로 한 소재를 즐겨 사용하여 사랑의 노래가 주류를 이루었다는 견해가 있는가 하면, 조선조에 송도(頌禱)적 의미와 연군(戀君)의 표현으로 쉽게 전용될 수 있는 사랑의 노래가 상대적으로 많이 전해졌기 때문이라는 견해도 있다.

　이를 시대상이나 수용과정의 문제가 아니라 속요의 모태인 민요 자체의 특성이라고 보기도 한다. 즉 속요에 표현된 사랑의 정념은 개인의 특수한 사랑이 아니라 누구나 상상함 직한 사랑의 정념이라는 얘기다. 사실「가시리」「정석가」「이상곡」에는 이별하지 않으려는 마음이 소박하고 직설적으로 표현돼 있으며, 어느 개인의 고유한 감정이라기보다 누구나 공감하고 경험할 수 있는 비개인적·집단적인 정서가 담겨 있다. 이는 사랑을 노래하되 본능적 상상력에 바탕을 둔 자유로운 발상과 진술한 표현으로 이념에 얽매이지 않았던 당시 민중의 태도를 보여준다.

　향가가 불교적·주술적 세계관에 관련된 서정과 숭고한 미의식을 표출해냈다면, 속요는 선인들의 진지한 생활감정이 소박하게 발현되어 있고, 과장이나 허식 없이 솔직한 표현을 추구한다는 점, 함축미를 띠면서도 정연한 시적 구조를 획득하고 있다는 점이 특징이다. 이렇게 볼 때 속요는 노래하는 주제나 문학적 표현, 향유계층의 측면에서 고전시가 가운데 오늘날의 미의식과 가장 가까운 시가문학이라고 할 수 있을 것이다.

3. 반복과 변화, 풍류와 낙관: 경기체가의 세계

　경기체가는 고려후기에 새로운 이념으로 무장한 신흥사대부들에 의해 형성된 정형시로, 매우 엄격한 형식과 독특한 표현을 통해 여말선초 문학 변동기의 역사적 전환을 주도했던 신지식인계층 특유의 사유방식을 드러내고 있다. 그렇기에 자연발생적으로 형성되었다기보다 신흥사대부라는 특정 집단의 미의식을 표출하기 위해 고안된 시가형식이라는 평가를 받기도 한다.

현재 전해지는 경기체가 작품은 13세기 고려 고종 때 「한림별곡」에서 16세기 권호문의 「독락팔곡」에 이르기까지 20여 편에 이른다. 경기체가의 가장 두드러진 특징은 역시 특이한 형식이다. 한시도 우리말 시가도 아닌 한문투성이의 어중간한 모습 때문에 중국 사(詞)문학의 직접적인 영향을 받아 만들어진 것인지, 우리말 시가의 전통적 형식을 이어받은 것인지를 둘러싼 시비가 끊일 새 없었다.

우선 경기체가는 속요처럼 동일한 구조로 된 몇개의 연이 나란히 이어져 한 작품을 이루는 연장(聯章) 형식으로 되어 있다. 현재 전하는 모든 작품이 적게는 3장, 많게는 12장에 걸친 연장 형식이다. 한 연은 7행으로 구성되며, 7행은 언제나 4행과 5행 사이에서 두 개의 구조적 단위(전대절/후소절)로 나뉜다. 이렇게 분절된 양 절의 마지막 행(즉 제4행과 제7행)에는 경기체가 특유의 '위(爲 또는 偉) 경(景) 긔 엇더ᄒᆞ니잇고'라는 어구가 들어간다. 덧붙여 양분된 두 단위 중 후소절의 두번째 행(제6행)은 반드시 그 앞 행의 반복이어야 한다.

행 내의 율격형식은 훨씬 복잡해서 1~3행은 4음3보격, 5~6행은 4음2보격 형식을 취한다. 문제가 되는 것은 4행과 7행인데, 음보를 나누는 것이 쉽지 않은데다 작품에서 차지하는 비중이 매우 크기 때문이다. 따라서 많은 연구자들이 이 부분에서 음보를 나누어야 하는가, '위'를 독립된 음보로 구분할 것인가 아닌가로 논란을 거듭하였다. 그런 가운데 4행과 7행을 경기체가의 기본율격에서 벗어난 '변형 4음보'로 파악하는 견해가 주목을 받았다. 그렇게 되면 전대절은

1~3행을 통해 4음3보격이 세번에 걸쳐 반복되다가 마지막 4행에 와서 변형4보격으로 급격히 전환되며, 후소절 또한 5~6행을 통해 4음2보격이 두번 반복되다가 7행에서 변형4보격으로 전환되는 반복-전환구조임을 알 수 있다. 전대절의 반복-전환구조가 후소절에서 다시 한번 반복되지만, 전대절은 3보격이 세번 반복되고 후소절은 2보격이 두번만 반복되기 때문에 후소절은 전대절보다 반복의 강도가 훨씬 강하고 빠른 느낌을 준다. 이와같은 경기체가의 형식을 정리하면 다음과 같다.

> 元淳文(원슌문) 仁老詩(인노시) 公老四六(공노亽륙)
> 李正言(니정언) 陳翰林(딘한림) 雙韻走筆(솽운주필)
> 冲基對策(튱긔디칙) 光鈞經義(광균경의) 良鏡詩賦(량경시부)
> 위 試場(시댱)ㅅ 景(경) 긔 엇더ᄒ니잇고
> 琴學士(금혹亽)의 玉笋門生(옥슌문ᄉᆡᆼ)
> 琴學士(금혹亽)의 玉笋門生(옥슌문ᄉᆡᆼ)
> 위 날조차 몇 부니잇고
>
> ─「한림별곡」 1장

1행 ●●●○ ●●●○ ●●●●　　3·3·4　4음3보격
2행 ●●●○ ●●●○ ●●●●　　3·3·4　4음3보격
3행 ●●●● ●●●● ●●●●　　4·4·4　4음3보격
4행 爲 景 긔 엇더ᄒ니잇고　　변형4보격
5행 ●●●● ●●●●　　　　　　4·4　4음2보격
6행 ●●●● ●●●●　　　　　　4·4　4음2보격

7행 爲 景 긔 엇더ᄒ니잇고　　　　변형4보격

이렇게 볼 때 경기체가는 전대절과 후소절이라는 큰 틀을 갖고 있는데, 전대절이 규범적이라면 후소절은 이러한 규범에서 다소 벗어나는 형태와 내용을 보여준다. 경기체가의 이같은 형식은 경기체가가 드러내고자 하는 작품의 미학적 특성과 밀접한 관련이 있다. 동일한 율격이 거듭되는 전대절의 반복 부분은 사물의 열거를 통해 객관세계의 경험적 사실을 구체적으로 제시한다. 반면 율격이 변하는 후소절 부분은 앞에서 제시된 사실을 통합하고 재구성하면서 시의 전체 의미를 총괄한다. 즉 경기체가는 전대절의 율격적 반복과 후소절의 전환 형식에 맞추어 객관적 사실을 제시하고 주관적 의미를 환기하는 일정한 모형을 지니고 있는 것이다.

이때 전환부의 '위 경 긔 엇더ᄒ니잇고'는 단순히 반복되는 상투적 어구에 불과한 것이 아니라 반복부에서 제시된 개별 사실들을 통합하여 포괄적 전체상으로 수렴해내는 기능을 한다. 특히 '긔 엇더ᄒ니잇고'라는 표현은 통합된 세계에 대한 자아의 정서적 감각과 흥취를 드러낸다. 경기체가를 단순히 경험세계에 대한 객관적 인식과 재현으로 보지 않고 서정적 양식으로 이해하는 까닭도 이런 점 때문이다.

경기체가가 나타내려는 세계는 다분히 실제적 객관성을 띠고 있다. 그래서 이것이 과연 서정장르인지 아니면 교술장르인지를 둘러싸고 경기체가의 성격, 나아가 국문학 장르론에서 그동안 논란이 되어왔다. 서정시가 특정상황에서의 체험과 느낌, 생각 등을 유기적으로 형상화한 것이라 할 때, 경기체가는 이와 달리 외부세계에 존재하는 사물과 관념을 나열하고 통합한 데 가깝기 때문이다. 경기체가에 등장하는 사물이 작품 바깥의 세계에 실재한다는 점, 작품 외적 세계에 대한 일정한 지식이 작품 이해에 필요불가결하다는 점은 인정해야 할 것이고, 바로 그런 면에서 경기체가는 일반적인 서정시장르와는 다르다. 그렇다고는 해도 경기체가가 작품 외적 세계의 실재성을 그대로 모사하고 있지는 않다. 작품 밖의 현실이 객관적 실재세계인 것은 사실이지만, 앞에서 보았듯이 작품 내적 세계는 일정한 주관성을 통해 선택·여과된, 그러니까 재구성된 세계이기 때문이다. 경기체가는 삶의 궁극적인 아름다움을 세계와의 조화에 두고 있는 시가이다. 다만 그러한 조화를 상상이나 초월적인 데에서 구하는 서정시와 달리, 객관적 현실에서 구해 선별하여 구성한다는 점에서 다른 서정시가와 다를 뿐이다.

이러한 특성은 작품을 짓고 즐기던 당대의 시대정신을 반영한다. 경기체가의 중심 향유층은 고려후기에서 조선초기의 신흥사대부들이다. 이들은 뿌리깊은 전통을 자랑하던 불교 중심 문화의 모순과 한계를 인식하고 이를 새로운 가치체계인 유가이념으로 극복하려 했던 진보적 지식인들이다. 따라서 이들에게는 모든 가치판단을 유가적 세계관에 입각해 설정하려는 특유의 현실의식이 확립되어 있었고, 문화적 전환을 주도하고 정착시켜나갔던 진보적 지식인 특유의 당당함이 빛난다. 「한림별곡」을 비롯하여 안축의 「관동별곡」「죽계별곡」 등 특히 고려시대에 창작된 경기체가는 사대부의 이상이 투영된 자연과의 조화를 노래하고 있다.

경기체가가 즐겨 다루는 세계는 도학적인 이념세계, 유자(儒者)로서의 자족감과 자부심, 심신 수양과 학문 정진을 위한 풍류, 새 왕조와 군주에 대한 송축 등이다. 최초의 작품이라는「한림별곡」만 봐도 작품이 드러내는 세계는 사대부로서 갖추어야 할 소양(1~3장)과 풍류(4~8장)이고, 그에 반응하는 정서는 세계와의 조화를 눈앞에 둔 득의에 찬 감격으로, 이는 신진관인(官人)계층인 사대부의 의식세계를 여실히 반영한다.「한림별곡」의 시어들은 대개 배경지식이 없으면 이해하기 어려운 한자어로 나열되어 있는데, 이를 통해 사대부라는 특정 계층에 속하는 작자와 향유자들이 더욱 강한 동류의식과 자부심을 느꼈을 것이다.

후대 작품의 양식적 규범이라 일컬어지는「한림별곡」에 이어 안축의「관동별곡」「죽계별곡」등 고려의 작품이 사대부의 이상인 자연과의 조화를 노래한 반면, 조선조에 들어와서는 고려대보다 훨씬 많은 작품들이 창작되지만 정작 내용은 관인문학으로 기울어지는 경향을 보인다. 권근의「상대별곡」, 변계량의「화산별곡」, 그밖에「오륜가」「연형제곡」등은 대부분 새 왕조의 건국에 따른 예악(禮樂)정비의 일환으로 창작되어 국가의 영원한 안녕과 유학의 이념을 노래하고 있다.

이렇게 조선조에 들어와 경기체가는 기계적이고 공식적인 표현에만 머물러 서정성이 현저히 약화되는 반면 이념지향적 교술성은 강화되는 경향을 보인다. 16세기 김구의「화전별곡」, 주세붕의「태평곡」, 권호문의「독락팔곡」등은 이러한 이념지향적 상투성에서 벗어나 사대부 개인의 내면과 심미적 세계라는 새 모습을 보여주려 했지만, 경기체가는 결국 형식과 장르의 해체로 나아가고 만다. 조선조 문화의 전환기를 지나 사대부 이상의 완성을 목표로 하는 문화의 정착기에 접어들면서, 자기과시적이고 이념적 성격이 강한 경기체가는 결국 시조와 가사에 길을 내주고 만 것이다.

4. 고려가요 이해의 새로운 방향

우리 고전시가의 맥락이 '상대시가→향가→고려가요→악장→시조·가사'로 이어져왔다는 것은 널리 알려진 사실이다. 그리고 이러한 과정은 향가의 쇠퇴 후 고려가요의 등장, 고려가요의 쇠퇴 후 시조의 발생이라는 방식으로 설명되어왔다. 사실 '고려가요'라는 이름대로라면 속요와 경기체가는 고려시대에만 창작되고 향유된 것이어야 할 터이다. 그러나 경기체가는 조선전기인 16세기까지 지속적으로 창작되었고, 속요 역시 남녀상열지사(男女相悅之詞)나 음사(淫詞) 같은 논란에도 불구하고 조선전기에도 활발히 향유되었던 것으로 보인다. 이는 고려시대의 노래인 속요와 경기체가 모두 조선전기의 상황을 함께 고려해야 선명하게 이해할 수 있다는 사실을 뒷받침하고 있다.

최근 연구들은 이런 점을 고려하여 시가 향유라는 측면에서 고려말과 조선전기를 연장선상에 놓고, 같은 시대에 향유된 경기체가·속요·시조를 폭넓게 바라본다. 이 관점에 따르면 조선으로 왕조가 바뀐 뒤에도 이전 시대의 속요와 경기체가는 궁중의 공연뿐 아니라 사대부들의 사사로운 연회를 통해 꾸준히 사랑받았고, 그런 가운데 새 시가인 시조의 형식이 완성되면서 16세기경 조선조의 대표적 시가로 자리잡았다는 설명이다. 이는 조선전기에 신왕조를 찬양하기 위한 악장이 발달하였고, 남녀상열지사가 문제시된 속요는 쇠퇴하여 신흥사대부들의 미의식에 걸맞은 시조로 교체되었을 것이라는 기존 견해에서 벗어나 시가사의 전개에 새로운 방향을 제시하고 있다.

: 김수경 :

● 더 읽을거리

　전해지는 작품의 수는 13편에 불과하지만 그간 고려속요에 쏟아진 관심과 논의는 적지 않다. 문헌 고증을 바탕으로 한 어석의 연구, 속요의 특수성을 감안한 형식 및 음악적 연구, 작자층 및 수용자층에 대한 연구, 중국의 사(詞)문학과 관련한 비교문학적 연구, 서정성을 바탕으로 한 미학적 연구 등이 일정한 성과를 이루었고, 개별 작품에 관한 심도있는 연구도 지속적으로 이루어지고 있다. 최근의 연구로는 우리 고전시가를 '시'라는 문학작품으로서뿐만 아니라 시와 음악이 어우러진 통합예술로서 보아야 한다는 인식이 확대됨에 따라 이루어진 연행방식 연구(허남춘『고전시가와 가악의 전통』, 월인 1999), 속요가 산출된 역사적 상황을 살펴 개별 작품의 구체적인 생성문맥을 재구하려는 노력(임주탁「고려시대 국어시가의 창작 및 전승기반 연구」, 서울대 박사학위논문 1999)과 현대문학으로의 계승과 수용 양상을 천착한 연구(박노준『향가 여요의 정서와 변용』, 태학사 2001)를 들 수 있다.

　한편 경기체가는 대부분의 연구가 장르의 특성을 밝히는 데 모아져 있다. 조동일 · 김학성 · 김흥규 · 김창규 · 성호경 · 박일용 · 박경주 등의 연구를 살펴보면 교술시라는 입장, 서정시라는 입장, 처음에는 교술시였다가 서정시로 바뀌고 있다는 입장, 처음은 서정시였다가 후에 교술시로 바뀌고 있다는 입장, 서정과 교술의 중간 또는 주변 장르라는 입장 등으로 요약할 수 있다. 최근 박경주는『경기체가연구』이회문화사 1996)에서 경기체가가 노래라는 점을 강조하여, 악장 계열과 비악장 계열로 분류한 다음 경기체가의 연행방식을 폭넓게 살폈다. 최재남은「경기체가 장르론의 현실적 과제」,『한국시가연구』2(한국시가학회 1997;「경기체가 수용의 현실적 기반과 서정의 범주」,『한국문학논총』24(한국문학회 1999)에서 기존 장르론의 쟁점을 정리하면서 13~16세기 사대부 서정의 구체적 현실이라는 범주 내에서 연시조, 시조, 어부가류와 상호연관성을 강조하여 새로운 연구의 방향을 열었다.

속요와 경기체가를 막론하고 근래에는 조선전기 예악론과 관련하여 조선조에서 고려가요를 어떻게 수용했는가를 밝히는 문제가 주목을 받았다. 강명관「조선전기 고려가요의 전승과 시조사의 문제」,『조선시대 문학예술의 생성공간』(소명출판 1999); 길진숙「조선 전기 예악론의 추이와 국문시가론의 정립 양상」(이화여대 박사학위논문 1999); 임주탁「수용과 전승을 통해 본 고려가요의 전반적 성격」,『진단학보』83(진단학회 1997) 등과 정출헌「고려가요 층위와 그 전승양상」,『민족문학사연구』13(민족문학사연구소 1998) 등은 고려가요가 민요에서 궁중의 속악가사로 유입되면서 변개된 것이 아니라 대부분 그 자체로 향당의 상층 문화공간에서 유행되었고 다양한 층위로 조선조에 수용되었을 것이라는 가능성을 제시하였다. 이러한 연구결과는 고려가요가 고려에서 조선으로의 왕조교체에도 불구하고 조선전기 시가의 주요 레퍼토리였다는 사실을 밝혀주는 것으로, 고려후기 신흥사대부들에 의해 창출된 시조가 조선시대에 들어와 고려가요를 압도하며 주도적 시가양식으로 자리잡았다는 시가사의 틀에 의문을 제기하였다는 데 의미가 있다.

고려중기 민족현실과 이규보의 모색

1. 고려중기와 지식인들, 그리고 이규보

누군가 사람은 시대를 닮고 산천을 닮는다고 하였다. 간혹 사람은 시대를 앞서가기도 하고 혹은 산천을 뛰어넘기도 한다. 그러나 그의 상상력과 감성의 양은 그가 나고 자란 시대나 산천과 무관하기란 쉽지 않은 법이다. 그래서 우리는 누군가를 말할 때, 언제 어디서 나고 자랐는지를 습관처럼 묻곤 한다. 거꾸로 우리가 시대를 읽기 위해 그 시대가 낳은 사람의 됨됨이를 살펴보는 것도 그 때문일 것이다. 이규보(李奎報, 1168~1241)에 대한 우리의 질문도 똑같이 시작된다. 그는 언제 태어났고 무엇을 했으며, 그리고 어떤 세상을 지나갔는가?

고려중기는 흔히 '무신집권기'라고 불린다. 중앙에서 무신세력간의 권력쟁탈이 연이어 일어났고, 그들을 위협하는 각종 변란이 끊임

없이 일어났으며, 지방에서는 농민항쟁도 치열하게 전개되었다. 그리고 원(元)이 고려에 침입하자 고려 정부는 존립을 위해 강화도로 수도를 옮기고 내륙에서는 피어린 대원항쟁이 일어났다. 이른바 원나라의 속국으로 됨과 동시에 왕권이 복원되는 형식을 갖추기 전까지, 국가의 지배력은 무신집권자들에게서 나왔다. 이규보는 이처럼 대내외적으로 고려사회의 모순이 날카로워지던 시기에 살았다. 그는 그러한 시대가 안겨준 무게를 전집 41권·후집 12권의 『동국이상국집(東國李相國集)』에 담아 놓았다. 이 책은 시문이 비교적 연대순으로 수록되고 연보까지 부록으로 보태진 덕택에 고려중기의 시대상은 물론, 당시 한 지식인이 어떻게 살아갔는가 하는 모습을 어렴풋하게나마 포착할 수 있도록 도와준다.

이규보는 1189년 과거에 급제하였지만 최초로 관직에 오른 것은 1199년 전주목(全州牧)에 사록겸장서기(司錄兼掌書記)로 부임하면서였다. 그러나 통판과의 불화로 곧 파직되었고, 1202년 병마록사수제원(兵馬錄事修制員)으로 경주의 농민항쟁 진압에 자진종군했으나 관직을 얻지는 못했다. 본격적인 관직생활은 1207년 최충헌에 의해 문한직(文翰職)인 직한림원(直翰林院)에 임명된 이후였다. 그는 계양(桂陽, 지금의 부평)에서 1년 3개월(1219. 4~1220. 6)의 지방관 생활과 7개월의 위도(猬島) 유배생활(1230. 12~1231. 6) 등을 제외하면, 1208~33년까지 23년간의 관료생활 가운데 19년을 문한직에 있었다.

이규보의 관직생활 기간은 특히 거란의 침입, 원과의 외교관계 수립 및 전쟁 등이 연이었고, 최충헌 등이 도방·서방 등을 설치하고 여러 문인들을 포섭하여 정권을 안정시키던 때였다. 최충헌은 이인로(李仁老)·김극기(金克己)·이담지(李湛之)·이공로(李公老)·김양경

(金亮鏡)·이규보 등과 사적 은의의 관계를 맺고, 자신의 측근인 최선(崔詵)·임유(任濡)·금의(琴儀) 등을 지공거(知貢擧)로 하여 급제자들을 좌주-문생의 상하 위계로 묶어두었다. 그의 아들 최이 또한 이른바 '한사(寒士)'들이던 조문발(趙文拔)·이순목(李淳牧)·이수(李壽)·하천단(河千旦)·김구(金坵) 등을 등용하였다.

　최충헌과 최이가 등용한 이들은 본래 과거에 합격한 자들로서 이무(吏務)에도 능한 자들이었다. 그러나 이들이 관직을 얻을 수 있는 방법은 극히 제한적이었다. 무엇보다 당시 실권자들과 밀착된 인사의 추천을 받아야 했다. 인맥을 기반으로 하는 추천제는 능력으로 선발되는 과거제와 기묘하게 얽히면서, 당시 지식인들의 사회진출의 주요한 통로가 되었던 것이다. 사실 문인들의 처지로서는 현실적인 집권자를 인정하지 않을 수 없었다. 그래서 그들은 최씨 집권자들을 '영공(令公)'으로 부르면서 자신들의 사회진출을 도모하였다. 그러나 이것은 문인들의 권력층에 대한 비판적 목소리를 억누르는 역기능도 갖고 있었다.

　이처럼 무신의 집권으로 구질서체계가 무너지고 농민을 비롯한 일반 민중들의 항쟁이 거세지며 국가적 위기요소가 가중되는 한편, 외세의 침입과 그 지배력이 심각해지는 상황에서 당시 지식인들이 선택할 수 있는 폭은 그리 넓지 않았다. 그들 사이에 이규보가 서 있었다. 그래서일까? 그가 남긴 목소리 가운데에는 군데군데 간단치 않은 여백이 엿보인다. 그 여백을 염두에 두면서 먼저「동명왕편(東明王篇)」을 보도록 하자. 이 작품은 그의 나이 26세(1193), 아직 관직생활을 하기 이전의 작품이다.

2. 「동명왕편」: 중국과 견주어지는 고려의 문화전통

우리는 이규보를 거론할 때마다 으레 「동명왕편」을 첫손에 꼽는다. 「동명왕편」에 대한 사상적·문학적 평가는 다양하다. 명종 20년대 경주를 중심으로 한 신라부흥운동에 대항하는 고구려 정통성 부여로 이해하거나 김부식의 『삼국사기』에 표명된 신라계승 역사의식에 반대한 고구려 계승의식의 선언으로 평가하고, 혹은 그 역사관을 김부식류의 유교적 합리주의 사관과 대조되는 신이사관(神異史觀)으로 평가하기도 한다. 또한 민족적 저항정신의 발효, 또는 민족설화에의 인식의 전회 등으로 이해하며, 신화에 대한 새로운 인식으로 한국 고대문화의 전통을 열어놓았다고 평가하기도 한다. 이런 다양한 견해를 통해 「동명왕편」이 지닌 무게가 쉽게 보아넘길 수 없는 것임을 짐작할 수 있다. 우리의 논의 또한 그 연장선상에 있다. 다만 「동명왕편」의 민족적 빛깔이 자국의 토속적인 문화전통에 대한 긍정을 통하여 고려가 중국과 견주어질 수 있는 나라임을 보이려는 태도와 닿아 있음을 읽어보려고 한다.

이규보는 14세 이후 문헌공도 성명재(誠明齋)에서 학습하고 22세에 과거에 급제하기까지 유교적 이념을 자신의 학문적 바탕으로 삼았다. 그에 따라 자신의 사상적 계통을 명확히 밝히면서 동명왕신화에 대하여 부정적인 견해를 다음과 같이 내보였다.

세상에서 동명왕의 신이한 일을 말하는 사람이 얼마나 많은지 우매한 사람들이라도 그 일을 말하곤 한다. 나는 일찍이 그것을 들고서 '선사(先師) 중니(仲尼)는 괴력난신(怪力亂神)을 말하지 않았다. 이는 실로 황당하고 기이하게 속이는 일이어서 우리들이 말할 바가 못된다'고 말한 적이 있었다. (「동명왕편」서, 『동국이상국집』 전집 권3)

이규보를 두고 이수가 '해동공자'로, 정지(鄭芝)는 '유종(儒宗)'으로 부른 것을 보면, 당시 문인들이 그의 사상적 핵심을 유가에서 찾고 있었음을 볼 수 있다. 젊은 시절 그는 「기오동각세문논조수서(寄吳東閣世文論潮水書)」(『동국이상국집』 권26)에서 "석씨로써 기준을 삼는 것은 유가의 잘못이다. 유가가 석씨보다 먼저 생겨났고 천지에 통함을 일컬어 '유(儒)'라 했는데, 유가가 굳이 석씨를 참조한 뒤에 천지를 말하는가"라고 단언했다. 청년 이규보는 유교사상의 신봉자였다.

그런데 이러했던 이규보는 『구삼국사(舊三國史)』를 본 뒤 입장이 변화한다.

계축년(1193) 4월에 『구삼국사』를 얻어 「동명왕본기」를 보니, 그 신이한 자취가 세상에서 말하는 것보다 더하였다. 역시 처음에는 믿을 수 없어 귀(鬼)나 환(幻)이라고 생각하였는데, 세 번 거듭 읽고 음미하며 그 근원에 다가서니 환이 아니고 성(聖)이었고, 귀가 아니고 신(神)이었다. 하물며 역사는 직필을 한 것인데 어찌 허투루 전했겠는가? (같은 곳)

도대체 무슨 일이 일어난 것인가. 먼저 동명왕신화가 당시 보편적인 토속신앙이었음을 기억할 필요가 있다. 『고려도경(高麗圖經)』에는 개경에 동신사(東神祠)가 있었다고 전하며, 1011년(현종 2)의 토속신 훈호에 동명왕도 포함되었고, 1105년(숙종 10)에 왕이 서경의 동명성제사(東明聖帝祠)에 제사를 지냈으며, 1116년(예종 11)의 기우제 대상에도 개경의 동신사와 서경의 동명사가 포함되어 있었다. 즉 당시 동명왕 신앙은 범국가적이었고 그 신앙의 뿌리는 생각보다 깊었다.

 이규보는 현실을 그대로 존중하여 다신주의적 태도로 동명왕신화를 재평가한 것이다. 당시 유교를 자기 이념으로 갖고 있던 지식인들의 태도는 훗날 이단 배척을 기치로 내건 성리학적 지식인들의 그것과는 사뭇 달랐다. 유교적 합리사관의 대표격인 김부식조차 만년에 불교를 신앙하였고, 이규보는 자칭 '거사'라고 할 정도로 불교적 생활에 젖기도 하였다. 따라서 이규보가 보이는 유연한 다신주의적 태도는 유자로서도 충분히 가능한 것이었다.

 「동명왕편」은 천황씨, 지황씨의 출현으로부터 시작하여 중국 고대 제왕들의 신이한 사적을 약술한 뒤 동명왕신화를 견주어놓았다. 상대방의 신이함과 나란하게 견줄 수 있으니, 우리 측도 신성하다는 논리인 것이다. 즉 그는 동명왕신화 자체를 두고 '괴력난신'을 따지던 태도에서 중국의 신화와 견주면서 동명왕의 신이함을 평가하고 "동명의 일은 변화와 신이로 많은 사람들의 눈을 현혹시킨 것이 아니라 실로 나라를 창업한 신의 자취인즉, 이를 서술하지 않으면 장차 어떻게 훗날 볼 수 있겠는가. 이러한 까닭에 시를 지어 기록하니, 이는 우리나라가 본래 성인이 도읍한 곳임을 천하에 알리기 위함이다"(「동명왕편」 서)라고 말한다. 이처럼 고려가 본래 중국과 견줄 수 있는 천하의 신성한 나라라는 관념은 뒷날 이규보가 외교문서를 작성하면서 보여준 자주적 태도와 닿아 있다.

 이규보는 금(金)과 원의 군주를 황제·천자로 부르고 사대의 예에 따른 외교문서를 32건 작성하였다. 그런데 이들 문서는 '사대'가 아닌 '교린'의 글이라고 문집에 표제해놓았고, 1240년(고종 27) 원에 보내는 문서를 짓고 난 뒤에 쓴 시에 "문장이 졸렬하여 천자의 뜻을 펴지 못하니, 한가로이 앉아 여생 보내는 것만 못하네"(「경자9월15일수몽고소송표장유작(庚子九月十五日修蒙古所送表狀有作)」, 후집 권7)라고 하여, 사대의 글을 쓰면서도 고려를 천자로 지칭하고 있다. 기실 내적으로는 항전을 독려하고 고취하는 논리로서 고려의 독자성을 내세우고 있었다. 이는 당시 요·금·원·송 등과 공존하며 대립하고 있던 동아시아의 국제적 상황과 무관하지 않다.

「동명왕편」은 고려의 독자적 위치를 고대 문화전통에 대한 긍정을 통하여 확인하려는 시도였다. 또한 당시 고려사회의 토속신앙을 있는 그대로 이해하고, 이를 기반으로 민족적 전통을 국가적 독자성으로까지 확장하였다. 다만 그가 중국의 고대신화에 견주어 고려의 고대전통을 이해하고, 훗날 「화이도(華夷圖)」를 보고 '소중화'를 운운하는 것(「제화이도장단구題華夷圖長短句」, 전집 권17)을 보면, 고려의 독자성을 견지하던 태도 안에 화이론적 세계관의 씨앗을 잉태하고 있음을 짐작하게 해준다. 그의 세계질서에 대한 태도 또한 하나의 논의거리이다.

3. 농민시: 현실 비판과 체제 안정의 사이에서

푸릇푸릇 새로 난 벼가 아직도 논에 있거든	新穀靑靑猶在畝
관청 아전들 벌써부터 세금 거두네	縣胥官吏已徵租

힘껏 농사지어 나라 부강함은 우리 때문인데 　　力耕富國關吾輩
어이해 악착같이 달려들어 살까지 저미느냐 　　何苦相侵剝及膚
—「대농부음(代農夫吟)」, 후집 권1

이 시는 이규보가 농민의 현실을 그린 시로서, 흔히 애민시 혹은 농민시라고 불린다. 당시 다른 작가들과 달리 농민의 모습을 포착하고 그들이 겪는 모순을 그려낸 현실주의적 작품이다. 그런데 이 시는 그렇게만 단언하기엔 석연치 않은 부분이 있다. 그 의문을 이규보가 언제쯤 이 시를 지었을지를 생각하는 것으로 시작해보자.

「대농부음」은 후집에 수록되어 있다. 전집에 수록된 시로서 가장 나중에 씌어진 작품은 1237년 7월작이다. 당시 이규보는 70세로 관직에서 물러날 뜻을 고했고 그해 12월에 허락을 받았다. 전집의 작품이 1237년에 머문 것은 아마도 그 일과 관련된 듯하다. 후집은 주로 관직에서 물러난 뒤의 시문과 전집에서 누락된 시문을 수렴한 것으로, 후집 권1의 「만성(漫成)」에 '丁酉八月(정유팔월)'이란 원주가 부기된 것으로 보아 「만성」 이후는 정유년 즉, 1237년 8월 이후의 작품을 연대순으로 수록한 것으로 보인다. 즉 「대농부음」은 치사하기 전에 지은 작품으로, 그 안에는 관료가 바라본 농민의 모습이 그려져 있다! 물론 관료의 눈이라 해도 그의 세계관이 어떠한가 따라 다양한 평가가 내려질 수 있겠지만, 이규보가 충실한 관료였던 점을 비추어 보면, 이 시에 대한 평가는 제한적일 필요가 있다.

이규보가 중앙에서 관직생활을 하기 이전에 남긴 글에는 지방의 실상을 담은 작품이 많다. 그는 1196년 최충헌이 정권을 잡고 그의 매형이 황려(黃驪, 지금의 여주)로 유배를 가게 되자 그해 5월 누이를 데리고 찾아갔다. 6월엔 어머니가 계신 상주(尙州)를 찾는다. 그때 약 4개월에 걸쳐 황려와 상주를 다니며 당시 지방의 실상을 시문으로 표현하였다. 시만 두고 볼 때, 전집 권5의 남유시(南遊詩) 90여수가 그것이다. 또한 전주에서의 지방관 생활을 통하여 목격한 것을 권9에서 권10까지의 시와 권23의 「남행월일기(南行月日記)」에 담았다. 경주의 경험은 권10~11의 시 126편 등으로, 계양의 감정은 권15의 시 65수 등으로 표현했다. 여기엔 당시 백성들의 살림살이며, 농사의 풍흉이며, 사람들의 품성이며, 부락 호수의 증감 등이 여실히 나타나 있다. 역사학계가 주목하듯이, 속현과 부곡 지역의 황폐화 현상을 지적하는 등, 백성들의 생활상을 적시하고 있는 것이다. 그는 특히 지방관을 비롯한 지배층의 무사안일과 수령과 향리의 수탈을 비판하면서 이것이 농민항쟁을 불러일으켰다고 하였다.

도적떼는 고슴도치 털처럼 모여 있고	群盜如蝟毛
백성들은 비린 피를 뿌리는데	生民灑腥血
군수는 한갓 군복만 걸치고서	郡守徒戎衣
적을 바라보다 사기가 먼저 꺾였네	望敵氣先奪
벌의 독도 아직 소탕하지 못했는데	尙未掃蜂毒
하물며 범의 굴을 찾아갈 수 있으랴	況堪探虎穴
아, 이때에 사람조차 없으니	嗟哉時無人
누가 대신하여 와서 쇠를 씹을꼬	誰斷來嚼鐵
(…)	
부잣집도 벌써 굶주릴까 걱정하는데	富屋已憂飢
가난한 사람은 무엇으로 살아남을까	貧者何由活

부잣집에서는 날마다 자리에 술을 토하고	朱門日吐茵
백 잔을 마시니 귀만 절로 달아오르네	百爵耳自熱
높은 당 위에는 옥비녀들 늘어 있고	高堂森玉簪
자리 빽빽하게 비단버선을 끼고 있네	密席擁羅襪
그저 자기 집안 번성할 것만 챙기고	但識門燻灼
국가가 불안한 것은 걱정도 안하니	不憂國梡机
썩은 선비 비록 아는 것은 없어도	腐儒雖無知
눈물을 흘리다 매양 목이 멘다오	流涕每鳴咽

──「8월5일문군도점치(八月五日聞群盜漸熾)」, 전집 권6

　이 시는 이규보가 1196년 상주지역을 여행하면서 부근의 농민항쟁 소식을 듣고 쓴 것이다. 우리는 그가 항쟁한 농민을 '도적떼〔群盜〕'라고 지칭한 데에서 관료적 시선을 읽을 수 있다. 이는 앞서 보인「대농부음」의 눈빛과도 맞닿아 있다. 이런 그의 태도는 1234년 예부시에 출제한 책문에서도 확인된다. 그는 "이른바 인사란 덕화를 베풀어 인민을 편안하게 하고 농사에 힘써 수재·한재를 방비하라는 따위가 그것이다. 그런데 지금 상황을 보면 열군(列郡)의 잔민들이 떠돌아다니며 토착하지 못하고 있다. 이들을 안집시키려면 어떻게 해야 하는가? 토지가 황폐하여 묵은 땅이 많은데 흥농을 하려면 어떠한 방책을 써야하는가?"(「갑오년예부시책문(甲午年禮部試策問)」, 후집 권6)라 하며, 농민의 유리를 막고 농사를 일으킬 방책을 주요한 의제로 설정하고 있다. 젊은 시절 환로에 들어선 이래로 그의 농민에 대한 입장은 체제의 안정을 위해 안집시키는 것이었던 셈이다.
　그렇다고 해도, 이규보가 그려낸 농민상에는 당시 농민항쟁이 반영되지 않았을까? 그러나 사실상 최씨 정권이 들어설 즈음에는 지방의 농민항쟁은 대부분 진압되었기에 농민항쟁의 직접적인 반영이라고 보기에도 곤란한 측면도 있다. 과연 이규보의 농민시는 일반관료로서 지닐 수 있는 농민시와 질적 차이를 갖고 있는 것인가.

한편, 당시 중앙에서는 간단없이 집권세력에 대한 도전이 행해지고 있었다. 『고려사』권129 「최충헌·최이 열전」을 살펴보면, 최충헌 집권기에는 1196년 흥왕사의 요일(寥一)과 두경승(杜景升)의 모해사건을 필두로 1219년 가노 최준문(崔俊文)의 최이 모살사건까지 10여 건의 역모사건이 발생했고, 최이 집권기에도 1220년 최향(崔珦)의 모반을 비롯해 5건의 모해사건이 일어났다. 특히 노비들의 역모는 자신들의 사회경제적인 처지에 대해 불만을 품고 봉기한 것으로, 만적(萬積)처럼 정권을 위협하기도 했다.

그런데 개경에서 이런 상황을 목격했을 이규보의 시문 속에서는 그에 대한 내용을 찾을 수 없다. 그의 예민한 문학적 감수성을 염두에 두면 이상한 일이 아닐 수 없다. 그는 오히려 최충헌 부자의 호사로움을 기리는 글을 남기고 있다. 최씨 집권세력을 향한 눈과, 제한적이나마 농민의 현실을 읽어내던 눈 사이에는 약간의 공백이 있는 것이다. 이 때문에 이규보에 대한 정치적, 문학적 평가에 있어서 제한적 주석을 둘 필요성이 있다. 그는 현실 비판과 체제 안정의 스펙트럼 사이에서 다양한 빛으로 자신의 몫을 발현하고 있었던 것이다.

4. 이규보를 다시 읽기 위한 화두, 자유에의 욕망

고전 문인을 두고 현대의 비판적 지식인의 모습에 견줘 평가하는 것은 마치 프로크루테스의 침대를 연상하게 한다. 그런 점에서 이규보를 둘러싼 논란들은 그에게는 다소 억울한 점이 있다. 실상 그만큼 시문으로 당대 고려중기 사회를 표현해낸 사람도 없지 않은가? 어쩌면 시대와 산천을 전제하고 사람을 논하는 우리의 못된 습관이 빚어낸 잘못일지도 모르겠다. 그런 점에서 이규보는 우리에게 또다른 눈으로 바라봐줄 것을 바라고 있음도 놓쳐서는 안되리라. 과연 그는 자신이 살았던 시대를 어떻게 보았을까? 또 세상사람들은 그를 어떻게 보았을까? 혹자는 그를 미쳤다고도 말하지 않았던가. 이규보는 당당했다. 자신의 행동을 비정상적이라고 욕하는 세상에 대해 오히려 미쳐 돌아가는 세상과 그 안의 사람들을 비웃고 있었다.

세상 사람들은 백운거사가 미쳤다고들 하지만, 그는 미치지 않았다. (…) 아! 세상 사람은 한가하게 지낼 때에는 생김새나 말씨며 옷차림이 제법 사람 같다가도 하루아침에 벼슬자리에 앉으면 똑같은 손으로 하는 일이 그때그때 다르고, 마음은 하나인데 이랬다저랬다 한결같지 못하며, 보고듣기를 똑바로 하지 못하고, 동서도 분간하지 못하며, 어지럽고 헷갈려 한다. 그리하여 결국 바른길로 돌아갈 줄 모른 채 고삐를 놓치고 궤도에서 벗어난 마차처럼 뒤집혀 엎어지고야 만다. 이는 겉으로는 의젓하지만 속은 실상 미친 사람이다. (…) 슬프다! 세상에는 이렇게 미친 사람이 많은데, 자

기는 돌아보지 않고 어느 겨를에 거사를 보고 미쳤다고 웃는 것인가? (「광변(狂辨)」, 전집 권20)

글의 서두에 '백운거사'라고 자칭한 것을 보면, 24, 25세 무렵의 젊은 시절 세속의 규범에 매이지 않았던 때의 작품인 듯하다. 그가 사회와 역사에 눈을 뜨고 자신을 주체로 세워나가고자 비판적 의식을 벼리는 모습이 여실히 드러난다. 폭발적으로 터져나오는 억센 목소리 안에 현실에 대한 비판을 솔직히 담아냈는데, 우리는 그로부터 일종의 자유로움에 대한 갈구를 살필 수 있다. 겉과 속이 다른 사람, 관직을 얻기 전과 후가 다른 세태, 무엇이 바른길인지 구분 못하고 우왕좌왕하는 혼란 등과 거리를 둔 채 삶의 주체성을 확인하고, 나아가 세상의 시선에서 자유롭게 자신의 길을 가겠다는 의지를 읽을 수 있다. 하나의 일탈이다. 세규(世規)로부터의 자유!

이로부터 50여 년이 흐른 뒤 이규보는 꿈속에서 만난 미인 때문에 잠이 깨어 시를 짓는다.

내 나이 지금 칠십넷	我年七十四
잠자리 끊은 지 오래인데	久斷衾中事
어찌해 꿈속에서	云何夢魂中
뜻밖에 미인과 희롱했던가	偶與美人戱
숱 많은 까만 머리는 구름처럼 휘늘어지고	鬒髮斁烏雲
해맑은 눈동자는 가을 물을 담은 듯	明瞳注秋水
어찌 속으로 날 충동했다 뿐인가	豈惟以心挑
소매 속의 팔을 어루만지고	摩撫袖中臂

살짝 하얀 뺨을 드러내는가 싶더니	伴若露頰頰
이내 입을 벌려 웃어주곤	未幾開笑齒
다시 몸을 돌려 나를 사랑스레 부르더니	洒反邀我愛
온갖 아양 다 부렸네	解作百般媚
평소 꿈꿀 때나 깨어 있을 때는 똑같다 하여	嘗謂夢覺同
그것으로 삶과 죽음을 견주었지	以此例生死
나는 이미 색욕을 끊었는데	我今已斷慾
꿈속에선 왜 아직도 그러한지	夢裏何未爾

——「몽여미인희교이제지(夢與美人戲覺而題之)」, 후집 권9

이 시는 1241년 3월 15일에 지었다. 이규보는 이튿날 꿈에도 똑같은 미인에게 시달림을 받는다. 참으로 흥미로운 모습이다. 미인을 욕망의 대상으로서 없애야 한다고 말하고 있지만, 그는 늘그막에까지도 욕망의 충동을 느끼고 있었던 것이다. 그에게서 시대의 짐을 덜어내자 본능적 욕망을 거부하지 않는 원초적 인간이 나타난다. 그는 술과 여자와 시를 '마(魔)'로 꼽았지만 그들을 결코 피하지 않았고, 그것으로 자신의 욕망을 분출했던 것도 사실이었다.

환갑을 3년 앞둔 이규보는 임금을 모신 팔관회에서 주군이 주는 술을 너무 많이 받아 마시는 바람에 인사불성이 되었다. 이 때문에 소동이 일어났고 급기야 최이에게 편지를 올려 자신의 잘못을 빌고 용서를 구하였다.(「상최상국서(上崔相國書)」, 전집 권27) 일종의 반성문인 셈이다. 그러나 그는 여전히 술을 사랑했다.

술병아, 술병아! 너에게 술 두 말을 담아둔다. 널 기울여 마시고 다시 담아두면 언제라도 취할 수 있지 않겠느냐. 내 몸을 곧추 세워주고 내 마음을 활짝 열어주며, 나를 춤추게도 하고 노래를 부르게도 하는구나. 너를 사랑할손 나뿐이니 부디 바닥 보이지는 말거라. (「주호병酒壺銘」, 후집 권11)

어려운 전고 하나 없이 일상 속의 소재를 위트있게 인격화하여 술을 사랑하는 이유를 가볍게 써내려간 잠명(箴銘)이다. 흔히 경계와 송덕을 위해 진지하게 씌어지던 문체를 소품처럼 바꾸어놓은 것은 현실 속 삶의 소재를 기성의 논의에 매이지 않고 창의적으로 자신의 이야기를 써내려갈 줄 알았던 그의 자유로운 창작정신이었다. 일상에 놓인 사물을 바라볼 줄 아는 눈은 특별한 것은 아니다. 원래 그 자리에 있던 것을 있는 그대로 볼 수 있는 마음일 뿐이다. 그 마음을 소박한 삶의 현실주의라고 부를 수도 있을 것이다. 술을 사랑한 이면에는 술을 술로서 대할 줄 아는 정직한 정신이 있었던 것이다. 술로 인한 해프닝이 있은 뒤로부터 17년, 미인을 꿈에서 본 뒤로 170일이 지난 1241년 9월 2일, 이규보는 늘 눕던 자리를 떠나 서쪽을 향해 누워 오른쪽 갈빗대를 자리에 붙이고 있다가 밤이 되자 잠든 듯이 세상을 떠났다.

언뜻 보아 서로 별개일 듯한 시문 세 편 속에서 우리는 세상으로부터 자유롭고픈 욕망을 읽을 수 있다. 그렇다고 그의 시문을 이렇게 애써 하나로 꿰면서 읽을 필요는 없다. 그동안 이규보의 문학을 보아오던 태도를 재점검할 계기로 받아들이면 충분하다. 이를 통해 이규보의 다양한 면모를 확인하고, 그것으로 시대와 맞서고, 혹은 시대를 넘어서고자 했던 문학세계를 확인하기를 바랄 뿐이다.

고려중기는 기존의 사회질서가 내부적으로 붕괴하고 새로운 체제를 기획하던 시기였고, 외부의 힘도 간단없이 충격을 주었던, 그야말로 역동적인 시기였다. 이규보는 그 역동적 현실을 두 눈으로 목격하고 다양한 형식의 문학으로 표출하고자 하였다. 혹은 강렬한 어조로 시대와 역사를 개탄하고, 혹은 강개하게 농민의 목소리를 대변하며, 혹은 위트있게 인간세사를 비틀기도 하고, 혹은 숨김없이 개인의 욕망을 투사하기도 하였다. 그 음색 또한 진지하다가도 냉소적이고, 밝게 웃는 호인이다가도 침울하고 창백한 인텔리의 그것이기도 하였다. 그러나 그 목소리들 사이의 불일치와 공백은 이규보만의 책임이기보다는 시대의 불확실함과 인간으로서 지니는 불균질함을 정직하게 드러낸 것으로 해석함이 온당할 것이다. 여기에 그의 문학이 갖는 의의가 있다.

∶김승룡∶

● 더 읽을거리

고려중기 사회와 이규보를 알기 위해서 무엇보다 『고려사』와 『동국이상국집』을 읽어야 한다. 『고려사』는 현재 동아대 고려사역주팀에서 예전에 낸 번역본을 다듬고 주석을 덧보태어 재번역본을 간행하고 있다. 현재 「열전」이 출간되었고, 「세가」도 곧 나올 예정이다. 이밖에 북한 사회과학원 고전연구실에서 번역한 책을 남한에서 원전과 함께 대조 편집하여 영인한 책도 있다(신서원 1991). 『고려사』 가운데 특히 이규보가 살았던 시기의 세가를 비롯해, 「이규보열전」 「최충헌·최이 열전」 등은 필수적으로 읽어야 한다. 『동국이상국집』 번역본으로는 먼저 『국역 동국이상국집』(한국고전번역원 1989)을 추천한다. 이 책은 최초 완역서로서 이규보에 대한 본격 연구의 큰 밑거름이 되었다. 다음으로, 북한 『조선고전문학선집』의 하나로 나온 번역본을 남한 현대어로 다듬어낸 『동명왕의 노래』『조물주에게 묻노라』(김상훈 외, 보리 2005) 등과 소품적 시선으로 작품을 뽑아놓은 『욕심을 잊으면 새들의 친구가 되네』(김하라, 돌베개 2006) 등도 일독을 권한다. 이렇게 원전 자료를 읽은 뒤, 이우성의 『한국의 역사상』(창작과비평사 1982)과 「고려중기의 민족서사시」, 『한국의 역사인식』 상(창작과비평사 1976); 김시업의 「고려후기 사대부 문학의 일성격」, 『대동문화연구』 15(1982); 김열규 등이 편집한 『이규보 연구』(새문사 1986); 진단학회에서 편찬한 『동국이상국집』(일조각 2000) 등의 논의를 통해 이규보 문학의 성격을 가늠하고, 박창희의 「이규보 본질에 대한 연구」 1, 『외대사학』 1(1987); 「이규보 본질에 대한 연구」 2, 『외대사학』 2(1989); 「이규보 본질에 대한 연구」 3, 『외대사학』 3(1990) 및 박성규의 「이규보 연보 연구」 1, 『한국한문학연구』 34(2004); 「이규보 연보 연구」 2, 『한문교육연구』 24(2005) 등을 통해 생애와 연계하여 작품을 이해하면 좋을 것이다.

여말선초 사대부문학과 현실주의 경향

1. 여말선초라는 문학의 전환기

여말선초는 왕조교체의 정치사적 변혁기이자 중세문학이 새로운 단계에 접어드는 문학사적 전환기이기도 하다. 14세기 들어 중앙정계에 본격 진출한 신흥사대부는 정치적 지위를 높이며 사회변혁의 역량을 축적하는 한편, 문학에서도 기존 면모를 쇄신하면서 조선 사대부문학의 기반을 형성했던 것이다.

여말선초의 사대부문학은 종래의 학문하는 태도에 대한 근본적인 반성에서 출발했는데, 이는 다름아닌 성리학의 도입에 따른 사상적 각성에서 비롯된 것이다. 일찍이 이제현과 충선왕은 당대의 학문 풍토를 논하며 '조충전각지도(雕蟲篆刻之徒)'와 '경명행수지사(經明行修之士)'라는 대조적인 경향을 거론한바 있다. 전자는 자구를 조탁하며 수사적 아름다움을 추구하던 종래의 사장(詞章) 위주적인 문인지식층, 후자는 경전에 해박하며 올바르게 행실을 닦아 유가적 수양을 이룬 신지식인을 가리킨다. 그 대담의 주지는 시문창작에 몰두하는 행태는 지양되어야 하며 유자라는 존재의 본질을 확립하는 것이 학문의 최우선 과제라는 것인데, 이러한 문제가 제기된 이래 후진들의 학문자세에는 의미심장한 변화가 있었다.

예컨대 정포(鄭誧)는 "시서(詩書)를 잘 잡아 도학을 궁구하고, 사부(詞賦)로 한때의 이름을 차지하지 말라"고 하면서, 도학(性理學)을 중시하고 사부(즉 시문)의 가치를 경시하는 태도를 분명히 했다. 이색(李穡)은 또 "시를 외우고 책을 읽어도 도를 좋아함이 깊지 않으며 변화함을 다투는 데에는 이미 뛰어나다. 장구를 조탁하는 데에 지나치게 마음을 쓰니 성의(誠意) 정심(正心)의 공부가 어디에 있는가?"라고 하며 역시 성리학 수양이 학문의 제일 목표임을 설파하고 있다.

신흥사대부는 성리학을 사상의 기반으로 수용하면서 도학(道學)과 문학(文學)의 역전된 관계를 재정립하고 나아가 문학의 위상과 역할을 바로 세우고자 하였다. 그로 인해 이색의 경우처럼 시문을 '여사(餘事)' '소기(小技)' '말기(末技)'라고 폄하하는 경향까지 나타났다. 그러나 이는 사장의 폐단을 경계하려는 과잉의식일 뿐 실제 문학을 부정한 것은 아니다. 예컨대 이색은 "문장은 겉이다. 그러나 마음에 뿌리를 내리고 있으며, 마음의 발로는 시대와 관련이 있다"면서 사회와 문학과 심성의 상호관계를 논한바 있다. 그는 이러한 입론을 바탕으로 '시도(詩道)'의 중흥을 꾀하여, 개인영역인 인간 덕성의 함양과 사회영역인 정치교화 기능을 결합시켜 '소기'의 영역에 머물렀던 문학풍토를 개선하고 궁극적으로는 혼란한 여말의 시대기풍을 바꿀 수 있기를 기대했다. 이에 말하길, "무릇 시가란 정사의 아름다움을 형용하여 인심을 바로잡고 세도(世道)를 부지하는 것으로, 우리들은 의당 여기에 힘써야 한다"라고 하였다. 이색은 시가 창작의 적극적 의의와 목표를 '오당(吾黨)'이라 칭한 신흥사대부에게 천명하고 그에 입각한 실천을 요구했는데, 이는 사대부문학 형성기에 마련된 시가 창작상의 중대한 실천강령인 것이다.

이러한 점을 고려하면, 여말에 전개된 도와 문의 관계 재정립 문제는 문학의 내용성 확보와 사상성 강화를 촉진하는 계기로 작용했다. 그렇기에 산문의 경우, 이제현은 유가의 도를 선명하게 밝힐 수 있는 '고문지학(古文之學)'의 창도에서 해법을 찾았고, 이색은 성리철학을 근간으로 하여 도 위주의 문장학을 실천하며 후진들에게 영향을 끼쳤다. 그것은 정도전이 다음과 같이 정리한 것처럼 '재도지문(載道之文)'이라는 유가적 문학관을 정초(定礎)하려는 노력이었다.

> 일월성신은 하늘의 문(文)이요, 산천초목은 땅의 문이요, 시서예악은 사람의 문이다. 그러나 하늘은 기(氣)로써, 땅은 형(形)으로써, 그리고 사람은 도(道)로써 하기 때문에 문이란 '재도지기(載道之器)'라 하는 것이다.
>
> ──정도전「도은문집서(陶隱文集序)」

여말선초의 사대부문학은 성리학을 중심으로 유교철학을 학습하고, 이를 토대로 시문을 창작하여 유가의 도를 선양하는 것을 이상적인 목표로 삼았다. 이러한 성리학적 문학관은 조선전기 사림파의 등장과 더불어 강력히 재천명되었으며, 이후 중세문학이 종언을 고하기 전까지 장구한 세월에 걸쳐 명맥을 유지하였다.

2. 여말 사대부문학의 채시관풍론과 현실주의

여말선초의 사대부문학은 '소기'의 영역에 머문 '사장'을 극복하기 위한 노력을 경주하면서 풍성하고 다채로운 성과를 남겼다. 그중에 주목할 것은 양적으로나 질적으로 전대와는 비교할 수 없는 현실주의적 성과를 남겼다는 점이다. 당시의 민생은 안팎으로 사회모순이 중첩되고 심화되어 지극히 곤고한 상태에 처해 있었는데, 신흥사대부 문인들은 애민의식을 바탕으로 그들의 참담한 실상을 적극적으로 시화하였다. 일찍이 무신집권기 이규보(李奎報)가 선각한 농민인식을 보여준바 있지만, 신흥사대부는 간고한 현실 속에서 고통받는 백성들의 삶을 시화하면서 진일보한 사회의식과 강렬한 비판의식을 바탕으로 현실주의적 경향을 한층 강화했던 것이다.

여말의 한시는 극도로 열악해진 민생실태라는 객관적 조건에서 현실주의를 강화했는데, 신흥사대부의 진취적 기상과 비판적 기백은 그 창작의 추동력이 되었다. 신흥사대부는 충선왕 이래 산발적으로 시도된 내정개혁에 참여해 민생안정과 국가재정의 확충을 꾀하였으나, 권문세족과 부원배(附元輩)의 방해로 좌절을 거듭하면서 첨예한 사회비판의식을 지니게 되었다. 이곡(李穀)은 말하였다. "지금 우리나라의 풍속은 재산이 있으면 능력이 있다고 하고 세력이 있으면 지혜가 있다고 여기며, 심지어는 조의(朝衣)와 유관(儒冠)을 광대의 놀이로 여기고 직언과 정론을 골목의 미친 소리로 여기고 있으니, 나라가 나라 같지 않다 해도 마땅할 것이다."이처럼 자기 시대를 체제질서가 무너져 사회 존립이 위태로운 상황으로 인식한 신흥사대부는, 불교 사원을 비롯 호골지도(豪猾之徒), 권문(權門), 권세가(權勢家), 환관족속(宦官族屬) 등으로 지칭되던 특권세력의 불법행위 근절을 사회개혁에서 급선무로 파악했다. 이들 특권세력은 국가의 토지를 지급받거나 매득과 개간 등의 합법적인 방법으로 토지소유를 확대함은 물론, 국가로부터 공첩·사패를 얻어 합법을 가장한 점탈을 자행하였다. 전국에 걸친 대단위 토지겸병의 성행은 결국 상당수 자영소농을 파멸시켜, 전호(佃戶, 소작농)나 유망(流亡)의 길로 내몰아 생존을 위협했던 것이다. 이에 신흥사대부는 관인으로서 국가의 근본인 농민층 보호를 위한 대책 마련에 부심하는 한편, 문학창작의 영역에 현실비판의식을 파급시켜 문학의 현실대응력을 강화했다.

그렇다면 여말의 시문학은 어떠한 논리를 내세워 현실반영력을 높였던가? 바로 '채시관풍(采詩觀風)'이라는 방법론에서 단서를 얻었다. 고대 중국의 주나라에서는 민간가요를 채집해 민생실태와 여론을 살피고 이를 정책에 반영하는 제도가 있었다. 이제현은 그러한 전통을 실험적으로 부활시켜 민간에 유행하는 노래를 채집해 한시를 짓고 다른 시인에게도 권장했으니 바로 소악부(小樂府) 창작이다. 그는 「도근천(都近川)」후기에서 "이 노래가 극히 비루하지만 가히 민풍을 살피고 시변을 알 수 있다"고 하여, 소악부 창작이 백성들이 살아가는 모습을 살피는 데 목적이 있음을 깨닫게 한다. 그렇기에 채시관풍의 논리에 입각한 창작은 비단 민간가요의 한시화에 국한되지 않았다. 이색의 '풍속시'처럼 민간의 다채로운 세시풍속에서 취재한

시가 출현하는 계기가 되었을 뿐 아니라 민생에 관련된 시사 전반에 걸쳐 시의 영역이 확장되도록 자극하였다.

> 옛날에 관리를 두어 시를 채집한 것은 그 장구(章句)를 꾸미는 것을 취하기 위함이 아니라 그 미자(美刺)함을 살펴 권계(勸誡)를 삼고자 함이었다. (…) 그 감분해 지은 것은 풍속의 좋고 나쁨, 백성들의 즐거움과 슬픔에 관계되는 것이 열에 아홉 편이다.
> ──이제현 「관동와주서(關東瓦注序)」

여기서 이제현은 옛날 채시(采詩) 행위의 목적이 민의(民意)를 검토해 정사에 반영하는 데 있었음을 지적하고, 안축(安軸)의 시집 『관동와주』가 강원도를 시찰하여 파악한 민생실태를 잘 반영했다는 점을 들어 긍정적으로 논하고 있다. 이는 '채시관풍'의 논리적 맥락을 확장하여 백성들의 삶을 다룬 시의 창작을 적극 옹호하고 있는 것이다.

그런 점에서 '채시관풍론'은 신흥사대부의 정치의식 내지 사회의식이 한시와 만나 생성된 시학적 견해라 하겠다. 즉 민생을 살피고 그들의 문제를 해결해주어야 한다는 공적 책임의식을 기반으로 시를 지어야 한다는 주장인 것이다. 그런데 채시관풍론은 본래 민의 교화라는 정치적인 한계선 내에서 작동되는 논리이기 때문에 시에 대한 사상적·이념적 통제가 자체 실행될 개연성을 내포한다. 현실문제를 일정하게 반영하고 체제를 비판할지라도 넘어설 수 없는 선은 항상 명확히 지켜야 하기 때문이다. 그러나 관인의식의 개입으로 주제사상의 표출에 한계가 있을 수는 있지만, 채시관풍론이 현실주의의 강화에 매우 긍정적인 기여를 했음은 의심할 바 없다. 피지배층의 열악한 현실을 적극 취재해 시화하도록 자극했으며, 현실의 문제적 국면들을 부각하여 사실적으로 재현할 기회를 제공한 것이다. 양식적인 측면에서도 문제적 상황을 서사적 화폭으로 제시하고, 그에 관한 비판의식을 개진하기 위해 장편 악부체나 고체시를 애용함으로써 서사한시 발전의 길을 열어놓았던 것이다.

3. 애민의식으로 담아낸 민생실태

신흥사대부의 현실인식과 애민의식을 담은 시는 그 제재가 광범위한 영역에 걸쳐 있으며 표현방식 또한 다양하다. 그중에서 임지로 부임하는 지방관에게 지어준 송별시(送別詩)는 해당 지역의 상황과 민생실태를 잘 결부시켜 주목할 만하다. 본래 송별시는 석별의 정을 표하기 위해 짓는 의례성이 강한 양식이지만, 신흥사대부는 사회병폐에 대한 문제의식을 공유해 개혁의 실천을 격려하고 동지적 결속을 강화하기 위한 수단으로 송별시를 적극 활용하였다. 대표작으로는 이제현의 「송김해부사정상서국경(送金海府使鄭尙書國徑)」 「강릉도박안집고별(江陵道朴案集告別)」, 전록생의 「송정부령우안우경상(送鄭副令寓按于慶尙)」, 정이오의 「송인출수충주(送人出守忠州)」, 이곡의 「송한양정참군(送漢陽鄭參軍)」 「기행일수, 이인복의 「송양광안렴한장령철충(送楊廣按廉韓掌令哲沖)」, 한수의 「송경상도안렴강부령(送慶尙道按廉康副令)」, 정추의 「기증경상이안렴(寄贈慶尙李按廉)」 등을 들 수 있다.

이들 송별시는 지방관의 책무를 각성시켜 농민층의 보호·육성 방안을 모색하도록 격려하는 데 일차 목표를 두었기 때문에 정론적 비판의식이 뚜렷하다. 그러므로 우국우민의 정을 토로하는 데 그치지 않고 토지겸병과 유민의 발생, 전란의 폐해와 같은 중대한 민생현안을 아우르고 있다.

그런데 송별시는 철저히 '관인의식'에 기반한 것이기 때문에 그 안에 녹아든 애민의식은 관치주의에서 이탈하지는 않는다. "대저 민이 목숨을 의지할 자는 관리이다" 혹은 "나라는 백성을 근본으로 삼고, 백성은 관리를 하늘로 삼는다"는 이곡의 말처럼 봉건적 질서에 예속된 백성은 민생문제의 해결을 관 이외의 다른 곳에서 찾을 길이 없다. 그렇기에 이제현은 「송김해부사정상서국경」에서 "너희의 독을 어찌 발라내지 않을 것이며, 너희의 병을 어찌 낫게 하지 않으리오. 입김을 불어 너희 뼈를 따스하게 해줄 것이며, 먹여주어 너희 몸을 살찌우리라"고 하였다. 백성을 구제해야 하는 관리의 책임이 막중함을 경각시키기 위한 언표이지만, 그 근저에는 체제질서에 민을 순응시키려는 의식이 잠재해 있으니 민은 지배하고 보호해야 할 대상이었던 것이다.

그러나 신흥사대부의 애민의식은 피지배층을 인격적 객체로 이해하려는 시대 분위기 속에서 나왔다는 점에서 전대와 차이가 있다. 이색은 "대저 천지는 만물의 부모이다. 성인과 착한 사람, 어리석은 사람과 불초한 사람이 모두 동포이다"라고 하였다. 여기에는 현실세계의 차별과는 무관하게 인간은 본원적으로 평등한 존재라는 사고가 반영되어 있으니, '성즉리(性卽理)'의 성리학적 사유체계를 수용하면서 차츰 민의 존재를 새롭게 인식하게 된 것이다. 피지배층에 대한 정책적 배려 역시 그들 또한 동일한 인간이라는 관념 속에서 나타났음을 감안하면, 여말의 민에 대한 입장은 단순 동정론을 벗어나 이념적으로 진일보한 대민관을 바탕으로 하고 있다.

한편, 이 시기 민에 대한 관심의 증대로 생산활동에 종사하는 민의 형상이 종종 시로 형상화되었다. 이색의 「초동(樵童)」「잠부(蠶婦)」「목우음(牧牛吟)」「용미가(舂米歌)」 등을 예로 들 수 있다. 농업생산 위주인 중세사회에서 노동의 종류가 다양하지 않고, 그 양상을 전면적으로 다루지 못했으며, 노동의 의미를 자의적으로 해석했다는 한계가 있지만, 노동계층에 대한 관심의 증대라는 측면에서 긍정할 만한 작품들이다.

또한 민간의 생활실태에 대한 관심의 확대는 자연재해로 인한 농민의 고통을 다룬 여러 편의 시를 낳았다. 이는 사대부적 애민의식과 농경사회의 생활체험이 접합된 결과로, 농업생산 위주의 사회경제적 조건에서 수확에 막대한 영향을 주어 민생을 위협하는 한발이나 홍수 같은 기상이변을 시의 제재로 삼은 것이다. 이연종의 「고한음(苦寒吟)」, 최해의 「삼월이십삼일우(三月二十三日雨)」, 안축의 「대우탄(大雨歎)」, 이색의 「희우(喜雨)」 등이 그 예이다. 그중에 원천석이 총 60구의 장편으로 지은 「고한(苦旱)」은 편폭이 매우 큰데다 시적 형상화 수법이 탁월하여 단연 돋보인다. 어느 농민의 입을 빌려 장기 가뭄의 피해를 진술하여 진실함을 전하는데, 또 한편 무당과 승려가 등장하는 등 서사적 경향을 보여주기도 한다. 한편 이색은 홍수와 기근으로 고통스런 지방민의 실태와 그에 대응하는 관의 태도를 다룬 서사한시 「양주요(梁州謠)」를 통해 지방관의 선정만이 천재(天災)를 극복할 수 있다는 의식을 담아냈다.

이렇듯 신흥사대부는 민생문제에 지속적으로 관심을 보여, 모순된 사회제도로 인한 폐단과 질곡에 관한 심도 있는 통찰에 이르게 된다. 가령 안축은 지방관으로서 직접 목도한 민생의 질고를 시화한 「삼탄(蔘嘆)」과 「염호(鹽戶)」를 지었는데, 공물과 부역이라는 명목으로 자행되는 수탈로 힘겨운 나날을 보내야 하는 하층민의 생활상을 여실히 보여준다. 이 두 작품은 체제모순이 야기한 비참한 생활의 횡단면을 서사적으로 보여주어 깊은 공감을 끌어내는데다, 끝부분에서는 공히 가정법을 사용해 산삼의 종자가 없어지거나 바닷물이 모두 소금이 되지 않는 이상 폐단이 소멸되지 않으리라고 절망을 토로하는 등 주제의식 또한 매우 진지하다.

　안축과 더불어 가혹한 체제모순으로 인한 민생의 도탄을 극명하게 노래한 시인은 윤여형이다. 그는 서사한시 「상률가(橡栗歌)」에서 대토지겸병, 자연재해, 관의 수탈 때문에 도토리를 주워 연명할 수밖에 없는 늙은 농부를 등장시켜 당대 사회의 모순을 첨예하게 드러냈다. 「상률가」는 일찍이 북한에서 전개된 '우리나라 문학에서 사실주의의 발생·발전 논쟁'에서 12~14세기 발생설을 주장하던 논자들의 주요한 논거로 이용되었으니, 서사성의 강화를 통해 세부묘사의 진실성을 확보함으로써 현실에 대한 시적 반영에 성취가 적지 않다는 평가를 받았다. 이 시는 사회의 폐단을 지적하기 위해 당대의 비극적 정황을 고스란히 재현해내는 한편 그 배후에 있는 문제의 원인을 제시하는 방법을 취한다. 이러한 시사(詩史)적 성격과 함께 피해 당사자인 농부의 입을 빌려 실태를 진술함으로써 진실성을 더했으며 행위 묘사도 상당히 구체적인 편이다. 서사의 진척 정도나 작가의식의 측면에서 고려 후기 현실주의 한시 가운데 단연 명작으로 꼽을 수 있는 작품이다.

4. 이민족의 침입과 전란의 고통

14세기 한시문학은 체제모순의 심화라는 내부 요인과 함께 이민족의 침입이라는 돌발상황으로 현실주의 경향이 더욱 강화되었다. 2차에 걸친 홍건적의 침략과 왜구의 빈번한 침입은 대몽강화 이후 누려온 100여년간의 평화를 깨뜨리고 심각한 인적·물적 피해를 입혔다. 이에 시인들은 민족적 시련의 도래와 극복과정을 다각적으로 시화하여 여말의 민족현실을 생생히 반영하였다. 이 시기 수준 높은 작품이 쏟아져나와 당대인이 체험한 전란의 고통과 극복과정을 선명하게 보여준다.

당시 전란시의 주제를 대략 분류하자면 국난극복과 우국의 정을 담은 시, 전란으로 고통받는 민중현실을 다룬 시, 애국인물을 노래한 시로 나눌 수 있을 것이다. 양식적으로는 역시 단형 한시 위주지만 그중에는 이인복의 「녹진변군인어(錄鎭邊軍人語)」처럼 생사를 기약할 수 없는 병사의 불안한 정서와 고통스런 생활상을 절구 연작으로 형상화한 것도 있고, 이달충의 「전부탄(田婦歎)」이나 정몽주의 「정부원(征婦怨)」처럼 이산의 아픔을 여성화자의 입장에서 노래하는 등 참신한 표현방법을 모색한 것도 있다.

그러나 단형의 한시로는 전란의 충격과 고통을 토로하고 참담한 실상을 전달하기에 부족하기 때문에 장시 형식으로 전란상황을 서술한 작품이 다수 등장했다. 정추의 「문왜적파강화군(聞倭賊破江華

郡)」이나 「계묘십일월십구일유감(癸卯十一月十九日有感)」이 그런 경우이다. 전자는 도성과 멀지 않은 강화까지 왜구의 침구가 자행되는 데 경악하는 한편, 그에 제대로 대처하지 못한 통치계급의 무능에 신랄한 비판을 퍼부어 시적 정조가 예사롭지 않다. 그리고 후자는 홍건적의 침입으로 급박히 피란길에 오른 백성들의 참혹한 실상을 사실적으로 재현했는데, 전쟁의 잔인한 기억 속에 녹아든 혹독한 아픔이 절실하다.

한편 이색은 가장 많은 전란시를 남긴 시인으로, 홍건적의 침입 때에는 전쟁 발발 초기부터 종전에 이르기까지 긴박한 전선의 소식을 듣는 대로 시로 옮겼으며, 왜구의 침구행위 또한 수시로 시화하였다. 이는 자신이 밝힌 "시를 읊어 야사를 이룬다(吟詩成野史)"는 정신에서 나온 것으로, 역사 기록을 보충하면서 외환의 실상을 자세히 보고하는 값진 성과를 거두었다. 그중에 서사한시 「산중요(山中謠)」는 왜구의 칼날에 가족을 잃은 어느 산골 노인의 체험을 절절히 서술하면서 내지 깊숙한 곳까지 왜구의 노략질이 횡행하는 현실을 일깨우는데, 백성의 평화로운 삶을 보장하고 나라의 안위를 지킬 방안을 시급히 간구해야 한다며 강렬한 위기의식을 담아냈다. 그리고 왜구를 격퇴한 지방관 곽충룡의 영웅적 무공을 장시로 노래한 「기면주곽원외(寄沔州郭員外)」에서는 눈앞에서 사건이 전개되듯 세부를 생생히 묘사하면서 국난에 맞선 애국적 인물의 활약상을 그려놓았다. 서사적 화폭이 크지 않지만 돌연한 왜구의 해안상륙 장면이 긴장감 넘치고, 다급히 무장을 갖추고 응전에 나서는 곽충룡의 모습 또한 박진감 있게 그려져 역동성이 넘치며 인물의 전형성도 일정하게 갖춰진 편이다.

이처럼 장시를 활용함으로써 전란의 현장은 더욱 극적으로 재현될 수 있었으니, 이는 위태로운 현실을 구체적으로 형상화하려는 의지로 이뤄낸 성과이다. 그 가운데 총 52구로 된 권근의 장시「녹익위군어(錄翊衛軍語)」는 징용된 어느 병졸의 사례를 통해 피지배층에게 가중된 전란의 고통을 상세히 포착해냄으로써 현실을 매우 충실히 반영해냈다. 그런 점에서 여말 서사한시의 명작으로 평가되는데, 다음은 전체 3부 중에서 중간부분이다.

스스로 말을 하기를, "도성을 지키기 위해, 고향 떠나 멀리 왔다오. 고향땅은 바닷가인데, 버려져 도적놈들 세상 되었소. 우리 집에도 사람이 없어, 부녀자가 농사일을 하고 있다오. 근자에 듣자니 도적이 또 쳐들어왔다는데, 살았는지 죽었는지 알 수가 없소. 예전에 내가 고향에 있을 때에는, 뜻도 굳세고 힘도 세어서, 도적놈들 때려눕혀 막아냈으니, 어느 놈도 함부로 얼씬 못하였소이다. 어찌 내 집만 지키었겠소? 온 경내가 무사히 지내었다오. 헌데 지금은 병적에 매여 있어, 자갈 물린 말처럼 묶여 있으니, 도성으로 몰려온 그날부터, 억센 날개 꺾이고 말았다오. 중요한 진터엔 방비가 없고, 변방은 텅 비어 병란이 일고 있다오. 그 누가 우리에게 비용이나 줍디까? 메고 있는 전대는 텅 빈 것이라오. 아침저녁 나무를 해다 팔아서, 쌀되나 겨우 얻어 연명을 하오. 노둔한 말을 앞 언덕에 놔먹이는데, 지치고 병이 들어 쓰러질 것만 같소. 우리 대장이야 무예를 즐기고 있어, 천길 높은 뫼에서 짐승을 좇아다니오. 치달리기를 멈추지 않으니, 빠르기야 참말로 성화같다오. 때때로 짐승을 잡아오지만, 남은 고기인들 어찌 맛이나 보겠소. 내 몸뚱아리야 그럭저럭 견딘다지만, 내 말은 벌써 누렇게 떠버렸다오. 도망을 치자니 차마 하지 못하고, 죽기를 기다리자니 그도 도리가 아니겠지요."

익위군으로 도성 방비에 충원된 군사가 주인공으로 등장해 곤욕스런 병영생활의 실태를 적나라하게 고발하는데, 인물의 전형성이 잘 갖춰져 있어 위급한 상황에서 피지배층에 가중된 고통의 무게를 설득력 있게 전달하고 있다. 또한 군사의 육성을 통해 장정을 징병하고도 제대로 먹이지도 못하는 당국자의 무능에 불만을 제기하고 있으며, 국방정책의 허실을 예리하게 비판했다. 또한 지방 장정을 동원해 도성을 방호하느라 왜구의 침탈 앞에 속수무책인 향촌의 상황을 엄중히 항의하고 있다. 그런 점에서 시는 윤여형의 「상률가」와 마찬가지로 취재의 진실성과 정치성·사회성을 중시하는 서사한시의 기본 성격을 잘 구현했다 하겠다.

이처럼 여말의 전란시는 서사한시를 비롯, 장시 형식을 활용해 이민족의 침략이 안겨준 고난의 실상을 충실히 보고함으로써 기실성(記實性)을 강화하고 역사성을 제고했다. 이는 민족사적 위기와 그 극복과정에서 현실주의적 창작방법을 활성화한 결과이다. 그리고 이러한 우수한 창작방법은 조선중기의 전란시에서 거듭 확인되고 있으니, 여말 전란시가 세운 선구적 전통의 의의가 자못 크다.

5. 신흥사대부 현실주의의 성과와 한계

　여말선초의 사대부문학은 개혁지향적인 신흥사대부의 비판정신을 바탕으로 전개되었다. 사회전반의 질서가 와해되던 여말의 시대상황에서 신흥사대부는 사회·문화적인 문제에 초점을 맞추어 시문학의 역할을 재조정함으로써 문학행위가 현실적 가치를 획득할 수 있는 방안을 모색하였다. 그리고 문학과 사회의 관계를 깊이 있게 통찰하여 자기 시대의 병폐와 삶의 조건을 적극적으로 다룸으로써 예술적으로나 사상적으로 진일보한 성과를 거두었다. 이로부터 산출된 사회성 풍부한 한시들은 선명한 주제사상과 함께 체제모순과 이민족의 침략으로 참담한 지경에 빠진 민생을 잘 반영해놓았다. 또한 객관현실을 세부적이고 구체적으로 제시하며 사태의 심각성을 전달하는 묘사수법을 발전시켜 예술적 성취를 제고하였다. 그로부터 현실주의 경향의 수준을 드높였는데, 서사한시의 대두는 그 주요한 결실 가운데 하나라고 하겠다.

　그런데 신흥사대부가 구현한 현실주의는 그 자체로 시대적 한계가 있으니, 중소지주층인 신흥사대부의 사회경제적 이해관계와 관인으로서의 치자(治者)의식이 결합되어 도출된 문학현상이라는 점이다. 농업에 근본한 봉건왕조사회의 존속과 지주계급의 풍족한 삶은 농민을 토지에 긴박시켜야만 가능하기에, 신흥사대부는 농민층의 '항산(恒産)'을 방해하는 공적·사적 침탈을 막아내는 한편, 그들을 체제질서에 순응시켜 사회의 존속을 꾀했던 것이다. 농민에 대한 정책적 배려의지의 이면에는 자기 계급의 경제적 이해에 대한 고려 역시 강하게 자리잡고 있었음을 무시할 수 없다. 그리고 권문세족을 향한 날선 공격에도 불구하고, 그것은 정권이나 지배세력에 대한 비판이지 봉건사회에 도전하는 체제비판적 성격을 띤다고 보기는 어렵다. 이런 점은 역사적 조건 아래에서 비롯된 신흥사대부문학의 근본적인 제약일 수밖에 없다.

: 이성호 :

● 더 읽을거리

이 글에서 인용한 한문번역은 모두 필자의 것이다.

고려후기 한문학을 전반적으로 고찰한 논문집으로는 이벽혁 『고려말 성리학 수용기의 한시 연구』(태학사 1989)를 비롯, 김동욱 『고려후기 사대부문학의 연구』(상명대 출판부 1991)와 이병혁 편 『여말선초 한문학의 재조명』(태학사 2003)을 참고할 만하다. 다수의 작가연구 중에서는 14세기 후반 문단의 영수인 이색을 심도있게 다룬 목은연구회 『목은 이색의 생애와 사상』(일조각 1996)을 주목할 만하다.

한편 북한학계는 일찍부터 여말선초의 문학을 현실주의와 결부시켜 논의하였다. 1960년대 초반에 전개된 '사실주의' 발생에 관한 논쟁은 훗날 남한에 북한사회과학원 문학연구실 편 『우리나라 문학에서 사실주의의 발생, 발전 논쟁』(사계절 1989)이란 제목으로 소개됐는데, 그 가운데 한용옥·한중모·안함광은 12~14세기를 사실주의의 발생기로 비정하였다. 당시의 사회·역사적 환경과 작가들의 창작역량이 사실주의 출현을 가능케 할 만한 조건을 지녔다는 점, 그리고 시에서 생활반영의 진실성과 사실주의적 묘사가 두드러지며 장시 체제가 유행하여 서사적 성격이 강화되었다는 점 등을 논거로 내세웠던 것이다.

남한에서는 1980년대에 들어서면서 민족·민중문학의 관계 속에서 '리얼리즘'에 관한 논의가 본격화되었다. 그런 선상에서 김시업은 여말 사대부문학의 현실주의적 양상을 이곡과 윤여형의 농민시를 통해 포착(「고려후기 사대부문학의 일성격——농민을 제재로 한 이곡과 윤여형의 시」, 『대동문화연구』 15(성균관대 대동문화연구원 1982)하였고, 이후 『고려후기 사대부문학의 성격』(성균관대 박사학위논문 1989)이란 심화된 연구결과를 제출하였다. 그런 한편 「여말·선초에 있어서의 사대부 리얼리즘과 그 변질」, 『한국한문학연구』 8(한국한문학연구회 1985)에서는 권근의 사례를 통해 신흥사대부가 역사적 성장을 거치면서 현실주의적 창작태도에 어떠한 변화를 초래했는가를 논구한 바 있다.

이후 윤재민은 「고려후기 사대부의 등장과 현실주의적 한시 경향」, 민족문학사연구소 『민족문학사 강좌』 상(창작과비평사 1995)에서 기존의 연구성과를 참작하며 고려후기 한시의 현실주의적 경향을 개괄하였는데, 당시 발현된 현실주의를 '봉건적 현실주의'로 규정하는 동시에 '사대부의 지주적 토지소유의 전망과 관련된 문학'으로 파악하여 그 역사적 국한성을 적절히 지적하였다.

그런데 서구 리얼리즘(사실주의)에 대한 이해와 그것의 한국적 적용은 단순명쾌하게 해결될 수 있는 문제가 아니다. 개념적 본원성을 유지하면서 우리 역사와 문학의 특수성을 감안하지 않을 수 없는 바, '사대부 리얼리즘'이나 '봉건적 현실주의'라는 용어의 이면에는 한국문학에 현실주의를 적용시킬 때 발생하는 제한성이 내포되어 있다. 그런 점에서 현실주의 발생에 관한 논쟁의 장은 상시 개방상태라 하겠는데, 임형택의 경우는 대체로 고려후기에 현실주의가 구체화된 것으로 간주하는 종래의 인식에 반하는 새로운 주장을 펼쳐 이채롭다. 『민족문학사 강좌』 상권의 총론격인 「민족문학의 개념과 그 사적 전개」에 의하면, 고려후기 문학에서는 탈중세적인 체제비판적 성격을 발견할 수 없다는 점에서 현실주의 개념을 적용하기 어려우며, 우리나라 현실주의 문학은 주관으로부터 분리된 객관현실과 체제적 모순을 담고 있는 서사한시가 출현한 15세기에 생성됐다고 주장하고 있는 것이다. 이는 기존 논쟁의 장에 결연히 뛰어든 획기적인 견해로서, 현실주의 이해에 새로운 좌표를 제시했다는 점에서 특기할 만하다.

『금오신화』의 출현과 김시습의 문학사적 위상

1. 『금오신화』의 저술과 그 배경

　김시습(金時習, 1435~93)의 『금오신화(金鰲新話)』는 많은 사람들에게 우리나라 최초의 한문소설로 알려져 있다. 작품의 시간적 배경으로 천순(天順, 1457~64)과 성화(成化, 1465~87) 초년(初年)이 언급된 것으로 보아 분명 1465년 이후 창작된 것 같다. 또한 제목이 '금오산에서 지은 새로운 이야기'라는 의미인 점에서 저자의 금오산 시절 저술로 상정할 수 있겠다. 금오산은 지금 경주의 남산이며 김시습은 31세 되던 1465년부터 6년간 금오산에서 거처한바 있다. 그렇다면 우리나라 최초의 소설은 15세기 중반에 출현한 셈이다. 하지만 이미 신라말 고려초에 중국 당에서 유행하던 '전기(傳奇)' 양식을 차용한 「최치원」「김현감호」 같은 작품이 창작된바 있다. 이런 사실로 미루어『금오신화』에 붙은 '최초'라는 찬사는 초기 작품들에 비해 형식과 분량, 작품성에서 '완성도가 높은 최초'의 소설로 이해하는 편이 바람직하다.

서울에서 출생한 김시습은 5세에 "학문이 성취될 때를 기다려 장차 크게 등용하겠다"는 세종의 성지(聖旨)를 얻어 '오세(五歲)'라 일컬어진 '신동'이었다. 스스로「자화상을 그려놓고(自寫眞贊)」에서 "이하(李賀)를 내려다볼 만큼, 조선 최고라고 했지"라며 자신을 중국의 유명 시인에 비겼다. 그런 그가 벼슬도 없이 경주에 은거하며『금오신화』를 지은 까닭은 무엇일까? 더구나 한창 젊은 24세(1458) 때부터 10여년간 관서·관동·호남을 거쳐 경주에 머물며 완성한 저술이 소설이라는 점도 의아하다. 촉망받던 인재가 자신의 포부와 재능을 현실세계가 아닌, 당시로선 천시되던 소설에 풀어냈으니 말이다. 그렇다면『금오신화』는 저자의 인생역정과 무관한 저술일 수 없다.

1452년 문종이 승하하자 단종은 12세의 어린 나이로 즉위한다. 그러나 다음해, 숙부 수양대군이 계유정난(癸酉靖難)을 일으키고 1455년 왕위에 오르는 전대미문의 사건이 발생한다. 당시 삼각산 중흥사(中興寺)에서 과거를 준비하던 김시습은 이 소식을 접하고 사흘 동안 두문불출하다 자신의 서책을 모두 불사른다. 현실에 대한 절망을 드러낸 행동이다. 그는「탕유관서록후지(宕遊關西錄後志)」에서 "어느날 갑자기 감개한 일을 당해 (…) 마음을 결정치 못하다가 문득 스님의 복색이라면 소원을 이룰 수 있으리라 여기고 드디어 송도로 향했다"라며 긴 방랑의 시작을 술회한 바 있다. 그 '감개한 일'이란 다름아닌 단종을 폐위하고 왕위에 오른 수양대군의 불법행위를 가리킨다. 그의 역정은 이런 역사적 모순과 관계가 있으며, 분세(憤世)의 심사는 네 지역을 떠돌며 읊어낸『사유록(四遊錄)』에 고스란히 담겨 있다.

김안로(金安老)는『금오신화』에 대해 "(김시습은) 금오산에 들어가 글을 지어 석실(石室)에 감추어두고 '후세에 반드시 나를 알아줄 사람이 있을 것이다'라고 하였다. 그 글은 대개 기이한 이야기를 서술해 자신의 뜻을 의탁〔述異寓意〕하였으며,『전등신화(剪燈新話)』를 본받아 저술한 것"이라고 기록했다. 이에 따르면 김시습은 '술이우의' 방식으로 자신을 대변한 것이라 할 수 있다. 그렇다면 방황의 종착지에서 산출된『금오신화』는 분명 이러한 저간의 사정과 관련돼 있을 것이다. 중국 명(明)의 문인 호응린(胡應麟)도 전기양식의 특징을 "저술의식이 깃든 기이함을 추구"〔作意好奇〕한 것으로 정의했으므로,『금오신화』에서 작자의 삶의 태도를 간취할 수 있을 것이다.

현재『금오신화』는 5편만이 남아 있다. 조선에서 간행된 판본에는 "갑집 뒤에 쓰다〔書甲集後〕"라는 기록이 있으니 작자는 전4권 각권 5편의 20편과 부록 1편을 더한 총21편 체재의『전등신화』를 염두에 둔 듯하다. '신화'라는 제목의 유사성이 말해주듯 마침 중국에서 유입된 구우(瞿佑, 1341~72)의 저술은 좋은 자극이 되었을 것이다. 하지만 「만복사저포기(萬福寺樗蒲記)」 「이생규장전(李生窺墻傳)」 「취유부벽정기(醉遊浮碧亭記)」 「남염부주지(南炎浮洲志)」 「용궁부연록(龍宮赴宴錄)」의 다섯 작품을 오로지『전등신화』의 모방으로만 단정할 수는 없다.『전등신화』가 '술이(述異)'에 관심을 보였다면,『금오신화』는 '우의(寓意)'에 더 집중했음을 간과할 수 없기 때문이다. 그만큼『금오신화』는 작자와 조선사회의 불협화음, 즉 "세상과 자아의 모순〔世我矛盾〕"이 문학적으로 형상화된 작품이다.

2. 기이로 빚어낸 만남과 이별의 미학, 「만복사저포기」와 「이생규장전」

「만복사저포기」는 '만복사에서 저포놀이를 하다', 「이생규장전」은 '이생(李生)이 가인(佳人)의 담장을 엿보다'라는 뜻이며, 이야기를 함축하여 붙인 제목이다.

먼저 「만복사저포기」를 보자. 남원의 양생(梁生)은 일찍 부모를 여읜 노총각이다. 그는 만복사 연등(燃燈) 행사에서 불상 앞에 저포(樗蒲)를 꺼내 "만약 부처님이 지신다면 미녀를 얻어 제 소원을 이루어 주십시오"라며 기원할 정도로 고독한 존재이다. 만복사는 현재 남원시 왕정동에 그 터와 불상이 남아 있으며, 저포는 주사위나 윷을 던져 승부를 겨루는 놀이라고 한다. 그의 허무맹랑한 행동에 마침 "주어진 인연이 있다면 일찍 즐거움을 누리게 하소서"라며 짝을 구하는 사연 모를 여인이 나타나 정을 나눈다. 여인은 자신을 버리지 않는다면 죽도록 곁에서 모시겠다는 다짐까지 한다. 이렇게 양생과 여인은 운명적으로 만났다.

하지만 그 여인은 현실의 인물이 아니었다. 이미 3년 전 전쟁터에서 절개를 지키려다 죽은 원혼이었던 것이다. 그녀는 함께 세상을 등진 4명의 여인을 초대해 양생과 시편을 나누도록 하고, 자신의 제사를 지내러 오는 부모와 다시 찾아줄 것을 약속하며 양생과 헤어진다. 이후 양생은 여인과의 약속대로 여인의 부모에게 자초지종을 말해 그 사실을 확인하고 여인의 넋을 위로한 후 세상을 등진다.

「이생규장전」은 전·후반 두 부분으로 나눌 수 있다. 개성의 국학

(國學)에 다니던 이생은 늘 최씨(崔氏) 집안 딸의 거처와 가까운 담장에서 쉬어가곤 했다. 이들은 "풍류남아 이씨집 아들, 요조숙녀 최씨집 낭자"로 불릴 정도의 재자가인(才子佳人)이었다. 여주인공 최씨는 적극적인 여성상으로 그려진다. 그녀는 담장 안을 엿보던 이생에게 "이내 몸 대청의 제비 되거든, 주렴 제치고 담장 넘어가련만"이라는 시를 읊어 의중을 떠보는가 하면, 이후 밤마다 담장을 넘게 된 이생이 불안을 떨치지 못하자 "훗날 이 일이 알려져 부모님께서 질책을 하신다면 제가 감당하지요"라고 할 정도이다. 한편 아들의 외출을 의심한 이생의 부친은 아들을 농장 감독을 겸해 영남으로 보내고, 이 때문에 시름시름 앓던 최씨는 두 사람의 관계가 부모에게 알려지자 "이생과 함께 구천에서 노닐지라도 다른 집안으로는 시집가지 아니하겠습니다"라며 사랑에 대한 의지를 굽히지 않는다. 최씨의 굳은 의지로 그 부모는 세 차례나 매파를 보낸 끝에 이생의 부모를 설득하여 이생과 결연할 수 있었다.

「이생규장전」의 전반부는 「만복사저포기」에 비해 훨씬 현실적이다. 하지만 후반부는 신축년(辛丑年, 1361) 홍건적의 난리에 정절을 지키려다 죽음을 맞은 최씨의 원혼이 현실에서 못다한 부부의 삶을 영위해보지만 결국 이별을 맞는다는 내용이다.

이렇듯 두 작품은 전란에서 죽은 여인과의 결연과 이별이라는 유사한 구조를 지니고 있다. 양생은 "아름다운 짝〔好逑〕"으로 혼령을 만나고, 여인 역시 "평생의 기이한 만남〔平生之奇遇〕"의 연을 죽어서야 맺었으니, 이들의 결연은 애당초 현실에서 행복한 결말에 이를 수 없었던 것이다. 이생 또한 "아내가 이미 죽었음을 알면서도 너무나 사랑"했기에 의심없이 맞아들인다. 그러나 이런 낭만적 만남도 허락된 시간 안에서만 가능하였고 더는 지속될 수 없었다. 주인공들은 전쟁이라는 인간사의 불합리가 빼앗아간 삶을 되찾으려 하지만 거역할 수 없는 이별의 희생양이 될 수밖에 없었던 것이다.

여기서 김시습은 혼령과의 로맨틱한 사랑이라는 기이함에만 주목하지 않았다. 유교적 이상정치의 실현을 소망했으나 왕위찬탈이라는 현실 앞에 좌절할 수밖에 없었던 그 자신 또한 전쟁의 폭력으로 삶과 행복을 송두리째 빼앗긴 두 남녀의 처지와 다를 바 없다. 김시습이 전국을 방황하였듯 양생은 세상을 외면한 채 지리산에서 약초를 캐며 생을 마쳤고, 이생도 죽은 아내를 그리워하며 병들어 죽고 만다. 이들은 더이상 현실에서 희망을 찾을 수 없었던 것이다.

김시습은 생사를 달리한 남녀의 낭만적 만남과 운명적 이별의 구도를 통해 인간 본연의 감정조차 실현할 수 없는 현실의 절망을 그려냈다. 죽음을 초월한 환상적 만남은 현실세계의 고독과 불우에 처한 주인공들의 자기확인이자 이상에 대한 강렬한 희구의 표현이며, 김시습 자신의 세상에 대한 불신과 저항의 문학적 형상화이기도 하다. 특히 두 작품의 여주인공은 정절을 빼앗으려는 불의에 대항한 '절의'의 형상화라는 점에서 생육신(生六臣)의 한 사람인 작자의 세계인식을 대변하고 있다. 이는 젊은 시절 세상의 모순과 갈등하며 빚어낸 첨예한 세계인식을 비극미로 작품화한 것이라 할 수 있겠다.

3. 인간사회를 논의한 사상소설 「남염부주지」

'남쪽 염부주에 다녀온 이야기'라는 의미의 「남염부주지」는 매우 이색적인 작품이다. 『중용(中庸)』과 『주역(周易)』을 읽고 세상의 이치를 깨친 경주 유생(儒生) 박생(朴生)이 우연히 염부주를 방문하여 염마왕(焰摩王)과 세상의 이치며 치란(治亂)을 논의하고 돌아와서는 곧 죽음을 맞아 염부주의 왕이 된다는 내용이다. 이 작품 역시, 끓는 쇳물과 불꽃이 치솟는 염부주 방문에 대한 관심보다는, 박생과 염부주왕의 대화에 초점을 맞추고 있다. 특히 박생이 지었다는 「일리론(一理論)」을 중심으로 석가, 귀신, 역대 국가의 흥망과 제왕의 치세에 대한 시비를 가리려 한다. 그는 이렇게 주장한다.

> 천하의 이치(理)는 하나이다. (…) 사람이 태어남에 그런 마음과 본성을 갖추었고, 천하만물도 그 이치를 갖지 않은 것이 없다. (…) 이로 미루어보면 천지·귀신에 어그러지거나 의혹되지 않고 고금에 영원불멸한 것은 이치이다. 유자(儒者)의 일은 오직 이것을 궁구하는 데 있다.

하나의 이치, 일리(一理)로 운행하는 현실에 대한 궁리진성(窮理盡性)과 격물치지(格物致知)는 유자의 사명이다. 따라서 불교에서 말하는 현실 밖의 천당·지옥과 윤회화복은 자연스럽게 부정되며, 많은 비용을 들여 재를 지내는 세속의 관습도 매서운 비판을 받는다. 세상의 이치에 대한 논의는 삼한(三韓)의 흥망과 고려의 건국에 미치는데, 염마는 이렇게 한탄한다.

> 나라를 다스리는 사람은 폭력으로 백성을 위협해서는 아니 됩니다. 백성들이 두려워하며 복종하는 듯싶지만, 속으로는 반역할 마

음을 품고 있어 머지않아 큰일이 일어나고야 맙니다. (…) 대개 나라는 백성의 나라이고, 명령은 하늘의 명령입니다.

이처럼 「남염부주지」는 구체적 사상과 현실에 대한 철학적 논란(論難), 학문적 토론을 위해 묻고답하는 '문대(問對)'라는 기법을 활용해 주제를 효과적으로 전개한다. 박생의 '일리론'으로 시작해 역대 왕조의 득실을 언급하여, 국가는 백성의 것이며 폭력으로 다스려서는 안 된다는 결론을 도출한 것이다. 하지만 이 작품은 내용상 모순을 지니고 있는데, 세상에 천당·지옥의 별세계가 없다고 주장한다면 작품의 염부주 역시 존재할 수 없기 때문이다. 그러므로 이 작품은 비현실적 공간에서 박생과 염마왕이 논박을 펼침으로써 현실에 대한 비판의 장을 마련한 것임을 알 수 있다. 바로 「남염부주지」를 사상소설로 볼 수 있는 이유이다.

김시습은 「태극설(太極說)」「귀신설(鬼神說)」「이단변(異端辨)」「애민의(愛民義)」 등에서 자신의 사상적 견해를 표명했다. 그런데 이 내용은 「남염부주지」에서 환상적 서사와 결합하여 문학적 진실을 획득함으로써 사회에 대한 인식과 현실비판의 논리적 근거로 활용되고 있다. 그는 「전등신화의 뒤에 쓰다(題剪燈新話後)」라는 한시에서 "문(文)과 소(騷) 있는데 기사(記事)도 있어, 유희와 골계에 차례가 있네"(有文有騷有記事 遊戱滑稽有倫序) "처음 읽음엔 허황한 듯하지만 마친 뒤에는 맛이 남누나"(初若無憑後有味)라고 하여 일종의 소설론을 피력한바 있다. 이를 통해 『전등신화』가 비록 허공에 집을 짓듯 근거도 없는(架虛鑿空) 비현실적 이야기지만, 주제의식을 부각하기 위한 다양한 문체와 장치로 문학성을 획득했다고 인정한 것이다. 김시습은 이어서 "세상 교화에 관계된 말이라면 괴이해도 무방하고, 사람을 감동시키는 일이라면 허황해도 기쁘구나"(語關世敎怪不妨 事涉感人誕可喜)라며 전기소설의 비극적 형식이 추구한 고도한 주제화 방식과 문학적 효용성을 적극 긍정하고 있다. 특히 "나의 평생 뭉친 가슴을 쓸어 없애주리라"(蕩我平生磊塊臆)라는 데에서 보듯 전기소설은 세상과 화합할 수 없었던 김시습 자신의 삶과 의식세계의 표현에 가장 적합한 문학양식이었다.

「남염부주지」는 비록 고려왕조를 언급하고 있지만 김시습은 자신이 경험한 눈앞의 현실, 바로 세조의 왕위찬탈을 비롯한 사회현실을 염두에 두고 있다. 작품에서 현실로 돌아온 박생이 염라왕에게 직접 염부주를 선위(禪位)받는데, 이는 왕위를 찬탈한 세조에 대한 강력한 비판이며, 김시습의 현실에 대한 바람이 이후 소설 속에서 실현된 것이다.

4. 이상사회에 대한 회고와 희망, 「취유부벽정기」와 「용궁부연록」

「취유부벽정기」는 고조선과 고구려의 고도(古都) 평양에서 개성의 부호인 홍생(洪生)과 기자조선 공주의 만남을 '술에 취해 부벽정에서 노닐다'로 제명한 것이다. 위만(衛滿)에게 나라를 빼앗긴 준왕(準王)의 딸인 공주는 신선이 된 기자왕의 도움으로 선계에서 노닐며 옛 고국산천을 굽어보다 감상에 젖어 지상에 내려온다. 마침 장사차 평양에 왔다가 부벽정에 오른 홍생의 시편에 마음이 끌려 그와 만난다. 작품 초입의 공간 묘사는 그 자체로 각별한 의미를 지니며 작품의 분위기 조성에 일조한다.

> 평양은 옛 조선의 서울이었다. (…) 이곳의 명승지는 금수산·봉화대·능라도·기린굴·조천석·추남터 등이 있는데, 이것들은 모두 고적이며 영명사(永明寺)의 부벽정도 그 고적 가운데 하나이다. 영명사는 곧 고구려 동명왕(東明王)의 구제궁(九梯宮) 터이다. 이 절은 성밖 동북쪽 20리 되는 곳에 있는데, 긴 강을 내려다보고 평탄한 들판을 멀리 바라보며 아득하기 끝이 없으니 참으로 좋은 경치였다.

평양의 전경을 감상하기 좋은 영명사의 부벽정을 소개하였으니 마치 아름다운 경승을 그린 듯싶다. 그러나 홍생의 "부벽정 높이 올라 감개 깊어 시 읊으니, 서글픈 강물소리 애끓는 듯하구나" "일천년 흥망사를 한한들 어이하리"하는 읊조림과 "초야에 버려진 옛 모습은 차마 볼 수 없으니, 천년의 옛 자취 뜬구름 되었구나"라는 공주의 시편은 사라진 왕조에 대한 회상과 우수에 젖어 있다. 이런 회고조는 기자조선과 고려의 후예인 주인공들이 평양에 모임으로써 빚어진 것이다. 제목 역시 이와 관계가 있다. 김시습이 이곳을 방랑하며 지은 『유관서록(遊關西錄)』의 허다한 시편 역시 이 작품의 정조와 가깝다.

이는 분명 감상적 낭만주의이다. 하지만 "그 옛날 이 땅은 문화의 중심지"라는 주인공의 술회는 작가가 조선반도에 대한 역사인식을 기반으로 목도한 조선의 왕위찬탈이라는 모순된 현실 앞에서 요순지치(至治)에 해당할 옛 영화를 추억한 것임을 알려준다. 이 점에서 「취유부벽정기」에 드러난 애상적 회고의 정조는 현실에 대한 작자의 강개함의 발로이자 이상사회에 대한 희망으로 이해할 수 있다.

'용궁의 연회에 참여하다'라는 내용의 「용궁부연록」은 다른 작품과 달리 경쾌한 느낌을 준다. 개성 문사(文士)인 한생(韓生)은 박연폭포 아래 용궁을 방문하는데, 용왕은 딸의 혼인을 위해 축성한 가회각(佳會閣)의 상량문(上樑文)을 부탁하고자 그를 초청하였다. 이곳에는 한생 외에도 한강의 낙하신(洛河神), 한강과 임진강이 만나는 조강의 조강신(祖江神), 개성 서쪽 벽란도의 벽란신(碧瀾神)이 함께한다. 이렇게 모인 용궁의 잔치는 한생의 상량문을 시작으로 시종과 신하들의 춤과 노래로 이어지고, 성대한 잔치를 기린 한생의 화답시로 끝을 맺는다. 앞서 소개한 『금오신화』의 작품들과 달리 시종 유쾌할 뿐 아니라, 수록된 시편들도 송축의 내용으로 충만하다.

그러나 용궁의 잔치에서 돌아온 한생의 행동은 특이하다. 그는 용왕에게 선물로 받은 야광주와 빙초(氷綃)를 숨겨두고 세상의 영달도 버린 채 삶을 마치고 만다. 작품은 주인공의 태도를 자세히 설명하지 않지만, 이를 다른 작품들과 관련해 이해하자면 현실과 다른 용궁의 치세에서 느낀 괴리 때문이 아닐까 한다. 한생은 잔치를 마치고 용궁의 번개 치는 거울, 우레를 울리는 북, 바람을 일으키는 풀무, 비를 내리는 물빛자루를 둘러보는데, 천제는 이를 뇌공(雷公)·전모(電母)·풍백(風伯)·우사(雨師)가 관장하도록 한다. 이는 자연현상에 대한 민간의 상상력을 문학적으로 표현한 것이지만, 김시습은 천제의 조화로운 자연운행을 인간세계와 관련시켜 이상적 정치상에 연결하고 있다. 그렇다면 한생의 은둔은 비합리적 정치현실에 대한 반발이며, 그와 타협할 수 없는 자아의 당연한 귀결일 수밖에 없다. 요컨대 두 작품의 '취유'와 '부연'은 낭만과 흥겨움 그 자체지만, 현실의 주인공에게는 '회고'와 '희망'의 대상으로 남아 결국 현실에 등을 돌리게 하고 마는 것이다.

5. 김시습의 의식세계와 『금오신화』의 문학사적 위상

김시습은 왕위찬탈의 충격으로 유교적 왕도정치에 좌절감을 느껴 이를 『금오신화』로 형상화했다. 이는 불의에 대한 젊은 시절의 문학적 형상화에 그치지 않는다. 사대부의 모든 지위와 권리를 거부한 채 전국을 방황한 데서 불합리한 시대에 온몸으로 저항했음을 알 수 있으며, 이는 그의 시편에 고스란히 녹아들어 있다.

귀한 님네 기둥 들보 아로새겨 사치를 일삼아도	雕楹刻桷事奢麗
농가에는 한해 내내 베옷 한벌 없구려	卒歲田家無短褐
슬프구나 목석이야 팔다리가 없다지만	可惜木石本無胚
애닮도다 창생(蒼生)이야 살과 피를 가졌으니!	哀哉蒼生皮有血
가죽 벗기고 피 빨아선 뼈마저 발라내니	剝皮浚血旣割骨
사치스런 욕심 그지없어 그칠 줄을 모르네	侈欲靡靡不知歇

김시습은 「오호가(嗚呼歌)」에서 민생의 처절한 삶이 사대부들의 사치와 향락에서 연유한 것이라고 단정한다. 이는 사대부의 책임방기이며, 직자는 이런 현실을 타개할 방안을 찾지 못한 채 고뇌한다. 그럴수록 자신의 정치이상과 현실의 깊은 골만을 확인할 뿐이다. 급기야 그는 「탁목(啄木)」에서 딱따구리를 등장시켜 인간세상의 좀벌

레를 징치하려 한다.

네 뱃속 가득히 좀벌레 채우니	蠹多蟲老飽汝腹
벌레 쪼는 네 공이 크기도 하구나	爾於啄蠹多全功
백성 해치는 세상의 좀벌레들은	世上蠹物害民者
수천수백이건만 다스릴 자 없어라	千百其數無人攻
날카로운 네 부리 나무 재앙 구했다만	縱汝利觜除木災
인간세상 좀벌레는 그 누가 없앨는지	人間蠹穴誰能空

하지만 이는 현실에선 이룰 수 없는 바람일 뿐이다. 그가 꿈꾼 유가적 이상사회는 세상 어디서도 찾을 수 없었던 것이다. 이때 김시습의 사회적 인식과 삶의 태도는 사대부들이 견지한 애민의식에 기반한 비판과는 다르다. 사회에 대한 그의 분만(憤懣)은 내적 안주처를 찾지 못한 채 자신을 방외인(方外人)으로 만들어버렸기 때문이다. 이는 전국 각지 백성의 삶을 직접 목도하고 분명하게 확인한 데서 비롯되었을 것이다. 이 점에서 방황의 종착점에서 저술한 『금오신화』는 현실에 대한 절망적 비판이자 이상사회에의 희망을 그려낸 작품이라 할 수 있다.

김시습 이후 사회적 모순이 심화됨에 따라 전기양식의 환상과 비현실이라는 틀에는 일정한 변화가 요구되었다. 이 점에서 『금오신화』는 전기양식의 내용과 형식을 통한 주제구현에서 높은 완성도를 보이며 동시에 변화를 준비하고 있는 작품이다. 이러한 과정에서 사상소설로 불릴 수 있는 「남염부주지」의 탄생은 매우 이채롭다. 이는 사화(士禍) 같은 사대부계층의 알력과 사회의 제반 모순이 심각해짐에 따라 임제(林悌, 1549~87)의「원생몽유록(元生夢遊錄)」「수성지(愁城志)」 같은 작품으로 이어졌다. 이들 작품은 전기양식과 다르지만, '몽유(夢遊)'라는 형식을 통해 철저히 현실을 비판한 사상소설의 성격을 띤다. 오늘날 김시습과 임제는 방외형 인간으로 분류되는바, 이들은 자신의 세계인식을 소설에 투사하여 소설사의 한 획을 그을 수 있었다.

∶ 신상필 ∶

● 더 읽을거리

김시습과『금오신화』에 관한 연구는 상당히 많이 이루어졌다. 일찍 작가의 사상과 작품 세계를 다룬 연구로는 임형택「현실주의적 세계관과『금오신화』」,『국문학연구』13(국문학연구회 1971)이 주목된다. 이후 개별 작품이 아닌 우리 소설사를 염두에 두고『금오신화』의 영향관계와 장르적 특징에 주목한 박희병은 저간의 연구를『韓國傳奇小說의 美學』(돌베개 1997)에 모았다.

김시습의 작품과 생애에 대해서는 심경호가『김시습평전』(돌베개 2003)에서 기존의 연구역량을 집대성해 매우 자세하게 소개하였다.『금오신화』의 간본에 대해서는 최용철「금오신화 조선간본의 발굴과 그 의미」,『중국소설연구회보』39(중국소설연구회 1999)에서 소개하였고, 그 판본들을 수합해『금오신화의 판본』(국학자료원 2003)으로 영인하였다.

조선전기 필기·패설의 전개양상

1. 잡록과 필기·패설

　동양에서 현실세계에 대한 인식은 서구와 일정한 차이를 보인다. 특정한 하나의 관점을 통해 세계를 인식하는 것이 아니라, 다양한 관점이 뒤섞인 전체 체계로 들어가야만 세계를 인식할 수 있다는 관념이 서양에 비해 강하다. 이러한 사유는 문학작품에도 반영된다. 서양에서는 일원화된 한 가지 욕망을 성취하는 개인(영웅)의 일대기를 강조하는 반면, 동양에서는 다원화된 욕망을 좇는 다양한 인물군상을 보여주는 경우가 많다. 동양의 문학작품에서 개인의 영웅적 활약상에 초점을 맞춘 장편보다 다양한 인물들의 삶을 그린 단편을 자주 만나는 것도 이러한 이유에서이다.
　특화된 한 영웅의 삶을 무조건 좇아가기보다는 다양한 인물들의 삶을 엿봄으로써 작가(혹은 독자) 스스로 그들의 삶을 자기 삶에 반추하는 방식의 단편 '집(集)'의 등장은 이런 배경에서 이해할 수 있다. 작가는 단편집 안에서 눈물과 웃음, 삶과 죽음, 고통과 즐거움, 상승과 하강 등 다양한 삶의 모습을 그린 여러 작품들을 보여주고, 독자는 그것을 읽으면서 자신들만의 삶의 방향을 정했던 것이다. 동양에서는 작품을 통해 유기적인 하나의 세계를 읽어내는 것이 아니라, '집' 안에서 다양한 사람들의 삶의 단면을 엿보고 깨치는 방식이 선호되었던 셈이다. '보고들은 것을 기록한 것' '잡다한 기록' '붓 가는 대로 기술한 것' 등으로 정의된 일련의 저작물인 '잡록(雜錄)'이 우리 문학사에서 비중있게 다뤄지고 나름의 가치를 갖는 이유도 여기에 있다.

물론 잡록이라 해도 그 '집'에 수록된 이야기들은 무작위로 실린 것이 아니다. 일정한 선별기준에 따른다. '보고들은 것을 기록한 것' '잡다한 기록' '붓 가는 대로 기술한 것'을 한데 묶었다 하더라도, 그 '집'에 실린 이야기들은 대부분 유사한 미의식을 갖기 때문이다. 이는 잡록의 편찬자가 '보고들은 것을 기록'하더라도 그 미의식의 차이를 적절히 고려한 데서 비롯한다. '집'에 실린 작품 하나하나는 무한히 자유로운 형태를 취하지만, 그 자유로움 역시 '집'으로 대표되는 전체를 벗어날 정도는 아니었다. 이는 '집'의 내적 질서라 할 수 있는데, 이 내적 질서의 차이가 곧 우리 문학사에 존재하는 다양한 잡록을 분류하는 기준이 된다. 잡록의 대표적인 두 유형, 필기와 패설은 이러한 기준에 따라 분류된 것이다.

필기와 패설은 그 편찬목적이나 향유방식 등에 따라 변별된다. 문학의 기능에 대한 경향을 교훈과 오락으로 양분할 수 있다면, 이중 필기는 교훈성에, 패설은 오락성에 무게를 둔 장르이다. 필기는 지식 전달을 목적으로 하기 때문에 필기집에 수록된 이야기는 사실을 전달하거나 박학(博學)을 드러내기 위한 재료로 사용되는 경우가 많다. 반면 패설의 미의식은 골계미에 있다. 또한 필기는 한 가지 진실을 알려주는 측면이 강하므로 한번 씌어진 기록은 대개 변하지 않는다. 그에 반해 패설은 독자에게 흥미를 주기 위해 필요에 따라 수시로 이야기를 변개할 수 있다. 이 점에서 필기는 기록문학적인 성격이 강한 반면, 패설은 구비문학적인 속성도 갖는다.

필기와 패설은 고려조에서부터 근대 전환기까지 서로 경쟁하기도 하고 상보하기도 하면서 존재해왔다. 두 장르는 때로 자기갱신을 하며 변화를 꾀하기도 하고, 때로는 서로 교섭하면서 '야담(野談)'과 같은 갈래를 창출하는 계기를 마련하기도 한다.

2. 필기·패설의 연원과 전개

우리나라 잡록은 고려조 이인로(李仁老, 1152~1220)의 『파한집(破閑集)』에서 비롯한다. 이는 조선시대의 여러 문헌기록, 예컨대 어숙권(魚叔權)의 『패관잡기(稗官雜記)』나 심수경(沈守慶)의 『견한잡록(遣閑雜錄)』 발문(跋文) 등을 통해서도 확인할 수 있다.

① 우리나라에는 소설이 적다. 고려의 것으로 대간(大諫) 이인로의 『파한집』, 졸옹(拙翁) 최자(崔滋)의 『보한집(補閑集)』, 익재(益齋) 이제현(李齊賢)의 『역옹패설(櫟翁稗說)』이 있다. 본조〔朝鮮〕의

것으로는 인재(仁齋) 강희안(姜希顔)의 『양화소록(養花小錄)』, 사가(四佳) 서거정(徐居正)의 『태평한화(太平閑話)』 『필원잡기(筆苑雜記)』 『동인시화(東人詩話)』, 진산(晉山) 강희맹(姜希孟)의 『촌담해이(村談解頤)』, 동봉(東峯) 김시습의 『금오신화』, 청파(靑坡) 이륙(李陸)의 『극담(劇談)』, 허백당(虛白堂) 성현(成俔)의 『용재총화(慵齋叢話)』, 추강(秋江) 남효온(南孝溫)의 『육신전(六臣傳)』 『추강냉화(秋江冷話)』, 매계(梅溪) 조위(曹偉)의 『매계총화(梅溪叢話)』, 교리(校理) 최부(崔溥)의 『표해기(漂海記)』, 해평(海平) 정미수(鄭眉壽)의 『한중계치(閑中啓齒)』, 충암(冲庵) 김정(金淨)의 『제주풍토기(濟州風土記)』, 적암(適庵) 조신(曺伸)의 『소문쇄록(謏聞瑣錄)』이 세상에 전해진다.

② 예와 지금의 문인들이 잡기를 저술한 것이 많다. (…) 전조〔高麗〕에는 이인로의 『파한집』, 이제현의 『역옹패설』이 있고, 본조〔朝鮮〕에는 서거정의 『태평한화』 『필원잡기』 『동인시화』, 이륙의 『청파극담』, 성현의 『용재총화』, 조신의 『소문쇄록』, 김정국(金正國)의 『사재척언(思齋摭言)』, 송세림(宋世琳)의 『어면순(禦眠楯)』, 어숙권의 『패관잡기』, 권응인(權應仁)의 『송계만록(松溪漫錄)』이 있는데 이들은 모두 보고들은 것을 기록한 것이다.

두 책에서는 잡록의 시원(始原)을 『파한집』으로 설정했다. 이처럼 『파한집』을 잡록의 출발로 본 기록은 여러 군데서 보인다.

조위가 쓴 『필원잡기』 서문에도 이와 유사한 기록이 있고, 조선후기 심능숙(沈能淑)의 『문시(文時)』에도 『패관잡기』와 동일한 기록이 있다. 조신의 『소문쇄록』에서 제시한 고려조의 작품집도 『파한집』

『보한집』『역옹패설』이다. 조선조에 형성된 책들에서 잡록을 거론할 때에는 언제나 이인로의 『파한집』을 맨 먼저 제시한다. 이런 점으로 미루어보면 우리나라 잡록은 이인로의 『파한집』에서부터 시작되었음을 오래전부터 인정해왔다고 할 수 있다. 하지만 조선초기 문인 대부분은 잡록의 전범(典範)을 『파한집』이 아닌 이제현의 『역옹패설』로 본 듯하다.

① 지금 좌주 달성공이 편찬한 『필원잡기』는 그 규모가 대개 『역옹패설』과 부합하니 지극하도다, 대유가 말을 세워 후세에 전함이여(今觀座主達城相公所撰筆苑雜記 其規模大略如櫟翁稗說 若合符契 至哉 大儒之立言傳後也)!
② 이제 이 글을 전하면 어찌 익재의 『역옹패설』과 더불어 우리나라에 만세토록 영원히 전해지지 않겠는가(今傳文 豈不與益齋稗說永流傳於海東萬世也哉)!

인용문은 조위가 쓴 『필원잡기』 서문과 양성지(梁誠之)가 쓴 『태평한화골계전(太平閑話滑稽傳)』의 서문이다. 둘 다 잡록의 시작은 『파한집』으로 보았지만, 그 전범은 『역옹패설』에서 찾는다. 시화(詩話)가 중심이 된 『파한집』보다는 다양한 유형의 이야기를 실은 『역옹패설』이 선초 문인들의 기호에 맞았기 때문이다. 선초 문인들이 자신의 저술을 『역옹패설』에 견주어 생산한 이유도 여기에 있다.

『역옹패설』은 후집 서문에서도 확인할 수 있듯이, 일정한 규칙에 맞춰 이야기를 수록한다. 이는 이제현이 소박하게나마 잡록의 하위 갈래에 대해 인식했음을 의미한다.

전집에서 ① 조종세계의 오래된 것과 공경의 언행이 그 안에 수록되어 있었네. 그러나 종래는 ② 골계의 말로 끝을 내었네. 후집에 수록된 것은 ③ 경사에 대한 것은 거의 없고, 대부분이 문구의 조탁에 관한 것뿐이네(子之前所錄 述祖宗世系之遠 名公卿言行 頗亦載其間 而乃以滑稽之語終焉 後所綠 其出入經史者無幾 餘皆雕篆章句而已).

이제현은 객과의 문답형식을 빌려 『역옹패설』의 체제를 밝힌다. 『역옹패설』 전집은 필기(①)로 시작하여 패설(②)로 끝맺고 있음을, 후집은 시화(③)를 주로 수록하였음을 밝힌 것이다. 이제현은 이미 잡록이 지닌 세 가지 성향을 짚어내고 있었다. ①은 조종세계(祖宗世系)의 오래된 것과 공경(公卿)의 언행, ②는 골계의 말, ③은 문구의 조탁에 관한 성향이 그것이다. 그리고 이 세 기준에 맞춰 『역옹패설』을 편찬한 것이다. 선초 문인들은 어느정도 갈래 인식을 보인 『역옹패설』을 보면서, 세 층위를 각각의 갈래로 발전시킨다. 그 대표적인 양상은 서거정(1420~88)에게서 볼 수 있다.

서거정은 그 이전에 복잡하게 섞여 있던 여러 갈래를 명쾌하게 분류한다. 이는 앞서 『역옹패설』에서 성글게나마 보여준 세 층위를 더 구체화한 것이다. 이 세 층위가 바로 필기, 패설, 시화이다. 즉 서거정은 중국의 영향에 따른 장르론이 아닌, 우리의 실정에 맞는 장르론을 확립한 것이다. 그 양상은 그가 편찬한 『필원잡기』(필기) 『태평한화골계전』(패설) 『동인시화』(시화)로 나타난다. 물론 서거정의 표현을 그대로 빌린다면 『필원잡기』는 잡기(雜記), 『태평한화골계전』은 골계전(滑稽傳), 그리고 『동인시화』는 시화(詩話)가 되어야 한다. 그러나 '잡기'나 '골계전'은 우리 학계에서 일반적으로 사용하는 용어가 아니다. 효율성을 고려한다면 잡기와 골계전을 우리 학계에서 일반적으로 쓰는 '필기'와 '패설'로 바꾸어써도 무방하리라 본다.

서거정의 이러한 갈래론은 선초 잡록을 찬술한 다른 사람들에게도 그대로 적용된다. 동시대에 강희맹은 『촌담해이』라는 패설집을 편찬하고, 남효온은 『추강냉화』라는 필기집을 편찬한 것도 그 한 예이다.

다만 성현의 『용재총화』는 '총화(叢話)'라고 제시한 것처럼 그 성격이 다소 모호하다. 그렇지만 『용재총화』 전10권 중 1~4권, 8, 9권은 필기 성향이 강하며, 5~7권은 패설 성향이 강하다. 이는 성현 역시 서거정이 제시한 장르 인식에서 크게 벗어나지 않았음을 의미한다. 특히 『용재총화』 8권에는 "신축년에 기지(耆之, 채수蔡壽)와 경숙(磬叔)이 승지로 있으면서 모두 죄를 입고 파직을 당했다"(辛丑年 耆之 磬叔 以承旨得罪具罷職)라고 하여, 성현의 자(字) '경숙'이 그대로 노출되어 있다. 이는 『용재총화』가 본모습과 다소 다른 형태로 존재했을 가능성도 전혀 무시할 수 없음을 뜻한다. 이런 점까지 고려한다면 『용재총화』 역시 서거정이 분류한 장르론에서 크게 어긋나지 않았다고 볼 수 있다.

서거정이 정립한 장르론은 당대에만 한정되지 않고 후대까지 이어진다. 예컨대 조신의 『소문쇄록』, 권응인의 『송계만록』, 어숙권의 『패관잡기』 등은 필기의 전통 아래, 송세림의 『어면순』이나 성여학(成汝學)의 『속어면순(續禦眠楯)』 등은 패설의 전통 아래 묶인 책이다. 이들은 필기와 패설이라는 두 갈래가 지향하는 바를 분명히 구분한다.

① 이 책은 본디 호남에서부터 서울로 흘러들어온 것인데, 그것을 읽는 사람은 눈을 비비고 턱이 빠지게 웃어대면서 모르는 사이에 무릎을 치며 권태로움을 잊게 된다(始自湖南 流轉序師 讀之者 刮目解頤 不覺擊節忘倦).

② 이것은 또한 시골 사람들의 이야기를 잡다하게 모은 것으로 사람들로 하여금 손뼉을 쳐가면서 웃음을 짓게 하여 스스로 졸음이 빠져나가는 것도 깨닫지 못하게 한다(盖亦雜取俚談鄙語 令人撫掌而發粲 自不覺眠魔之退去).

①은 정사룡(鄭士龍)이 쓴 패설집 『어면순』 서문이며, ②는 홍서봉(洪瑞鳳)이 쓴 『속어면순』의 발문이다. 둘 다 패설이 지닌 골계미를 중심에 두고 있다. 실제 『어면순』에는 전체 이야기의 40퍼센트(82편 중 35편), 『속어면순』에는 전체 이야기의 80퍼센트(32편 중 27편) 이상이 성담론이다. 패설의 미의식이 어디에 있는가를 짐작하게 한다. 반면 『소문쇄록』이나 『계곡만필(谿谷漫筆)』 같은 필기집은 늘그막에 기억도 희미하여 보잘것없는 글을 내놓았다는 겸손한 서문을 써놓고도, 실제 본문에서는 작자의 박학함을 드러내는 글쓰기를 계속한다. 이처럼 이제현이 소박하게 정립하고, 서거정이 확연히 차별화한 필기와 패설은 조선전기 장르론의 한 축을 이룬다.

조선초기에는 필기류와 패설류를 한 권의 책으로 묶은 작품집도 있다. 하지만 이 경우에도 장르론이 혼동되지는 않는다. 예컨대 이제신(李濟臣)의 『청강선생후청쇄어(淸江先生鯸鯖瑣語)』에는 '청강선생후청쇄어'에 이어 '청강선생사제록(淸江先生思齊錄)' '청강선생시화(淸江先生詩話)' '청강선생소총(淸江先生笑叢)'이라는 항목이 있고,

그 항목 아래 그에 해당하는 이야기들을 실었다. 이제신은 『후청쇄어』를 한 권의 책으로 묶었지만, 그 안에서는 필기·시화·패설이라는 세 갈래를 분명히 인식하고 있었던 것이다.

조선전기 필기와 패설은 어찌됐든 당시 문인들이 향유하던 문학의 두 축이었다. 두 장르는 서로 경쟁하기도 했지만, 이는 외형적인 현상일 뿐이다. 교훈과 오락, 긴장과 이완이라는 두 줄기에서 필기와 패설은 상보적 입장에서 공존할 수밖에 없었다. 그리고 이 두 갈래는 조선중후기로 가면서 야담이라는 새 장르의 모태로 작용하기도 한다.

3. 필기·패설의 일탈과 변모

이기(李墍)의 『송와잡설(松窩雜說)』, 윤두수(尹斗壽)의 『오음잡설(梧陰雜說)』, 윤근수(尹根壽)의 『월정만록(月汀漫錄)』, 윤기헌(尹耆獻)의 『장빈거사호찬(長貧居士胡撰)』, 이정형(李廷馨)의 『동각잡기(東閣雜記)』 등을 비롯한 16세기말~17세기초의 필기는 그 전대 양식과 비교해 크게 달라지지 않았다.

그런데 이덕형(李德泂)의 『죽창한화(竹窓閑話)』나 『송도기이(松都記異)』는 전대 필기의 흐름에서 일탈하는 양상을 보인다. 「진이(眞伊) 이야기」처럼 현재의 삶에 바탕을 둔 허구가 개입된 작품이 실리기도 한다. 이는 소설적인 부연을 전제로 한 설정으로, 특정 작품이 필기의 내적 질서에서 일탈하는 양상이라 하겠다. 16세기말~17세기초를 전후하여 이미 필기나 패설은 자기갱신을 통해 일정한 변화를 꾀하고 있었음을 짐작할 수 있다. 하지만 필기와 패설이 본격적으로 변모한 때는 17세기 초중반으로 보는 것이 타당하다.

사화를 네 차례나 겪으면서 정치주역이 훈구파에서 사림파로 바뀌고, 임병 양란에 따라 사회질서가 재편되면서 잡록 역시 현실의 변화를 반영하게 된다. 물론 그 변화가 기존 양식을 한순간에 무너뜨리고, 그 자리를 새로운 양식이 차지하는 방식은 아니다. 서거정이 제시한 기존 장르론은 유지되는 것이 일반적이었다. 하지만 이데올로기의 변화가 새로운 문학형식의 등장을 예고하듯이, 문학사의 흐름 이면에서는 기존 장르론을 유지하려는 경향과 다른 소위 '종합화 현상'이 나타나기 시작한다. 서거정이 세분화한 장르들이 다시 한데 묶인 것이다. 그 양상을 대표하는 작품집이 유몽인(柳夢寅)의 『어우야담(於于野談)』이라 하겠다.

『어우야담』은 전대 잡록의 형태를 따르고 있지만, 그것과는 사뭇 이질적이다. 문학사는 언제나 일직선으로 나아가는 것이 아니며 굴곡의 흐름을 타기도 한다. 전 시대의 문학양식을 거부하고, 전전 시대의 문학양식을 답습하기도 한다. 그렇다고 전대의 문예전통을 그대로 좇는 것이 아니다. 전대 문헌의 구조를 모방하는 것일 뿐이다. 구조의 모방은 비평적인 거리를 필요로 하게 마련이다. 그러므로 이 시기에 전대의 문예전통을 모방하면서 새롭게 종합화된 양식은 전대 잡록과 일정한 차이가 있을 수밖에 없다. 즉 『어우야담』은 전대의 양식을 답습한 게 아니라, 그와 비슷하지만 새로운 문학양식으로 등장한 것이다.

『어우야담』은 전대 문헌을 근간으로 삼고 임병 양란 이후 부쩍 늘어난 지적 호기심을 바탕으로 하여 이수광(李睟光)의 『지봉유설(芝峰類說)』처럼 백과사전적 지식을 드러내기 위한 의도로 지어졌다. 이미

이 시기에는 김육(金堉)의 『유원총보(類苑叢寶)』, 어숙권의 『고사촬요(攷事撮要)』, 류광익(柳光翼)의 『풍암집화(楓巖輯話)』 같은 유서(類書)들이 속속 등장하면서 박학에 대한 관심이 일반화되어 있었기 때문이다. 하지만 박학에 대한 관심을 표명하면서도 『어우야담』은 이들과 달리 다분히 '이야기문학'에 경사되어 있다. 이 점은 17세기를 기점으로 우리 문학이 이야기문학으로 경사되었다고 보는 일반적인 논의와도 맥을 같이한다. 『어우야담』은 이러한 흐름을 가장 먼저 보여준 예로 이해해야 하며, 『어우야담』에서부터 전혀 새로운 형태의 잡록이 출현했다고 볼 수는 없다. 그렇다 하더라도 『어우야담』이 후대 야담이라는 갈래를 창출하는 기폭제가 되었다는 점만은 부정할 수 없다.

이처럼 서거정이 분류한 갈래들은 네 차례 사화와 두 차례 전쟁을 통해 새로이 변모하기 시작했다. 그 핵심은 이야기문학으로의 지향이다. 실제로 정태제(鄭泰齊)의 『국당배어(菊堂俳語)』, 정재륜(鄭載崙)의 『공사견문록(公私見聞錄)』, 박량한(朴亮漢)의 『매옹한록(梅翁閑錄)』 등은 필기의 문예전통 아래에서 한층 더 이야기적인 문학 형태를 지향한 작품집이다. 반면 편자를 알 수 없는 『이야기책(利野耆冊)』이라든가 부묵자(副墨子)의 『파수록(破睡錄)』 등은 패설의 문예전통 아래서 새 이야기문학을 탐색해나간 예이다. 이러한 도정에서 야담이라는 새로운 갈래가 탄생한다. 야담은 당시 조선사회의 다양한 외적 움직임과 이야기문학을 지향하는 필기·패설의 움직임을 적극적으로 수용한 장르로, 소설과 함께 조선후기 이야기문학을 주도하는 하나의 갈래로 자리잡게 된다.

∶ 김준형 ∶

● 더 읽을거리

필기·패설에 대한 논의는 용어를 무엇으로 할 것인가에 대한 물음부터 제기된다. '보고 들은 것을 기록한 것' '잡다한 기록' '붓 가는 대로 기술한 것'을 무엇이라 불러야 하는가에 대해 조선조 어숙권(魚叔權)이나 이수광(李睟光) 등은 '소설(小說)'이라 명명했다. 이때의 '소설'은 비정통 한문학을 총칭하는 것으로, 그 성격은 잡사를 서술하고, 이문(異聞)을 기록하고, 쇄설(瑣說)을 철집(綴輯)한 것으로 이해할 수 있다. 그런데 '소설'이란 용어는 근대적 의미인 소설(novel)과 겹친다. 예전에 쓰던 '소설'을 오늘날에도 그대로 쓰기에는 혼선이 있을 수밖에 없었다. 따라서 국문학 초기 연구자부터 '소설'을 대신할 다른 용어를 찾았다. 그에 따라 제기된 용어가 '패관문학(稗官文學)'(김태준·주왕산·신기형), '설화문학(說話文學)'(조윤제), '필기소설(筆記小說)'(김사엽), '잡기문학(雜記文學)'(김석하), '노변한담류(爐邊閑談類)'(이수봉), '만록(漫錄)'(최신호), '수필(隨筆)'(김건곤), '필기(筆記)'(이래종·김정숙), '패설(稗說)'(조선민주주의인민공화국 언어문학연구소 문학연구실·심호택), '잡록(雜錄)'(이가원·이강옥) 등이다.

제시한 다양한 용어들의 내포하는 의미가 같다면 어떠한 용어를 써도 문제될 것이 없다. 그러나 어떠한 용어를 쓰는가에 따라 용어가 포괄하는 범위는 물론이고, 작품의 갈래와 문학사를 바라보는 시각까지 달라진다는 점에서 문제의 심각성이 보인다. 이 중 '수필' '필기' '패설' 등은 갈래적인 명칭으로 사용하며, 그 나머지 '잡기' '노변한담류' '만록' '잡록' 등은 단지 보고들은 것을 기록한 저작물을 총칭하는 용어로만 사용하는 경향이 강하다. 이 중 필자가 택한 용어는 '잡록'이다.

'잡록'에는 다양한 성격의 작품과 작품집이 있다. 따라서 잡록에 속한 작품들을 가능한 한 그 특성에 맞게 분류해야 하는 문제가 남는다. 이 물음을 해결하기 위한 기존 연구는 크게 두 방향으로 나뉘어 있었다고 하겠다. 그 하나는 잡록에 속한 작품집을 완전히 해체하여 그 안에 수록된 작품 하나하나를 분류하고, 분류된 작품을 다시 그 작품의 성격에 맞는 갈래로 귀속시켜야 한다는 논의이며, 다른 하나는 개별 작품을 대상으로 할 것이 아니라 작품'집'을 대상으로 갈래를 구분해야 한다는 논의이다.

이강옥 『조선시대 일화 연구』(태학사 1998); 『한국야담연구』(돌베개 2007). 이 논의는 전자의 입장에서 '잡록'을 개별 작품의 복합체로 보는 성향이 강하다.

임형택 「이조 전기의 사대부 문학」, 『한국문학사의 시각』(창작과비평사 1984). 이 주장은 후자의 입장에서 필기는 문인학자의 서재에서 형성된 것으로 사대부의 생활의식을 담고 있고, 패설은 민간에 돌아다니는 가담항설(街談 巷說)을 듣고 기록한 것으로 정의하였다. 임완혁 「조선전기 필기 연구」(성균관대 석사학위논문 1991); 김상조 「계서야담계 연구」(고려대 박사학위논문 1991); 김준형 「야담의 문학적 전통과 독자적 갈래로 변전」, 『고소설연구』 12(한국고소설학회 2001). 이 글들은 임형택의 논지를 확장한 것이다.

이래종 「선초 필기의 전개양상에 관한 연구」(고려대 박사학위논문 1997); 김정숙 「몽유야담 연구」(고려대 석사학위논문 1997); 김준형 「15·16세기 서사문학사에서 갈래간 넘나듦의 양상과 그 의미」『민족문학사연구』 24(민족문학사학회 2004); 『한국패설문학연구』(보고사 2004); 신상필 「필기의 서사화 양상에 관한 연구」(성균관대 박사학위논문 2004). 이 논문들은 앞서 언급한 임형택·이강옥의 글과 함께 초기 필기·패설의 성격 및 전개양상을 살피는 데에 참조할 만하다.

앤드루 플랙스 「중국서사론」, 『이야기 소설 Novel』(예문서원 2001). 이 글은 동양인이 바라보는 서사가 어떠한가에 이해하는 데에 흥미로운 이론을 제시한다.

조선전기 시가문학의 동향 1
악장·서사시·경기체가

1. 조선전기 시가문학의 개관

새 왕조의 건국과 훈민정음(한글)의 창제는 조선전기 문학사를 규정하는 가장 중요한 요인이다. 고려왕조의 멸망과 조선왕조의 건국에 대한 역사적 평가는 관점에 따라 다를 수 있다. 따라서 역성혁명(易姓革命)으로 기존 왕조를 전복한 새 왕조의 주체세력들은 정통성을 확보할 필요성이 절실했다. 조속한 시일 내에 민심을 안정시킬 방안이 필요했던만큼, 문학에서도 이러한 요구를 충족해줄 작품들이 창작된 것은 일견 당연한 귀결이었다. 조선 건국의 정당성을 내세우려는 노력의 일환으로 창작된 문학작품들은 다양하며, 어느 분야보다 시가문학에서 그러한 경향이 두드러졌다.

녜논 양쥬(楊洲)ㅣ 고올히여
디위예 신도형승(新都形勝)이샷다
기국셩왕(開國聖王)이 셩딕(聖代)를 니르어샷다
잣다온뎌 당금경(當今景) 잣다온뎌
셩슈만년(聖壽萬年)ᄒ샤 만민(萬民)의 함락(咸樂)이샷다
아으 다롱다리
알ᄑ 한강슈(漢江水)여 뒤흔 삼각산(三角山)이여
덕듕(德重)ᄒ신 강산(江山) 즈ᄋᆞ메 만셰(萬歲)를 누리쇼셔.

　새 왕조의 도읍으로 터를 잡은 한양의 지세(地勢)를 칭송하고, 대대로 성군이 이어져 왕조가 영원히 지속되기를 기원하는 국문악장인 정도전(鄭道傳)의 「신도가(新都歌)」이다. 『악장가사』에 수록된 이 작품에서는, 우선 '개국성왕이 성대를 이어나갈' 것이라는 건국에 대한 강한 자신감이 느껴진다. 또한 새 왕조의 치세가 만백성과 함께 영원히 지속되라는 희망을 기원하였다. 새 도읍인 한양은 그 경계(디위)가 '신도형승'으로 손색이 없으며, 앞에는 한강이 흐르고 뒤에는 삼각산이 우뚝 솟은 '지금의 모습'(當今景)이 진정 '도성답다'(잣다온뎌)는 자부심도 짙게 배어 있다. 마지막 행에서 덕이 겹친 강산 사이에서 만세를 누리라는 군왕에 대한 축원도 빠뜨리지 않았다. 이 작품의 분위기는 조선 건국 초기의 시가문학을 대표한다고 할 수 있다. 이는 곧 새 왕조를 건설하는 데 앞장섰던 건국주체들의 자부심과 통한다.
　시조와 가사를 제외하면 갈래의 구분이 큰 의미가 없을 정도로, 조선전기 시가문학의 가장 큰 특징은 건국의 합리화와 군주의 칭송이다. 이 시기에 창작된 작품들은 악장(樂章)이나 경기체가, 혹은 서사

시 등의 갈래로 구분하기도 한다. 하지만 많은 작품은 악장으로 사용되었거나, 이를 염두에 두고 창작되었다. 작품들이 공유하는 궁중악가(宮中樂歌)라는 특수한 성격이 강하기 때문에, 이들을 모두 악장이라는 갈래로 인정하는 관행이 통용되고 있다. 북한의 문학사에서는 이러한 작품들을 '송가체 시가'라고 부르며, 송가체 시가의 창작은 주로 조선 건국에 공로가 있는 '개국공신'이 주도했다고 서술한다. 악장은 나라의 공식행사에 쓰이는 노래의 가사를 일컫는데, 우리 문학사에서는 흔히 조선초기의 특정한 시가들에 붙인 갈래(장르)의 명칭으로 사용한다. 구체적으로 조선왕조의 창업과 번영을 송축하기 위해 15세기에 주로 만들어진 궁중악가를 가리킨다.

1446년 훈민정음의 창제와 반포는 우리 문학사에서 매우 중요한 의미가 있다. 그것은 언어학 원리에 따라 체계적으로 관계를 맺는 자음과 모음으로 이루어진 새로운 문자였다. 임금인 세종이 중심이 되어 집현전 학사들과 더불어 만든 훈민정음은 당대의 민중들을 위한 문자라고 할 수 있다. 세종은 훈민정음 창제 이후에 그것을 보급하기 위해 많은 힘을 기울였는데, 이는 「용비어천가」와 「월인천강지곡」 같은 서사시의 창작과 각종 서적의 언해(諺解) 사업으로 이어졌다. 언해란 한문을 우리말로 번역하는 것을 뜻하니, 각종 서적의 언해는 언어생활의 형성과 발전에 중요한 의의가 있다고 할 수 있다. 특히 세조는 당시 유신(儒臣)들의 반대를 무릅쓰고 각종 불교경전의 언해를 강행했으며, 성종대에는 유학의 경전과 함께 각종 서적의 언해사업을 계속 추진했다. 또한 당대의 음악문화를 정리한 각종 악보(樂譜)와 악서(樂書)의 편찬도 비교적 활발하게 진행되었다.

고려후기에 생겨난 경기체가 역시 조선전기에 이르러 본격 창작되었다. 현재까지 확인된 경기체가 작품은 모두 25수인데, 고려시대에 창작된 3수를 제외하면 22수가 조선시대에 지어졌다. 이들 중 몇몇 작품들은 실제 악장으로 사용되었다. 경기체가는 형식이 매우 까다롭기에 다른 갈래의 작품들과 분명히 구별된다. 물론 악장으로 사용된 작품들 이외에도, 불교 승려나 사대부들이 창작한 작품들도 있다. 왕조의 기반이 어느정도 안정되어가던 16세기 이후에는 개인의 서정을 노래한 작품들도 창작되었다. 하지만 경기체가는 그 형식의 엄격성으로 인해, 조선전기가 지나면서 현저히 쇠퇴하였다.

2. 예악의 정비와 악장의 효용

새 왕조의 개창으로 예악(禮樂)의 정비는 시급한 일이 되었고, 궁중의 각종 제례에 소용될 새 악장을 창작하는 작업 역시 그러했다. 그리하여 태조는 왕위에 오른 직후 관제를 정비하면서 예악을 관장하는 부서를 두었고, 개국공신 정도전이 그 일을 맡았다. 악장은 궁중 제례와 연회에 사용되는 악가이기에, 당시 창작된 작품들은 대체로 왕조의 존엄성을 예찬하고 숭고한 정치이상의 실현을 강조하였다. 그래서 악장에서는 전반적으로 이념성과 교훈성이 강하게 드러난다.

작품 창작의 목적과 궁중 연향(宴享)에 소용되는 기능을 제외한다면, 악장이 과연 독자적인 문학의 갈래로 인정받을 수 있는가에 대해서는 논란의 여지가 있다. 하지만 악장은 조선전기의 정치상황을 잘 반영하고 있는 '정치문학'이기에, 작품들을 '정치적'으로 읽어야만 한다. 예컨대 대부분의 악장류 작품들이 상투적인 왕조의 찬양과 송축의 노래들임에 분명하지만, 조선을 이끈 또다른 축인 개국공신들과 중신(重臣)집단의 정치의식이 반영되어 있기 때문이다.

성인께서 천명받아 용을 타고 나시니	聖人受命乘龍飛
많은 선비 앞다투어 구름처럼 따랐네	多士競起如雲從
지혜와 힘을 모아 그 공을 이루었네	聘謀效力咸厥功
산하로써 맹서하여 변함없기를 약속했네	誓以山河保始終
공신들 보살피심을 신하들이 보았노니	保功臣 臣所見
우리 임금 성덕이 무궁토록 이어지리	我后之德垂無窮

정도전이 1393년에 지은 악장 「문덕곡(文德曲)」 중의 '보공신(保功臣)'장이다. 「문덕곡」은 모두 4장(章)으로 구성되어 있는데, 각각 '개언로(開言路)' '보공신' '정경계(正經界)' '정예악(定禮樂)'이란 제목이 붙었다. 장차 군주로서 추구해야 할 과제를 제시한 것으로, 제목에서 확인할 수 있듯 군주의 문덕(文德)을 강조하고 있다. 특히 '보공신' 장에서는 조선왕조의 건국이 태조의 천명과 함께 '구름처럼 따르는 많은 선비들의 지혜와 힘'이 있었기에 가능했다고 말한다. 즉 창업 군주와 개국공신들 사이에는 '시종(始終) 산하로써 맹서한' 굳은 약속이 전제되어 있다는 것이다. 이 작품의 앞에는 '언로(言路)'의 중요성을 강조한 '개언로' 장이 있는데, 이 역시 군주가 정치적 판단을 내릴 때 신하들의 의견을 존중해야 한다는 의미가 들어 있다. 그런 의미로 본다면 이 노래는 창업군주의 성덕(聖德)에 대한 예찬과 송도(頌禱)가 주조이지만, 그 이면에는 무조건적인 찬양을 넘어서는 의미

가 함축되어 있다고 볼 수 있다. 이렇듯 악장을 당대의 정치적 상황을 염두에 두고 '정치적으로 해석'할 때, 그 성격과 의미를 새로이 정립할 수 있다.

이 시기 주목할 만한 악장의 작자로는 정도전을 비롯한 개국공신들이다. 정도전은 조선의 건국이념을 드높이고 제도를 정비하는 작업의 하나로 태조의 업적을 찬양하고 새 왕조의 위엄을 내세우는 악장을 짓기도 했다. 그는 태조의 무덕(武德)을 칭송하여 이른바 '무덕곡(武德曲)'이라 통칭되는 「납씨가」 「궁수분」 「정동방곡」을 지었고, 「몽금척」 「수보록」도 창작했다. 특히 국문으로 지은 「신도가」는 한시에 토를 단 형식에서 벗어나 독자적인 영역을 확보한 작품으로 평가된다. 여기에 권근(權近)의 「상대별곡」과 변계량(卞季良)의 「화산별곡」, 윤회(尹淮)의 「봉황음」이나 하륜(河崙)의 「조선성덕가」 등의 작품도 거론할 수 있다.

대체로 조선전기의 악장 창작은 성종대까지 이어졌으나, 이후에는 아주 드물게 창작되었다. 이는 국가적 제례와 궁중연회에 사용되는 악가는 고정되어 있어서 새 노래가 지속적으로 창작될 필요성이 적었기 때문이라고 할 수 있다. 특히 1493년에 편찬된 『악학궤범(樂學軌範)』은 조선시대의 음악전통이 지속되는 동안 전범이 되었고, 여기에 수록된 악장들이 각종 국가적 행사에 사용되었다. 따라서 궁중의식에 소용된 악가였던 악장은 조선후기에 이르기까지 지속적으로 사용되었으며, 새 작품의 창작은 드물었지만 그 효용은 조금도 줄어들지 않았다는 점을 유념해야 할 것이다. 이밖에 『악장가사(樂章歌詞)』와 『시용향악보(時用鄕樂譜)』 등의 악서 편찬도 이같은 문제의식의 연장선상에서 주목할 필요가 있다.

3. 훈민정음의 창제와 서사시의 등장

　훈민정음의 창제는 우리 고유의 문자를 갖게 되었다는 점에서 문화사상 획기적인 의의를 지닌다. 그로 인해 국문시가 발전에 유리한 조건이 조성되었으며, 이에 힘입어 적지않은 작품들이 창작되었다. 따라서 이 시기에 이르면 훈민정음을 표기수단으로 하는 국문문학이 새로이 발전의 계기를 맞는다. 훈민정음이 반포되면서 「용비어천가(龍飛御天歌)」와 「월인천강지곡(月印天江之曲)」등의 서사시들이 새 문자로 맨먼저 창작되었다는 점은 주목할 만하다. 새로이 만든 훈민정음의 실용적 가치를 확인하려는 것이 주된 창작목적이었으며, 이를 통해 우리는 당대 국어의 자세한 면모를 확인할 수 있다는 점에서 이들 작품은 중요한 의미가 있다.

　하지만 「용비어천가」에 대한 문학적 평가는 그리 높지 못하다. 비록 훈민정음으로 지어진 최초의 작품이지만, 태조와 그 조상들의 조선조 창업에 대한 각종 고사(故事)가 지나치게 견강부회되어 있다는 것이 약점으로 지적된다. 최근에는 이 작품이 조선건국을 중국의 고사와 비교함으로써 우리 역사의 가치를 격상했다며 긍정적인 평가를 내리기도 한다. 이러한 견해에 따르면 비교대상을 흔히 거론하는 주나라의 성군들에 제한하지 않고 원나라 태조와 세조로 확장하는 등, 현실감각에 기초한 '진보적 역사관'을 담아냈다는 것이다.

　　해동(海東) 육룡(六龍)이 ᄂᆞᄅᆞ샤 일마다 천복(天福)이시니 고성
　　(古聖)이 동부(同符)ᄒᆞ시니

불휘 기픈 남ᄀᆞᆫ ᄇᆞᄅᆞ매 아니 뮐쎄 곶 됴코 여름 하ᄂᆞ니

ᄉᆡ미 기픈 므른 ᄀᆞ므래 아니 그츨쎄 내히 이러 바ᄅᆞ래 가ᄂᆞ니

천세(千世) 우희 미리 정(定)ᄒᆞ샨 한수북(漢水北)에 누인개국(累仁開國)ᄒᆞ샤 복년(卜年)이 ᄀᆞᆺ업스시니

성신(聖神)이 니ᅀᆞ샤도 경천근민(敬天勤民)ᄒᆞ샤ᅀᅡ 더욱 구드시리이다

님금하 아ᄅᆞ쇼셔 낙수(洛水)예 산행(山行) 가이셔 하나빌 미드니잇가

주지하듯이 「용비어천가」는 1445년 세종이 정인지·권제·안지 등의 집현전 학사들에게 명하여 지은 작품으로, 조선 건국의 합리화가 목적인 전체 125장의 왕조서사시이다. 제1장의 '해동 육룡'은 태조 이성계의 고조부인 목조로부터 익조·도조·환조·태조와 태종에 이르는 6대의 인물을 지칭하며, 이들의 사적이 곧 중국 역대 제왕의 그것과 마치 부절(符節)을 맞춘 듯 일치했다는 내용으로 시작된다. 아울러 이들 여섯 인물의 행적이 하늘의 뜻인 '천복'으로 뒷받침되니 이로써 새 왕조는 정당성을 얻었음을 강조하였다. 이어지는 제2장은 '뿌리 깊은 나무'가 열매를 잘 맺고 '샘이 깊은 물'이 가뭄에도 잘 견뎌내듯이, 조선왕조가 굳건히 자리잡아 영원히 이어지기를 바라는 마음을 담아냈다. 마지막 제125장의 전반부는 새로이 정한 도읍에서 왕조가 영원할 것임을 강조하고, 후반부에서는 국정을 팽개치고 사냥을 나갔다가 폐위당한 중국 하나라 태강(太康)의 고사를 통해 군왕에 대

한 경계를 제시하여 끝을 맺는다.

「용비어천가」의 제1장은 1행으로, 그리고 마지막 제125장은 3행으로 이루어져 있다. 나머지 제2장부터 124장까지는 모두 2행 구조로 되어 있다. 대체로 2행으로 구성된 각 장의 전반부는 중국 역대 제왕의 사적을 제시하고 있으며, 후반부는 이에 비견되는 조선조 창업의 사적을 읊고 있다. 제110장부터 제125장까지는 후일의 군주에게 주는 경계로 채워져 있어서, 작품의 주제를 논할 때 '궁극적으로 찬미보다 오히려 도덕적·정치적 권계(勸戒)에 더 깊은 관심이 있었다'는 해석도 음미할 만하다. 이에 따르면 「용비어천가」 같은 작품들은 왕권을 드높이기 위한 찬가로 창작되었으나, 제작과정에 참여한 당대 사대부층의 정치의식도 반영되어 있다. 이러한 관점에서 조선전기의 악장류 작품들을 읽어낼 때, '상투적이고 공식화된 찬양과 송축의 노래들'이라는 기존 논의에서 한걸음 더 나아갈 수 있을 것이다.

불교서사시인 「월인천강지곡」은 「용비어천가」와 비슷한 시기에 창작되었다. 세종은 부인인 소헌왕후가 1446년에 세상을 떠나자, 고인의 명복을 빌고자 아들 수양대군(세조)으로 하여금 『석보상절(釋譜詳節)』을 국문으로 짓게 하였다. 그리하여 이듬해 7월에 『석보상절』이 완성되자, 그것을 참고로 직접 지은 작품이 바로 「월인천강지곡」이다. 후에 세조가 즉위한 뒤 이 두 작품을 합하여 『월인석보(月印釋譜)』를 간행하였다. 「월인천강지곡」은 모두 3권으로 구성되어 있으나, 현재는 상권만이 전해진다. 상권이 모두 194장으로 이루어져 있으니, 상·중·하권의 전체 분량은 약 580장 규모일 것이다. 다행스러운 것은 『월인석보』 전25권 중에서 20권이 발견되어, 「월인천강지곡」 상권과 현전하는 『월인석보』를 통해서 80여장을 제외한 작품의 개략적인 면모를 확인할 수 있다는 점이다.

 巍巍외巍 셕釋가迦쎵佛 무無량量무無변邊 공功득德을 겁劫겁劫
에 어느 다 술ᄫ리

 셰世존尊ㅅ 일 술ᄫ리니 먼萬리里 외外ㅅ일이시나 눈에 보논가
너기ᅀᆞᄫᆞ쇼셔
 셰世존尊ㅅ말 술ᄫ리니 쳔千지載 쌍上ㅅ말이시나 귀에 듣는가
너기ᅀᆞᄫᆞ쇼셔

작품 전체의 서문 격인 '기일(其一)'에서는 석가모니 부처의 공덕이 헤아릴 수 없이 크고 넓게 미치기에 무한한 세월인 겁겁에 미처 다 말하지 못할 것이라고 한다. '기이(其二)'에서는 석가세존의 행적과 말씀은 만리 밖에서 일어나고 천년 전에 행해졌지만, 마치 지금 눈에 보이는 것처럼 그리고 귀에 들리는 것처럼 여기라고 하였다. 이어 석가세존이 무수한 전생을 살면서 겪은 일들을 하나씩 제시하리라는 것을 알 수 있다. 「월인천강지곡」의 뜻은, 부처가 모든 세상에 모습을 드러내 중생들에게 교화를 베푸는 것이 마치 달이 천 개의 강에 비친 것과 같다는 것이다. 즉 석가세존의 일대기를 서사시로 그려 냄으로써, 많은 사람들에게 교화를 베풀겠다는 의도가 담겨 있다고 하겠다.

 이 작품의 작자에 대해서는 다양한 의견이 제출되어 있으나, 실록 등의 문헌에 "세종어제월인천강지곡(世宗御製月印千江之曲)"이라 명기되어 있어 작자는 세종으로 보는 것이 타당하다. 그동안 석가의 탁

월한 능력과 종교적 승리라는 측면을 주목해 이 작품을 영웅서사시로 보았으나, 석가의 전생을 다룬 중후반부 내용을 함께 고려한다면 오히려 '가족간의 온정과 유대'를 강조한 작품이라는 주장도 제기되었다. 이에 대해서는 앞으로 논의가 활성화될 것으로 보인다.

4. 경기체가의 지속과 쇠퇴

경기체가는 고려후기에 생겨났으나, 현전하는 대부분의 작품이 조선전기에 창작되어 이 시기의 특징적인 문학갈래가 되었다. 고려후기 한림제유(翰林諸儒)가 지은 「한림별곡」으로부터 조선후기 민규(閔圭)의 「충효가」(1860)에 이르기까지 경기체가 양식은 대단히 오래 존속했지만, 현재까지 전하는 작품은 모두 25수에 불과하다. 또한 권호문(權好文, 1532~87)의 「독락팔곡」 이후에는 새 작품이 거의 창작되지 않아 사실상 갈래의 해체를 맞았다고 볼 수 있다.

> 복희신농(伏羲神農) 황제요순(黃帝堯舜)
> 〔재창(再唱)〕
> 위(偉) 계천입극(繼天立極) 경기하여(景幾何如)
>
> 하토망망(下土茫茫)커놀 상제시우(上帝是憂)ᄒ샤
> 우정대인(玗頂大人)을 수사(洙泗) 우희 ᄂ리오시니
> 위(偉) 만고연원(萬古淵源)이 그츨 뉘 업ᄉ샷다

삼한천만고(三韓千萬古)애 진유(眞儒)를 느리오시니 소백(小白)이 여산(廬山)이오 죽계(竹溪)이 염수(濂水)로다
　　홍학위도(興學衛道)는 소분(小分)네 이리어니와 존례회암(尊禮晦庵)이 그 공(功)이 크샷다
　　위(偉) 오도동래(吾道東來) 경기하여(景幾何如)

　흔히 주세붕(周世鵬)의 경기체가는 형식적 측면에서 장르의 해체 과정을 잘 보여주는 작품들로 평가받는다. 전체 9장으로 된 이「도동곡(道東曲)」은 중국 역대 유교 전승의 유래, 그것을 우리나라에 전한 안향(安珦)의 업적과 덕성에 대한 찬양이 주된 내용이다. 우선 형식면에서 경기체가의 정격에서 현저히 이탈했음을 볼 수 있다. 각 장의 말미에 '위 ○○ 경기하여'라는 구절이 경기체가임을 알 수 있는 표지인데, 4개 장을 제외한 작품들에서는 '경기하여'라는 구절조차 보이지 않는다. 또한 정격의 작품들에서 보이는 전대절과 후소절의 구분이 없이 한 장으로만 이루어졌고, 각 장의 음절수도 매우 다양하게 나타난다. 제1장에서는 복희·신농 씨와 황제·요·순으로 이어지는 유학의 도통을, 제4장에서는 역시 공자로 인해 유학의 흐름이 지속될 수 있었음을 밝힌다. 마지막 제9장에서는 유학의 도통이 우리나라에까지 전수되었으며, 특히 안향에 의해 전래된 이래 계승되고 있다는 사실을 강조하면서 마무리하였다. 즉 주자가 머물던 '여산'과 '염수'를 안향의 고향인 '소백산'과 '죽계'에 비겨 설명하고 있는데, 이는 안향을 높이기 위한 수사적 장치이지만, 다른 한편으로는 주세붕 자신이 그곳에 백운동서원을 세운 사실을 암시하는 것이다.
　이처럼 조선시대에 새로이 창작된 경기체가 작품들은 정도의 차이

는 있지만, 정격에서 이탈한 모습을 보이고 내용도 매우 다채롭다. 악장의 성격을 지닌 것에서 사대부 개인의 서정을 노래한 작품들, 그리고 승려들이 지은 작품들에 이르기까지 내용과 작자층에서 다양한 양상이 나타난 것이다. 역설적으로 갈래내에서의 다양한 실험들이 오히려 경기체가의 갈래 해체를 촉진했다는 평가를 받기도 한다. 그러므로 경기체가는 그 형식면에서도 한시에서 국문시가로 넘어가는 과도기적인 모습을 보여준다 하겠다.

5. 시가 갈래의 단절 혹은 지속

고려후기와 조선 건국 초기의 격변기를 지나 조선왕조의 지배질서가 확립되면서 문화적으로도 점차 안정된 분위기가 형성되기 시작했다. 건국 초기 시가문학은 주요하게는 정치적 질서를 재편하는 과정에서 왕조의 기틀을 견고하게 하기 위한 수단이었다고 볼 수 있다. 시조와 가사를 제외한 시가 갈래들에서 보이는 이러한 특성은 당대의 문화적 분위기를 반영하고 있다. 그러나 왕조의 기틀이 안정되면서 차츰 사대부들의 개인 정서를 반영한 작품들도 출현하였다. 이 역시 당대의 시대적 변화에 따른 자연스런 문학적 흐름이라고 평가할 수 있다. 하지만 각 갈래들의 한계 또한 비교적 명확히 드러났고, 이에 따라 이후 시가문학의 주도적인 흐름은 자연스럽게 시조와 가사로 옮겨갈 수밖에 없었던 것이다.

이 시기의 시가 갈래 중에서 악장은 궁중악가라는 기능 때문에 존재했다. 반면 경기체가의 생명은 그 엄격한 형식이었다. 그러나 악장은 궁중악가로서 효용성에 근거하여 조선후기까지 지속적으로 향유되었으나, 경기체가는 새로운 문학 갈래들에 그 역할을 내주고 문학사에서 자취를 감추었다. 경기체가의 쇠퇴는 어찌 보면 갈래의 본질에 내재한 폐쇄성의 당연한 귀결로 평가되기도 한다. 그 형태상의 특징에서뿐만 아니라, 작품에 수용되는 체험의 성격에서도 완강한 규범의 틀을 강요함으로써 가능성을 엄격히 제한한 양식이었던 것이다. 그리하여 엄격한 형식과 표현이 점차 이완되면서 필연적으로 해체의 길을 밟을 수밖에 없었던 것이다.

비록 문학사에서 자취를 감추었다고 하지만, 당대 역사에서 실재했던 다양한 문학양식들은 그 나름의 존재 의의를 지니고 있다. 따라서 '예악'이 중시되던 중세적 질서 속에서 악장이라는 갈래는 반드시 필요했고, 전과는 달리 주체적인 작품을 새로이 창작했다는 사실은 주목할 필요가 있다. 그런 의미에서 이제는 악장이 지닌 문학사적 위상을 고려하면서, 이 시기 다양한 문학작품들에 대한 연구도 다각적으로 진행되어야 할 것이다.

: 김용찬 :

● 더 읽을거리

조선전기 악장에 대한 연구는 조규익의「선초 악장의 국문학적 위상」, 국어국문학회 엮음『고려가요·악장 연구』(태학사 1997);『조선조 악장의 문예미학』(민속원 2005) 등에서 그 성격을 전반적으로 다루었다. 김영수의「정도전 악장문학 연구」,『동양학』34(단국대 동양학연구소 2003)에서는 정도전의 악장문학을 전반적으로 다루었고, 악장을 당대의 왕권과 신권의 견제라는 측면에서 다룬 김홍규의「선초 악장의 천명론적 상상력과 정치 의식」, 한국시가학회 엮음『시가사와 예술사의 관련 양상』(보고사 2000)에서는 악장 연구에 대한 새로운 시각을 보여주고 있다.

왕조서사시인「용비어천가」에 대해서는 장덕순「왕조서사시로서의 용비어천가」, 조동일 외『한국문학연구입문』(지식산업사 1982); 성기옥「〈용비어천가〉의 구조와 서사성」,『고려가요·악장 연구』(태학사 1997); 김문기「〈용비어천가〉의 구조」, 김학성 외『신편 고전시가론』(새문사 2002) 등의 논의를 참고할 수 있으며, 심경호의「〈용비어천가〉소론」, 편집부 엮음『한국고전시가작품론』(집문당 1992)에서는 그것을 새롭게 읽어내려는 시도를 확인할 수 있다.

「월인천강지곡」에 대해서는 사재동「월인천강지곡의 불교서사시적 국면」, 조동일 외『한국문학연구입문』(지식산업사 1982); 조흥욱「〈월인천강지곡〉의 형식에 대한 소론」,『한국고전시가작품론』(집문당 1992); 조규익『『월인천강지곡』의 사건 전개 양상과 장르적 성격」,『어문연구』46(어문연구학회 2004) 등이 있으며, 특히『월인석보』에 수록된 작품까지 포괄하여 연구한 김승우의「〈월인천강지곡〉의 주제와 형상화 방식」(고려대 석사학위논문 2006)도 참고할 수 있다.

경기체가에 대해서는 그 장르적 성격을 논한 조동일「경기체가의 장르적 성격」,『학술원논문집』15(학술원 1976); 김홍규「장르론의 전망과 경기체가」,『욕망과 형식의 시학』(태학사 1999) 등을 들 수 있으며, 작품세계와 문학사적 성격을 논한 연구로는 성호경「경기체가의 구조 연구」(서울대 석사학위논문 1980); 김문기「경기체가의 종합적 고찰」, 한국시가학회『한국시가연구』(형설출판사 1981); 박경주『경기체가연구』(이회문화사 1996) 등을 참고할 만하다.

조선전기 시가문학의 동향 2
시조·가사

1. 조선전기 국문시가의 기본적 성격

시조(時調)와 가사(歌辭)가 언제 생겨났는가와 관련해서는 고려말 발생설과 조선전기 발생설이 대립하고 있다. 하지만 이들 장르의 발생시기가 고려말이라 하더라도 그것이 본격적으로 융성하게 된 것은 조선시대에 들어와서의 일이라는 데 이견이 없다.

시조는 4음보격 3행시라는 간결한 형식 속에 시적화자의 절제된 감정과 담백한 미의식을 담아내는 서정양식이다. 반면 가사는 4음보격 연속체의 율문(律文)이라는 형태적 요건만 갖추면 무엇이든 노래할 수 있는 열린 양식이다. 따라서 시조와 가사는 각각 단가(短歌)와 장가(長歌)를 대표하는 양식으로 자리잡아 조선시대 내내 상보적 관계를 유지한 채 발전을 거듭할 수 있었다.

조선전기 국문시가는 사대부층을 중심으로 발달하였다. 따라서 조선전기 시조와 가사는 사대부의 삶과 밀접한 관련이 있다. 사대부란 벼슬에 몸담지 않은 상태의 선비를 가리키는 사(士)와 벼슬에 몸담고 있는 관료를 가리키는 대부(大夫)의 합성어로서, 사대부의 삶은 처사적(處士的) 삶과 관인적(官人的) 삶의 양면을 지녔다. 이중 국문시가의 창작과 관련하여 좀더 중요한 의미를 갖는 것은 처사적 삶이라 할 수 있다. 조선전기 국문시가의 중심을 차지하고 있는 강호시가(江湖詩歌) 계열의 작품들이 벼슬에서 물러나 강호자연에 은거한 상태에서 창작된 것이기 때문이다. 그렇다고 하여 관인적 삶과 관계된 작품이 전혀 없는 것은 아니다. 오륜가, 기행가사 또는 견문가사 등은 작가가 지방 행정관료로 있으면서 창작한 것들이 대부분이기 때문에 이들 작품은 관인적 삶과 나름대로 연관을 맺고 있다고 할 수 있다.

한편 조선전기 사대부시가 가운데는 작가의 내적 궁핍을 토로한 작품들이 있다. 벼슬길에 나아갈 수 있는 길이 차단된 지방 하층사족의 작품이나, 벼슬길에 몸담고 있다가 정치적 사건에 연루되어 귀양을 가게 된 유배자의 작품이 이에 해당한다. 이 계열의 작품들은 벼슬길에 몸담고 있지 않은 작가가 지었다는 점에서는 산림처사의 작품과 겹치지만, 산림처사의 작품이 심성 수양과 학문 도야를 위주로 한 사대부의 생활을 다루고 있는 데 비해 이들 작품에서는 작가의 현실적 고민을 드러낸 작품이 중심을 이룬다는 점에서 차별성이 두드러진다.

이에 따라 조선전기 사대부시가는 처사적 삶을 형상화한 작품들, 관인의 책무와 관계된 작품들, 주체의 내적 궁핍을 토로한 작품들로 나눌 수 있다. 여기에 기녀들이 사대부와의 예술적 교류 속에서 겪은 체험과 감정을 노래한 기녀시조, 사대부 부녀자로서 겪어야 했던 아픔을 토로한 규방가사 등 여류문학이 조선전기 국문시가의 또 한 축을 담당하고 있다.

2. 처사적 삶을 형상화한 작품들

조선전기 국문시가는 사대부의 강호시가가 중심을 이루고 있다. 강호시가란 정치 일선에서 물러나 강호에 은거한 사대부가 심성을 기르며 유유자적하는 삶을 노래한 것으로, 강호시조와 강호가사를 포괄하는 개념이다.

조선전기 강호시조를 대표하는 것은 사시가·어부가·육가·구곡가 등 연시조(또는 연작시조)라 할 수 있다. 이 중 조선전기 강호시조의 첫 장을 연 것은 사시가(四時歌)이다. 이에 해당하는 것으로 맹사성(孟思誠)의 「강호사시가(江湖四時歌)」가 있다.

> 강호(江湖)에 봄이 드니 미친 흥(興)이 절로 난다
> 탁료계변(濁醪溪邊)에 금린어(錦鱗魚)ㅣ 안주로다
> 이 몸이 한가(閑暇)히옴도 역군은(亦君恩)이샷다.
> ──맹사성「강호사시가」1장, 진본『청구영언』

맹사성의 「강호사시가」는 개별 화자의 체험적 서정과 무관한 것은 아니지만 본질적으로는 선초 집권사대부의 이상적 세계상을 반영한 측면이 강하다고 할 수 있다. 이 작품은 모든 연이 "강호(江湖)에

이 드니"로 시작하여 "이 몸이 ○○히옴도 역군은(亦君恩)이샷다"로 끝나는 동일한 구조로 되어 있는데, 여기서 주목되는 것은 종장 둘째 음보인 '○○히옴'이다. 각 연의 이 대목을 보면 '한가(閑暇)히옴, 서놀히옴, 소일(消日)히옴, 칩지 아니히옴'으로 모두 해당 계절의 일반적 특성과는 대조되는 자질들로 표현되어 있다. 이를 통해 작가는 자연의 계절과는 동떨어진 풍요로운 삶을 누리고 있음을 강조하며, 나아가 이 모든 것이 군은에 입각한 것임을 노래하고 있다. 결국 맹사성의 「강호사시가」는 시조 형식의 외피를 두르고 있으나 성격상 악장의 흔적이 많이 남아 있는 작품이라 할 수 있다.

어부가(漁父歌)는 사시가의 세계관적 지향과는 사뭇 다른 모습을 보여준다. 어부가는 원래 12장의 장가와 10장의 단가가 존재하였는데, 이 중 시조와 관련이 있는 것은 10장의 단가다. 이 10장의 단가를 5장으로 줄여 개작한 이현보(李賢輔)의 「어부단가(漁父短歌)」는 강호와 현실이라는 두 세계를 둘러싼, 시적 화자의 심리적 긴장과 갈등에 기초하고 있다.

구버는 천심녹수(千尋綠水) 도라보니 만첩청산(萬疊青山)
십장(十丈) 홍진(紅塵)이 언매나 ᄀ렛눈고
강호(江湖)애 월백(月白)ᄒ거든 더욱 무심(無心)ᄒ얘라.
　　　　　　　　　　　　—이현보「어부단가」2장,『농암집』

이 작품은 붉은 먼지로 가득한 외부세계와 완전히 격절된 별도의 공간에서 무심의 경지로 빠져드는 화자의 모습을 그리고 있다. 따라서 여기에는 아무런 갈등도 존재하지 않는 것처럼 보인다. 그러나 여기서 주목해야 할 것은 화자가 속한 강호의 세계를 극도로 청정한 공간으로 설정함으로써, 강호 저편의 세계인 부패한 정치현실과 지나치게 분리하고자 하는 데서 나타나는 작가의 심리적 기저이다. 청정한 강호와 부패한 현실이라는 이분법적 대립 구도의 밑바탕에는, 비록 부패한 세계지만 유자(儒者)이기에 완전히 버릴 수 없는 정치현실과 연관된 '시름'의 문제가 깔려 있다. 때문에 인세(人世)를 다 잊은 무심의 경지에서 자연경물에 탐닉하는 어부적 삶은 화자가 소망하는 것일 뿐 현실은 아니다. "장안(長安)을 도라보니 북궐(北闕)이 천리(千里)로다/어주(漁舟)에 누어신들 니즌 스치 이시랴"(「어부단가」 5장 초·중장)에 잘 드러나 있듯이 「어부가」의 화자는 현실적 '시름'으로부터 결코 자유로울 수 없다. 그가 할 수 있는 것은 "두어라 내 시름 아니라 제세현(濟世賢)이 업스랴"(「어부단가」 5장 종장)라고 한 것처럼 이 '시름'으로부터 벗어나기 위한 다짐뿐이다.

조선전기 강호시조를 대표하는 연시조 시형은 육가(六歌)라 할 수 있다. 육가는 조선전기 연시조 중 가장 활발히 창작되었으며, 때문에 그 성격 또한 일률적이지 않고 다양하다. 이별(李鼈)의 「장육당육가(藏六堂六歌)」는 시조 원문은 사라지고 6수 중 4수가 한역되어 전하는데, 여기에는 방외인의 현실 부정의식이 노골적으로 표출되어 있다. 화자는 자신의 시대를 "세간구리배(世間求利輩)"가 득실대는 혼탁한 세상으로 규정하고, 공명을 헌신짝 같은 것으로 치부해버리며, 소부·허유와 같은 도가적 은일자의 정신자세를 추구한다. 한편 퇴계 이황(李滉)의 「도산십이곡(陶山十二曲)」은 이별의 「장육당육가」를 창작의 모델로 삼으면서도 내용면에서는 이를 비판하였다. "완세불공(玩世不恭)의 뜻이 있고, 온유돈후(溫柔敦厚)의 실(實)이 결여되어 있다"는 것이 비판의 핵심이다. 이에 따라 그는 '나아감의 길〔出〕'과 '물러남의 길〔處〕'이라는 삶의 두 형태를 모두 긍정하면서 '군자(君子)의 도(道)'를 노래하고 있다.

　　춘풍(春風)에 화만산(花滿山)ᄒ고 추야(秋夜)애 월만대(月滿臺)라
　　사시(四時) 가흥(佳興)ㅣ 사롬과 혼가지라
　　ᄒ믈며 어약연비(魚躍鳶飛) 운영천광(雲影天光)이ᅀ 어늬 그지 이슬고.

——이황「도산십이곡」6장,『도산육곡』판본

이 작품은 전육곡 '언지(言志)'를 마무리하는 장이다. 여기서 듯 '언지' 6수는 도산의 자연과 더불어 자기완성의 꿈을 펼치려는 퇴계 자신의 뜻을 담은 개인적 서정시라 할 수 있다. 반면 '언학(言學)'의 경우 도산의 자연 속에서 교육을 통해 겸선(兼善)의 이상을 실현하려는 꿈을 담은 공적 서정시라 할 수 있다. 이렇듯 '언지'와 '언학'은 시적 성격이나 구체적 표현의 방식에서 차이가 있으나, 둘 모두 '군자(君子)의 도(道)'를 노래한 점에서 공통적이다. '언지'의 인식론적 기저에는 '자연의 도〔天道〕'가 자리하고 있으며, '언학'의 인식론적 기저에는 '인간의 도〔人道〕'가 자리하고 있다. 그러면서 이 둘은 군자가 지향해야 할 도라는 측면에서 통합된다.

　　육가가 활발히 창작된 것과 대조적으로 구곡가(九曲歌)는 이이(李珥)의「고산구곡가(高山九曲歌)」가 창작되었을 뿐이다.

오곡(五曲)은 어드미고 은병(隱屛)이 보기 죠희
수변(水邊) 정사(精舍)는 소쇄(瀟灑)홈도 ㄱ이 업다
이 중(中)에 강학(講學)도 홀연이와 영월음풍(詠月吟風) ㅎ올이라.

——이이「고산구곡가」6장,『해동가요』주씨본

오곡은 율곡 은거생활의 근거지인 은병정사가 자리한 곳이다. 맑고 깨끗함이 한없이 깃든 공간에서「고산구곡가」의 화자가 추구하는 것은 '강학'과 '영월음풍'이다. '강학'과 '영월음풍'은 퇴계가 말한 '언학'과 '언지'의 또다른 표현이라는 점에서 화자의 지향이「도산십이곡」과 겹치는 것을 알 수 있다. 다만「고산구곡가」의 경우 '강학'을 표면에 내세우지 않고 숨기는 수법을 사용했으며, 은거자의 자세를 문제삼기보다는 '상자연(賞自然)'의 생활상을 부각하고 있는 점에서 차이가 있다.

조선전기 가사 역시 사대부의 강호가사가 중심을 이루고 있다. 혼탁한 세속에서 벗어나 자연을 벗 삼으며 살아가는 유자의 모습을 그리고 있다는 점에서 강호가사로 통칭하고 있으나, 자연에 은거한 사대부의 지락(至樂)을 주로 술회하고 있다는 점에서 은일가사(隱逸歌辭)라 부르기도 한다.

이 유형을 처음 시도한 것은 정극인(丁克仁)의「상춘곡(賞春曲)」이다.

홍진(紅塵)에 뭇친 분네 이 내 생애(生涯) 엇더ᄒᆞ고
녯 사룸 풍류(風流)룰 미츨가 못 미츨가

천지간(天地間) 남자(男子) 몸이 날만호 이 하건마는
　　산림(山林)에 뭇쳐 이셔 지락(至樂)을 모롤 것가
　　수간(數間) 모옥(茅屋)을 벽계수(碧溪水) 앎픠 두고
　　송죽(松竹) 울울리(鬱鬱裏)예 풍월주인(風月主人) 되어셔라
　　　　　　　　　　　　　—정극인「상춘곡」,『불우헌집』

「상춘곡」의 서사 부분이다. 조선전기 강호가사는 홍진으로 표상된 속세를 떠난 화자가 자연의 주인이 되어 그 속에서 맛보는 생활체험을 읊은 것이다. 따라서 작품의 서두는 대체로 화자가 누릴 강호 공간을 지정하거나 이를 조성하는 과정으로 시작하는 것이 보통이다. 그런데「상춘곡」의 경우 이런 구체적 과정이 생략된 채 다소 관념적으로 표상된 것이 특징이다. 서사에 이은 본사에서는 작품 제목에 드러난 바와 같이 봄 경치를 완상하며 흥취에 젖어드는 화자의 모습을 그렸다. 그리고 결사에서 화자는 자연귀의를 합리화하면서 빈한한 가운데서도 세속적 욕망을 탐하지 않는 것이 삶의 궁극적 지향임을 밝히고 있다.

　　정극인의「상춘곡」은 송순(宋純)의「면앙정가(俛仰亭歌)」로 이어진다.

　　무등산(无等山) 호 활기 뫼히 동다히로 버더 이셔
　　멀리 쎄쳐 와 제월봉(霽月峯)이 되여거놀
　　무변(無邊) 대야(大野)의 므슴 짐쟉 호노라
　　일곱 구비 홈머 움쳐 므득므득 버러놋 돗
　　가온대 구비는 굼긔 든 늘근 뇽이

선줌을 굿 씨야 머리를 안쳐시니
너르바회 우희
송죽(松竹)을 혜혀고 정자(亭子)를 안쳐시니
구룸 탄 쳥학이 쳔리(千里)를 가리라
두 나릐 버렷는 닷

—송순「면앙졍가」,『잡가』필사본

「면앙졍가」의 서두는 마치 카메라가 이동하듯이 멀리 무등산에서 출발하여 제월봉을 거쳐 정자에 이르는 광대한 자연을 포착해내고 있다. 정자의 위치를 제시하는 과정부터 이렇게 거창하게 시작하고 있는 것은 이 정자의 주인을 부각하려는 것과 연관되어 있다. 따라서 "구룸 탄 쳥학이 쳔리(千里)를 가리라 두 나릐 버렷는 닷"이라 표현된 정자의 모습은 면앙정의 기상임과 동시에 면앙정 주인의 기상을 나타내는 것이기도 하다. 「상춘곡」에서는 나타나지 않은 이런 표현방식은 이후 강호가사의 전형으로 자리잡게 된다. 본사에서도 「면앙졍가」는 봄의 흥취에 국한하지 않고 사시(四時)의 즐거움을 누리느라 겨를이 없는 화자의 모습을 그리고 있다.

정철(鄭澈)의 「성산별곡(星山別曲)」은 계절에 따라 변하는 식영정(息影亭) 주변의 경치와 정자의 주인 김성원의 풍류를 예찬한 작품이다. 이 작품은 「면앙졍가」를 본받았으면서도 식영정 주변의 경치를 선경(仙境)으로, 정자의 주인을 신선으로 묘사하는 등 은일적 기풍이 한층 강화된 면모를 보여준다. 하지만 이런 은일적 삶을 예찬하는 이면에는 이를 동경할 뿐 이 세계에 완전히 동화될 수 없는 화자의 현실적 고민이 내재해 있다. 세상의 온갖 시름을 뒤로한 채 술과 거문

고를 벗하며 손인지 주인인지 분간할 수 없을 정도의 흥취에 빠져드는 모습은, 역설적으로 잊기 어려운 현실에 대한 강한 미련을 드러낸 것으로 볼 수 있다.

3. 관인의 책무와 관계된 작품들

처사적 삶이 수기(修己)와 밀접한 관련이 있다면, 관인적 삶은 경세제민(經世濟民)을 위한 치인(治人)과 밀접한 관련이 있다. 관인의 책무란 성리학 이념에 기초한 왕도정치의 실현을 의미하는바, 이에 관계된 구체적 활동으로 풍속 교화를 위한 윤리의 전파, 민풍(民風)의 관찰 및 선정(善政)의 다짐을 들 수 있다. 오륜가(또는 훈민가)는 전자와, 기행가사 또는 견문가사는 후자와 밀접한 관련을 맺고 있다.

강호시조와 더불어 조선전기 사대부시조의 한 축을 이루고 있는 것이 오륜가 계열의 작품들이다. 오륜가는 국가의 기초단위인 향촌사회를 성리학적 질서로 재편하려는 향촌 교화운동의 일환으로 창작되었다. 이들 오륜가는 지방 행정관료가 창작한 것과 재지사족(在地士族)이 창작한 것으로 대별되는데, 지방 행정관료의 오륜가가 먼저 창작되었고 재지사족의 오륜가가 그 뒤를 이었다.

오륜가의 첫 장을 연 주세붕(周世鵬)의 「오륜가(五倫歌)」는 작가가 황해도 관찰사로 있을 때 지은 것으로, "황해도 풍속이 윤리에 어두워 이 노래를 지어 사람의 대륜(大倫)을 밝히고자 했다"는 서문의 기록을 통해 그 창작의도를 분명히 알 수 있다. 뚜렷한 목적의식을 가지고 창작한 것이기에 관습적 표현을 최대한 활용하여 윤리적 당위성을 강조하는 데 초점을 맞추었다. 주세붕의 「오륜가」는 송순의 「오륜가」를 거쳐 정철의 「훈민가(訓民歌)」로 이어졌다. 정철의 「훈민가」는 작가가 강원도 관찰사로 있을 때 지은 것인데, 여러 모로 주세붕의 「오륜가」와는 구별되는 특성을 보여준다. 애초의 오륜가는 '서시+오륜'의 6수로 구성되는 것이 보통이었다. 그런데 정철의 「훈민가」는 16수로 늘어났다. 이는 사족을 대상으로 한 작품과 농민을 대상으로 한 작품으로 나누고, 가족관계와 사회관계 중 사회관계를 나타내는 작품을 대폭 확장했기 때문이다.

오놀도 다 새거다 호믜 메오 가쟈스라
내 논 다 미여든 네 논 졈 미여 주마
올 길히 뽕 따다가 누에 먹켜 보쟈스라.
— 정철 「훈민가」 13장, 『송강가사』 이선본

「무타농상(無惰農桑)」이라는 소제목이 붙은 이 작품은 농민을 대상으로 농사와 잠업에 힘쓸 것을 권장한 것이다. 사족을 화자로 내세우는 대신 자발적 근면성을 가진 농민을 화자로 내세워 농민 상호간의 협동을 몸소 실천하는 행위를 형상화함으로써 훈민의 대상인 농민들의 자발적 참여를 유도하고 있다.

시조가 오륜가(또는 훈민가)의 형식을 통해 풍속 교화에 치중한 반면, 가사의 경우는 기행가사 또는 견문가사의 형식을 통해 작가가 관리의 입장에서 체험한 사실을 충실히 전달하는 데 훨씬 비중을 두고 있다.

백광홍(白光弘)의 「관서별곡(關西別曲)」은 평안도 병마평사로 부임한 작가가 각 지역을 순시하고 견문한 내용을 읊은 것이다. 하지만 이 작품은 "관서(關西) 명승지(名勝地)예 왕명(王命)으로 보내실새"로 서두를 시작하는 데서 볼 수 있듯이 지방관의 부임지 순시보다는 명승지로서의 관서지방의 경관과 풍속을 예찬하는 데 훨씬 비중을 두고 있다. 반면에 이를 이은 정철의 「관동별곡(關東別曲)」은 "강호(江湖)애 병(病)이 깁퍼 듁님(竹林)의 누엇더니/관동(關東) 팔빅니(八百里)에 방면(方面)을 맛디시니"로 시작한 데서 드러나듯이 목민관으로서의 소임에 충실한 여행자의 모습을 보여준다. 그리하여 금강산과 관동팔경의 빼어난 경치를, 우리말의 묘미를 한껏 살려 표현하면서도 기회 있을 때마다 연군의 정, 우국의 정, 선정을 펴고자 하는 포부 등을 밝히고 있다.

작가가 견문한 내용을 진술한 점에서 기행가사와 상통하지만 명승지의 체험이 아닌, 전란의 체험을 다루고 있다는 점에서 차이가 나는 작품들이 한 흐름을 이루어 창작되기도 했다. 양사준(楊士俊)의 「남정가(南征歌)」, 최현(崔晛)의 「용사음(龍蛇吟)」, 박인로(朴仁老)의 「태평사(太平詞)」 등이 이에 해당하는 것으로, 이들은 각각 을묘왜변·임진왜란·정유재란을 소재로 하여 참전의 체험을 진술하고 무사태평을 기원하는 내용을 담았다.

4. 주체의 내적 궁핍을 토로한 작품들

조선전기 국문시가 가운데는 재지사족이 자신의 처지를 드러낸 작품들과 정치적 사건으로 유배되거나 방축(放逐)당한 사대부의 상황을 담아낸 작품들이 있다. 이들 작품은 산림처사의 의식세계를 기반으로 창작되지 않았다는 점에서 처사적 삶을 형상화한 작품들과 뚜렷이 구별된다.

"때가 되면 벼슬길에 나아가고, 때가 아니면 강호로 물러나는 것"이 사대부의 삶이었지만, 사대부로 태어났다고 해서 반드시 출사의 기회를 얻는 것은 아니었다. 출사의 기회를 얻지 못한 사대부들은 때를 기다리며 산림처사의 본분에 충실하려 하였으나, 개중에는 이에 전념할 수 없는 상황에 봉착한 재지사족들도 생겨나게 되었다. 대체로 한미한 가문에서 태어난 하층사족들로 보이는 이들의 작품에는 사족의 정체성을 위협받는 데서 오는 절박함과 이를 타개할 방법을 찾지 못하는 데 기인한 불안한 심리상태가 주로 표출되어 있다.

박세구(朴世矩)의 「향촌십일가(鄕村十一歌)」는 작품이 남아 있지 않으나 김정국(金正國)의 증시(贈詩)를 통해 내용을 짐작할 수 있는데, 이에 따르면 이 작품은 한거자적(閑居自適)으로 적당히 포장되어 있지만 사실은 벼슬길에 나아가지 못한 재지사족의 자탄을 표출한 것이다. 최학령(崔鶴齡)의 「속문산육가(續文山六歌)」, 정광천(鄭光天)의 「술회가(述懷歌)」와 「병중술회가(病中述懷歌)」 등은 비록 육가의 외피를 두르고 있으나 개인에게 닥친 불행한 사건과 결부된 절절한 내면 토로가 중심을 이루고 있다는 점에서 그 실질에 있어서는 「향촌십일가」의 전통을 잇는 작품들이라 할 수 있다.

    평생(平生)애 민망(悶望)훈 뜰 상제(上帝)씌 묻줍뇌이다
    장원(壯元) 과제을(科第乙) 주논 둣 아수신가
    지금(至今)에 육아인(육莪人)니 되어 가는 길히 어두엥니다.
                  ─ 최학령 「속문산육가」 1절, 『율정선생행록』

최학령의 경우 과거에 장원급제하는 영예를 안았으나 홍패(紅牌)에 글자 한 자가 잘못 쓰인 까닭에 무효처리되고 결국 평생을 초야에 묻혀 지내게 된 억울한 사정을 노래하고 있다. 정광천의 경우는 임진왜란의 발발로 부친을 모시고 구걸하던 상황과 관련이 있다. 「술회가」는 전란을 당한 첫해 겨울의 심경을 표출한 것이며, 「병중술회가」는 그 이듬해 역병을 앓는 부친 곁에서 읊은 것이다.

한편 정치적 사건으로 유배(또는 방축)를 경험한 작가가 유배지(또는 방축지)에서의 생활과 소회를 읊은 작품들은 앞의 작품들과는 다른 상황에서 산출되었으나 작가의 내적 궁핍이 중심을 이루고 있다는 점에서 유사성을 찾을 수 있다. 이에 해당하는 것으로는 유배가사가 대표적이다. 유배가사의 첫 장을 연 것은 조위(曺偉)의 「만분가(萬憤歌)」이다. 이 작품은 무오사화로 순천에 유배된 작가가 유배의 부당함과 원통함을 하소연한 것이다. 유배자의 처지를 천상백옥경(天上白玉京)에서 하계로 추방된 것에 견줌으로써 이후 전개되는 유배가사의 기본적 틀을 마련했다. 정철의 「사미인곡(思美人曲)」과 「속미인곡(續美人曲)」은 「만분가」에서 마련된 유배가사의 장치를 충실히 잇고 있는 작품이다. 그러면서도 이 두 작품은 그 지향 면에서는 「만분가」와 큰 차이를 보이고 있다. 천상백옥경에서 버림받아 하계로 추방된 여인을 화자로 설정하였으면서도, 원통함을 하소연하는 것보다는 애절한 심정으로 임을 그리워하는 데 초점을 두었다. 애절한 심정을 나타내는 방식은 「사미인곡」에서는 사계절의 변화를, 「속미인곡」에서는 두 여인의 문답을 사용하여 각각 다르게 나타냈다. 다음은 「속미인곡」의 한 대목으로, 지난날 임을 가까이 모시던 일을 회상하면서 밤낮으로 걱정하는 화자의 모습이 잘 나타나 있다.

> 츈한(春寒) 고열(苦熱)은 엇디ᄒ야 디내시며
> 츄일(秋日) 동텬(冬天)은 뉘라셔 뫼셧는고
> 조반(粥早飯) 죠셕(朝夕)뫼 녜와 ᄀᆞ티 셰시는가
> 기나긴 밤의 줌은 엇디 자시는고
>
> ─정철 「속미인곡」, 『송강가사』 이선본

 정철은 4편의 가사를 창작하여 작품 수에 있어서는 박인로의 반에도 미치지 못한다. 그러나 그의 가사 4편은 하나같이 이전의 작품을 계승하여 이를 새롭게 재창조하고 있으며, 언어 활용면에서 탁월한 성취를 보여준다. 바로 이런 점 때문에 그는 조선전기 가사문학의 최고봉으로 평가받고 있다.

 5. 여류문학의 성취 : 기녀시조와 규방가사

 조선전기 국문시가는 사대부 남성작가가 주도하였기 때문에 사대부 여성작가가 창작한 규방가사와 기녀들이 창작한 시조는 극히 일부에 지나지 않는다. 하지만 양적으로 소수임에도 기녀시조와 규방가사는 그 작가층의 이질성으로 인해 사대부 남성작가의 국문시가와 확연히 구별되는 독특한 미학을 창출하고 있다는 점에서 중요하다.
 기녀시조에서 중심적 비중을 차지하는 것은 이별의 문제다. 만남과 이별은 누구에게나 일어날 수 있지만 기녀에게는 좀 특별한 의미가 있다. 사대부의 풍류에 참여하여 그들과 예술적 교감을 나눔으로써 사대부의 풍류문화를 한층 풍부하게 하는 데 기여했지만, 사대부와 기녀의 만남은 지속될 수 없는 것이었고, 이별 또한 언제 다시 만날지 기약할 수 없는 것이었다. 그래서 기녀들은 이별의 현장에서 그 안타까움을 토로하기도 하고, 이별 후 언제 돌아올지도 모르는 사람을 마냥 그리워하기도 하였다. 강릉기 홍장(紅粧), 송도기 황진이(黃眞伊), 부안기 계랑(桂娘), 경성기 홍랑(洪娘) 등이 이런 시조를 남긴 기녀들이다. 이 중 양적·질적으로 가장 탁월하여 독보적 경지에 오른 이는 역시 황진이라 할 수 있다.「어져 내 일이야」에서는 이별 후 미처 예상치 못했던 그리움이 주체할 수 없을 정도로 밀려드는 것을 독백체의 쉬운 말로 나타내 공감을 사게 했으며,「동지(冬至)ㅅ둘 기나긴 밤을」에서는 시간을 주관적으로 운용하는 수법을 발휘해 임과 함께하는 시간을 최대한 연장하고 싶다는 욕망을 드러냈다.

규방가사는 허초희(許楚姬, 허난설헌) 또는 허균의 첩 무옥(巫玉)이 지었다는「규원가(閨怨歌, 일명 원부사怨夫詞)」한 편만이 전하지만 사대부 여성의 꿈과 소망, 그리고 이것의 좌절에서 오는 신세 한탄을 솔직히 드러냄으로써 조선후기에 규방가사가 대거 창작될 수 있는 기반을 마련했다는 점에 의미가 있다.

 엇그제 져멋더니 ᄒ마 어이 다 늙거니
 소년행락(小年行樂) 싱각ᄒ니 닐너도 쇽절업다
 늙거야 셜운 말숨 ᄒ쟈 ᄒ니 목이 멘다
  (…)
 열두 째 김도 길샤 셜흔 날 지리(支離)ᄒ다

옥창(玉窓)의 심근 매화(梅花) 몃 번이나 픠여 진고
겨울 밤 추고 츤 제 자최눈 섯거 치니
녀룸 날 길고 길 제 구준비는 므슴 일고
삼촌화류(三春花柳) 호시절(好時節)의 경물(景物)이 시름 일다
ᄀ을 돌 방(房)의 들고 실솔(蟋蟀)이 상(床)의 올 제
긴 한숨 지는 눈믈 쇽졀업시 혬만 만타
아마도 모진 목숨 죽기도 어려올샤

— 난설헌 「규원가」, 『고금가곡』

여기서 보듯 「규원가」는 남편에게 버림받은 상태에서 홀로 규방을 지키는 여인의 한탄과 원망이 중심을 이루고 있는 작품이다.

6. 조선전기 국문시가의 변모양상

임진왜란을 겪은 후 도래한 17세기는 기본적 측면에서 16세기와 동질적인 것으로 파악되고 있으나 세부적으로는 붕당정치로 인해 당쟁이 격화되었고, 사족지배 질서가 강화됨으로써 사족층 내부의 분화가 가속화하였으며, 가부장적 특징이 강화되는 등 많은 변화가 나타났다. 이에 따라 17세기 국문시가 역시 16세기의 틀을 유지하는 가운데 상당한 내적 변화를 모색하고 있었다.

우선 처사적 삶을 형상화한 작품들의 경우 강호시가의 큰 틀은 그대로 유지되고 있으나 내적으로는 주목할 만한 변화가 나타난다. 사시가의 경우 치사한객(致仕閑客)의 낙관주의적 세계상을 드러내면서

도 '강호'가 '전원'으로 바뀌고, 전원의 성격 또한 일상적 생활공간과 분리되지 않은 공간으로 나타나는 변모상을 신계영(辛啓榮)의 「전원사시가(田園四時歌)」를 통해 확인할 수 있다. 어부가의 경우에도 많이 달라진 양상을 보인다. 윤선도(尹善道)의 「어부사시사(漁父四時詞)」는 이현보의 「어부장가」와 「어부단가」를 통합한 형식을 취했으며, 내용 면에서도 시름의 문제가 사라진 것은 아니지만 보길도의 수려한 경관을 바탕으로 한 화자의 고양된 흥취가 중심을 차지하고 있다. 육가의 경우는 「도산십이곡」의 절대적 영향으로 인해 이를 본떴다고 표방하는 작품들이 창작되었는데, 겉으로 내세운 것과는 달리 실질적으로는 17세기 역사상에 밀착된 상태에서 각각의 독자성을 추구하는 방향으로 나아갔다.

한편 강호시조에 비해 강호가사의 변모는 크게 두드러지지 않는 편이다. 양적으로는 16세기보다 훨씬 풍성하게 작품이 창작되었으나 전체적으로 보면 송순의 「면앙정가」와 정철의 「성산별곡」에서 마련된 경향에서 크게 벗어나지 않는다. 그런 가운데 대체적인 방향은 「성산별곡」에서 마련된 은일적 기풍이 더욱 확산되는 추세로 나아가고 있다. 그중 주목되는 것은 임유후(任有後)의 「목동가(牧童歌, 일명 목동문답가)」라 할 수 있다. 이 작품은 문답가의 형식을 통해 입신양명을 추구하는 대장부적 삶과 전원의 흥취를 즐기는 목가적 삶을 함께 제시하고 있어 양자를 모두 긍정하는 듯하지만, 사실은 다음과 같은 목동의 답가에 무게가 실린 것으로 볼 수 있다.

　　장안(長安)이 어듸메오 구룸이 머흐레라
　　산광(山光)이 어두오니 석양(夕陽)이 거의로다

공명을 뉘 아더야 부귀(富貴)을 내 몰내라
되롱이 추혀 입고 통소(洞簫)를 빗기 잡아
쇠동에 외오 타고 행화촌(杏花村)를 향ㅎ노라.
　　　　　　　—임유후「목동가 답가」,『잡가』필사본

　관인의 책무와 관계된 작품들 역시 일정한 변화를 엿볼 수 있다. 오륜가의 경우 임진왜란 이후 혼란스러워진 향촌사회를 안정시키고 사족 내부의 결속을 강화하고자 재지사족에 의해 거듭 창작되었으나, 개인의 경험과 처지가 투영된 작품들이 다수 존재하는 등 원래 오륜가의 기능에서 멀어진 성격을 보여준다. 한편 오륜가가 수행하던 기능은 이휘일(李徽逸)의「전가팔곡(田家八曲)」으로 계승되어 재정립되는 계기를 맞는다. 이휘일은 비록 관직에 나아가지는 않았으나, 사족은 곧 치자(治者)라는 관점에서 치인(治人)의 삶과 관련된 새로운 영역을 개척하고 있다.「전가팔곡」은 비록 전가시조(또는 전원생활시조)의 외피를 두르고 있으나 사실은 사대부의 원풍의식(願豊意識)에 기초하여 창작된, 치인의 삶을 형상화한 작품이라 할 수 있다. 기행가사의 경우 조우인(曺友仁)에게 계승되어「출새곡(出塞曲)」「속관동별곡(續關東別曲)」등이 창작되었으나 정철의「관동별곡」에서 마련된 목민관의 자세는 약화되었으며, 대신 개인적 시름이나 승경 묘사가 비중 있게 다루어지고 있다.
　전기 시가의 변모상과 관련하여 17세기 국문시가에서 가장 주목되는 것은 주체의 내적 궁핍을 토로한 작품들이 대폭 확대되어 나타나는 점이라 할 수 있다. 가사의 경우 박인로의「누항사(陋巷詞)」, 정훈(鄭勳)의「우활가(迂濶歌)」와「탄궁가(嘆窮歌)」가 이런 지향을 보여주는 대표작들이다. 이들 작품에서는 "어리고 우활(迂濶)홀산 이 니 우희 더니 업다"(「누항사」), "엇지 삼긴 몸이 이대도록 우활(迂濶)호고" (「우활가」) 등으로 서두를 시작함으로써 스스로를 어리석고 우활한 존 재로 규정하고 있으며, "하놀이 삼기시믈 일정(一定) 고로 흐련마눈/ 엇지훈 인생(人生)이 이대도록 고초(苦楚)훈고"(「탄궁가」)라 하여 자신 의 인생을 고난 많은 삶으로 파악하고 있다. 이처럼 이들 가사에서 문제삼는 것은 강호에서의 유유자적한 삶이 아니라 가난으로 인해 겪을 수밖에 없는 고통스런 삶이다. 물론 이때의 가난이 현실적 궁핍 을 의미한다고 보기는 어려우며, 사족사회에서 작가가 점하고 있던 곤궁한 처지를 우의적으로 형상한 것으로 봐야 할 것이다. 이들 작품 은 안분지족(安分知足)으로 수렴되는 한계에도 불구하고, 그 과정에 서 사족에게 요구되는 최소한의 정신적 자존마저 훼손시키는 가난의 심각성을 아주 구체적으로 보여준다. 따라서 이를 통해 당대 하층사 족이 감당해야 했던 삶의 무게를 여실히 느낄 수 있다. 박인로와 정 훈은 위의 가사뿐만 아니라 시조를 통해서도 궁핍한 내면을 표출하 고 있는데, 이런 현상은 김득연(金得硏)·강복중(姜復中)·이중경(李 重慶) 등 다수의 재지사족들에게 일정한 경향을 띠고 나타나 주목된 다.

한편 벼슬 경험이 있는 작가가 창작한 작품의 경우에도 17세기 시 조는 다수의 작품이 유배지나 방축지에서 창작되었기 때문에 도학적 긴장과 절제된 미의식이 약화되는 대신 즉물적 인식과 호방한 흥취 가 확대·고양되어 나타나며, 시간에 대한 인식도 영원하고 항구적 인 것으로 인식하기보다 덧없이 흘러가는 유한한 것으로 인식하는 등 16세기 시조와의 차별성이 두드러지는 작품들이 많이 양산되었다. 계축옥사 사건으로 각각 김포와 고양으로 방축되어 지은 신흠(申欽)의 「방옹시여(放翁詩餘)」와 김광욱(金光煜)의 「율리유곡(栗里遺曲)」이 이를 대표하는 작품들이다.

> 노래 삼긴 사롬 시름도 하도 할샤
> 닐러 다 못 닐러 불러나 푸돗던가
> 진실(眞實)로 풀릴 거시면은 나도 불러 보리라.
>
> ─ 신흠 「방옹시여」, 진본 『청구영언』

이 작품은 내면적 갈등을 해소하지 못해 답답해하는 시적화자의 심정을 잘 보여준다. 노래 불러 풀릴 시름이라면 나 또한 그렇게 하겠다고 했는데, 이는 결국 워낙 쌓인 시름이 많아서 그 어떤 노래로도 풀릴 수 없다는 뜻이다. 그래서 신흠은 "술 먹고 노논 일을 나도 왼 줄 알건마논/신릉군(信陵君) 무덤 우희 밧 가논 줄 못 보신가/백년(百年)이 역초초(亦草草)ᄒ니 아니 놀고 엇지ᄒ리"라 하여 덧없는 인생을 술에 의지하여 보내려는 인식마저 보이기도 한다.

: 이상원 :

● 더 읽을거리

조선전기 국문시가에 대한 개별 연구는 중요 논저만 제시하더라도 일일이 열거하기 어려울 정도로 방대하다. 따라서 발생 문제, 시학적 기반, 작가론과 작품론, 자료집으로 나누어 각 분야의 핵심논저 한두 가지씩만 제시하기로 한다.

시조와 가사의 발생 문제에 대해서는 김병국「시조의 발생과 기원」,『관악어문연구』18(서울대 국문과 1993); 정재호「가사문학 생성론」,『민족문화연구』20(고려대 민족문화연구소 1987)이 좋은 참고가 된다.

김학성「시조의 시학적 기반에 관한 연구」,『시조학논총』8(한국시조학회 1992); 최재남「시조의 인식 기반과 미의식의 특성」,『국문학연구』7(2002); 성무경「가사의 존재양식 연구」(성균관대 박사학위논문 1998); 박연호『가사문학 장르론』(다운샘 2003)에서 각각 시조와 가사의 시학적 기반에 대한 심도 있는 논의를 폈다.

작가론으로 한국시조학회 편『고시조작가론』(백산출판사 1986) 및『속 고시조작가론』(백산출판사 1990)이 대표적이며, 작품론으로 백영 정병욱 선생 10주기추모논문집 간행위원회『한국고전시가작품론 2』(집문당 1992)가 있다. 자료집으로 고려대 민족문화연구원에서 펴낸『한국고전문학전집』중 시조1(김대행, 전집1), 시조2(박을수, 전집11), 가사1(최강현, 전집3)에 원문, 주석, 현대어역이 모두 갖추어져 있어 많은 참고가 된다.

그밖에 조선전기 대표적 작가인 송강 정철, 노계 박인로, 고산 윤선도의 작품에 대해서는 정재호·장정수『송강가사』(신구문화사 2006); 김문기 역주『국역 노계집』(역락 1999), 이형대·이상원·이성호·박종우 옮김『국역 고산유고』(소명출판 2004) 등에서 별도의 해제와 주석 작업이 이루어졌다.

16세기말~17세기 전반기 한문학의 새 경향

1. 문화교류 양상의 변모와 문학사적 전변

이수광의 백과전서 『지봉유설(芝峯類說)』에는 세계 50여개국에 대한 정보가 폭넓게 담겨 있다. 이전에는 나올 수 없었을 이 저서의 의미는 지리지식의 확장에 그치지 않는다. '중국이 천하의 중심이며 중화(中華) 이외는 모두 오랑캐(夷)'라는 소위 화이관(華夷觀)에서 탈피해 유연한 세계관이 나왔다는 점이 중요하다.

이러한 인식의 변화는 비단 이수광이라는 선진적 지식인에게만 해당되지 않는다. 명나라에서는 이미 한 세기 전부터 포르뚜갈, 이딸리아 등지의 상인과 선교사들이 활약하며 서양문화를 전파하고 있었다. 말하자면 전지구적으로 이른바 '서세(西勢)의 동점(東漸)'이 진행되던 시점이었다. 더욱이 16세기 말엽 일본의 조선 침략은 여러모로 동아시아의 역사적 전환을 낳은 사건이었다. 전쟁은 추상적이고 간접적인 문화교류를 넘어 사람과 사람이 직접 접촉하고 충돌하는 전면적인 문화적 넘나듦을 야기한다. 기존 질서를 뿌리째 흔드는 인식의 전변이 일어나는 것이다. 결국 이는 현실정치에서도 '이(夷)가 화(華)를 무너뜨리고 대신한' 사건인 청나라의 등장으로 이어진다. 그것도 조선인에게는 병자호란이라는 치욕적인 사건과 함께였다. 이는 주자학적 의리론으로는 받아들이기 힘든 사상적 충격이었다. 요컨대 16,17세기는 지리·정치·사상·문화에 이르는 기존 관념질서가 심각하게 흔들릴 수밖에 없는 문화적 격변의 시대였다.

16세기말에서 17세기 전반기에 이르는 이 시기에, 민족문학의 흐름에서도 중대한 변화가 감지된다. 우선 개인의 삶에 깊이 각인된 전쟁의 체험은 개별 작품의 제재·정서·작가의식 등의 변화로 나타났다. 또 급변하는 국제정세 속에서 절박한 외교적 필요성에 의해, 신분이나 사상과는 별개로 문장력이 탁월한 몇몇 작가가 문단의 주목을 받는 등 작가의 판도에도 변화가 있었다. 나아가 조선 건국 이래 강화되고 내면화된 주자학적 이념이라는 구심력이 세계 인식의 확대와 문화적 격변 가운데 약화되면서 잠재해온 다양한 정신적 욕구들이 발현되었다. 그리하여 시대적 통념을 거부하는 낭만적이고 개성적인 문학정신을 실천하려는 작가들이 나타났다. 여기에 사대부의 분당과 사대부층 내부의 분화, 서얼 출신과 중인층 문인의 활약으로 문학실천의 양상 또한 다양해졌다.

한시와 한문산문은 제재와 표현양식이 대체로 정형화되어 있어 변화의 폭이 크지 않다. 그럼에도 불구하고 16세기말~17세기 전반기는 문학사적 전변이 일어난 때로 특기되어왔다. 조선후기 대다수 비평서에 당시풍(唐詩風)이 새롭게 나타나고 진정한 고문(古文) 작가가 출현한 시기라는 평가를 받는 것이다. 그전에 이미 사화·당쟁 등 정치적 격류 가운데 주자학적 사유의 형식화에 회의를 느끼는 이들이 있었으며, 이들은 인간의 풍부한 정서를 더욱 다양하고 진솔하게 문학적으로 형상화하려 했다. 이러한 움직임을 변화의 일차 원인으로 들 수 있을 것이다. 여기에 주자학적 자기검열이 약화되고 직접적인 인적·물적 교류가 급속히 확대되면서 양명학, 서양학문 등 다양한 분야의 학술문화가 신속히 수용되었다. 그에 따라 개명(開明)된 시야에 새롭게 들어온 명대의 문예관점 역시 일정한 지적·문화적 자극을 주었다. 아울러 다른 나라의 문사들을 직접 만나 교유하는 일이 부쩍 빈번해지면서 우리나라의 이전 문학사를 상대화하고 주체적으로 반성하는 움직임이 강하게 일어났다.

이는 창작방법·전범 설정·문학이념·미의식 등 문학 전반에 적지 않은 전변을 몰고 왔다. 특히 한시의 진정한 아름다움이 무엇인가, 내용 전달을 넘어 산문이 지니는 문예적 가치를 어디에서 찾을 것인가 등의 문학원론에 해당하는 진지한 물음이 본격 제기되면서 문학의 질과 폭이 한결 풍요로워졌다.

2. 당시풍의 확산과 시적 아름다움에 대한 모색

일찍이 임진왜란을 전후한 선조(宣祖) 때를 '목릉성제(穆陵盛際)'라 칭하며 우리나라 한시사의 정점으로 부각하는 견해가 있었다. 최경창·백광훈·이달 등 이른바 삼당파(三唐派) 시인들을 비롯해 임제·차천로·권필·이안눌 등 뛰어난 작가들이 이 시기에 등장했다. 이들의 시가 특별히 높이 평가받는 까닭은 당시를 잘 배워 한시가 지니는 심미적 가치를 극대화했다고 인정되기 때문이다.

이수광은 16세기말 이전의 조선 시단이 송시(宋詩) 일색이었다고 평하면서 이를 당시풍으로 변모시킨 삼당파 시인들의 출현을 특필한 바 있다. 적어도 이수광에게 송시를 배웠는가, 당시를 배웠는가의 구분은 시적 아름다움을 성취했는가 그렇지 못한가에 직결된다. 시적 아름다움을 이루기 위해서는 천부적 자질과 훈련을 갖추어야 할 뿐 아니라, 학식이나 논리로는 이를 수 없는 독특한 시적 직관이 있어야 하는데, 이를 성취한 것이 당시이기 때문이라는 논리이다. 이 시기의 탁월한 비평가 허균(許筠)은 이렇게 설명한다.

시는 송대(宋代)에 이르러 망했다 할 수 있다. 망했다고 하는 것은 시어(詩語)가 아니라 시의 원리가 망했다는 뜻이다. 시의 원리는 있는 대로 거론하고 세세하게 표현하는 데에 있는 것이 아니라, 언어의 한계를 넘어서 지속되는 의미의 풍요로움에 있기 때문이다. 가장 높은 경지의 시는, 주변의 일상을 대상으로 삼으면서도 그로 인한 흥취는 아득히 멀며, 논리의 길에 빠지지 않고 언어의 수단에 매몰되지 않는 것이다. 당대(唐代) 시인들의 시는 이에 가까운 것이 많다. 반면 송대에도 작가가 적지 않았지만 대개 말하려는 의도를 감춤없이 드러내기 좋아하고 전고(典故)를 인용하는 일에 힘쓸 뿐 아니라, 의도적으로 어려운 운자를 쓰고 무리하게 압운함으로써 시의 격조가 상하는데도 전혀 깨닫지 못한다.

―「송오가시초서(宋五家詩鈔序)」,『성소부부고(惺所覆瓿藁)』4

허균은 송대의 한시는 말하려 하는 바를 일일이 다 언급해버림으로써 시다운 맛을 잃어버렸고 전고나 압운 등 형식적 요소에서만 재주를 부리려 했다고 지적한다. 그러면서 시다운 맛이란 언어를 함축적으로 사용함으로써 의미의 층을 두텁게 하고, 아무렇지도 않게 지나치는 사물에서 시적 흥취를 불러일으키는 데 있다고 보았다. 한시가 지닌 아름다움에 대한 이런 견해는 일찍부터 있었지만, 이를 비평 언어로 명시하고 한시사를 보는 기준으로 제시했다는 점에서 적지 않은 의미가 있다. 중요한 것은 그것이 단지 당대와 송대의 시에 대한 평가에 그치지 않고 조선 한시사를 진단하는 실천적 지향으로 제시되었다는 점이다.

　허균은 당대의 조선 시인 가운데 이러한 이론적 지향에 값하는 성취를 이룬 인물 중 하나로 권필(權韠)을 들었다. 지위와 학식이 보잘 것없다고 해서 그의 작품을 낮게 평가하는 일반의 견해에 반박하면서, '천기(天機)를 자유자재로 다루고 조물주에게 속한 창조력을 자기 것으로 구사하는' 권필 시의 성취는 학식의 축적만으로는 도저히 이를 수 없는 것이라고 하였다. 다음은 권필의 「한식(寒食)」이다.

　　제사 끝난 들녘으로 해는 기울고　　　　祭罷原頭日已斜
　　지전 흩날리는 곳에 까마귀 울음소리　　紙錢飜處有啼鴉
　　다들 돌아간 산길 쓸쓸하기만 한데　　　山蹊寂寂人歸去
　　한 그루 팥배꽃에 비는 내리치고　　　　雨打棠梨一樹花

　　　　　　　　　　　　——허균 편 『국조시산(國朝詩刪)』元

허균이 당시와 다름없는 수준이라고 평가한 작품이다. 당시와 송시의 차이를 대별해서 '보여주기'와 '말하기' 혹은 '흥취'와 '의론'으로 일반화하는데, 이 시는 그런 면에서 당시의 특징을 여실히 구현했다. 구체적 상황이나 작가의 내면을 직접 토로하는 표현은 극히 제한되어 있고 시각과 청각을 동원하여 순간의 정황을 낭만적으로 보여준다. 한식날, 어떤 이유에서인지 시적 화자는 사람들 속에 섞이지 못하고 우수에 젖어 있다. 시간 가는 줄 모르고 자기만의 세계에 골똘하다 정신을 차리고 보니 어느새 모두 돌아가버린 들에는 이미 어둠이 깔려 있다. 사람들이 지내고 간 제사의 흔적인 지전이 어지러이 흩날리는 쪽으로 무심히 시선을 돌리는데 문득 까마귀 우는 소리가 들려오고, 다시 외롭게 선 팥배나무꽃이 눈에 들어오는 순간 그 위로 후두둑 빗방울이 듣는다. 범상한 사물들이 시인의 감성을 거치며 깊고 풍성한 의미로 되살아나고, 어디에도 드러내놓지 않은 작가의 속내가 언어의 여백을 진하게 채우고 있어, 짧은 시인데도 여운은 길다.

이렇듯 당시에서 시적 아름다움을 발견하여 그것을 창작을 통해 구현한 사례들은 이 시기 한시의 사적 전변 양상에서 중요한 의미를 갖고 각별히 언급된다. 그러나 한편 진정한 시적 성취가 전범의 설정이나 미적 지향만으로 얻어지는 것은 아니다. 특정한 역사적 현실을 살아낸 인간으로서 작가적 진정성을 담아내는 것이야말로 문학의 생명이라 할 수 있다.

이는 특정 시기에 국한되지 않는 원론에 해당하지만, 이 시기에 출현한 개성적 작가들에게서 더욱 두드러지는 면모이기도 하다. 앞서 간결하고 서정적인 작품을 들어 권필의 시적 성취를 언급했지만,

그의 저항정신과 시적 표현욕구는 「고장안행(古長安行)」「충주석(忠州石)」 등 호방한 장편 거작들로 표출되기도 했다. 그리고 형식적 제약에서 비교적 자유로운 고시(古詩)에 거침없는 현실비판을 담아냈다는 점에서 권필의 치열한 작가적 진정성을 발견할 수 있다. 그는 불우한 처지에서 세상에 영합하지 않는 삶을 살다가 외교적 필요에 의해 오로지 시창작 능력만으로 발탁되었으나, 결국 비판적 시작품이 문제가 되어 죽임을 당하였다. 이 시기의 또다른 개성적 작가 허균과 유몽인 역시 정치적 혼란 가운데 사형으로 인생을 마감한다. 여기에는 물론 각기 다른 정치적 원인들이 맞물려 있기는 하지만, 이들의 출현과 행로가 세계인식의 확대와 문화적 격변 가운데 기존의 주자학적 틀로 수렴될 수 없는 자유로운 문학정신의 발현과 결과라고 생각할 여지는 충분하다. 이 점은 주지적(主知的)이고 사변적인 송시와 달리 주정적(主情的)이고 낭만적인 당시에서 한시양식의 미적 이상을 추구한 것과 더불어 이 시기를 특징짓는 문학사적 풍정이라 하겠다.

3. 문학적 전범에 대한 인식의 변화와 산문의 문예미 추구

문학이란 이념과 실용을 담는 도구라고 생각하는 '문이재도(文以載道)'의 관념은 한문학의 오랜 전통이다. 이는 시보다도 산문에 강하게 요구되어, 그 제재와 표현방식을 일찍부터 제한해왔다. 특히 고려말 주자학의 유입 이후 조선전기에 이르는 시기에는 주로 당송시대의 산문 가운데 유가의 도리를 내용으로 하고, 그것을 효율적으로 전달하는 데 적합한 문체를 추구하였다. 국가의 문서 작성에 요구되는 변려문(騈麗文)이 여전히 중요시되는 가운데 선비들은 과거시험의 관건이 되는 논설류(論說類) 위주의 실용적 산문을 익히는 데 치중하였다. 한유(韓愈)의 문집이 따로 유통되기는 했으나 창작의 전범으로 개별 작가가 거론되는 예는 드물었고, 주로 『고문진보(古文眞寶)』나 『문장궤범(文章軌範)』 등 여러 시대와 작가를 아우른 선집을 따랐다.

그런데 16세기말에 이르러 산문의 미적 특성과 수사(修辭)에 대한 이해가 새로워지고, 창작전범 설정의 문제가 중요하게 논의되는 등 적잖은 변화가 일어난다. 최립, 유몽인, 이정귀, 신흠, 이식, 장유 등 산문으로 이름난 작가들이 대거 등장한 것도 이 시기이다. 후대에 제출된 비평에서도 이 시기를 특별히 지목하여 '비로소 고문(古文)이라는 것이 있음을 알게 된' 산문사의 전변기로 언급한 사례가 많다.

이러한 전변은 기존의 조선 문풍에 대한 비판에서 시작된다. 비판 대상은 대개 과거시험 답안을 염두에 둔 과문체(科文體)와 당송문의 연미(軟美)한 문풍을 배운 관각체(館閣體), 그리고 문예적 고려 없이 내용 전달만을 목적으로 하는 주소어록체(註疏語錄體) 등이었고, 그 대안으로 고문의 구현이 표방되었다. 입각점과 지향은 서로 다르지만, 이러한 비판과 반성을 통해 산문이 본질론 차원에서 탐색되었고 창작풍토 역시 일신되었다.

우선 중요한 것은 전범 대상의 변화이다. 명대 문예를 선진적으로 받아들인 윤근수(尹根壽)를 필두로 선진양한(先秦兩漢)시대의 경서(經書)와 역사서, 제자서(諸子書) 들이 산문 창작의 전범으로 새롭게 부각되었다. 조익(趙翼)은 육경을 비롯한 『좌전』 『사기』 『한서』를 산문 창작의 전범으로 명시했고, 유몽인은 송대의 문장은 하품이 날 정도로 지루하다면서 한유 이후의 당송 산문을 철저히 부정하기에 이르렀다. 이는 중국의 특정 작가에 대한 평가를 넘어서 조선에서 어떻게 산문을 학습해야 하는가에 대한 방법론의 모색으로 이어진다.

유몽인은 중국이 우리나라를 업신여기는 이유는 이름난 문장가들조차 송대 문장을 배우는 데 그치기 때문이라고 지적했다. 임진왜란을 겪으며 조선의 정치적·문화적 실상을 뼈저리게 확인한 그에게, 당시의 산문 풍토는 부정의 대상이었다. 그는 고려말 이색 이래 경서의 구절을 해설하는 주석문체가 보편화되었고, 과거시험을 위해 송대 문장만을 익혔기 때문에 산문이 본래 지녀야 할 기세와 아름다움을 잃어버렸다고 보았다. 그에 의하면 대안은 바로 선진양한의 산문을 전범으로 삼음으로써 산문의 이상을 그 원천에서부터 배우는 것이었다. 이를 위해 유몽인은 『좌전』 『국어』 『전국책』 등을 포함하는 고문선집 『대가문회(大家文會)』를 편찬하기에 이른다. 유몽인에게 전범의 새로운 제시는 당대의 문풍을 혁신하고 산문을 중국과 대등한 수준으로 끌어올리기 위한 적극적 처방이었다.

나아가 산문이 지닌 문예미를 새롭게 인식하고 예술적 긴장이 어린 작품을 추구하는 경향이 뚜렷해졌다. 유몽인이 송대 문장을 폄하한 이유와도 관련되거니와, 이수광의 경우 16세기 중반까지의 작가들은 시에만 공력을 들여 산문에는 뛰어난 작가가 전혀 없었다고까지 평가했다. 조선전기 산문에 대한 평가에는 재론의 여지가 있지만, 16세기말에 이르러 산문에 대한 인식이 획기적으로 변했다는 점은 분명히 확인되는 셈이다. 그 구체적 작법과 성취를 분석적으로 제시하는 비평이론은 김창협(金昌協) 등 두세 세대 뒤의 작가들에 이르러 나타난다. 그러나 시와 구별되는 산문의 미적 영역에 대한 재발견은 확실히 이 시기의 뚜렷한 변화이다.

이러한 각성을 창작으로 실천한 초기 작가로 최립을 들 수 있다. 여기서 그 작품의 성취를 분석하기는 어렵지만, 그의 작품이 당시 산문 풍토에서 매우 독특한 위치에 있다는 평가는 그 자체로 문제적이다. 고문의 문예미를 구현했다는 칭송과 더불어 작위적인 의고문(擬古文)이라는 폄하를 함께 받았던 것이다. 평가가 어떻든 임진왜란의 급박한 상황 가운데 『좌전』 『사기』의 서사법을 구현한 외교문서를 지어내 명나라 문인들에게 인정받을 만한 창작역량을 지닌 인물이 최립 외에 별로 없었다는 사실이 중요하다. 문벌이나 관직, 학문적 성취와는 별개로 산문 창작역량이 중요하게 대두한 실제 이유를 잘 알 수 있는 대목이기 때문이다.

유몽인과 최립에 이어 등장한 서인계 관료문인들인 이정귀, 신흠, 이식, 장유 등은 후대에 한문사대가로 불릴 만큼 산문가로 이름이 높았다. 이전까지 문학으로 이름난 이들이 대개 한시 작가였던 데 비해, 이들에 대한 평가가 산문에 집중되었다는 점은 중요한 변화를 의미한다. 새로운 양식을 시도하거나 혁신적인 내용을 담진 않았으나, 기존 실용적 양식인 주의류(奏議類)·비지류(碑誌類)·기서류(記序類) 등에 문예적 안배와 치밀한 구성이 더해져 후대에 이른바 '고문의 정격(正格)'으로 칭해지는 작품들이 제출되었다.

민족문학사의 관점에서 볼 때, 중국의 특정 고전을 내용과 형식의 전범으로 삼는 고문을 얼마나 잘 구현해내는지 자체가 능사일 수는 없다. 더욱이 한문학은 애초에 우리의 고유한 언어생활과 유리된 것이라는 태생적 한계를 지닌다. 그러나 동아시아의 공동어문학이자 우리 민족의 삶과 생각을 담은 풍성한 문화유산으로서 한문학의 존재의의를 인정한다면, 한문산문의 창작에서 다양한 작법을 자유로이 운용하여 문학적 효과를 배가하고 특정한 미적 이상을 구현하려는 의식이 진전된 것은 그것대로 중요하다. 이러한 보편논리가 이 시기에 각별한 역사성을 지니는 까닭은, 변모한 문화환경 가운데 자국문학을 상대화하고 독자적인 지향을 내세우는 경향이 두드러졌다는 점 때문이다. 이는 한문이라는 공동어문학권 내에서 자기 자리를 추구해가는 민족문학의 일부로서 적지 않은 의미가 있다.

4. 쟁점과 전망

한시의 경우 작가별 연구를 넘어서 제재와 의상(意象), 풍격 등을 중심으로 다양한 횡단과 조합을 시도할 필요가 있으며, 향유 양상이나 창작공간 등에 대한 문화사적 연구의 가능성도 열려 있다. 이 시기 당시풍의 대두와 관련하여 그 심미적 특성을 밝히고 오늘의 독자와 소통할 수 있는 접점을 찾는 연구 역시 더 심도있게 진행되어야 할 것이다. 나아가, 당시풍 내에서의 전범 대상의 변화, 이후 시기의 변모양상에 대한 조명, 그리고 당시와 송시의 대별구도만으로 다 아우를 수 없는 다양한 작가·작품군에 대한 탐색의 여지도 많다.

산문에 대한 연구는 대체로 관련 언급들을 대상으로 한 비평사적 관점에서 이루어졌는데, 실제 작품에 대한 분석이 더 많이 시도되어야 할 것이다. 양식과 장르 문제에 대한 접근이 필요한 이유도 궁극적으로는 개별 작품에 대한 분석방법을 도출하기 위해서이다. 이 시기에만 해당하는 것은 아니지만, 작품에 담긴 현실과 인식을 구명하는 일은 그 작품의 성취를 논하는 데 여전히 중요한 관건이다. 아울러, 순문예작품이라고 할 수 없고 고문의 범주에도 들지 않는 필기 등 기록문학에 대한 문학적 접근, 이두와 조선식 표현을 포함한 조선적 변격산문에 대한 연구, 문집과 선집의 간행과 유통 문제 역시 연구의의와 자료가 풍부한 분야들이다. 작가 연구에서도 서인계에 편중된 연구대상을 더욱 확장할 필요가 있다.

성당시(盛唐詩)나 선진양한고문 등으로 대변되는 문학 전범의 전변 문제가 명대 문예 수용과 어떻게 연관되는지, 고문과 의고문의 개념에 대한 논의 등이 현재 쟁점으로 부각되고 있다. 초기의 일부 연구에서는 내재적 발전만을 지나치게 강조한 나머지 외부문화의 수용을 도외시하는 경향이 없지 않았고, 반면 우리 한문학의 전개를 중국문학의 일방적 수용사로 바라보는 영향사적 시각도 나타났다. 근래 이 분야의 연구가 축적되면서, 명대 문예의 수용양상에 대한 연구가 이 시기 문학사의 실체에 접근하는 데 필요불가결하다는 점에는 다들 동의한다. 다만 그 외적 영향과 주체적 선택의 역학관계를 어떻게 보는가, '조선적' 전개의 요소를 어디에서 찾는가 등의 문제는 여전히 상세한 논의가 필요하다. 이 논의의 진전을 위해서는, 우선 명대 문예의 수용이라는 문제에서 실질적인 영향과 비평적 언급, 작자 자신의 언명과 세간의 평가, 시기에 따른 개인별 변모양상, 전범 설정과 학습방법의 문제, 시에 대한 입장과 산문에 대한 입장의 거리 등이 우선 섬세히 구명되어야 할 것이다. 나아가 관련 언급과 교유의 정황만이 아니라 작품 자체에 대한 연구의 축적을 통해 특성을 공유하는 작가들을 귀납적으로 밝히고, 이를 바탕으로 문학사의 구도를 다시 그려나갈 필요가 있을 것이다.

: 송혁기 :

● 더 읽을거리

이 시기 당시풍의 개념 및 문학사적 전개에 대한 연구는 안병학「삼당파 시세계 연구」(고려대 박사학위논문 1988);「조선중기 唐詩風과 시론의 전개 양상」,『한국문학연구』창간호(고려대 한국문학연구소 2000); 정민『목릉문단과 석주 권필』(태학사 1999); 이종묵『한국 한시의 전통과 문예미』(태학사 2002) 등이 대표적이다.

시학에 대한 초기 연구로 최웅「조선중기의 시학」,『한국고전시학사』(기린원 1988)가 있고, 박수천『지봉유설 문장부의 비평양상 연구』(태학사 1995)가 비평의 구체적 양상을 논했다. 그외 본문에서 언급한 개별 작가에 대한 연구 성과는 상당히 많이 제출되었는데 지면관계상 일일이 거론하지 못한다.

작가별 연구를 넘어서 한시 원론의 차원에서 이 시기 한시의 시적 특질을 논한 예로는 임준철「漢詩 意象論과 조선중기 漢詩意象 연구」(고려대 박사학위논문 2003)를 들 수 있다.

이 시기 산문이론에 주목한 초기 연구로 우응순「조선중기 사대가의 문학론 연구」(고려대 박사학위논문 1990); 박영호「조선중기 고문론 연구」(경북대 박사학위논문 1992) 등이 있고, 근래의 성과로 정우봉「조선후기 산문이론의 전개와 그 성격(I)——16세기 말~17세기 초중반을 중심으로」,『한국문학연구』창간호; 신승훈「16세기 후반~17세기 전반기 문학이론의 다변화 양상——유몽인·이수광·신흠·허균을 중심으로」(고려대 박사학위논문 2004) 등이 있다.

작품을 중심으로 이 시기 산문사의 변모를 조명한 시도가 상대적으로 부족한데, 그 초기 성과로 심경호 「최립의 文章之文論과 古文詞」, 『진단학보』 65(진단학회 1988)가 있고, 신익철 『유몽인 문학 연구』(보고사 1998); 김우정 『최립 산문의 예술경계』(한국학술정보 2006) 등을 대표적 성과로 들 수 있다.

명대 문학과의 관련양상에 대해서는 심경호 『조선시대 한문학과 시경론』 (일지사 1999)에서 폭넓은 문헌학적 고찰이 이루어졌고, 강명관은 「16세기말 17세기초 의고문파의 수용과 진한고문파의 성립」; 「허균과 명대문학」, 『안쪽과 바깥쪽』(소명출판 2007) 등 일련의 연구를 통해 내재적 발전론을 강하게 비판하고 이 시기 문학사 연구의 시각 전환을 제언하였다. 이 문제에 대해 입장을 달리하는 논의로 금동현 「유몽인 산문이론의 구조와 의미」, 『한국 한문학 연구의 새 지평』(소명출판 2005); 김우정 「선조·광해 연간 문풍의 변화와 그 의미──전후칠자 수용 논의의 반성적 고찰을 겸하여」, 『한국한문학연구』 39(한국한문학회 2007); 김대중 「조선후기 한문학 연구와 '중국'이라는 타자」, 『대동문화연구』 60(성균관대 대동문화연구원 2007) 등이 제출되었다.

16, 17세기 소설사의 새로운 면모

1. 주목해야 할 변모양상

우리 소설사는 나말여초에 창작됐을 것이라 추정하는 「최치원(崔致遠)」에서 시작됐다고 보기도 하고, 선초(鮮初) 김시습의 『금오신화』에서 시작됐다고 보기도 한다. 또한 16세기말~17세기초를 소설사의 출발시기로 보는 견해도 있다. 이렇듯 우리 소설사의 출발을 알리는 징표가 무엇이며 그 시기가 언제인가에 대해 서로 다른 견해들이 제기되고 있지만, 17세기에 우리 소설사가 본격적인 단계로 진입했다는 것은 누구나 인정한다. 17세기에 소설사가 크게 변모했다는 것이다.

그렇다면 무엇이 어떻게 변모했다는 것인가? 변모양상으로 우선 주목해야 할 점은 소설의 '언어'이다. 17세기 이전에는 소설 혹은 소설체의 작품을 '한문(漢文)'으로 창작했으나, 17세기에는 '한문'뿐만 아니라 '국문(國文)'도 주요한 소설언어로 자리잡게 되었다. 다음으로 주목할 점은 소설의 '양(量)'이다. 17세기에는 소설 작품의 양이 현저히 증가했을 뿐만 아니라 그 종류(유형, 형태)도 매우 다양해졌다. 작품의 양이 증가한 것은 소설의 길이가 늘어난 것을 의미하기도 하고 소설의 수효가 많아진 것을 의미하기도 한다. 마지막으로 주목할 점은 소설의 '내용'이다. 이전과는 달리 17세기 소설은 작품의 내용으로 현실을 직접적으로, 폭넓게, 비판적으로 담아낸다. 이러한 변모양상은 소설 담당층(작가와 독자)의 기반이 확대되었고, 창작과 향유를 가능하게 하는 소통환경이 변화했음을 의미하는 것이다.

2. 16세기: 변모의 단초 혹은 징후

그렇지만 우리는 이러한 17세기 소설의 변모가 16세기의 서사전통을 디딤돌로 해 이루어졌음을 기억해야 한다. 채수(蔡壽)의 「설공찬전(薛公瓚傳)」은 16세기초에 창작된 전기(傳奇) 작품으로, 16세기가 왜 17세기의 디딤돌인가를 잘 보여준다.

「설공찬전」은 죽은 설공찬의 혼령이 사촌동생의 몸에 드나들면서 그를 병들게 하자, 병을 치유하는 과정에서 혼령과의 대화를 통해 염라왕이 다스리는 저승세계에 대해 알려준다는 이야기이다. 산 자와 죽은 자의 관계를 통해 삶 또는 삶 이후를 환기하는 「설공찬전」의 구성은 신이한 인물과 일상적 인물의 관계를 통해 현실을 성찰하고 초월하는 전기의 문법에 충실하다. 또한 한문으로 창작된 것도 15세기의 『금오신화』와 같은 점이다.

그런데 『금오신화』와 비교해 주목할 점이 있다. 『조선왕조실록』의 기록에 의하면, 「설공찬전」은 원래 한문으로 지어졌는데 한글〔諺語〕로 번역되어 전파되자 사헌부에서는 이를 사람들을 미혹하는 일이라 공박하며 작자인 채수를 교수(絞首)해야 한다고 주청했다. 격렬한 정치적 쟁론을 불러일으킨 이 일은 채수를 파직하고 「설공찬전」을 거두어 불태우는 선에서 마무리되었지만, 한 편의 이야기가 초래한 정치적 파동은 매우 심각한 것이었다. 여기서 우리가 주목할 것은 「설공찬전」이 국문으로 번역되어 전파되었다는 사실이다. 김시습은 『금오신화』를 지은 후 석실(石室)에 감추었다고 한다. 여러 사람에게 읽히기를 꺼린 것이라 짐작된다. 그런데 「설공찬전」은 채수가 이를 지은 지 얼마 되지 않아 바로 국문으로 번역되어 전파되었다. 창작언어는 아니었지만, 여러 사람들이 읽을 수 있는 전파언어로 국문이 이용된 것이다. 소설(체)과 국문의 만남은 16세기초에 이렇게 이루어졌던 것이다.

16세기에 국문이 텍스트 소통에서 중요한 언어수단이었던 사실은 「오륜전전(五倫全傳)」과 「최문헌전(崔文獻傳)」을 통해서도 확인된다. 「오륜전전」은 중국의 백화체 장편희곡인 『오륜전비기(伍倫全備記)』를 윤색·번역한 것으로, 한문본뿐만 아니라 국문본으로도 간행되었다. 「오륜전전」의 서문(1531)에는 항간의 무식한 사람들이 언문〔諺字〕을 익히고 전한다는 내용이 있는데, 이 또한 소설(체)의 이야기가 국문을 통해 전파되고 있었던 사실을 말해준다.

한문본과 국문본이 모두 전해지는 「최문헌전」은, 16세기에 창작된 것은 분명하지만, 그 시기를 명확히 알 수 없는 작품이다. 하지만 여러 측면을 고려해볼 때, 16세기 후반에 국문으로 창작되었거나, 한문으로 창작된 이후 바로 국문으로 번역되었을 개연성이 크다. 16세기 초의「설공찬전」에서부터 16세기 후반의「최문헌전」에 이르기까지 '국문'은 소통의 중요한 수단이었으며, 17세기에 국문이 소설의 언어로 굳건히 자리잡을 수 있었던 것은 이러한 토대가 있었기 때문이다.

언어뿐 아니라 내용의 층위에서도 16세기는 17세기의 디딤돌이었다. 16세기 소설(체)은 전대의『금오신화』에 비해 더 직접적으로 현실비판의식을 드러낸다.

「설공찬전」에서는 혼령을 통해 죽음 이후의 세계인 지옥에 대해 말하면서, 남녀·상하·충신과 역적의 분별을 뒤집는데, 이는 현실 혹은 지배질서에 대한 비판의식을 직접적으로 드러내는 것이다.『금오신화』에서도 현실에 대한 비판의식을 읽어낼 수 있다. 하지만『금오신화』의 비판의식은 성리학적 이상, 그 이념적 질서를 옹호하려는 의식이 간접 표출된 것임에 비해,「설공찬전」의 비판의식은 지배이념이 껴안을 수 없는 일종의 대항의식이 표출된 것이라 할 수 있다. 사헌부에서 채수를 공박하면서 사람들을 미혹한다고 한 것은 이를 두고 한 말이다.

16세기 중엽에 창작된 신광한(申光漢)의『기재기이(企齋記異)』에 수록된 단편 가운데「하생기우전(何生奇遇傳)」은 '권력의 폭압'이라는 현실의 문제를 인물의 서사적 관계 속에서 드러낸다.「하생기우전」은 능력은 있으나 출사(出仕)하지 못하던 하생이 승상의 죽은 딸과 혼인하여 뜻한 바를 현실에서 성취하는 이야기이다. 승상의 자식들은 아버지의 악정(惡政)이 원인이 되어 죽음에 이르는데, 그 가운데 딸은 악정을 일삼던 승상이 덕업(德業)을 쌓아 다시 이승으로 환생하며, 하생은 환생한 승상의 딸과 인연을 맺어 자신의 소망을 이룬다. 부당한 정치질서의 희생자인 한미한 집안 출신의 하생과 가해자인 승상을 교묘히 대비하면서 승상의 개과(改過)와 하생의 소망 성취를 통해 권선징악이란 주제적 의미를 실현하는데, 여기서 승상과 하생의 대립이 서사의 축으로 기능한다.

이에 비해「하생기우전」과 내용상 비슷한『금오신화』의「만복사저포기(萬福寺樗蒲記)」에서는 서사적 대립이 추상화되어 있다. 만복사 외딴 방에서 쓸쓸히 홀로 지내던 양생(梁生)은 귀신 처녀와 만나 인연을 맺었으나 귀신과 산 사람의 만남은 결국 영원한 이별로 귀결된다. 양생·귀신 처녀와 서사적으로 대립하는 것은 추상적인 존재론적 운명으로, 이 운명을 깨달은 양생은 자신의 현실적 욕망을 거두어들인다.「하생기우전」이 만남의 과정을 통해 현실의 욕망을 긍정하고 이 욕망을 둘러싼 현실의 관계를 대립하는 인물을 통해 서사화하고 있다면,「만복사저포기」는 욕망을 초월하면서 현실의 관계를 문제삼지 않는다.

「설공찬전」이나「하생기우전」같은 16세기 소설(체)은, 분명 전대의『금오신화』에 비해 현실에 대한 비판의식을 직접적으로 드러내며, 비판하는 그 현실을 인물들의 서사적 관계 속에서 보여주고 있지만 그 한계 또한 분명하다. 그것은 무엇보다 대립하는 두 주체, 현실적인 것을 욕망하는 주체가 충분히 자립적이지 못하다는 것이다. 현실적으로 자립할 수 없는 허약한 주체이기에, 죽음의 세계에 속한 혼령의 입을 통해 현실의 문제를 드러낼 수밖에 없으며, 죽은 이를 환생시키는 비현실적 방식으로 현실의 문제를 해소했던 것이다. 그 결과 이들 작품들의 비판의식은 부당한 현실을 향해 돌진해 들어가지 못한 채 그 주위를 배회하면서 당위적인 도덕적 교훈을 내세우는 것에 머물 수밖에 없었다.

현실적인 것을 욕망하는 주체와 주체의 욕망이 발현되는 현실적 관계를 서사적으로 탐구하는 소설의 본성, 소설의 소설다움이 제대로 발현되기 위해서는 현실 너머를 향해 열려 있는 욕망의 출구를 닫아야 한다. 그래야만 현실로부터의 초월이, 초월적인 것의 개입이 불가능해지면서 현실이 비로소 현실적으로 그려질 수 있는 것이다.

16세기 후반에 창작된 임제(林悌)의 「수성지(愁城誌)」는 소설의 본성을 제대로 발현하는 본격적인 소설의 역사로 진입하는 징후를 보여주는 작품이다. 「수성지」에서 주인공인 천군(天君)은 자신이 다스리는 영토 안에 만들어진 '수성(愁城)'을 살펴보고는 시름에 잠긴다. 수성에는 역사에 자취를 남긴 수많은 충신·열사·의인 등이 모여 들었는데, 이들은 유교적 이념에 의해 역사적으로 추앙받고는 있지만 불우한 삶을 살았던 자들이다. 이들의 불우가 계속 반복된다는 것은 역사가 천도(天道)를 구현하는 시간이 아님을 의미하는 것으로, 천군은 이를 확인하고 시름에 잠긴 것이다.

이렇게 천군이 시름에 잠기는 것은 그가 이념의 구현을 욕망하기 때문인데, 「수성지」는 천군의 이 욕망을 끝내 좌절시킨다. 『금오신화』에서처럼 현실 너머에 욕망을 실현할 수 있는, 혹은 욕망이 실현된 왕국이 있음을 상상하지도 않으며, 『기재기이』에서처럼 현실 안에 그 왕국을 세우지도 않는다. 욕망의 결핍으로 인해 시름에 빠진 천군이 이 실현 불가능한 욕망에서 벗어날 수 있는 방법은 오로지 술을 마시는 것뿐이다. 「수성지」는 이러한 절망적인 선택을, 가전(假傳)의 전통적 수법을 빌려, 술을 의인화한 국양장군(麴襄將軍)이 수성을 공략하여 함락시키는 것으로 그리고 있다.

「수성지」는 현실이 곧 이념은 아니라고 선언하면서 동시에 현실 너머로 열려 있던 욕망의 출구를 봉쇄했다. 그 결과 이념은 현실 안에서 현실과 길항할 수밖에 없는데, 이는 화해 불가능한 대립 속에 등장하는 진정한 의미의 소설적 주체의 탄생을 예고하는 것이다.

3. 17세기 국문소설: '욕망'과 '이념'의 사이

본격적인 소설사의 출발로서 17세기의 서막을 연 작품은 허균의 『홍길동전(洪吉童傳)』이다. 『홍길동전』은 미천한 서얼(庶孼) 출신이지만 능력이 출중한 주인공인 홍길동의 출세, 그 성공의 기록이다. 홍길동은 대장부로서 입신양명(立身揚名)하려는 자신의 현실적인 욕망을 성취하는데, 그 과정에서 아버지·국왕과 대립한다. 홍길동이 아버지·국왕과 대립하는 이유는 적자(嫡子)와 서자(庶子)를 차별하는 사회제도 때문이다. 그는 사회적 차별에 맞서 싸우면서 차별의 벽을 뛰어넘고자 했던 것이다.

『홍길동전』에서 욕망의 주체인 홍길동의 욕망이 얼마나 현실적인 것인가를 감지해내기란 어려운 일이 아니다. 그뿐만 아니라 홍길동이 구체적인 현실 관계 속에서 자신의 욕망을 실현하고자 분투하는 것을 읽어내는 것 또한 어려운 일이 아니다. 그렇지만 서사의 세계에서 명징하게 그려진 홍길동의 행적은 당시의 사회질서와 제도에 도전하는 반란에 다름 아니다. 『홍길동전』이 '전(傳)'을 작품의 제목에 내세우고 있으나, 그것이 '전'이 아니고 '소설'인 것은 이 때문이다.

'전'의 욕망은 이념에 기초해 있으나, '소설'의 욕망은 이념에 의해 보장될 수 없는, 아니 오히려 이념에 의해 억압되는 현실에 기초해 있는 것이다.

김만중(金萬重)의 『사씨남정기(謝氏南征記)』에서도 이러한 '반란하는 욕망'이 문제시된다. 『사씨남정기』는 유교적 규범에 충실한 사정옥(謝貞玉)이라는 인물과 이에 도전하는 교채란(喬彩鸞)을 대비해 형상화하면서 사정옥의 승리, 곧 이념의 승리를 선언하는 작품이다. 그런데 이념의 승리를 선언하는 과정을 통해 이념에 도전하는, 반란하는 욕망의 정체가 무엇인가를 면밀하게 탐구한다.

사정옥과 교채란의 대립은 다시 말해 처(妻)와 첩(妾)의 대립이다. 이러한 대립의 발단은 정처(正妻)의 지위를 넘보는 교채란의 욕망이다. 처와 첩의 제도적 분별, 그 넘을 수 없는 차별의 장벽을 향해 교채란은 온갖 음모와 술수를 동원해 돌진한다. 교채란이 이러한 목숨을 건 도전을 감행하는 이유는 욕망해서는 안될 것을 욕망하는 기질 때문이기도 하지만, 궁극적인 이유는 처첩 차별이 적서 차별로 이어지는 고통스런 현실의 불평등 때문이었다. 사정옥을 몰아내고 정처의 지위를 차지해야겠다고 결심하는 순간, 교채란은 자신이 낳은 아들이 서자로 차별받는 현실을 떠올렸던 것이다.

17세기초의 작품인 『홍길동전』과 17세기말의 작품인 『사씨남정기』에서 모두 적서차별의 문제가 제기되고 있는 것은 예사롭지 않다. 이는 적서차별, 그러니까 운명적으로 낙인되는 신분으로 인해 발생하는 사회적 불평등이 얼마나 심중한 억압으로 작동하고 있었는가를 여실히 보여주는 것이며, 소설이라는 장르의 본성이 이러한 제도의 억압에 대한 도전적 글쓰기임을 말해주는 것이다.

그렇지만 17세기 소설이 16세기의 서사전통에서 완전히 벗어나 새롭게 탈바꿈한 것은 아니었다. 『홍길동전』에서 홍길동은 율도국의 왕이 됨으로써 자신의 욕망을 달성했다. 하지만 그것은 욕망을 성취하는 홍길동의 능력이 평범함을 넘어선 것만큼이나 초월적인 해결이었다. 「수성지」에서 초월적인 것의 개입을 봉쇄하려 했지만, 완전히 봉쇄된 것은 아니었다. 비록 현실의 연장으로 그려지고는 있으나 홍길동의 왕국인 율도국은 현실의 '조선(朝鮮)'이 아니었으며, 홍길동의 욕망은 현실 너머의 세계에서나 실현될 수 있었던 것이다.

『사씨남정기』에서 교채란의 욕망은 교채란을 처단한 후 새로 맞은 첩인 임씨(林氏)가 낳은 아들들에 의해 실현되었다. 임씨가 낳은 아들들은 서자임에도 불구하고 서자가 오를 수 없는 청요직(淸要職)에 등용되었다. 하지만 그것은 현실의 불평등한 질서를 구축한 이념의 통제를 용납하는 것일 뿐 이념이 구축한 제도를 근본적으로 비판하는 것은 아니었으며, 현실의 질서를 유지하기 위한 일종의 타협이었다. 신광한의 『기재기이』에 대해 그의 제자인 신호(申濩)가 세상에 모범이 될 만하고 명교(名敎)에 보탬이 된다고 옹호한 것이라든가, 김우옹(金宇顒)이 조식(曺植)의 성리학적 이념을 전파하기 위한 목적으로 「천군전(天君傳)」을 창작한 것은 소설을 이념을 담아내는 유용한 그릇으로 인식했기 때문이다. 이를 통해 우리는 16세기에 소설이라는 불온(不穩)한 글쓰기가 어떻게 지배이념과 만나는가를 알 수 있다. 국문으로 창작된 17세기 소설은 불온한 욕망과 그 욕망을 잠재우려는 이념적 교훈을 현실적 맥락에서 절묘하게 배합한 이야기라 할 수 있는데, 『사씨남정기』에서 그 진면목을 볼 수 있는 것이다.

『사씨남정기』에서 한걸음 더 나아가 소설을 이념의 서사로 적극적으로 표방하는 작품이 조성기(趙聖期)의 『창선감의록(彰善感義錄)』
이다. 가문소설(家門小說)의 초기 형태인 이 작품은, 『사씨남정기』와
유사하게 사대부 가문에서 벌어지는 처와 첩의 갈등과 모함을 다루
면서도, 이를 더욱 확장하여 복잡하게 그려내고 있다. 선인(善人)의
수난과 악인(惡人)의 모해를 대비해 그리면서 선인의 승리를 통해 가
문의 질서를 회복해나가는 이야기를 통해 사대부 남성 중심의 이념
적 질서를 옹호하려는 의도를 드러내는 것은 『사씨남정기』와 흡사하
다. 그렇지만 『창선감의록』은 『사씨남정기』에서처럼 '악행(惡行)'의
배면에 잠복한 현실질서의 불합리와 모순을 탐구하지 않는다. 작품
이 전편에 걸쳐 오직 내세우고 있는 것은 일부다처제(一夫多妻制)의
이상적 질서이며, 작가는 이 이상적 질서의 회복을 추구한다.

　김만중의 『구운몽』 또한 일부다처제의 이념적 이상을 그린 작품이
다. 『사씨남정기』나 『창선감의록』이 일부다처제의 조화로운 질서의
균열과 그 회복을 대칭적으로 서사화하면서 갈등과 모함으로 점철되
는 균열상을 비교적 사실적으로 그려냈다면, 『구운몽』은 주인공 양소
유(楊少游)와 결연하는 여덟 부인의 조화로운 관계맺음을 다채롭게
그려나가면서 사대부 남성이 욕망하는 이상적 질서를 낭만적으로 구
현했다. 그러므로 표면적으로 볼 때 『구운몽』 또한 이념의 서사라 할
수 있다. 하지만 『구운몽』에 구현된 이상적 질서에는 현실질서의 불
합리와 모순에 대한 비판적 성찰이 내재되어 있다. 이는 여덟 부인의
조화로운 관계맺음이 현실의 신분질서가 강요하는 위계에 의해 서열
화되지 않는 데서 확인될 뿐만 아니라, 양소유를 중심으로 한 조화로
운 관계가 성진(性眞)의 한바탕 꿈으로 귀결되는 결말의 인상적인 반
전에 의해서도 확인된다. 현실의 불합리한 질서에 대한 부정을 통해

이룩한 삶의 조화가 우리가 추구해야 할 진정한 가치인가를 또다시 회의하게 하는 부정의 부정이, 꿈이라는 서사적 장치를 통해 구현되는 것이다.『구운몽』은 불교적 사유를 바탕으로 낭만적 환상의 수법을 동원해 사대부 남성이 이룩한 현실질서에 근본적인 도전을 한 셈이다.

17세기 국문소설은 대체로 반란하는 욕망을 절대화한『홍길동전』과 욕망을 이념의 울타리에 가두어놓은『창선감의록』사이에서 적당히 자리잡고 욕망과 이념의 길항을 보여주었으며, 길항하는 서사적 관계의 추이를 다채롭게 펼쳐 보이면서 장편화되었던 것이다.

4. 17세기의 한문소설 : 전기소설이 이룩한 성취

국문소설의 창작을 17세기 소설사의 새로운 면모로 먼저 주시했지만, 그렇다고 한문으로 창작된 소설이 구태를 답습하고 있었던 것은 아니다. 한문소설은 한편으로는 16세기 이래의 창작전통을 계승하면서 다른 한편으로는 그 면모를 일신했다.

무엇보다 주목되는 것은 전기소설(傳奇小說) 유형의 작품들이다. 「주생전(周生傳)」「운영전(雲英傳)」「최척전(崔陟傳)」「위경천전(韋敬天傳)」「상사동기(想思洞記)」등이 전대의 애정전기(愛情傳奇)의 전통을 계승한 작품들인데, 16세기말에서 17세기 전반에 대거 창작되고 애독되었다. 전대의 애정전기 작품이 짧은 시간 속에 놓여 있는 인생의 특정한 국면에서 비현실적인 계기를 통해 남녀주인공의 애정을 실현하는 방식이었음에 비해, 17세기 전기소설은 상대적으로 확장된 시간 속에서 현실적인 관계를 통해 애정을 실현하는 방식으로 변모했으며 작품의 분량도 상대적으로 확대되었다.

「주생전」「운영전」「최척전」 같은 대표적인 17세기 애정전기소설은 현실을 살아가는 인간의 모습과 현실의 문제를 더욱 구체적으로 그려냈다. 권필의 「주생전」은 주생(周生)과 배도(俳桃), 주생과 선화(仙花)의 사랑의 얽힘을 서사화한 작품이다. 전대의 애정전기가 두 남녀 주인공의 지고지순한 절대적인 사랑을 그려냈다면, 「주생전」은 주생에 대한 배도의 사랑, 선화에 대한 주생의 사랑을 상대화하여 보여주면서 사랑의 감정에 따르는 질투와 위선 등의 인간적 감정을 그대로 드러낸다. 이러한 현실적 면모는 전기적 '초월'을 허용하지 않는 이야기의 결구를 통해서도 확인할 수 있다.

『금오신화』의 「이생규장전(李生窺墻傳)」에서처럼 「주생전」에서도 최종적인 사랑의 주인공인 주생과 선화는 운명처럼 다가온 전란(戰亂)으로 헤어지게 된다. 「이생규장전」에서는 전란으로 여주인공인 최랑(崔娘)이 죽음에 이르며, 죽은 최랑은 죽음이라는 운명을 넘어 이생 앞에 나타난다. '전란'을 통해 두 사람의 사랑이 얼마나 절대적인 가치를 지닌 것인가를 인상적으로 부조해내고 있으나, 이로 인해 '현실성'은 사라진다. 그렇지만 「주생전」에서의 전란은 두 남녀가 헤어지게 되는 운명적 계기이자 그 자체가 어찌할 수 없는 현실일 뿐이다. 주생은 헤어진 선화를 그리워하여 시름하면서 병약해지지만, 「수성지」의 천군이 욕망의 결핍을 시름하면서도 단지 술을 마시며 이를 달랠 수밖에 없었던 것처럼, 그 현실을 넘어서고자 하는 어떠한 '초월'도 감행하지 않는다. '현실'을 초월하지 않는 「주생전」의 서사세계, 그 현실의 세계에서 그들의 사랑과 위선, 질투와 용서, 그리움이 그려졌던 것이다.

「운영전」은 운영(雲英)과 김진사(金進士)의 운명적인 사랑, 그 사랑의 절대성을 비극적으로 그려내고 있지만, 그 비극적 운명이 현실의 신분적 한계로부터 비롯된 것임을 역설한다. 운영과 김진사의 사랑은 운영의 자결로 끝을 맺는데, 이러한 비극적 결말은 운영이 안평대군(安平大君)의 궁녀였기 때문이었다. 운영과 김진사, 두 남녀는 안평대군이라는 거대한 장벽을 넘어 사랑을 이루려고 노력하지만 결국 좌절한다. 사랑의 장벽인 안평대군은 두 남녀의 사랑을 용납하지 못하는 중세적 이념을 표상하는데, 이런 점에서 「운영전」은 욕망을 억압하는 이념에 도전하는 불온한 서사인 소설의 본성에 충실한 작품이라 말할 수 있다.

조위한(趙緯韓)의 「최척전」은 부부로 맺어진 최척(崔陟)과 옥영(玉英)의 사랑과 이별·재회를 통해 동아시아 전란의 와중에서 고통받고 절망하는 민중의 삶을 그려내면서, 그 고통을 구원할 수 있는 것이 인간애(人間愛)에 기초한 동아시아 민중의 연대(連帶)임을 서사적 전망으로 제시한 작품이다. 「최척전」을 「주생전」이나 「운영전」 같은 애정전기소설이라 하지만, 「최척적」은 애정전기소설의 범주에서 어느정도 벗어나 있는 작품이다. 「최척전」의 전반부는 두 남녀의 사랑과 결혼 이야기이다. 「이생규장전」에서처럼 최척과 옥영은 문벌의 차이에도 불구하고 절대적인 사랑의 힘으로 결혼에 이른다. 하지만 그들은 '전란'으로 이별하게 되는데 이 또한 「이생규장전」이나 「주생전」과 흡사하다. 여기까지는 애정전기의 전통, 그 문법을 충실히 계승하고 있는 또 한 편의 애정전기라 할 만하다. 그런데 「최척전」은 여기서 끝이 아니다. 전란으로 인한 이별 이후 최척은 중국으로, 옥영은 일본으로 가게 된다. 조선·중국·일본, 동아시아 삼국으로 뿔뿔이 흩어진 최척과 옥영 그리고 그 가족들은 파란만장한 역경을 뚫고 조선으로 귀환하여 재회하는데, 이것이 「최척전」의 후반부 이야기이다. 이들이 이별의 상황, 그 역사적 운명을 극복할 수 있었던 것은 사랑의 두 주체인 최척과 옥영의 의지 때문이었지만 그것만으로 가능할 수 있었던 것은 아니다. 중국 명(明)나라 사람 여유문(余有文)과 주우(朱祐), 두홍(杜洪), 일본인 돈우(頓于), 조선 토병 출신의 노호(老胡) 등 여러 동아시아 사람들의 인정(人情)과 도움으로 그들은 재회할 수 있었다. 「최척전」은 '사랑의 서사'를 넘어 '가족의 서사'로 확장되면서 역사가 개인에게 가한 가혹한 고통, 그 현실의 문제를 넘어설 수 있는 전망을 보여주는데, 그것은 바로 '인간애에 기초한 동아시아 민중의 연대'라는 '희망'이었던 것이다.

17세기 애정전기소설이 이룩한 이러한 성취는 18세기말 이옥(李鈺)의 「심생전(沈生傳)」으로 훌륭히 계승되지만, 창작된 작품의 양은 많지 않다. 이러한 양상은 후대로 가면서 작품의 수가 크게 증가하는 국문소설의 흐름과는 대조적인데, 이는 한문으로 씌어진 단편의 전기소설 양식으로는 현실을 총체적으로 담아내기에 부족함이 있었기 때문이다. 「주생전」에서는 욕망의 '주체'를, 「운영전」에서는 주체의 욕망을 억압하는 '대상'을, 「최척전」에서는 억압된 상황에서 벗어날 수 있는 서사적 '전망'을 현실의 지평 위에서 의미있게 드러냈으며, 그것은 그 자체로 매우 훌륭한 소설사적 성취였다. 그렇지만 조선후기로 갈수록 주체와 대상의 서사적 대결 그리고 대결을 넘어서는 서사적 전망을 두루 갖춘 보다 긴 형식에 대한 요구가 커졌으며, 이에 따라 국문 장(중)편소설의 창작은 활발해졌으나 한문 단편소설의 창작은 점차 위축되었다.

5. 주시해야 할 그밖의 면모

16세기에는 국문이 번역어였음을 언급한 바 있는데, 17세기에는 번역어 차원을 넘어 창작언어로 굳건히 자리잡게 되었다. 『홍길동전』이나 『사씨남정기』는 국문으로 창작되었다는 문헌기록이 분명히 남아 있어, 이를 확증할 수 있다. 『사씨남정기』를 창작한 김만중이 국문으로 허다하게 소설을 창작했다는 기록까지 참조하면, 17세기 내내 국문으로 소설이 창작되었을 뿐 아니라 후기로 갈수록 그 양은 점점 더 많아졌음을 짐작할 수 있다.

  소설을 한글로 창작했다는 것은 소설의 작가가 한문을 해독할 수 없는 독자를 의식하기 시작했음을 의미한다. 한문은 상층남성의 문자였으므로, 상층남성이 아닌 상층여성과 서민남성을 의식하고 소설을 창작했던 것이다. 특히 상층여성들은 이 시기 국문소설의 주요 독자였는데, 이는 국문소설이 그 기반을 공고히 하면서 발흥할 수 있었던 중요한 요인이었다.

  17세기 전반기는 한문 단편소설인 전기소설의 시대였다고 말할 수 있다. 전기소설로 분류되는 주요 작품들이 대체로 17세기 전반기에 창작되었을 뿐만 아니라, 『화몽집(花夢集)』(1626)이나 「삼방요로기(三芳要路記)」(1641) 「신독재수택본전기집(愼獨齋手澤本傳奇集)」 등의 소설집에 수록된 작품들이 대체로 전기소설인 점으로 보아, 이 시기에 전기소설이 얼마나 애독되었는가를 여실히 알 수 있다.

전반부는 한문으로 창작된 전기소설이, 후반부는 국문으로 창작된 가정소설 혹은 가문소설이 주류를 이루면서 17세기는 이전 시기의 면모를 일신했으며, 소설사의 새 지평을 열었다. 17세기 소설이 이룩한 뛰어난 성취는 이후 18, 19세기 소설의 남상(濫觴)이 되었으며, 동아시아 소설사를 풍요롭게 하는 데 기여했다. 17세기 소설사의 이러한 성취는 물론 이전 시기에 축적된 서사적 전통을 디딤돌로 해 이루어진 것이다. 그렇지만 명말청초에 창작된 통속염정소설(通俗艶情小說), 재자가인소설(才子佳人小說), 연의소설(演義小說) 등 다양한 중국소설과의 만남이 이러한 성취를 가능케 한 중요한 요인이었던 점 또한 간과할 수 없다. 당시의 소설 작가들은 이전 시기에 축적된 서사전통과 중국소설의 다양한 양식을 창조적으로 계승·수용하면서 17세기를 본격적인 소설사의 단계로 진입시켰던 것이다.

: 김현양 :

● 더 읽을거리

이 글의 서두에서 언급했듯이 우리 소설사의 시작, 그 출발의 지점에 대해서는 여러 견해가 제기되고 있는 형편이다. 1990년대 중반 이전에는 15세기 김시습의 『금오신화』를 소설의 출발로 보는 견해가 통설이었으나, 90년대 중반 이후로는 나말여초(羅末麗初) 「최치원」을 소설의 출발로 보는 견해가 주류적 위치를 차지하고 있는 형국이다. 임형택·김종철·박희병 등이 「최치원」을 소설의 출발로 보는 견해를 대표하는 연구자이다. 그렇지만 세계문학사의 보편적 차원에서 소설을 17세기 이후 근대로의 이행기 장르로 파악해야 한다는 견해 또한 매우 중요한 학설적 지위를 차지하고 있는데, 조동일이 대표적인 연구자이다. 조동일은 『금오신화』를 예외적으로 소설로 인정하고 있는데, 이런 예외를 인정하지 않고 16세기말~17세기초를 소설사의 출발시기로 파악해야 한다는 견해도 제기되고 있다. 17세기를 소설사의 출발시기로 본다면 16세기의 소설을 인정하기 어렵게 되는데, 이 글에서는 이러한 시각을 염두에 두고 16세기 작품을 소설(체)로 지칭하였음을 밝혀둔다.

16, 17세기 소설사의 변모양상과 관련한 연구성과는 대단히 방대하나, 이 글에서 주로 참조한 연구업적을 중심으로 간략하게 소개하면 다음과 같다. 16세기만을 집중적으로 조명한 연구로 민족문학사연구소 『묻혀진 문학사의 복원──16세기 소설사』(소명출판 2007)를 들 수 있다. 17세기의 소설사적 전환의 양상에 대해서는 김종철 「서사문학사에서 본 초기 소설의 성립 문제──전기소설과 관련하여」, 『고소설연구논총』(경인문화사 1988); 강상순 「전기소설의 해체와 17세기 소설사적 전환의 성격」, 『어문논집』 제36집 제1호(안암어문학회 1997)를 들 수 있다.

17세기 소설에 대한 본격적인 연구로는 최기숙 『17세기 장편소설 연구』(월인 1999); 정길수 『한국 고전 장편소설의 형성과정』(돌베개 2005)을 들 수 있다. 중국소설과의 관련은 양승민 「17세기 傳奇小說의 통속화 경향과 그 소설사적 의미」(고려대 박사학위논문 2003)를 들 수 있다.

그외 임형택 「17세기 규방소설의 성립과 『창선감의록』」, 『동방학지』 57(연세대 국학연구원 1988); 박희병 『한국전기소설의 미학』(돌베개 1997); 정출헌 『고전소설사의 구도와 시각』(소명출판 1999); 정환국 『초기 소설사의 형성과정과 그 주변』(소명출판 2005); 조동일 『한국문학통사』 제4판(지식산업사 2005); 김현양 『한국 고전소설사의 거점』(보고사 2007)을 주요하게 들 수 있다.

조선후기 한시의 안과 밖, 현실주의 성향

1. 조선후기 한시 이해를 위한 몇가지 단상

한문학 연구에서 민족주의적 시각과 역사주의적 연구방법론은 그 공과(功過)가 분명하다. 민족주의는 일국적 가치를 절대화한 점을, 역사주의적 방법론은 문예미를 희생한 경향을 보였음을 문제로 거론할 수 있다. 일국적 시각을 넘어 자국을 타자화하여 객관적 시야를 열어놓고, 역사적 상황을 작품해석에 단순 대입하는 연구방법을 지양할 때, 이 문제점을 극복할 수 있다. 그렇다면 민족주의와 역사주의적 연구방법론과 깊이 관련된 현실주의(사실주의)적 시각은 폐기해야 하는가? 이는 일국적 시각을 넘어서 자국을 타자와 관련지어 성찰한다는 점에서 조선후기 한문학의 큰 줄기를 읽어내는 데 여전히 유효하다.

조선후기는 전 시기와 다른 사회변동과 문화적 양상을 보여준다. 한문학 역시 야담(野談)의 등장과 전(傳)의 변모, 한시의 변화 등에서 전대와 사뭇 다른 발생과 발전을 보여준다. '한문단편'(소설)은 새로운 사회 분위기 속에서 활동하던 계층의 움직임을 역동적으로 그려냄으로써 탁월한 성과를 거두었다. 박지원의 『열하일기(熱河日記)』는 새로운 글쓰기로 살아숨쉬는 인간군상을 생생히 포착함으로써 소설보다 더 소설 같은 흥미와 감동을 준다. 한시도 소재주의와 수사적 문예 지향을 벗어던지고, 민(民)의 삶에 주목하여 생활현장 속으로 파고들어 속 깊은 정감과 내면의 결까지 형상화한다. 지방의 풍물과 토속의 이모저모를 풍부히게 포착하는가 하면, 민간의 이야기와 야담 등과 결합하여 자기 갱신을 추구한 바 있었다.

조선후기 한시의 뚜렷한 특징은 몇가지로 특기할 수 있다.

첫째, 현실주의적 창작방법과 생동한 묘사수법의 진전이다. 이는 실학파 문인들이 현실주의적 심미관에 기대어 창작방법론을 제기하여, 현실을 중시하고 하층민의 생활을 적극 옹호한 데에서 드러난다. 예컨대 정약용(丁若鏞, 1762~1836)은 '조선시(朝鮮詩) 선언'을, 이학규(李學逵, 1770~1835)는 '본 바를 서술해서 진정을 드러낸다'(敍其本事 達其眞情)는 이론을 제기하고 창작으로 실천한바 있다. 이는 창작현장에서 생활의 진경(眞景)을 끌어내는 수법과 현실주의적 표현미학으로 나타나서, 향토의 생활방언이나 민족의 고유어를 적극 도입하여 '표현미'를 창신하거나, 민요정취와 생활정감을 대폭 수용하여 조선풍을 드러낸다. 전 시기에 없던 이러한 모습은 민중의 삶과 현실의 참모습을 있는 그대로 포착하려는 시인의 진정성과 관련이 깊다.

둘째, 조선후기 현실의 진경을 한시로 표출하여 민족정서를 강화한다. 대개 현실과 악전고투하며 생활하던 민의 질고와 그 생활정서를 생생하게 포착하는 경우가 많다. 실학파와 진보적 문인을 비롯하여 여항시인들까지 이 문제를 주목하여 시로 창작하는데, 여항시인의 등장은 이 시기만의 특징이다.

셋째, 서사한시가 집중적으로 나타난다. 서사한시는 조선초기에도 보이지만 후기에 더욱 발전한다. 조선후기의 서사한시는 다양한 소재와 시선으로 민중의 삶의 갈등과 애환, 체제모순과 그 영향, 시정의 이모저모뿐 아니라 애정갈등과 여성의 삶을 생동감있게 묘사하는 등 현실주의의 성취를 보여준다.

2. 문예미의 창신과 표현수법

현실주의는 문예의 일반원칙을 의미하지만 시공을 초월한 개념은 아니다. 여기서는 어디까지나 특정한 역사적 단계에서 대두한 문학적 입장으로서의 현실주의를 의미하며, 조선후기 한시를 논할 때 현실주의적 시각을 차용하는 것도 충분히 의미가 있다.

사유의 창신(創新)과 현실적 심미관

작가의 문학적 세계관은 심미관에서 드러난다. 심미관은 대상에 대한 미적인 견해를 의미한다. 이는 특정한 단계의 사회·역사적인 배경 속에서 형성된다. 조선후기는 전시기와 사뭇 다른 길로 나아간 바 있다. 문인들도 폐쇄적이고 관념적인 사유에서 벗어나 점차 객관세계에 눈을 돌리는 한편, 현실의 문제를 새로운 사유의 지평에서 인식한다. 자신을 타자화하여 객관적으로 바라보려는 인식의 합리성과 사유의 개방성이 그것이다. 이러한 변화는 당대 문인들 전반의 미적 인식과도 관련이 깊어서, 그들은 합리적인 현실인식을 바탕으로 민족자아에 대한 뚜렷한 자각을 보여준다. 이는 중국 중심의 화이관을 부정하고 새로운 천하관으로 세계인식의 재정립을 추구하는 인식의 전환, 이를테면 자국을 타자화하여 객관적으로 보려는 의지의 소산일 터이다.

나로부터 물(物)을 보면 내가 주체가 되고 물은 객체가 된다. 물로부터 나를 보면 물은 주체가 되고 나는 객체가 된다. 물과 내가 서로 주체와 객체가 되고 주체와 객체는 서로 물과 내가 된다. 그러므로 주체와 객체가 서로 물과 내가 되는 것을 따라 주체로 삼는다면 만물이 주체가 되지 않는 것이 없을 것이고, 객체로 삼는다면 만물이 객체가 되지 않음이 없을 것이다. 어찌 일찍이 하나로 정해진 주체가 있을 것이며 바뀌지 않을 객체가 있을 것인가! 自我而觀物, 則我爲主而物爲客也. 自物而觀我, 則物爲主而我爲客也. 物我互相主客, 而主客互相物我, 從而主之, 則萬物無非主也, 從而客之, 則萬物無非客也, 何嘗有一定之主, 不易之客耶?
― 홍양호「여제사구심공필론주객변(與第四舅沈公鉍論主客辨)」

주객(主客)이 상대적이듯 세계와 나의 관계도 절대적이 아니라는 것이 이 글의 핵심논리이다. 이는 상대주의적인 인식태도다. 이 태도는 주체와 객체의 상대성을 넘어 자국과 타국의 관계맺음에도 해당하는데, 여기서 자아를 타자화하여 타자의 지평 속에서 자아를 재인식하려는 사유의 단초를 확인할 수 있다. 이는 일국적 시각을 넘어 자국을 타자와의 관련 속에서 객관적으로 인식하려는 태도와 같은 맥락이다. 이럴 경우, '옛날은 귀하고 지금은 천하다'는 상고(尙古)의 관념이 아니라, 객관적 현실의 중시로 귀결될 수밖에 없다. '북벌(北伐)'의 허구성을 뛰어넘어 실사구시의 자세로 이용후생의 '북학(北學)'을 제기한 실학파의 인식논리도 이와 다르지 않다. 특히 이러한 인식태도와 사유방식은 실학파 문인의 글에서 두드러진다.

이러한 상대적 사유는 미의식으로 전환되어 '미는 어디에 있는가?'라는 물음으로 이어져 당대 미의식에 신선한 충격을 준다. 그 충격은 감상자의 주관적 의식과 관념을 중시하는 심미관에서 벗어나, '미는 감상의 대상인 객관현실 자체에 있다'는 방향전환에 기여한다. 윤선도 시조의 "인간을 돌아보니 머도록 더욱 됴타"와 같은, 인간생활 밖에 미감을 둔 인식과는 그 길을 달리하는 것이다.

심미관의 변화는 한시의 창작에도 영향을 미치는데, 일부 작자들은 현실을 주요한 심미대상으로 삼아 민의 다양한 삶을 사실적으로 형상화하는 쪽으로 미감을 투사한다. 이런 심미관에 기댄 작품은 민의 생활과 정감을 표출하는 한편 대상의 생생한 실감을 불러일으킨다.

고유어·방언의 도입과 표현미의 사실성

현실주의에 기댄 심미관은 한시의 시어에도 적지않은 바람을 불러일으켜서 일부 시인들은 생활방언이나 민족고유어를 시어로 도입하는 등 '조선시(朝鮮詩)'를 실험한다. 한시에 고유어를 도입하는 것은 동아시아 한문양식의 보편성에 자국의 특수성을 강조하는 것인바,

이는 현실주의적 성과와도 관계가 깊다. 방언·속담·자국의 고사·구체적인 지명·물명(物名) 등을 도입하는 것은 민족의 언어정감을 살려내기 위한 방편일 터, 전근대 동아시아 보편양식인 한시에서 자국의 개성을 살리자는 취지이다. 이는 민족자아의 문학적 표출이자 현실주의적 표현미학을 구현하는 것을 의미한다. 이 경우, 자국어에 대한 자각과 인식을 담고 있다는 점에 주목할 필요가 있다.

홍양호(洪良浩)는 『북새잡요(北塞雜謠)』에서 함경도의 생활방언을 시어로 과감하게 도입하여 표현미학을 갱신한다. 그는 『북새기략(北塞記略)』에서 함경도 방언 20여 가지를 수집하여 민족어에 대한 관심을 표방하고 그 중요성을 내세웠는데, 여기서는 주로 함경도 방언을 시어로 활용해 향토정서와 지방민의 생활모습을 사실적으로 형상화하였다.

위백규(魏伯珪)도 18세기 향촌사회의 농업현장과 구체적인 생활상을 생생히 포착한다. 그는 「연년행(年年行)」 연작에서 농촌생활의 실감과 현장성을 고취하기 위해 전라도 생활방언과 고유어를 비롯하여 향촌사회에서 사용되던 용어를 시어로 도입하였다. 이들 시어는 농촌의 생활현장을 실감나게 부각하고 새로운 미감과 시적 성취를 일구어내는 데 기여한다.

뒤이어 정약용은 민중의 생활지혜에서 나온 속담을 한문으로 채록하여 『이담속찬(耳談續纂)』을 남긴다. 속담의 중시는 민족의 개성이 담긴 언어표현을 문학작품에 도입하기 위한 예비작업의 성격을 갖는다. 실제로 정약용은 「장기농가(長鬐農歌)」 「탐진촌요(耽津村謠)」 「탐진어가(耽津漁歌)」 「탐진농가(耽津農歌)」 등의 작품에서 지방 특유의 방언을 과감하게 시어로 도입한다. 이들 작품은 자신이 유배지 강진에서 체험한 민의 생활정서에 기반하여 그들의 생활을 생생하게 묘사한 고뇌의 산물이었다.

이들 작품에서 다산은 보릿고개를 '맥령(麥嶺)'으로, 신부를 '아가(兒哥)'로, 낙지를 '낙제(絡蹄)'로, 뇌물을 '인정(人情)'으로, 남편을 '반상(盤床)'으로, 품삯을 '돈모(錢秧)' '밥모(飯秧)' 등으로 표현한 바 있다. 다산이 사용한 시어는 대부분 전라도 지방민의 생활방언이거나 고유어들로, 이를 통해 노동현장과 생활정서를 구체적으로 되살렸다.

이학규는 훨씬 다양한 생활어와 고유어를 구사하는 한편, 민중의 표현과 정감까지 받아들여 지방민의 생활정서를 더욱더 선명하게 되살릴 뿐만 아니라, 「걸사행(乞士行)」에서는 비속한 표현까지 서슴없이 도입한다. 한 대목을 보자.

동당 동당 동당	鼕鏜鼕鏜鼕鏜,
호남 퇴기(退妓) 해서 창녀(娼女)	湖南退妓海西娼
한 불당 내 사당(社堂) 네 사당 무어 다투랴	一佛堂何爭我社堂汝社堂
어디서든 인산인해 이룬 곳에	箇處人海人山傍
엉큼하게 손 넣어 치마 속 더듬는다	暗地入手探裙裳
너는 일전에 몸을 허락하던 계집	汝是一錢首肯之女娘
나는 팔도에 거칠 것 없는 한량	我又八路不闖之閑良
아침에 김서방 저녁에 박서방	朝金郞暮朴郞
물결치는 대로 바람 부는 대로	逐波而偃隨風狂
일반 보시(布施) 술 한잔 국 한 사발	一船布施茶酒湯

내용은 물론 그 시적 정서가 전에 없는 파격이다. 이학규는 의성어를 음차(音借)해서 표현하는 등 대담한 표현과 정감을 구사하기도 한다. 이 작품은 사당패의 생활상을 흥미롭게 담아냈을 뿐 아니라, 심지어 타령조 가락이나 음란한 표현까지 구사하면서 생활상의 이면을 적실하게 포착하고 있다. 이러한 타령조 가락의 정감은 작품 전편을 관통하는데, 이처럼 민중의 생활정감을 활발히 수용한 점은 한시의 표현미학에서 중요한 진전이다.

동시대의 여러 작자들도 기존의 표현을 창신하여 새로운 미학적 성취를 보여주거니와, 이옥(李鈺)과 김려(金鑢), 그리고 다산의 외손인 윤정기(尹廷琦) 등의 작품에서 알 수 있다. 이옥은 「방언(方言)」에서 경상도 방언 60여 가지를 이두식으로 기록할 정도로 진작 민족어에 대한 관심을 보인다. 또한 그는 『이언(俚諺)』이라는 시집에서 향토방언·고유어·구어 등을 과감하게 도입한다. 이옥과 달리 김려는 지방의 물명(物名)을 한문으로 음차한 시어를 구사하며 독특한 표현미를 보여준다. 『우해이어보(牛海異魚譜)』의 삽입시 「우산잡곡(牛山雜曲)」이 그 예이다. 그는 여기서 꽁치·볼락·숭어·은어·오징어 등을 모두 음차하여 어촌의 생활상을 실감나게 그려낸다.

한편 윤정기는 『금릉죽지사(金陵竹枝詞)』에서 호남의 향토방언을 대폭 수용하고 육자배기의 정조를 한시로 시화하는 등 새로운 표현미학 창조에 노력했다.

오동추야 달이 밝아	梧桐秋月夜來明
무단히 남모르게 한스러운 심사	此地無端暗恨生

| 비 내리는 창밖에 낙숫물 듣는 소리 | 輕滴矗鳴窓外雨 |
| 떨어져 날리는 마른 나뭇잎 소리 | 浪浪颯颯葉乾聲 |

——「개배일회이래산(嘉俳日懷李來山)」

이 시에서 볼 수 있듯이 그 정감과 표현미는 대단히 민중적이다.

이렇게 현실주의적 표현미학은 19세기에 이르기까지 지속적으로 추구되었다. 비록 일상어를 자유롭게 시에 사용하는 시어의 해방으로까지 나아가지는 못했지만, 현실주의의 발전과 민족문학적 성취에 크게 기여한 것만은 틀림없다.

3. '민'의 삶과 현실문제의 여러 형상

조선후기 한시는 형식과 내용 면에서 실로 전대에 비교할 수 없을 정도로 다양한 면모를 보여준다. 중국문학사와 달리 이 시기에 악부시가 두드러지게 나타나고, 풍속과 역사를 시로 포착한 작품들이 다수 산생되었을 뿐만 아니라 일상의 정회를 솔직하게 드러내는 작품들도 나타났다. 무엇보다 민중의 삶과 내면의 결을 생동감있게 그려낸 한시가 두드러지고, 서사한시 역시 풍부하게 산생된다. 이는 조선후기 한문학의 특수성이거니와, 이를 현실주의로 아우를 수 있다. 물론 이때의 현실주의는 유학의 민본사상과 애민의식과도 긴밀히 연결되어 있다. 유학은 발생 이래로 '민'을 근본으로 삼고 그의 안정을 제일 중시하였다. 공자나 맹자 역시 민본사상을 무엇보다 앞세워 이를 현실정치에서 구현하기 위해 노력한 인물들이다. 그런 점에서 유학의 민본사상과 애민의식은 문학적으로는 현실주의 정신과 연결된다.

　이러한 현실주의 정신은 대개 군정(軍政), 양역(良役), 공물(貢物)이나 진상(進上), 균역법이나 수취제도의 모순, 신분제의 폐해 같은 사회구조적 모순을 비롯하여, 사회변동의 역동적 모습과 그 역기능까지 다양하게 그려낸다. 그중 군역의 폐단은 17~19세기 한시의 중요한 소재로 등장한다. 압권은 단연 정약용의 작품이다. 정약용은 1803년 유배지 강진에서 한 농민이 첨정징포(簽丁徵布)로 자신의 생식기를 자르는 비극적인 모습을 「애절양(哀絶陽)」에 담은바 있다. 정약용은 『목민심서』에 이 시의 창작배경을 적이두었는데, '왕조실록'도 유사한 사건을 기록하고 있다. 여기서 군정의 폐단이 민을 목 죄는 것은 당시의 일반적인 상황임을 보여준다.

　이에 앞서 여항시인 정래교(鄭來僑)는 「농가탄(農歌歎)」에서 군정의 모순을 특기하여 그려낸바 있다. 이 작품에서 그는 농산물의 생산과정과 수탈적 징수, 백골징포(白骨徵布)로 인해 감옥으로 끌려가는 농민의 모습 등 생산에서 수탈로 이어지는 전과정을 압축하여 제시하고 있다. 군정의 모순은 당시 최대의 사회문제였다. 그로 인해 민에 부과된 양역은 수탈의 수단으로 기능하고, 민의 고통은 한층 가중되었다. 수졸(戍卒)의 생활도 군정의 모순과 연관이 있다. 홍양호와 신광하(申光河)가 수졸의 삶을 선명히 포착하는데, 모두 북관지역에서 직접 목도한 사실을 시에 담는다. 신광하는 「마운령가(摩雲嶺歌)」에서 변방을 지키는 수졸의 삶에 탐관오리배의 방탕한 모습을 대비시켜, 수졸의 처지를 애정어린 시선으로 묘사하고 있다.

　홍양호의 「수졸원(戍卒怨)」은 특히 빼어나다. 홍양호는 수졸의 시선을 통해 수졸 특유의 생활정서와 정감을 오롯이 드러낸다. 이들의 고단한 삶은 현실모순의 결과였다. 불합리한 체제가 빚은 갖가지 모순은 당시 민중을 저인망처럼 훑어 삶을 끝없는 나락으로 떨어뜨린다. 토지를 근거로 생활하는 농민은 농민대로, 그렇지 않은 사람은 그 자체로 질곡에 시달리고, 특정 지역의 민은 진상품에도 무거운 세금을 물며 고통을 감수해야만 했다.

신광수(申光洙)와 신광하 형제는 이 문제를 누구보다 주목한다. 신광수는 「잠녀가(潛女歌)」에서 사선을 넘나들면서 자맥질하는 제주 해녀의 모습을 그려낸다. 그는 공물의 폐단으로 전복과 해물 채취를 위해 끊임없이 바다로 들어갈 수밖에 없는 해녀들의 고달픈 삶을 부각하였다. 신광수의 동생인 신광하는 『북유록(北游錄)』에서 특산물을 세금으로 바치는 공물의 모순과 그 폐해를 사실적인 필치로 다양하게 그려낸다. 그는 대부분의 작품에서 토산품인 인삼·녹용·초피(貂皮)·녹피 그리고 각종 짐승가죽을 세금으로 바치느라 기본적인 생활조차 유지할 수 없는 북관민의 일그러진 실상을 묘사한 바 있다.

조선후기 이러한 제도의 모순은 더욱 확산되어 사회체제를 뿌리째 뒤흔든다. 환곡(還穀)의 폐해가 대표적이다. 이 문제는 '송석원시사(松石園詩社)'의 일원으로 참여한 여항시인 박윤묵(朴允默)의 작품을 주목할 수 있다. 그는 「사진(私賑)」「감진(監賑)」 등의 시에서 진정(賑政)의 폐단을 인상적인 필치로 잡아낸다. 그중 「칠월십칠일년환분조이십운(七月十七日年還分糶二十韻)」은 환곡을 이용하여 농간을 부리는 아전의 교활함과 그 폐해의 잔학상을 생생하게 그려낸다. 이 작품은 비록 수취제도의 본질을 꿰뚫어 형상화하지는 못했으나, 예리한 필치로 농민의 참상을 문제삼는다.

전근대사회에서 농민은 국가를 지탱한 원동력이다. 국가는 농민의 노동력과 그 생산물에 의해 유지되었다. 그런 점에서 농산물의 수탈과 농민의 토지 이탈은 사회문제이자 체제를 위협하는 대사건인 셈이다. 유민(流民) 문제는 조선후기 한시에서 하나의 경향으로 자리잡을 정도로 집중된 바 있다. 김이만(金履萬)의 「유민탄(流民歎)」, 송규빈(宋奎斌)의 「무자추애개자(戊子秋哀丐者)」와 신광하의 「모녀편(毛女篇)」, 정약용의 「유아(有兒)」 등이 수작이다. 무엇보다 권헌(權攇)의 「관북민(關北民)」이 흥미롭다.

권헌은 「관북민」에서 관북민의 생활상과 생존의 문제를 담았다. 권헌은 주인공의 입을 통해 유민이 될 수밖에 없었던 저간의 사정을 풀어놓는다. 관북민의 사설 속에서 유리(流離)할 수밖에 없는 사정을 비롯하여, 부세(賦稅)의 독촉에 못 이겨 자식을 종으로 파는 정황, 부부가 생이별하는 내력 등을 알게 된다. 이런 장면은 매우 충격적이다. 부자와 부부간의 인륜마저 유지할 수 없는 지옥 같은 현실을 되살리는 수법과 눈물겨운 장면을 놓치지 않는 솜씨가 빼어나다. 부부가 헤어지는 장면의 한 대목이다.

아내는 겨죽이라도 끓여 마지막 한술 나누려고	取糠備晨餐
눈물 씻으며 부엌으로 나갑디다	悒悒向中廚
(…)	
갈림길 다다라서 나 혼자 울부짖으니	臨岐吾痛哭
눈물마저 말라 수염을 피로 적셨지요	淚盡血霑鬚

부부간의 인륜조차 따질 수 없고 오직 생존을 위해 생이별을 해야 하는 상황이다. 겨죽으로 마지막 인간의 정리를 나누려는 아내의 모습은 말 못할 안쓰러움과 서글픔을 불러일으킨다. 이별의 피눈물을 감추지 못하는 남편의 형상은 절로 눈시울을 뜨겁게 한다. 시적 형상의 진한 감화력을 확인할 수 있다.

조선후기의 사회변동은 농민을 도시의 임금노동자로, 더러 광산의 점민(店民)으로 내몰았다. 일부 시인은 이러한 사회·경제 구조의 사실적 국면과 그 역기능을 포착한다. 여기에서는 여항시인이 일정한 성과를 보여주거니와, 그들은 도시공간에서 근근이 살아가는 임금노동자를 다양하게 그려낸다. 18세기 여항시인 이양유(李養游)는 「담부탄(擔夫嘆)」에서 한강변에서 살아가는 노동자의 일상을 생생하게 포착한 바 있다. 동시대의 권헌과 홍신유(洪愼猷)도 같은 소재로 임금노동자의 다양한 얼굴을 형상화했다.

권헌은 「고인행(雇人行)」에서 마포와 서강의 하역노동자의 모습을 긍정적인 시선으로 담아낸다. 홍신유도 「우거행(牛車行)」에서 노동의 현장과 고단한 임금노동자의 처지를 실감나게 그렸다. 특히 한익상(韓益相)은 「비고인(悲雇人)」에서 날품팔이로 전락해 비참하게 살아가는 양반의 모습을 포착하는데 그 형상이 무척 흥미롭다. 광산의 폐해와 광산노동자의 삶을 담은 작품을 거론할 수 있는데, 이규상(李奎象)의 「도금가(淘金歌)」와 정약용의 「홀곡행정수안수(忽谷行呈遂安守)」, 그리고 조수삼(趙秀三)의 「북행백절(北行百絶)」 등을 들 수 있다. 모두 사금과 은 채굴로 황폐화된 농촌의 정경과 조세모순에 시달리는 점민의 처지를 풍부하게 묘사했다. 특히 '송석원시사'의 일원인 김낙서(金洛瑞)는 「영풍동광(永豊銅鑛)」에서 광산의 번성과 폐해,

그로 인한 사회적 역기능을 누구보다 탁월하게 그려낸다.

　이외에도 현실의 모순과 사회문제를 단일한 소재와 주제로 배치하여 연작으로 그려낸 경우와, 다양한 국면을 연작으로 포착하여 사회 전체를 조망한 작품 등이 있다. 정약용·이학규·조수삼의 작품이 대표적이다. 정약용의「전간기사(田間紀事)」6편은 흉년과 기아, 탐관오리의 악정과 횡포에 시달리며, 급기야 혈육이 헤어질 수밖에 없는 참담한 현실을 예리하게 드러낸다. 이 6편은 사회적 모순이 첨예해져 민중의 고통이 가중되는 상황을 생동감있게 그려냄으로써, 이것이 일부 지역의 특수한 사정이 아니라 전사회를 관통하고 있음을 보여준다.

　이에 반해「하일대주(夏日對酒)」는 전정·군정·환곡 같은 삼정의 모순, 그리고 과거제도와 신분제도의 모순으로 고통받는 민의 모습을 구체적으로 잡아낸다. 이학규 역시「기경기사(己庚紀事)」에 16편의 시를 연작으로 담는다. 여기서 그는 유배지 김해의 사회현실을 구체적으로 포착하는 한편, 지방사회의 진면목을 한층 풍부하게 담아낸다. 또한 허울 좋은 통치구조와 행정체계의 난맥에서 발생하는 모순을 생생히 포착했다.「기민십사장(飢民十四章)」에서는 굶주리는 민중의 이러저러한 실상을 단일한 주제로 배치하는데, 민이 굶주릴 수밖에 없는 현실을 문제삼아 이들의 질고는 천재가 아니라 체제모순으로 인한 인재라는 점을 선명히 각인시키고 있다. 조수삼의「북행백절」도 함께 거론할 수 있다. 조수삼은 여러 지역을 기행하면서 사회문제와 부조리로 인한 충격적인 경험을 소품 연작으로 구성하여 현실의 제반 모순과 사회의 난맥상을 다면적으로 보여준다. 이는 특정한 소재나 주제를 형상화한 시에서는 볼 수 없는 독특한 성과이다.

4. 다기한 인물의 형상과 서사한시

조선후기 시인들은 특정 사건과 인물의 생활상을 담은 서사한시를 집중 창작한다. 이 시기의 서사한시는 다양한 소재와 주제사상을 보여줄 뿐만 아니라, 창작주체 또한 여항시인으로까지 확대된다. 특히 시점과 서술방식, 서사적 시공간의 집중, 서사수법의 창신을 통한 현실의 다면적 제시, 그리고 표현방식의 사실성 등에서 현실주의의 뚜렷한 진전을 보여준다. 그런데 서사한시는 소재를 취한 방식에 따라 형상화방식뿐 아니라 미적인 특질도 다르게 드러난다. 견문창작, 역사사건 창작, 그리고 구연창작 등이 그것이다.

견문창작의 경우, 시인이 사건을 직접 목도하여 창작하거나 사건 당사자에게 청취하여 서사한시로 지은 경우가 많다. 이때 시인은 대개 서사를 3부 구성으로 배치한다. 사건의 내역을 듣게 된 저간의 사정, 작중인물과 시인의 대화로 이어지는 사설 그리고 시인의 정회 표출 등이다. 그 미적인 특질은 풍간(諷諫)을 지향하는 경우가 많다. 반면 역사적 사건을 서사로 배치할 경우, 민족사에서 발생한 사건과 애국인물을 소재로 한 것이 많다. 작자가 사료나 견문 등 간접경로를 통해 작품을 형상화하기 때문에 인물의 활약상을 중심으로 각 장면을 이어가며, 서사는 시인의 일방적인 진술로 이루어지는 경우가 대부분이다. 대개 미적 특질은 애국인물에 대한 명송(銘頌)을 지향한다. 구연창작의 경우에는, 당대에까지 알려진 사건을 비롯하여 전

(傳), 기사(記事), 야담, 이야기, 다양한 구연서사 등에서 소재나 재료를 취해 서사로 배치한다. 주로 이야기나 구연에 기대기 때문에 비교적 완정된 형태의 서사를 구성하는 경우가 많다. 이 경우 작중인물과 시인이 상호소통하는 등 다양한 방식으로 서사를 전개하거니와, '재미'와 '흥미' 지향이 미적 특질이다.

하지만 서사한시는 체제모순과 민중의 갈등, 임진·병자 양란에서 활약한 애국적 인물, 그리고 여성의 삶과 애정갈등을 비롯한 민중의 동향을 소재로 서로 융합하여 넘나든다. 가장 많은 소재는 민중을 수탈하는 제도에 맞서 악전고투하며 살아가는 다양한 민중의 모습이다. 대표적으로 유민을 형상화한 홍양호의 「유민원(流民怨)」, 군역제도의 모순을 형상화한 여항시인 정민교의 「군정탄(軍丁歎)」과 박윤묵의 「과부탄(寡婦歎)」, 김재찬(金載瓚)의 「해서탄(海西歎)」 등을 들 수 있다. 모두 구체적인 서사를 통해 사건과 인물의 형상을 뚜렷이 창출한다.

국난과 그에 맞선 애국적인 인물을 형상화한 서사한시는 주로 역사적인 사건에서 소재를 취한 경우가 많다. 동아시아의 국제질서를 재편한 임진·병자 양 전쟁을 체험한 민중의 모습과 역사 전환기에 활동한 인물을 포착한 것이다. 최성대(崔成大)의 「이화암노승행(梨花菴老僧行)」, 홍양호의 「임명대첩가(臨溟大捷歌)」, 이규상의 「여사행(女史行)」, 신광하의 「조술창옹장옹가(助述倉翁醬甕歌)」, 김재찬의 「임장군가(林將軍歌)」, 서유영의 「의암가(義巖歌)」 등을 들 수 있다. 특히 최성대의 「이화암노승행」과 김재찬의 「임장군가」가 흥미를 끈다. 이 시는 17세기 동아시아의 전환기를 살았던 인물의 파란만장한 인생역정과 기구한 삶의 이력을 생동감있게 엮어놓은 수작이다.

반면에 홍신유의 「유거사(柳居士)」는 야담에서 소재를 취하여 서사적인 화폭으로 옮긴 것이 특이하다. 이 작품은 구연의 전통을 서사한시의 소재로 활용한 경우에 속한다. 곧 야담의 소재가 서사한시로 수용된 것으로, 조선후기 서사양식의 교섭이라는 측면에서 소중하다.

이렇듯 당대에 널리 알려진 이야기나 역사적 사실이 야담이나 서사한시로 또는 다양한 서사양식으로 서로 넘나들면서 정착하는 경우가 적지 않았다. 이러한 서사양식의 교섭양상은 이 시기 문학사의 주목할 만한 점이다. 전이나 야담 그리고 한시 등이 서로 교섭하면서 서사한시의 발전과 현실주의의 전개에 기여한 점도 함께 기억할 필요가 있다.

한편, 서사한시는 조선후기의 사회 분위기에서 부각되는 예인(藝人)이나 시정인(市井人)의 모습도 적지않게 포착한다. 주로 당대 시공간에서 만날 수 있는 실존인물이거나, 야담의 주인공을 시로 형상화했다. 신광수의 「송권국진가(送權國珍歌)」, 신광하의 「최북가(崔北歌)」, 홍신유의 「달문가(達文歌)」 「추월가(秋月歌)」, 김재찬의 「김사사노거사가(金沙寺老居士歌)」, 정약용의 「천용자가(天慵子歌)」 등이 그러하다. 이들 작품은 사회변동에 대응하면서 다양한 삶을 살았던 새로운 인물과 사건을 포착했거니와, 소재의 측면에서 진전된 면모를 보여준다.

이 시기 한문서사시의 최고봉은 역시 중세사회 모순으로 야기된 여성의 애정갈등과 기구한 삶을 담은 작품들이다. 향랑고사를 소재로 한 이광정(李光庭)의 「향랑요(香嬢謠)」, 최성대의 「산유화여가(山有花女歌)」, 김만중의 「단천절부시(端川節婦詩)」, 성해응(成海應)의 「전불관행(田不關行)」 등을 꼽을 수 있다. 이중에서도 수작은 「단천절부시」와 「전불관행」이다.

이들 작품은 모두 양반과 기생의 애정갈등에 초점을 맞춘 점, 자신이 선택한 사랑을 지키기 위해 신분제의 모순에 끝까지 항거하는 점에서 『춘향전』의 서사와 비슷하다. 가부장제사회가 빚어낸 성(性)수탈과 신분제도의 모순을 고발하는 것이다. 그러나 「전불관행」은 『춘향전』에 비해 결말의 처리방식이 사뭇 다르다. 『춘향전』이 행복한 결말에 이르는 데 반해 이 작품은 주인공 전불관이 자결을 선택함으로써 비극적 결말로 막을 내린다. 『춘향전』이 민중적 희망을 투영하여 비현실적인 현실문법으로 결말을 처리(행복한 결말)하는 것과 달리 이 작품은 당대의 현실문법에 따라 현실적인 방향(비극적인 결말)으로 갈등을 해소함으로써 주제사상을 한층 심화시키고 있다. 이 점은 판소리계 소설과 사뭇 다른 정서적 충격을 준다. 전불관이 수령에게 항변하면서까지 인격을 지키려 한 행동, 떳떳한 인간이기를 선언하는 절규에서 우리는 주체적 여성상을 만날 수 있다.

조선후기 서사한시의 최고 걸작은 정약용의 「도강고가부사(道康瞽家婦詞)」와 김려의 「고시위장원경처심씨작(古詩爲張遠卿妻沈氏作)」이다. 정약용의 이 시는 360행 1800여자로, 중국문학사의 최고 걸작인 「공작동남비(孔雀東南飛)」가 350행임을 감안할 때 이 작품의 편폭을 짐작할 수 있다. 이 시는 다산이 강진에서 직접 목도한 실제 사건을 작품으로 옮긴 것이다. 부모의 강요로 불구자 소경에게 시집간 여성의 비극적인 운명을 그리고 있다. 소경에게 시집감→탈출하여 비구니가 됨→관가에 압송됨→다시 비구니가 됨→다시 관가에 압송되는 기막힌 주인공의 역정을 통해 당대 민중의 기구한 삶의 실상이 고스란히 드러난다. 그 기구한 삶을 대신 진술하는 대목을 보자.

우리 아이 한밤중에 또 빠져나와	中宵又逃身
도망질쳐 험준한 산마루 넘고 넘어	趲程凌嶞嶁
다다른 곳이 개천사라는 절이라	行至開天寺
이 절에서 십여 일 묵었을 제	留滯十餘日
소경 수소문하여 찾아냈더라오	瞽家尋到此
우리 아이 단지 속에 자라처럼 꼼짝없이	捕兒如甕鱉
시방 다시 붙잡혀 관가로 끌려가는 길	被驅又入縣
저 아일 죽일지 살릴지 모를 일이라오	不知殺與活

우리는 소경에게 시집간 여성의 삶의 역정을 통해 체제모순에 신음하는 비극적인 민중의 전형을 만난다. 이 시는 몇가지 점에서 주목을 끈다. 첫째, 등장하는 인물이 개성적이며 그 줄거리는 전형적이다. 둘째, 인물을 대립적으로 형상화한다. 셋째, 시인이 시종 어머니의 사설과 사설 속에 등장하는 인물의 대화를 통해 서사를 이끌고, 인물을 포착한다. 넷째, 서사시공간을 집중화한다. 서사의 시간은 주인공 여성의 전생애가 아닌 특정한 시기를 집중제시하고 공간도 강진의 어느 장소에서 시작한다. 이야기가 제한된 공간내에서 펼쳐져 인물을 개성적으로 창조하고 있다. 다섯째, 서사와 서정의 결합과 표현상의 특징이다. 여섯째, 현실주의적 세계관으로 작품을 끌어가고 있다.

다산의 시와 짝할 수 있는 작품은 김려가 창작한 미완의 서사한시 「고시위장원경처심씨작」이다. 북한학계는 이 작품을 「방주가」라 이름붙이고 진작부터 주목한바 있다. 이 작품은 뒷부분이 소실되었지만 720행에 이른다. 남아 있는 서사한시 중 가장 길다.

　이 시는 양반 파총의 아들과 백정의 딸 방주의 혼사를 소재로 하였다. 흔히 신분제의 모순으로 애정갈등이 생기고 그로 인해 인격을 유린하는 틀에 박힌 서사구성과 그 방향을 달리한다. 여기서 주목되는 점은 장파총이라는 인물의 성격이다. "빈부는 본래 물을 것도 없거늘/ 지체야 다시 논할 것 있겠는가?(貧富本不問, 地閥誰敢論)"라는 언명은 단적으로 이를 드러내준다. 백정의 딸임에도 신분에 구애받지 않고 주인공 방주의 아름다운 품성과 인간 됨됨이를 알아보는 안목, 그리고 그녀를 며느리로 선택하는 장파총의 행동은 그야말로 상상을 초월하는 파격이다. 여기서 우리는 신분제를 부정하며 스스로의 가치규범에 따라 행동하는 새로운 인간형의 탄생을 읽을 수 있다.

　이 작품은 내용과 형식이 단일하지 않고 복잡하게 얽혀 있으며, 비교적 다채로운 예술적 성취를 보여준다. 첫째, 이 작품 역시 등장인물의 대화가 서사 전개의 주를 이루고, 서사의 시공간이 집중되고 있으며, 이를 통해 인물형상을 전형적으로 그리고 있다. 둘째, 주제사상이 비교적 진보적인데, 그 지향은 신분을 넘어 인간과 인간의 만남을 제시하는 평등사상으로 나아가고 있다. 셋째, 장파총과 방주의 아버지인 백정의 대화를 통해 주제사상이 드러나며, 방주의 구체적인 자태와 행실에 대한 작자의 시선도 그 주제사상을 심화하는 방향으로 기능한다. 넷째, 민중들의 일상의 현실을 사실적으로 묘사한다. 다섯째, 쇠코잠방이(犢鼻禾當), 마상이(亇尙)처럼 실생활에서 사용하던 방언이라든지 민중의 어법과 민간지식을 대폭 도입하여 현실주의적 표현미학을 제시한다.

　이처럼 한시의 서사화로의 이행은 한국한시에서 현실주의의 한 획을 긋는 성취로 볼 수 있으며, 조선후기의 서사한시는 한문학사에서도 뚜렷한 자기위상을 구축했으니 이 점 또한 주목할 만하다.

: 진재교 :

● 더 읽을거리

국문학과 민족의 관련성과 그 비판, 국문학의 근대적 인식에 대해서는 강명관의 『국문학과 민족 그리고 근대』(소명출판 2007)에서 자세히 논하고 있다. 사실주의의 성과는 북한에서 일찍부터 거론한 바 있는데, 그 성과를 정리한 것은 김시업이 편찬한 『우리나라 문학에서 사실주의 발생·발전 논쟁』(사계절 1989)이다. 다산 정약용 한시의 성과와 사실적 지향을 구명한 것은 송재소의 『다산시 연구』(창작과비평사 1986)를 참고할 수 있다. 여항문인들의 한시 경향과 그 성과를 정리한 것이 강명관 『조선후기 여항문학 연구』(창작과비평사 1997); 윤재민 「조선후기 중인층 한문학의 연구」(고려대 민족문화연구원 1999)이다. '중인'과 '여항인'의 한시로 다르게 바라보고 있지만 중간계층이 성취한 한시의 다양한 모습과 특징을 잘 정리하고 있다. 유학사상에서의 민본문제와 애민문제가 문학으로 변환하여 다기한 모습을 포착한 것은 진재교 「漢詩에서의 社會相, 그 안과 밖의 모습들」, 『동방한문학』 33(2007)을 보면 자세하게 나와 있다. 서사한시 혹은 한문서사시에 대한 개념과 다양한 작품의 발굴과 성취를 비롯하여 서사한시의 유형과 창작방법에 대해서는 임형택 편역 『이조시대 서사시』(창작과비평사 1992); 박혜숙 「서사한시의 장르적 성격」, 『한국한문학연구』 17(1994); 진재교 「이조후기 서사한시 연구」, 『이조후기 한시의 사회사』(소명출판 2001)를 참고할 수 있다. 그리고 조선후기 시인들이 사회의 여러 문제를 다양하게 포착하고 그 성취한 바를 조명한 것으로는 진재교의 책을 들 수 있다.

조선후기 시가문학의 분화

1. 조선후기 시가사에 접근하는 방식

　조선후기는 임병 양란 이후 지속된 변화의 움직임이 사회·문화 각 영역에 걸쳐 광범위하게 나타난 시기라 할 수 있다. 농업과 상업의 발달에서 시작된 변화의 기운은 궁극적으로 도시에 집결되었고, 이는 곧 도시공간의 확대와 성장으로 이어졌다. 도시의 성장으로 인한 활력은 다양한 시정문화를 배태하는 기반이 되었다. 시정문화의 발달은 여가를 위한 문화의 초보적 형태를 보여준다는 점에서 조선시대를 지배해온 교화론적 예술관의 균열을 의미한다고 하겠다. 이는 문화·예술의 각 영역을 확고히 장악하고 있던 사대부 중심 문화구도의 변화로 이어진다.
　조선문화의 중심은 사대부문화라 할 수 있다. 주류 사대부문화와 구술로 전승되는 기층의 민중문화로 양분되던 흐름은 18세기 이후 서울을 비롯한 도시 기반의 시정문화가 성장하면서 달라지기 시작했다. 그 시작을 알린 것은 유흥문화의 출현과 이를 주도한 새로운 문화담당층의 부상이라 할 수 있다. 18세기 이후 서울에는 다양한 유흥공간이 발달하는데, 이는 도시공간의 확대, 인구증가, 상업발달과 관련이 깊다. 즉 상업과 교역으로 생긴 잉여 재화와 인력이 여가를 소비하는 곳으로 흘러가면서, 도시를 중심으로 자연스럽게 유흥문화가 발달했던 것이다.

유흥문화가 성립하기 위해서는 가무(歌舞)와 향락을 제공하는 기녀·악공 등 관의 구속에서 벗어난 민간예능인이 필요하다. 인조반정 이후 국가예산의 절감을 이유로 장악원(掌樂院)의 여악(女樂)이 폐지되고, 영조연간에 나례희(儺禮戱)가 폐지되면서 관에 소속된 예능인들이 대거 민간예능인으로 전환했다. 이들 민간예능인을 관리하고, 유흥공간의 운영에 실질적으로 개입했던 이들은 주로 별감(別監)을 비롯한 무반(武班)층이었다. 무반층을 비롯한 중인계급은 조선후기 유흥문화 전반의 중심세력으로서 시정문화의 관습을 만들어냈다. 이들은 흔히 '왈짜 무리'로 불렸는데, 여기에는 경아전(京衙前), 기술직 중인, 하급 무반층과 별감, 평민 부호들까지 망라되어 있다. 이들이 중심이 된 유흥문화가 시정문화의 주류를 이루면서 문학·예술의 향유관습은 근본적으로 바뀌게 된다.

이 시기 시정문화의 중심은 가악이었다. 예악(禮樂)의 이상 혹은 사대부의 절제된 정신세계를 표현하던 가악에도 상업적 수요가 생겨났고, 이는 자연스럽게 음악과 결합한 시가장르의 변화를 초래했다. 이는 신분에 따라 위계화된 예술의 향유가 신분질서에 따른 위계화에서 경제력에 따른 위계화로 바뀌고 있음을 명백히 보여주는 사례라 할 수 있다.

경험의 확장과 대상을 인식하는 관점의 변화로 시가가 포괄할 수 있는 영역이 한결 넓어졌다는 점 또한 빼놓을 수 없다. 경험의 확장은 자연스럽게 인정, 세태, 삶의 애환을 사실적으로 다룬 작품의 산출로 이어졌다. 특히 중세 대외인식의 중추였던 화이관이 양란과 명의 멸망 후 동요하면서, 타자에 대한 인식이 달라지기 시작했다. 시선의 변화는 다시 내부로 향하여 '조선풍'에 대한 자각, 나아가 주변적 존재에 대한 관심으로 이어지면서 이 시기 시가의 변화를 추동했다.

조선후기 시가사는 이렇듯 당대 예술사의 흐름, 시대정신의 변화, 시정문화의 경향과 이를 주도한 담당층의 부상과 깊은 관련이 있다. 중인계급이 중심이 된 시정문화의 담당층은 민간문화의 동력과 사대부문화의 격조를 동시에 받아들여, 기존 작품을 개작하고 시정문화의 관습에 걸맞은 작품을 창작·수용하였다. 이렇듯 새롭게 부상한 문화주체를 중심으로 상하층문화의 영향을 두루 수용하면서 시가장르는 신분에 의해 구획된 폐쇄적 장벽을 넘어 상호교섭할 수 있는 계기를 맞았다. 이러한 변화양상이 예술의 각 분야에서 세속화 경향을 드러내는 조선후기 예술사의 흐름과 이를 통어하는 시대정신과 부합한다는 점 역시 이 시기 시가사에서 주목할 대목이다.

2. 시정담론의 동향과 시조의 통속화

시조는 조화와 균형을 이상으로 하는 사대부의 미의식을 드러내기에 적합한 장르로 알려져왔다. 그러나 '가(歌)'로 존재했던 시조는 '시(詩)'로 존재했던 한시에 비하면 어디까지나 시의 주변 장르, 즉 시여(詩餘)로서 존재해왔다. 또한 가창을 통해 장르의 실체가 온전히 드러난다는 장르의 특성상, 연행의 관습을 따를 뿐 아니라 전승방식 역시 구비적일 수밖에 없었다. 시여이자 구비적 가창물로 존재해온 시조의 위상은 역설적으로 국문시가가 존립할 수 있었던 유력한 바탕이기도 했다. 말하자면 한시와 국문시가가 이원적으로 존재하던 중세에, 시조는 우리말의 음률과 소리를 온전히 살린 노래이자, 민간의 정서에 더 근접할 수 있는 유력한 통로였던 것이다.

그런데 임병 양란 이후 자국어문학 재발견 분위기가 고조되고, 정감의 자연스러운 발현에 우호적인 시대정신이 보태지면서 시조의 위상은 달라지기 시작하였다. 그 계기가 된 것은 1728년에 편찬된 가집 『청구영언(靑丘永言)』이었다. 중인 출신 전문가객 김천택(金天澤)이 편찬한『청구영언』은 시정에서 널리 불리던 시조를 곡조별·작가별로 수집하여 정리한 가집으로, 주로 구연에 의해 전승되던 시조를 수집과 기록의 대상으로 삼았다는 점에서 의의가 있다. 이로써 시조는 한 번 부르고 사라지는 '가'가 아니라 명실상부한 시와 가의 일체인 '시가'로 존재하게 되었다. 나아가 시조의 수집을 통해 정감을 자연스럽게 드러내고, 인정과 세태를 곡진하게 표현할 수 있는 노래의 힘을 반추하는 계기가 되었다.

홀로 노래 한 길이 있어 조금이나마 풍인(風人)에 가까워서, 정을 이끌고 사연을 드러내니, 이어(俚語)로 읊조리고 노래하는 사이 유연히 사람을 감동시킨다.

민간의 노랫소리에 이르면 비록 그 강조(腔調)는 전아하게 다듬어지지 않았으나 무릇 그 기뻐하고, 원망하고, 탄식하고, 미쳐 날뛰고, 거칠게 달리는 모습과 태도는 각기 자연의 진기(眞機)에서 나온 것이다.

옛적 민풍(民風)을 살피는 이들에게 이를 채집하게 한다면, 시가 아닌 노래로 하였음을 나는 알고 있거늘, 어찌 노래가 보잘것없다고 하겠는가?

—진본『청구영언』,「후발문(後跋文)」부분

이 글은 조선후기 국문시가의 역동성이 어디에서 비롯하는지를 명백히 보여준다. 인위적인 조작이나 수식을 배제한 '진기(眞機)'를 중시하는 태도는 주변적인 대상에서 진실을 찾으려는 시대정신으로 개화했을 뿐만 아니라, 가장 멀리 떨어져 있던 사대부 지식인의 취향과 민풍(民風)이 만나는 계기가 되었다.

이렇게 하여『청구영언』은 이후『해동가요(海東歌謠)』『병와가곡집(甁窩歌曲集)』『가곡원류(歌曲源流)』로 이어지는 국문가집 시대를 열었을 뿐 아니라, 18세기를 기점으로 본격화한 시조의 변화를 알리는 징후들을 보여준다. 즉 시조 담당층의 확대, 전문가객의 출현, 창곡(唱曲)의 분화, 문학·예술 향유에서 신분 경계의 약화, 시조장르 관습의 변화 등 조선 전·중기의 시조와는 뚜렷이 구분되는 특징들이『청구영언』의 편찬경위와 수록시조들에 나타난 것이다.

그중에서 가장 주목할 만한 변화는 시조의 문학적·음악적 변화를 주도한『만횡청류(蔓橫淸類)』에 실린 사설시조라 할 수 있다. 사설시조는『청구영언』에 실린 전체 시조 중 6분의 1가량을 차지하지만, 그

의미와 진폭은 만만치 않다. 사설시조의 등장은 시조의 장르적 관습을 근본적으로 바꾸었을 뿐 아니라, 19세기 이후 다양한 갈래로의 분화를 예고한다는 점에서 조선후기 시조사에서 가장 중요한 국면이라 할 수 있기 때문이다.

사설시조는 3장 구조를 유지하지만, 각 구와 장이 자유롭게 확대될 수 있기 때문에 정연한 4음보, 단형율격이라는 양식에서 벗어난 파격시조라 할 수 있다. 이것이 희락적인 변조의 창곡에 얹혀 불리면서 인정·세태·욕망을 한결 생동감있게 표현할 수 있었다.

사설시조의 생동감은 '관념'보다는 '감각'과 '일상'을 우위에 두는 현실주의적 태도에서 비롯된다고 할 수 있다.

> 창(窓)내고쟈 창(窓)내고쟈 이 내 가슴에 창(窓)내고쟈
> 고모장지 세살장지 들장지 열장지 암돌져귀 수돌져귀 비목걸새 크나큰 쟝도리로 쑹닥바가 이 내 가슴에 창(窓)내고쟈
> 잇다감 하답답홀 제면 여다져볼가 ᄒ노라.
> ──진본 『청구영언』(심재완 편저 『정본시조대전』, 일조각 1984.
> 이하 시조 인용은 같은 책을 따름)

답답한 마음을 역동적이고 참신한 언어와 기발한 상상력으로 표현함으로써, 사설시조의 지향을 특유의 생동감있는 언어로 드러내고 있다. 꽉 막힌 답답한 마음을 창이라도 내어 해소하고 싶다는 고백은 외부를 향한 열린 시선과 상황을 돌파하려는 의지를 보여준다. '쑹닥바가' 같은 행위에 이르면 그 의지는 한층 구체성을 띤다. 답답할 때 언제든지 여닫고 싶다는 고백에서는 시름에 잠기지 않고 이를 극복

하려는 낙천성을 드러낸다.

이 작품에서 두드러지게 나타나는 '감각의 회복'은 중세적·관념적 사유에서 벗어나는 유력한 징후라 할 수 있다. 감각적 이미지는 가공되지 않은 정서를 '일상적이고 객관적인 상관물'로 환치함으로써, 주관적 독백에 침잠하거나 감정이 과잉 노출될 수 있는 개연성을 애초에 차단한다. 이는 추상적 인식을 최대한 배제하고, 일상적 경험에 의거하여 대상을 바라보려는 태도가 드러난 것이라고 할 수 있다.

이처럼 사설시조는 관념보다는 일상과 감각을 전면에 내세우면서, 윤리적 이념에 가려 보이지 않던 삶의 이러저러한 면을 반영할 수 있었다. 그 결과 남녀간의 정, 삶의 애환, 성욕 등 정감의 영역이 제한 없이 표출되기 시작하였다.

각씨(閣氏)네 더위들 亽시오 일은 더위 느즌 더위 여러 히포 묵은 더위

오뉴월(五六月) 복(伏)더위에 고은 님 만 나이서 돌 불근 평상(平床)우희 츤츤 감겨 누엇다가 무엄일 ᄒ엿던디 오장(五臟)이 작열(煩熱)ᄒ여 구슬씀 흘니면서 헐썩이는 그 더위와 동지(冬至)ᄃ 긴 긴밤의 고은님 품의 들어 ᄃᆞᄉᆞ혼 아룹목과 둣가온 니불속에 두몸이 혼몸되야 그리저리 ᄒ니 수족(手足)이 답답ᄒ고 목굼기 타올적의 웃목에 츤 슉늉을 벌썩벌썩 켜는 더위 각씨(閣氏)네 亽랴거든 소견(所見)디로 사시옵소

장소야 네 더위 여럿듕에 님 만난 두 더위는 뉘 아니 됴화ᄒ리 놈의게 푸디말고 내게 푸르시소.

—육당본『청구영언』

외간남자인 장사치와 여인의 대화로 이루어진 '댁드레'류의 작품과 유사한 구성을 취한 이 작품은 민간의 더위 파는 풍속에 빗대어 성욕을 노출하고 있다. 이 작품은 사랑과 성의 문제를 철저히 육체적인 감각과 이를 표상하는 언어로 집중한다. 육체적 감각은 사설시조 특유의 즉물적 대상인식이 인간 내부의 원초적 충동과 결합한 결과라 할 수 있다. 이처럼 사설시조는 육체적 감각을 전면에 부각함으로써 성을 둘러싼 윤리적 압박에서 벗어났고, 이는 궁극적으로 시조의 미적 관습까지 바꾸는 결과를 낳았다.

시조는 이처럼 이념 우위의 태도에서 벗어나 비속한 현실 속에서 부대끼는 욕망의 군상에 초점을 맞추면서 급격히 통속화되기 시작했다. 장황한 세태묘사, 물욕과 애욕의 거침없는 노출, 과장된 슬픔의 표현은 통속화의 유력한 징후라 할 수 있다. 이러한 현상은 중세 해체기의 활력을 민중적 역동성과 결합하지 못한 채 파괴적 냉소와 향락주의로 귀결되었다는 비판을 피할 수 없다. 그렇지만 중세적 명분론과 이념에 은폐되어 있던 현실의 속내를 드러내고, 주변부 존재들의 진실을 드러낸다는 점에서 그 의의를 인정할 수 있다.

시조의 파격에서 촉발된 통속화는 19세기 이후 양 방향으로 진행되었다. 그 하나가 시정의 감성을 세련된 격조와 심미적 태도로 재현하는 『가곡원류』 방식이라면, 다른 하나는 생동하는 구어체와 순한글 표기로 다변하는 세태와 인심을 포착하는 『남훈태평가(南薰太平歌)』의 접근법이다. 『가곡원류』와 『남훈태평가』의 이러한 차이는 향후 시정문화의 다양화와 취향의 분화 개연성을 보여주는 것이라 할 수 있다. 향촌 사족의 자의식을 담아낸 조황(趙榥)과 시정담론에 근접한 작품을 창작한 이세보(李世輔)의 시조들은 두 경향 사이에 자리잡고 있다.

취향에 따른 이러한 분화는 시조의 미적 관습을 바꾸고, 결과적으로 그 영역을 한결 풍부하게 넓혀갔다고 할 수 있다.

3. 가사문학의 양적 증가와 다양화

가사는 18, 19세기를 거치며 담당층의 확대, 양적 증가, 다양한 담론양식의 포괄, 장르 분화라는 변화를 겪었다. 본래 가사는 4·4조 4음보라는 율격 제한만 지키면 분량에 구애받지 않고 의도하는 바를 진술할 수 있는 양식이다. '개방과 제약'의 양면을 지닌 가사의 양식적 탄력성은 '주류와 비주류 문화가 혼류하는' 조선후기의 문화풍토와 만나면서 그 잠재력이 한껏 발휘되었다. 그 결과 가사는 인정·세태·물상·기행 등 삶의 여러 국면을 가장 효과적으로 표현할 수 있는 글쓰기 방식으로 자리잡았다. 주로 도시의 가창문화권에 속했던 시조, 잡가와 달리 가사는 도시와 향촌을 막론하고 두루 향유되었다는 점 역시 그 포용성을 다시금 생각하게 한다.

그뿐 아니라 장르면에서 복합성을 띤 가사가 조선후기 들어 다양한 담론방식을 포괄하면서 장르 지향에 따라 분화한다는 점 역시 이 시기 가사의 진로와 관련하여 주목할 만하다. 그리하여 조선 전중기까지 주로 가창물, 음영물로 기능하던 가사는 가창물·음영물·기록물, 독서물 등 다양한 방식으로 존재하게 되었다.

이 시기 가창물이던 가사는 전대의 가사보다 축소된 형태로, 주로 시정의 정서를 표현했다. 시정의 가창공간에 자리잡은 대표적인 가사로는 상사가류의 가사, 「춘면곡」을 위시한 12가사를 꼽을 수 있다.

    춘면(春眠)을 느즛씨야 죽창(竹窓)을 반개(半開)ᄒ니
    정화(庭花)는 작작(灼灼)ᄒ되 가난나뷔 머무는듯
    안류(岸柳)ᄂ 의의(依依)ᄒ야 셩권닉를 씌워셰라
    창전(窓前)의 덜고인슐을 이삼배(二三杯) 먹은후(後)의
    호탕(浩蕩)ᄒ 밋친흥(興)을 부질업시 ᄌ아니여
    백마금편(白馬金鞭)으로 야유원(冶遊園)을 ᄎᄌ가니
    화향(花香)은 습의(襲衣)ᄒ고 월색(月色)은 만정(滿庭)ᄒ되
    광객(狂客)인듯 취객(醉客)인듯 흥(興)을 겨워 머무는듯
    배회고면(徘徊顧眄)ᄒ야 유정(有情)이 셧노라니
    취와주란(翠瓦朱欄) 놉흔집의 녹의홍상 일미인(綠衣紅裳 一美人)이
    사창(紗窓)을 반개(半開)ᄒ고 옥안(玉顔)을 잠간들어
    웃는듯 반기는듯 교태(嬌態)ᄒ여 머므는듯
    청가일곡(淸歌一曲)으로 춘흥(春興)을 ᄌ아니니
                                   —육당본『청구영언』

「춘면곡」은 서생과 기생의 짧은 로맨스를 그린 작품으로, 봄날의 화사한 정취, 꿈같은 사랑, 이별 후의 회한과 아쉬움을 심미적으로 그린 곡이다. 육당본『청구영언』과『남훈태평가』『가곡원류』등 19세기 가집에「춘면곡」이 고루 전하고,『춘향전』경판본인『남원고사』에도 남원 한량들이 이 곡을 부르는 장면이 나오는 것으로 보아 19세기

무렵 시정에서 널리 불렸음을 알 수 있다. 몽환적인 사랑, 비애의 극단적 노출은 「상사별곡」「단장사」 등 당시 가창공간에서 널리 불리던 가사와 공유하는 특질이기도 하다. 비애를 과장되게 표현하는 감상적 정조는 '좌절된 욕망의 표현'이라는 점에서 시정 정서의 일단을 드러낸다고 할 수 있다.

이 시기 가사가 택한 또하나의 진로는 '기록성과 정보성의 강화'이다. 이는 가사의 장형화에 따라 나타난 현상이기도 하다. 가사가 기록과 정보의 통로로 기능하는 현상은 각종 경험의 지평이 확장되면서 가속화되었다. 조선후기 가사의 특성을 이야기할 때 거론되는 서사적 지향과 사실적 지향은 이질적이고 새로운 공간체험과 문화충격을 담아내려는 지향과 분리하여 생각할 수 없다. 즉 경험의 편폭이 확장되고 그에 따라 시야가 넓어지면서 가사가 담아내야 할 내용 또한 풍부해질 수밖에 없었던 것이다. 이는 필연적으로 가사의 장형화라는 결과로 이어진다. 게다가 '지금 이곳'의 경험을 현재화한 표현으로 담아내려는 의도가 더해지면서, 일인칭 화자의 정연한 진술로 일관하던 담론화 방식에도 변화를 초래했다. 따라서 가사의 장형화, 다양한 진술방식의 수용, 서사체의 수용은 일차적으로 가사를 주재하는 작가(화자)의 경험의 변화에서 비롯된다.

다면화된 경험은 필연적으로 이의 재현을 위한 진술방식의 모색으로 이어지게 마련이다. 게다가 타 문화권, 타 장르, 타 텍스트의 성과를 적극 수용하는 19세기의 개방적 문화풍토는 가사의 변화를 매개하는 강력한 요인으로 작동했다. 이렇게 본다면 가사의 장형화·서사화는 19세기적 문화풍토에, 작가(화자)의 의지를 실현할 진술방식과 담론화 방향의 모색이 합쳐진 결과라 할 수 있다.

4. 도시유흥의 성장과 잡가의 부상

19세기는 흔히 도시유흥의 전성시대로 꼽힌다. 도시를 중심으로 발달한 다양한 유흥문화는 경제적 부가 문화예술 분야로 흘러들면서 여가를 소비하는 방식이 다양화·심미화되었음을 의미한다. 19세기 도시유흥은 기본적으로 18세기 이후 시정문화의 흐름을 계승한 것이라 할 수 있다. 즉 사대부가 주도한 고급예술과 민중이 중심이 된 민속예술의 틈새에서 조심스럽게 부상한 통속예술이 양자의 경계를 허물고 고급예술·민속예술·통속예술의 구도를 만들어갔으며, 중인·상인·무반 등 경제적 유력층이 문화 소비자로 등장하면서 문화예술 전반의 대중화가 광범위하게 진행되었다.

도시유흥에서 가장 인기있던 레퍼토리는 단연 판소리와 잡가였다. 그런데 19세기 잡가는 가창을 위한 가사까지 두루 포괄하는 말로, '사계축, 삼패 등이 부르던 민간의 가창양식'이라는 의미의 잡가와는 거리가 있다.

잡가가 언제, 어떤 형태로 모습을 드러냈는지는 명확히 알 수 없으며, 대개 농촌인구의 이동이 나타난 18세기 이후 하층 유랑연예인을 중심으로 불렸을 것이라 추정할 뿐이다. 본격적인 잡가의 시대는 일반적으로 잡가의 삼명창인 추교신, 조기준, 박춘경이 도시유흥의 장에서 활동하고 가집 『남훈태평가』에 잡가가 독립된 곡조로 등장하는 1860년대 이후로 본다. 19세기 중엽 이후 시정의 가창문화를 반영하는 가집 『남훈태평가』에는 잡가편에 「소춘향가」 「매화가」 「백구사」 등 3편을, 가사편에 「춘면곡」 「상사별곡」 「처사가」 「어부사」 등 4편을 싣고 있어, 19세기 중엽 이미 잡가가 널리 가창되었다는 것을 알 수 있다. 또한 사당패 같은 유랑예능인의 이동이 빈번해지면서 지역을 기반으로 한 민요 역시 잡가의 영역에 속속 편입되기 시작했다. 이러한 과정을 겪으면서 잡가의 영역은 넓어지고, 그 수용층은 더 하층까지 확대되었다.

잡가는 이처럼 민간의 가창양식에서 출발하여, 도시의 광범위한 대중을 수용층으로 포섭하면서 도시 유흥문화의 핵심으로 부상했다. 잡가의 부상과 성행이 도시유흥의 성장과 저변화와 관계있는만큼, 그 안에는 도시의 세태, 욕망과 애환이 가감없이 반영되어 있다. 또한 기원이 다른 이질적인 텍스트를 합성하여 음성적 효과를 배려해 사설을 구성했으므로, 의미의 일관성이나 통일성보다는 찰나적, 향락적 정조의 구현에 치중하는 경향이 두드러진다.

  층암절벽상에 폭포슈은 쌀쌀 슈졍렴드리온 듯 이골물이 주루루룩 저골물이 쌀쌀
  열에열골물이 한듸합슈ᄒ야 쳔방져디방져 소쿠라지고 펑퍼져 널츌지고 방울저
  져거너병풍셕으로 으르렁쌀쌀 흐르는 물결이 은억갓치 흐터지니
  소부허유 문답ᄒ든 긔산영슈가 예안이냐 쥬각졔금은 쳔고졀이오 젹다졍조는 일년풍이라
  일츌낙됴가 눈압헤 버려나 경기무궁이 됴흘시고
          —『신구잡가(新舊雜歌)』,「유산가(遊山歌)」

이 작품은 서울, 경기 지방의 12잡가 중에서도 으뜸으로 꼽히는

「유산가(遊山歌)」중 일부로, 봄날 명승지에서 느끼는 춘흥과 자족적 풍류를 노래하고 있다.「수궁가」의 인상적 표현과 은일지사였던 소부(巢父)와 허유(許由)의 고사가 봄날의 정취에 더해지면서 사실과 가상, 정(靜)과 동(動)이 결합된 절정의 '순간'을 포착하고 있다. 의성어와 의태어의 빈번한 개입은 대상에 역동성을 부여하면서 도시의 세태와 풍류를 파노라마처럼 그려내는 데 일조하고 있다.

물론 잡가의 역동성이 장황과 다변을 위주로 하는 말놀음, 찰나적 쾌락에 그치고 마는 점은 명백한 한계로 지적될 수 있지만, 전환기 도시대중들의 욕망과 애환을 가감없이 담아낸 점은 주목할 부분이다. 이를 통해 19세기 시정문화의 역동성과 개방성을 가늠해볼 수 있기 때문이다. 그뿐 아니라 20세기 이후 출판가집, 유성기, 극장 등 근대적 매체와 대면하면서 근대초기 대중문화로 정착했던 점에서도 잡가의 잠재력을 확인할 수 있다.

5. 조선후기 시가 연구의 쟁점

조선후기 시가는 단일한 시각으로는 포착하기 어려울 정도로 중층적·역동적 면모를 드러낸다. 이 시기 시가와 관련하여 지속적으로 제기되는 쟁점은 '통속'의 문제라 할 수 있다. 통속이란 대개 질적인 조야함, 진지하지 못한 가벼운 태도, 진부함 등으로 인식되어왔다. 통속화는 엄숙한 이념에 의해 억압되었던 감각·충동·욕망 등 세속적 가치와 태도가 전면화하면서 나타나는 현상인만큼, 그 자체로 중세적 가치에서 벗어난다는 의의를 지니고 있다. 그러나 탈중세적인 것이 반드시 새 시대나 가치를 담보하는 것은 아니라는 측면에서 조선후기 시가의 통속화에 대한 논의가 쟁점으로 부각되기 시작했다. 시가의 통속화는 민간문화의 잠재력이 커져서 시정문화로 탈바꿈하는 과정에서 나타난 특질로, 문화의 저변이 넓어지고 수용층이 확산되는 대중화 현상을 수반했다는 점에서 역사적·이론적으로 정치하게 해명되어야 할 영역이다. 말하자면 시가의 통속화는 기성 가치가 점차 해체되고 새 질서가 이입되기 시작하는 전환기문화의 역동성을 드러낸다고 해석할 수 있기 때문이다.

또한 조선후기의 시가에서 근대적 징후를 찾고, 근대성의 문법을 발견하려는 시도도 1970년대 이래 자생적 근대화론에 조응하여 꾸준히 나타났다. 시가의 근대성에 대한 논의는 대개 '정형률의 탈피'라든가 '정감의 자연스러운 표출' '주체(민족을 포함한)에 대한 자각'에서 크게 벗어나지 않았다. 그러나 이러한 견해는 전통적인 것과 새로운 것이 혼재된 시기에 대한 이해가 거세된 단선적 시각이며, 탈중세적 가치가 곧 근대성의 징후일 수는 없다는 비판에 직면하면서, 전통 장르와 신종 장르의 상호작용 속에서 변화의 맥락을 포착하려는 시도가 등장했다. 그러나 이 경우에도 근대성에 대한 관심은 신문·잡지 같은 저널리즘 매체에 실린 시가에 집중되었다는 점에서, 통속적 경향을 드러낸 조선후기 시가와의 관련성을 해명하기에는 미흡하다고 할 수 있다. 따라서 시가의 근대성에 대한 논의는 조선후기 시가가 근대 이후 어떤 궤적을 밟아갔는지, 수용의 맥락은 어떠했는지, 그 변모상을 지속적으로 응시하는 가운데서 더욱 심화될 것이다.

:박애경:

● 더 읽을거리

이 글에서 인용한 시조는 심재완 편저 『정본 시조대전』(일조각 1984)의 표기를 따랐다.

조선후기 시가사는 예술사·문화사의 흐름과 긴밀한 관련을 맺으며 전개되었다. 이 시기 예술사의 전반적 구도를 알려면 임형택 「18·9세기 예술사의 성격」, 『한국학연구』 7(고려대 한국학연구소 1995); 강명관 「조선후기 중간계층과 유흥의 발달」, 『조선시대 문학예술의 생성공간』(소명출판 1999); 김학성 「18·9세기 예술사의 구도와 시가의 미학적 전환」, 『한국시가연구』 11(한국시가학회 2002)을 참조할 수 있다.

조선후기 시가의 변화의 이론적 기반이 된 문예관, 당대 담론의 동향에 대한 연구는 김흥규 『조선후기 시경론과 시의식』(고려대 출판부 1984)이 자세하다. 조선후기 시가의 변화를 서민의식의 발흥에서 찾고, 그 시대적 의미를 밝힌 정병욱 「이조후기 시가의 변이과정 고」, 『창작과비평』 31(1974년 봄호)는 조선후기 시가의 근대적 면모를 내재적 발전론의 시각에서 읽어낸 대표적 연구성과라 할 수 있다.

조선후기 시가사의 구도를 밝힌 대표적 연구성과로는 고미숙 『18세기에서 20세기초 시가사의 구도』(소명출판 1998); 김용찬 『조선후기 시가문학의 지형도』(보고사 2002); 고한연 편 『19세기 시가문학의 탐구』(집문당 1995)를 들 수 있다.

시조 연구의 주 대상인 가집을 통해 조선후기 시조의 시가사적 의미를 살핀 연구로는 신경숙 『19세기 가집의 전개』(계명문화사 1995); 최규수 『19세기 시조대중화론』(보고사 2006)을 꼽을 수 있다. 조선후기 양적으로 증가한 가사의 장르적 기반과 분화상은 성무경 『가사의 시학과 장르 실현』(보고사 2000); 서영숙 『조선후기 가사의 동향과 모색』(역락 2003)을 참고할 수 있다.

장편소설의 형성과 조선후기 소설의 전개

1. 17세기와 장편소설의 대두

　17세기에 들어 우리 소설은 분량면에서 그 이전의 단편 일변도에서 벗어나 점차 중장편의 경향을 띠게 되었다.『운영전(雲英傳)』이나『최척전(崔陟傳)』『주생전(周生傳)』이 전기소설의 전통을 이으면서도 분량이 확대된 점은 주목해야 할 사실이다. 사회의 양태와 질곡이 더이상 단편으로는 수용할 수 없는 지점에 이르렀고, 소설의 기교와 형식이 상당히 발전했음을 드러내는 표지이기 때문이다.
　한문소설인 전기소설의 중장편화 경향과 맞물려 김만중(金萬重)의『구운몽』『사씨남정기』, 조성기(趙聖期)가 지은 것으로 추정되는『창선감의록(彰善感義錄)』, 대하소설『소현성록(蘇賢聖錄)』연작(「소현성록」「소씨삼대록」15책, 이화여대 소장본)이 장편 형식으로 17세기 중후반에 창작되었다. 이들은 모두 『운영전』 등의 전기소설에 비해 양적으로 상당히 확대되었는데, 특히 『소현성록』 연작은 장편소설의 범주를 넘어서서 대하소설이라 불러도 될 정도의 분량이다.

『구운몽』 등의 작품은 전기소설과는 구분되는 특징들을 지니고 있다. 우선 국문본이 존재한다는 점을 들 수 있다. 『소현성록』 연작을 제외한 나머지 세 작품은 한문과 국문으로 된 이본이 모두 존재하고, 원전의 표기문자에 대한 이론이 있으나 국문본이 존재한다는 사실에는 변함이 없다. 한문으로 표기된 전기소설은 소수의 지식인 남성이 향유할 수밖에 없었으나, 국문으로 표기된 소설은 사대부가의 여성과 중인 이하의 남성들까지 폭넓게 읽었다. 이처럼 국문본의 존재는 독자층의 확대를 뜻한다는 점에서 의미가 있다.

더불어 이들 소설에는 봉건제도를 유지하려는 사대부층의 의식이 매우 뚜렷하게 드러나 있다. 『구운몽』은 작가의식을 한마디로 정의할 수 없는 독특한 소설이지만 소설에 일부다처제를 옹호하는 사대부 남성의 목소리가 투영되어 있음은 부인할 수 없고, 『사씨남정기』와 『창선감의록』에는 한 가정의 구성원 사이에서 벌어지는 갈등, 즉 처첩 갈등, 형제 갈등, 모자 갈등 등이 매우 세밀하게 묘사되는 가운데 가장의 중요성과 부덕(婦德)이 강조되어 있다. 『소현성록』 연작은 가정 내의 갈등을 묘사하면서도 종통(宗統) 중심의 가문을 부각시킴으로써 가부장제를 더욱 공고하게 하는 데 기여하고 있다. 이러한 의식은 부모의 동의 없이 자유로운 연애를 구가하는 전기소설의 내용과는 사뭇 다르다.

이처럼 국문 장편소설, 대하소설의 성행은 소설에 대한 사대부 남성의 시각 변화와 무관하지 않다. 기실 사대부 남성들 가운데에는 소설을 배격하는 이들이 적지 않았다. 소설이 봉건사회의 기틀을 무너뜨리는 반사회적 의식을 담고 있으며, 그 내용이 황탄(荒誕)하고 음란하여 사회 구성원의 타락을 야기할 수 있고, 더 나아가 여성들이 소설에만 빠져 집안일을 소홀히 한다는 이유에서였다. 그런데 『사씨남정기』나 『창선감의록』과 같은 소설은 부덕을 강조하여 봉건사회를 건실히 떠받치는 데 이바지하고 있고, 음란한 여주인공은 징벌을 받도록 설정함으로써 타락을 방지하는 역할도 하였다. 결과적으로 사대부가의 여성들이 소설에 탐닉했지만 이러한 소설들은 여성을 교화하는 데 큰 역할을 한 셈이다. 김만중 같은 작가는 바로 여성에 대한 소설의 이러한 교화적 기능을 염두에 두고 작품을 창작한 것으로 보인다. 이는 곧 가부장제사회의 공고화와 직결되는 문제로서, 사대부 남성 중심의 지배권력을 영구히 하는 데 소설이 일정한 기능을 하고 있음을 의미한다.

 이들 소설의 형성에는 국내소설로는 17세기 전기소설이, 국외소설로는 중국의 전기소설, 재자가인(才子佳人)소설 등이 영향을 미쳤고, 사회적으로는 가부장제의 강화가 한몫을 담당했던 것으로 파악된다. 일대기 형식이 강화되고 초월적인 질서가 개입되며 남녀관계가 복합적으로 형상화되는 17세기 조선의 전기소설은 『구운몽』 등 17세기 중후반에 산출된 소설에 직간접적인 영향을 미치며 교섭한 듯하다. 중국의 소설 역시 상당한 영향을 미쳤다. 예컨대, 『구운몽』에서 양소유와 진채봉의 결연에 매개 역할을 하는 양류사(楊柳詞)는 중국 당대(唐代)의 전기소설인 『유씨전』에서 연유하고, 난양공주와의 결연에는 소사와 농옥의 고사가 쓰인다. 재자가인소설에 보이는 풍류형 남성은 『구운몽』의 양소유나 『창선감의록』의 윤여옥, 『소현성록』 연작의 풍류형 인물 등과 일맥상통한다. 문학 외적 배경으로 가부장제의 강화는 이들 소설의 산출에 일정한 몫을 담당했는데, 그 이전에 산출된 몽유록이나 전기소설 등에는 가부장제적 모습이 별로 보이지 않는다는 점을 감안하면, 17세기 들어 달라진 사회환경과 소설의 상관관계를 엿볼 수 있다.

이들 『구운몽』 『사씨남정기』 『창선감의록』 같은 국문장편소설이나 『소현성록』 연작 같은 대하소설은 이후의 소설사에 지대한 영향을 미쳐서 맹아적 역할을 한다. 『구운몽』에 등장하는 다양한 모티프와 장면은 이후 소설에 많은 영향을 끼쳤다. 그중 한 가지 예를 들면 양소유와 여덟 여인의 결연 장면을 비롯한 남녀의 결연 장면들, 그리고 아내들끼리 지기(知己)로 지내는 장면들은, 명말청초에 유행했던 재자가인소설의 영향을 받은 것이기는 하나, 이후 대하소설에도 간혹 보이는데, 특히 19세기에 창작된 남영로(南永魯)의 『옥루몽』에 결정적인 영향을 미친다. 『사씨남정기』나 『창선감의록』에 보이는 가정 내에서의 처첩 갈등, 계모와 전실소생의 갈등은 고스란히 처첩형 가정소설과 계모형 가정소설로 그 구도가 옮겨간다. 비록 『사씨남정기』 등의 작품과 이후의 가정소설 주인공의 신분이 차이가 나고 작품성 면에서도 비교할 수 없는 차이가 있기는 하지만 갈등구도면에서는 『사씨남정기』 등이 선구적 역할을 하고 있다. 『소현성록』 연작은 이른 시기에 산출된 대하소설로서, 소설에 보이는 처첩 갈등과 부자 갈등, 군담, 늑혼(勒婚) 등은 이후 18세기에 집중적으로 창작된 대하소설에서도 흔히 찾아볼 수 있는 요소들이다.

2. 유교이념의 표출: 18세기 국문대하소설

17세기에 맹아 역할을 한 소설이 창작된 데 이어 18세기와 19세기에는 다양한 장편소설이 잇따른다. 상층 사대부가 향유한 소설로는 국문대하소설과 한문장편소설이 있고, 상하층이 두루 향유한 소설로는 완전한 장편에는 미치지 못했지만 단편양식을 벗어난 영웅소설, 가정소설 등의 통속소설이 있다.

이 가운데 국문대하소설은 18세기 소설사를 대변하는 유형이라 불러도 무방하다. 18세기에 이르러 국문으로 된 방대한 양의 소설이 집중적으로 창작되었기 때문이다. 17세기에도 물론 『소현성록』연작과 『완월회맹연(玩月會盟宴)』(180책)이 나왔으나 18세기에 비하면 소략한 편이다.

대하소설은 특히 사대부가 여성 사이에서 인기가 있었는데, 이는 여러 자료를 통해 확인된다. 18세기말 온양 정씨(1725~99)가 필사한 것으로 알려진 서울대본 『옥원재합기연(玉鴛再合奇緣)』권14와 권15의 표지 안쪽에 적힌 목록에 다수의 대하소설 제목이 보인다. 온양 정씨는 며느리, 손자며느리, 증손자며느리 등과 함께 『옥원재합기연』을 필사한바 있어, 사대부가 여성들의 대하소설 열기를 짐작해볼 수 있다. 『완월회맹연』은 안겸제(安兼濟)의 어머니 전주 이씨(1694~1743)가 지은 것으로 추정되기도 하는데, 이는 사대부가 여성이 독서를 넘어서 창작의 경지에까지 이르렀음을 의미한다. 이광사(李匡師)의 아들 남매가 지었다는 『소씨명행록(蘇氏名行錄)』에 대한 기록이나 홍희복(洪羲福)의 『제일기언(第一奇諺)』서문에 등장하는 대하소설 목록을 통해서도 사대부가 여성의 향유열을 짐작할 수 있다.

대하소설은 이처럼 사대부가 여성 독자에게 인기를 끌었는데 이는 대하소설이 그녀들의 삶에서 일정한 기능을 하고 있었음을 의미한다. 먼저 교화적인 기능을 들 수 있다. 어려서부터 유교이념을 교육받은 사대부가 여성은 유교이념에 반하는 인물이 끝내는 징치를 당하는 반면, 유교이념을 따르는 인물은 갖은 고생을 하지만 결국 가문에 복귀하는 모습을 보고 자신의 가치관이 옳았음을 확인하고 심리적 안정감을 얻었을 것이다. 이는 일찍이 김만중의 창작 의도와도 정확히 부합한다. 다음으로 교양서로서의 기능을 들 수 있다. 대하소설에는 사서삼경을 비롯한 제자백가서에서 추출된 다양한 전고(典故)가 등장한다. 또한 한자를 모르면 해독이 안되는 단어들이 많다. 『명행정의록(明行貞義錄)』같은 작품에는 수많은 한시도 등장한다. 이러한 면모는 곧 사대부가 여성이 대하소설을 통해서 교양을 획득할 수 있었음을 뜻한다. 그녀들은 더불어 독서하는 기쁨도 누렸을 것으로 짐작된다.

대하소설은 국내외 여러 소설의 영향을 받으며 또는 상호교섭하면서 형성되었을 것으로 추측된다. 국내소설로는 전기소설, 17세기에 창작된 『구운몽』 등을 들 수 있고 국외소설로는 중국의 연의소설, 재자가인소설, 신마소설(神魔小說) 등을 들 수 있다.

국내소설 가운데에는 특히 『구운몽』 『사씨남정기』 『창선감의록』과의 관계에 주목할 필요가 있다. 『구운몽』에 등장하는 결연의 다양한 모습과 늑혼 모티프, 『사씨남정기』와 『창선감의록』에서의 처첩 갈등, 『창선감의록』의 윤여옥 같은 풍류형 인물 등은 대하소설에서도 흔히 접할 수 있다. 근본적으로 이 소설들을 한묶음으로 볼 수 있는 까닭은 바로 이들 소설에 상층민의 세계관이 투사되어 있기 때문이다. 비록 대하소설은 서사의 규모나 장편화의 방식 등 다양한 면에서 이들 소설과 차이가 있으나 이처럼 유사점도 적지 않다.

중국의 연의소설 역시 대하소설의 형성에 일정한 역할을 한 것으로 보인다. 15, 16세기에 수입된 『삼국지연의』를 비롯하여 『수당연의(隋唐演義)』 등은 허균(許筠)이나 홍만종(洪萬宗) 같은 사대부 남성이 즐겨 읽었고 그들에게 칭찬까지 받은 소설들이다. 연의소설은 사대부 남성뿐만 아니라 사대부가 여성 사이에서 더욱 인기가 있었다. 조태억(趙泰億)의 어머니가 『서주연의(西周演義)』를 필사했다가 결권(缺卷)을 다시 찾기까지의 과정을 그린 조태억의 『언서서주연의발(諺書西周演義跋)』을 통해, 그리고 서울대본 『옥원재합기연』 권14와 권15의 표지 안쪽에 씌어 있는 목록을 통해 그러한 점을 추정할 수 있다.

연의소설은 대하소설의 창작에 일정한 영향을 미쳤다. 특히 『삼국지연의』의 영향이 지대하다. 일례로 『쌍천기봉(雙釧奇逢)』의 작중인물은 『삼국지연의』에 등장하는 주요인물, 즉 제갈공명과 강유, 위연, 마속, 왕평, 마대 등의 현신으로 설정되어 있다. 또한 『삼국지연의』에 보이는 화공(火攻) 장면은 대하소설의 군담 부분에 자주 애용되는 소재이다. 연의소설의 영향은 대하소설이 중국의 역사를 상당부분 차용해 배경을 설정했다는 점에서도 찾을 수 있다. 『쌍천기봉』이나 『성현공숙렬기(聖賢公淑烈記)』 등은 중국 명나라 3대 황제인 영락제가 황제가 되기 위해 일으킨 정난(靖難)의 변을 소재로 삼았고, 『천수석(泉水石)』은 당말오대의 혼란한 시기에 조광윤이 송나라를 건국한 것을 역사적 배경으로 삼았으며, 『구래공정충직절기(寇萊公貞忠直節

記)』는 북송의 구준을 주인공으로, 북송시대를 배경으로 설정한 작품이다. 작품에 따라 역사적 사실을 충실히 따른 경우도 있으나 대개 역사적 사실은 허구를 직조하기 위한 방편으로 이용되었다.

명말청초의 재자가인소설『옥교리』『평산냉연』『호구전』은 17세기 중엽에는 이미 조선에서 읽혔거나 번역되었다. 대하소설은 이러한 재자가인소설의 영향도 일정하게 받은 것으로 판단된다. 기자치성(祈子致誠)을 하는『옥교리』의 서두가『소현성록』의 서두와 상당히 유사하다거나『호구전』의 모험 모티프가『소현성록』에도 유사하게 나타난다는 공통점이 있다. 무엇보다 유사한 점은 재자(才子)와 가인(佳人), 즉 재주 있는 남성과 아리따운 여성이 주인공으로 등장한다는 점, 그리고 때로는 그들이 부모의 허락 없이 혼인한다는 점 등이다.

대하소설은 이처럼 국내외 소설의 영향을 받는 가운데 사회적 변동을 반영할 수밖에 없었다. 특히 17세기 이래 더욱 강화된 당파, 문벌, 가문의 결속을 일정하게 수용하며 형성된 것으로 보인다. 17세기 후반에 발생한 일련의 예송과 환국, 즉 조대비의 복상(服喪) 문제로 일어난 기해예송(己亥禮訟)과 갑인예송(甲寅禮訟), 그리고 서인과 남인의 대립으로 발생한 경신환국(庚申換局), 기사환국(己巳換局), 갑술환국(甲戌換局) 등은 당파와 가문의 결속을 더욱 강화했다. 대하소설에는 자기 가문을 중시하는 사대부층의 이러한 배타적인 세계관이 일정하게 수용되어 있다.

대하소설은 작품별로 개성이 있으나 형식과 내용 면에서 몇가지 공통점 또한 발견된다. 먼저 연작(連作) 형태라는 점을 꼽을 수 있다. 물론『완월회맹연』이나『구래공정충직절기』(31책) 같은 단일작도 있으나 대개는 연작으로 되어 있다. 예컨대,『쌍천기봉』연작은「쌍천기봉」(18책)과 「이씨세대록」(26책)으로 되어 있고, 『유효공선행록(柳孝公善行錄)』 연작은 「유효공선행록」(12책)과 「유씨삼대록」(20책)으로 되어 있으며, 『성현공숙렬기』 연작은 「성현공숙렬기」(25책)와 「임씨삼대록」(40책)으로 되어 있고, 『현몽쌍룡기(現夢雙龍記)』 연작은 「현몽쌍룡기」(18책)와 「조씨삼대록」(40책)으로 되어 있다. 또 『천수석』 연작은 「천수석」(9책)과 「화산선계록」(80책)으로 되어 있고, 『명주보월빙(明珠寶月聘)』 연작은 「명주보월빙」(100책)과 「윤하정삼문취록」(105책)으로 되어 있으며, 『옥원재합기연』 연작은 「옥원재합기연」(21책)과 「옥원전해」(5책)로 되어 있다.

  다음으로 단위담(單位談)이나 모티프가 서사구성의 주요한 방식으로 기능하고 있다는 점을 들 수 있다. 단위담은 군담, 남녀결연담, 부부갈등담처럼 전체 서사를 구성하는 소규모 서사이다. 같은 단위담이라 해도 작품에 따라 약간의 차이가 있고 배열이 바뀌기도 한다. 이렇게 함으로써 독자를 식상하지 않게 하고 흥미를 배가시킬 수 있었다. 모티프는 하나의 작은 서사가 될 수도 있고 단순한 소재 차원에 머무르기도 한다는 점에서 단위담과 구분된다. 예컨대, 남편이 새로운 아내와 혼인할 때 기존의 아내가 남편을 위해 길복(吉服, 혼인복)을 짓는 장면은 대하소설에 자주 등장하는 모티프이다. 주동인물은 순순히 짓지만 반동인물은 지으려 하지 않거나 마지못해 울면서 짓는다. 미인도에 그려진 여인을 보고 흠모하는 남주인공이 결국은 미인도 속의 모델과 실제로 혼인한다는 모티프도 대하소설에 흔히 등장한다. 늑혼 모티프 역시 대하소설에서는 자주 만나볼 수 있다. 대하소설의 작가는 이러한 단위담이나 모티프를 적절히 변용함으로써 다른 대하소설과는 서사구성이 다른 작품을 산출한다.

대하소설에는 또 유교이념이 강하게 반영되어 있다. 효(孝)와 부덕은 작품에서 최고의 이념으로 숭앙된다. 대하소설에서 효는 충보다 더 가치있는 이념이다.『완월회맹연』의 정인성은 자신을 죽이려 하는 계모 소교완에게 정성을 다해 효도하고,『명주보월빙』에서도 윤희천은 자신을 죽이려 하는 의조모 위부인과 의모 유부인에게 지극한 효성을 바친다.『화산선계록』에서도 괴팍한 어머니 기부인이 행패를 부려도 아들 연희숙은 전혀 개의치 않고 자식의 본분을 다해 어머니를 모신다. 부덕 또한 여주인공들이 반드시 행해야 할 이념으로 나타난다. 남편의 온갖 행패에도 순종하며, 남편의 방탕한 생활에도 불만을 제기하는 법이 없다. 이러한 효와 부덕이 남녀 독자에게 주는 교화적 기능의 중요성은 무시할 수 없을 것이다.

　대하소설을 가문소설로 보는 연구자도 있는데, 이는 그만큼 작품에 가문의식이 짙게 깔려있음을 의미한다. 가장이나 종통의 역할이 중시되고 가문의 명예를 실추시키는 구성원에게는 죽음이라는 징벌이 내려지기도 한다.『완월회맹연』이나『명주보월빙』같은 작품에서는 비종통인 자신의 아들을 종통의 자리에 앉히려 하는 어머니들이 등장하고,『소현성록』에서는 정절을 잃은 딸에게 어머니가 사약을 내려 죽이는 모습도 나온다. 주인공 집안에서 딸을 죽이는 장면은 전체 대하소설을 망라해도 드문 장면인데, 이는 그만큼 가문의 명예를 중시하는 서술자의식이 강하게 반영되어 있음을 의미한다. 대하소설에서 이러한 가문의식을 더욱 잘 보여주는 표지 중의 하나로 제명(題名)을 들 수 있다. 가문 내에서 종으로, 혹은 가문 사이에서 횡으로 서로 결속해 있음을 작품 제목이 잘 보여준다. 예컨대,『조씨삼대록』(40권 40책)은 조씨 집안의 삼대에 걸친 이야기이고,『윤하정삼문취록』

(105권 105책)은 윤씨, 하씨, 정씨 세 집안의 이야기라는 점을 제목을 통해 알 수 있다. 소설 내적 장치를 보면, 주로 가문끼리의 혼인이나 왕실과의 혼인을 통해 가문의식을 확인할 수 있다.『윤하정삼문취록』에서 세 집안은 서로 겹사돈을 맺기도 하고 원치는 않지만 늑혼을 통해 임금의 부마가 되어 권력을 누리기도 한다. 겹사돈과 늑혼은 대하소설에서 흔히 등장하는 모티프이고 이것이 지니는 의미는 다양한데, 이처럼 이를 가문의식의 측면에서 해석할 수도 있다.

대하소설은 이와같이 비슷한 면이 많으나 변별점 또한 적지 않다. 역사적 사실을 차용하는 정도의 문제로부터 문체의 수준, 세계관에 이르기까지 미묘한 차이가 발견된다. 특히 눈여겨보아야 할 것은 유교이념에 대한 시각의 차이이다. 유교이념 중 효와 부덕을 특히 강조한다는 점은 상기한 바와 같지만, 여기에도 주목할 만한 차이가 있다.

부덕을 예로 들어보자. 부덕을 기준으로 할 때 대하소설은 대개 세 부류로 나뉜다. 먼저 부덕의 무조건적인 준수를 주장하는 작품이 있는데,『명주보월빙』연작 등 대개의 대하소설이 이에 속한다. 이들 작품에서 아내는 남편에게 무조건 순종한다. 혹 순종하지 않거나 남편에게 대드는 반동인물은 징치를 당한다. 그런데 이와는 반대로 부덕보다는 여성의 주체성이 부각된 일련의 작품들이 있다. 이들 작품에서 아내는 자신에게 강요되는 순종의 이념을 넘어서서 불합리한 행위를 강요하는 남편에게 강하게 저항한다.『현씨양웅쌍린기(玄氏兩熊雙麟記)』『옥원재합기연』등이 이에 속한다. 한편 부덕을 강조하면서도 여성의 주체성이 발현되어 이 두 가지가 혼효(混淆)된 작품들이 있다. 대표적으로『이씨세대록』등을 들 수 있다. 이들 작품에는 부덕을 준수하는 여성들과 남편에게 강하게 저항하는 여성이 고루 등장한다. 이처럼 대하소설은 기준에 따라 다양하게 분류할 수 있다.

18세기에 전성(全盛)하던 대하소설은 19세기말에 이르러 쇠퇴하였다. 다만 19세기말에 창작되었을 것으로 추정되는 『하진양문록』이나 『부장양문록』 같은 여성영웅소설에는 약간의 영향을 미쳤을 것으로 판단된다. 이들 작품에는 여성의 활약이 매우 두드러져 있다는 점에서 여성영웅소설과 궤를 같이하지만 제명에 두 가문의 이야기라는 점이 명시되어 있다는 점, 내용에서도 가문 사이의 혼사가 중요한 관심사로 되어 있다는 점에서 대하소설이 어느정도 영향을 미친 듯하다.

3. 다양한 양식의 표출: 19세기 한문장편소설

대하소설을 포함한 국문장편소설이 17세기 중반부터 18세기에 주로 향유되었다면 한문장편소설은 19세기에 주로 창작되고 읽혔다. 또 국문장편소설이 대부분 작가가 알려져 있지 않다면 한문장편소설은 대개 작가가 알려져 있다. 그리고 국문장편소설은 여성 독자를 끌어들일 만한 엇비슷한 내용들, 예컨대 부부의 애정 문제 등을 주요 서사로 삼는 반면 한문장편소설은 작품별로 매우 다양한 내용이 전개된다. 국문장편소설과 한문장편소설은 이처럼 여러 측면에서 차이가 있다.

그런데 이들 두 유형의 가장 큰 차이점이라면 향유층이라고 말할 수 있다. 국문장편소설은 사대부가 여성이 주요 향유층이었다면 한문장편소설은 그 반대로 사대부 남성이 주요 향유층이었다. 18세기까지만 해도 사대부 남성들의 소설 창작은 전계(傳係)소설이나 전기소설, 몽유록 등 한문단편에 국한되었는데, 이는 19세기의 한문장편 창작과는 큰 차이가 있다. 소설을 그토록 강하게 배격하던 사대부 남성들이 19세기에 들어 이처럼 거질(巨帙)의 장편을 창작하게 된 원인은 무엇일까?

이는 사대부 남성이 지닌 소설관의 변화와 무관하지 않다. 물론 19세기 전에도 김시습(金時習) 등 여러 사대부 남성이 소설을 옹호하였지만 술이부작(述而不作) 관념을 지닌 유학자들은 허구인 소설을 여기(餘技)나 말기(末技)로 애써 격하했다. 다만 여성 교화 측면에서 소설을 논할 때에는 예외였다. 김만중 같은 소설가가 대표적인 예이다.

이처럼 교화의 측면에서만 논할 가치가 있다고 여겨지던 소설을 19세기 들어 남성 사대부들도 문학의 한 양식으로 보기 시작한다. 즉 소설의 향유 그 자체를 즐거움으로 여겼고, 따라서 자신의 소설창작을 숨기지 않을뿐더러 오히려 자부심을 가졌다. 그 연장선상에서 그들은 소설의 앞뒤에 배치된 서(序)와 발(跋)을 통해 소설론을 적극적으로 개진하고 소설창작에 나서기도 했다.

한문장편소설의 가장 큰 특징은 작가의 다수가 사대부 남성이고 대부분 알려져 있다는 점이다. 작가가 알려진 작품으로 김소행(金紹行)의 『삼한습유(三韓拾遺)』(1814), 남영로의 『옥루몽(玉樓夢)』(1832~42년경), 심능숙(沈能淑)의 『옥수기(玉樹記)』(1835~40년경), 김제성(金濟性)의 『왕회전(王會傳)』(1840), 박태석(朴泰錫)의 『한당유사(漢唐遺事)』(1852), 서유영(徐有英)의 『육미당기(六美堂記)』(1863), 정태운(鄭泰運)의 『난학몽(鸞鶴夢)』(1871), 이정균(李鼎均)의 『흥무왕연의(興武王演義)』(1887) 등이 있다. 이외에 작가와 창작 시기가 정확히 알려져 있지 않은 작품으로는 만와옹(晩窩翁)의 『일락정기(一樂亭記)』, 탕옹(宕翁)의 『옥선몽(玉仙夢)』 등이 있는데 필명을 보면 이들 작품 역시 남성 작가의 소산일 가능성이 크다.

이들 작가는 사대부에 속하고 학식이 뛰어나기는 하였으나 대개는 정치적으로 소외돼 있어서 아예 벼슬을 포기하거나 벼슬을 한다 해도 미관말직에 그쳤다. 『삼한습유』를 지은 김소행은 재주가 뛰어났지만 서류(庶流)의 후예라는 한계 때문에 관직에 오르지 못하였고, 『옥루몽』을 지은 남영로는 과거에서 거듭 낙방하자 아예 과거를 단념하고 독서에 몰두하며 일생을 보냈다. 『난학몽』을 지은 정태운은 서당 훈장을 하며 떠돌아다니는 삶을 살았다. 『옥수기』를 지은 심능숙은 전라도 태인현감을 지냈는데 주로 생부인 심윤지를 따라다니면서 산천을 유람하였다. 『육미당기』를 지은 서유영은 60세에 이르러서야 음보(蔭補)로 사릉참봉을 하고 이후 의령현감을 역임한 뒤 충청도 금계로 낙향하여 은둔하였다.

이들 작가는 또 대개 서울과 근기(近畿)지역을 중심으로 활동했다는 공통점이 있다. 이들은 서울을 중심으로 활동하던 학자들과 활발하게 교유했는데, 그 덕에 당대의 주도적인 문화와 학문을 흡수할 수 있었고, 이는 소설창작의 자양분이 되었다. 이들은 또 자신들끼리 교유하기도 했다. 김소행·심능숙·서유영 등은 당대의 문장가들인 홍석주·홍길주·홍현주 형제 그리고 김매순 등과 폭넓게 교유했고, 이 중 심능숙과 서유영은 직접 교분을 맺었다.

대하소설이 서로 비슷한 면이 많은 반면에 한문장편소설은 비슷한 점이 그리 많지 않다. 공통점을 찾는다면 이들 소설에는 작품의 앞과 뒤에 서와 발 같은 평문을 배치하여 소설론을 개진했다는 점을 들 수 있다. 『삼한습유』에는 김소행의 「지작기(誌作記)」 및 홍석주·홍길주·김매순 등의 평문이 있고, 『육미당기』에는 박영보·윤정현·이시민 등의 평문이 있으며, 『한당유사』에는 작자의 서문을 비롯하여 매학산인·죽란서옥 등의 서문이 있다.

그러나 이러한 공통점에도 불구하고 이들 소설은 작품별로 형식과 주제의식이 다양하다는 특징이 있다. 따라서 일률적으로 이들 작품의 형식이나 주제를 논단하기는 무리이다. 형식면에서 몽유록을 근간으로 하되 대폭 변화를 가한 『왕회전』 같은 작품이 있는가 하면, 『한당유사』같이 연의소설 형태를 취한 작품도 있다. 또 『삼한습유』같이 실제 사건을 소설화하면서 의론체 소설의 전형을 보여주는 작품도 있고, 실기(김유신전)를 소설화하면서 연의소설적 성향을 보인 『흥무왕연의』 같은 작품도 있다. 『옥루몽』은 『구운몽』의 자장 안에 있고, 『옥수기』는 국문대하소설과 영웅소설을 혼합한 구조를 보이며 『난학몽』은 가정소설적 구조를 취하고 있다. 주제의식 또한 다양하다. 『삼한습유』나 『육미당기』의 경우 민족의식이 강하게 표출되어 있고, 『왕회전』의 경우 중화의식과 존주론(尊主論)이 부각되어 있다. 『옥수기』는 비교적 국문대하소설의 세계관에 근접한 소설로서 유교적인 입신양명의식이 엿보인다.

이들 한문장편소설은 사대부층이 창작한 작품이다. 그렇다고 대하소설처럼 작품에 반드시 그들의 배타적 의식이나 지배/피지배 구조의 영구화 전략이 담겨 있다고 말할 수는 없다. 『옥수기』 같은 작품도 있지만, 불우한 처지의 사대부 남성이 보여준 문학적 지평은 상당히 다양하기 때문이다. 19세기는 사회적으로는 외세의 침탈야욕, 민란 등으로 매우 혼란하였고, 학문적으로도 청나라의 고증학이 수용되고 성리학 대신 실학이 성행하면서 기존의 가치관이 급격히 허물어지는 시기였다. 한문장편소설 작가는 이러한 사회적·학문적 변동을 목도하면서 소설을 통해 나름의 처방을 제시한바 다양한 형식과 내용의 작품을 산출한 것으로 보인다.

4. 장편소설의 통속화 경향

18세기와 19세기에 국문대하소설과 한문장편소설은 상층 사대부층에서 주로 향유되었는데, 한편으로 하층민들도 나름대로 소설을 향유하였다. 국문으로 지어진 남성영웅소설과 여성영웅소설, 가정소설은 낭독이나 묵독의 형태로 하층민도 향유한 통속소설이다. 이들 소설은 장편소설과는 향유층이 같지 않지만 내용면에서는 장편소설의 영향을 받아 통속화한 부분도 있다.

영웅소설은 작가의식에 따라 16, 17세기에 주로 창작된『최고운전』이나『홍길동전』같은 민중적 영웅소설과 19세기에 주로 산출된『유충렬전』『소대성전』같은 통속적 영웅소설로 나눌 수 있다. 전자는 현실변혁에 대한 꿈을 형상화한 반면 후자는 현실의 질서 내에서 욕망을 충족하려는 꿈을 형상화하였다. 이 가운데 통속적 영웅소설은 장편소설『구운몽』이나 대하소설과 일정부분 맥락을 같이하면서 통속화한 면을 보인다. 통속적 영웅소설에서 주인공은 세계로부터 원인을 알 수 없는 소외를 느끼지만, 자신의 힘으로 혹은 초월적 힘을 빌려 그것을 극복한다. 그리하여 자신의 욕망을 성취하고 가문을 회복하는 것이다. 바로 이 점이『구운몽』이나 대하소설에서 주인공이 어려움에 처하지만 결국에는 낭만적인 결실을 얻고 가문을 창달하는 것과 일맥상통하는 면이다. 또한 『구운몽』의 환몽구조는 통속적 영웅소설에 보이는 적강(謫降) 화소와 대응된다. 다만 『구운몽』이나 대하소설에서는 전기소설의 전통을 이어받아 전거(典據)가 다수 등장하고 줄거리 전개가 다양하며 그 내용이 상층민의 세계관과 상통한다. 반면에 통속적 영웅소설에서는 평이한 문체에 스토리는 단순하며 그 내용 또한 하층민도 공감할 수 있도록 꾸며져 있다는 점에서 차이가 있다.

통속적 영웅소설에서 나라에 위기가 닥쳤을 때 홀연히 나타나 적들을 단칼에 베어 없애고 국가의 위기와 개인의 원한을 일거에 해결하는 영웅은 민중의 바람을 담은 인물형이다. 또 정적에 의해 살해되거나 귀양 간 부친을 위해 아들이 원수를 갚는다는 설정은 가문의 회복 의지를 담은 것이다. 이러한 면모를 볼 때 남성영웅소설은 소설 창작의 기법을 알고 민중의 바람을 이해하면서 자신의 불우한 처지를 회복하려는 작가가 산출한 것으로 파악된다. 작가층이 몰락한 양반이라는 견해가 우세한데, 이는 이러한 점을 염두에 둔 발상이다.

여성영웅소설은 가문의 회복을 도모하고 국가의 위기를 해결한다는 점은 남성영웅소설과 마찬가지인데, 다른 점이라면 남성 대신 여성이 주인공이라는 것이다. 작품에 따라 『홍계월전』이나 『정수정전』처럼 여성이 남성을 압도하는 유형이 있고, 『이대봉전』처럼 여성이 남성과 대등하게 활약하는 유형도 있으며, 『박씨전』처럼 여성이 뒤에서 남성을 도와주는 유형도 있다. 그리고 『방한림전』처럼 여성끼리 혼인하여 여성과 남성의 대립관계를 애초에 차단한 작품도 있다. 이들 여성영웅소설은 『방한림전』 같은 예외는 있지만, 남성영웅소설의 성공에 힘입어 남성 대신 여성을 주인공으로 하면 더욱 흥미가 있을 것이라는 발상에서 창작된 것으로 보인다.

　19세기에 주로 창작된 것으로 보이는 가정소설은 『사씨남정기』와 『창선감의록』을 시원(始原)으로 하고는 있으나 그 작품들과는 달리 통속으로 기울었다. 어려운 한자어를 피하고 주로 쉬운 단어를 사용한 점, 갈등이 복잡하고 않고 단순하며 선명한 점, 장면 묘사 등은 되도록 배제하고 사건의 서술 위주로 되어 있다는 점 등은 작품의 통속적 성향을 추인하는 요소들이다.

　가정소설은 계모와 전실소생의 갈등을 다룬 계모형 가정소설과 처와 첩의 갈등을 다룬 처첩형 가정소설로 나눌 수 있다. 전자에는 『장화홍련전』 『김인향전』 등이 있고, 후자에는 『정진사전』 『조생원전』 등이 있다. 계모형 가정소설의 경우 계모와 전실소생의 갈등이 드러나 있지만 실상은 계모와, 전실소생을 내세운 죽은 전실의 다툼으로 보는 것이 온당할 듯하다. 장화와 홍련이 죽은 어머니를 그리워해 늘 상 울고 이를 못마땅하게 여기는 계모 허씨가 그녀들을 죽이는 것은 이러한 구도를 잘 보여주는 예이다. 처첩형 가정소설은 일부다처제 사회에서 빚어질 분란을 묘사하고 있다. 한 남편에 여러 아내가 있다면 당연히 애정이 분산될 수밖에 없는데, 애정을 독점하기 위한 아내의 처절한 사투가 전개되기 마련이다.

　가정소설에서는 두 유형 모두 가장의 중요성을 역설한다는 점에 주목할 필요가 있다. 대개는 가장이 영리하지 못하거나 집에 없을 때 사건이 벌어진다. 이러한 설정은 19세기 들어 기존의 굳건하던 가부장제가 점차 몰락하는 것을 반영하는 동시에 가부장제를 다시 강화하려는 작가의식의 소산이라 하겠다. 이러한 면모는 국문대하소설의 세계관과 일정부분 상통하는 면으로서, 상호 영향관계를 엿볼 수 있게 한다.

∶ 장시광 ∶

● 더 읽을거리

　박일용『영웅소설의 소설사적 변주』(월인 2003). 영웅소설의 범주를 발생 근원에 따라 나누던 기존의 체계에서 한발 나아가, 작가의식을 기준으로 민중적 영웅소설과 통속적 영웅소설로 구분하고 이를 조선후기 소설사라는 거시적 체계 내에서 설명하였다.

　임형택「17세기 규방소설의 성립과『창선감의록』」,『동방학지』57(연세대 국학연구원 1988). 여기에서 말한 규방소설은 학자에 따라 가문소설, 가정소설로도 불리는 유형이다. 전주 이씨에 의해『완월회맹연』이 창작되었다는 기록을 처음으로 학계에 보고하였고, 이를 바탕으로 17세기 중반에 이미 사대부가 여성들 사이에 규방소설이 유행했음을 논하였다.

　장효현「장편가문소설의 성립과 존재양태」,『정신문화연구』44(한국정신문화연구원 1991). 비교적 이른 시기의 논문이지만 장편가문소설, 즉 대하소설의 형성과 그 실상을 상세히 고찰하였다.

　심경호「낙선재본 소설의 선행본에 관한 일고찰: 온양 정씨 필사본『옥원재합기연』과 낙선재본『옥원중회연』의 관계를 중심으로」,『정신문화연구』38(한국정신문화연구원 1990). 대하소설 여성 독자의 독서취향을 살피는 데 도움을 주는 논문이다.『옥원재합기연』의 권14와 15의 표지 안쪽에 18세기에 사대부가에서 열람하였던 소설 목록이 있음을 알려준 글이다.

　정길수「17세기 장편소설의 형성 경로와 장편화 방법」(서울대 박사학위논문 2005). 17세기 장편소설인『구운몽』『창선감의록』『소현성록』이 국내외 소설사적 전통을 이으면서 나름대로 변용한 양상을 살폈다.

송성욱「혼사장애형 대하소설의 서사문법 연구: 단위담의 전개양상과 결합 방식을 중심으로」(서울대 박사학위논문 1997). 대하소설의 서사 구성방법 가운데 단위담이 있음을 밝히고 그 종류와 기능을 자세히 서술하였다.

지연숙「『여와전』 연작의 소설 비평 연구」(고려대 박사학위논문 2001). 『여와전』 연작에 이전 혹은 당대의 다른 소설에 대한 비평이 있음을 발견하고 그 의의를 살폈다.

장시광「대하소설 갈등담의 구조 시론」,『국어국문학』 142(국어국문학회 2006). 대하소설을 부덕을 근거로 했을 때 세 부류로 나눌 수 있다는 견해를 제시하였다.

김경미「19세기 문화의 새로운 국면, 한문장편소설 작가층의 등장」,『한국문화연구』 9(이화여대 한국문화연구원 2005). 한문장편소설 작가층을 심도있게 논했으며 작가층의 특징을 잘 정리해놓았다.

이병직「19세기 한문장편소설 연구」(부산대 박사학위논문 2001); 이기대「19세기 한문장편소설 연구—창작기반과 작가의식을 중심으로」(고려대 박사학위논문 2004). 두 논문은 19세기 한문장편소설의 전반적인 양상을 충실히 정리하였다.

조선후기 한문단편의 세계

1. 한문단편의 기원과 형성경로

한문단편이란 18, 19세기에 시정을 중심으로 만들어진 이야기를 식자층이 한문으로 옮겨놓은 비교적 짤막하면서도 소박한 형태의 단편소설을 가리키는 용어로서, 1973년 『이조한문단편집』 상·중·하(이우성·임형택 엮음, 일조각)가 출간된 이래 지금까지 사용되고 있다. 여기서 한문단편이란, 국문으로 된 고전장편소설이 근대적 의미의 장편소설의 개념과 다르듯이, 근대시민사회를 기반으로 성립된 근대 단편소설(short story)과 차이가 있다. 즉 한문단편은 중세사회에서 근대사회로 나아가는 이행기에 성립된 우리 나름의 전통적 단편소설 형식으로서, 조선후기에 성립된 국문장편소설과 좋은 대비를 이루며 서사문학 발전에 기여했다. 한편 조선시대 한문으로 씌어진 단편소설을 세 부류, 즉 열전계(列傳系), 전기계(傳奇系), 야담계(野談系)로 나누고, 한문단편을 야담계 한문단편소설이라 일컫기도 했다.

　조선후기에는 설화·일화·소설 등의 서사장르로 구성된 야담집들이 상당수 편찬되었는데, 한문단편은 대체로 이런 야담집들 속에서 소설에 해당하거나 근접해 있어, 설화 차원에 묶어둘 수 없는 이야기들만을 선택·추출해낸 것이다. 물론 야담집에 수록된 한문단편과 동일한 내용의 글들이 개인문집에 전(傳)이나 기사(記事, 또는 서사書事)의 문체로 수록되어 있고, 잡록류에도 한문단편에 해당하는 작품들이 들어 있다. 하지만 이것들이 한문단편의 주류는 아니다.

　한문단편은 조선전기 문학양식의 하나인 필기·패설에 기원을 두고 있다. 필기는 문인학자의 서재에서 형성된 것으로 사대부의 생활의식을 담고 있고, 패설은 민간에 떠돌아다니는 가담항설(街談巷說)을 듣고 기록한 것이라 한다. 대체로 필기는 기록성이 강하고 교훈적이며, 패설은 흥미 위주이다. 조선전기 대표적인 필기·패설류 작품집으로는 성현의 『용재총화』와 유몽인의 『어우야담』이 있다. 이 두 작품집에 실린 것들은 대개 내용에 따라 야승(野乘)·시화(詩話)·소화(笑話)로 구분하는데, 특히 야승과 소화가 조선후기 한문단편의 성립에 영향을 주었다고 볼 수 있다.

　한문단편의 형성경로는 크게 두 가지이다. 하나는 강담(講談)에 의한 형성이고, 다른 하나는 전대문헌의 수용에 의한 것이다. 강담에 의한 형성은, 1차적으로는 구연화 과정을, 2차적으로는 작가의 손을 거쳐 작품화된 것을 가리킨다. 구연화 단계에서는 이야기꾼의 한 부류인 강담사가 개입하여 자신이 보고들은 사실(事實)을 이야기로 만들고, 기록화 단계에서는 작가가 개입하여 이야기에 문식(文飾)을 보태어 문학작품으로서 손색이 없는 한문단편이 탄생했다고 보는 것이다. 반면 전대문헌 수용설은 말 그대로 앞시대의 문헌에서 이야기를 가져온 것이다. 19세기 중엽의 야담집인 『동야휘집(東野彙輯)』의 서문을 통해 이를 쉽게 확인할 수 있는데, 『동야휘집』의 작가는 『어우야담』과 『기문총화(記聞叢話)』 등의 책에서 이야기를 뽑아 고치고 윤색했다고 분명히 밝혀두었다. 19세기말의 야담집인 『금계필담(錦溪筆談)』도 『동패락송(東稗洛誦)』 『청구야담』 『계서야담(溪西野談)』 등 전대 야담집에서 서사체를 차용하고 있다. 강담형성설은 한문단편 발생론의 지평을 열면서 발생의 개성적 특징을 포착해냈다는 데 큰 의의가 있고, 이후에 제기된 전대문헌 수용설은 강담형성설을 보완하는 차원에서 발생론을 좀더 구체화했다는 데 의의가 있다. 이 두 가지 외에 다른 형성경로도 생각해볼 수 있다. 『계서야담』과 『청구야담』에 수록된 '엉터리 제주문 이야기'는 실제 사건을 기록화한 것으로, 전대문헌의 개변·수용과 민담의 수용·개변이라는 두 경로를 통해 이야기가 형성되었다. 이로써 민담이나 전설 등의 구비문학을 통해서도 한문단편이 형성되었음을 알 수 있다.

2. 한문단편의 작가들

한문단편의 작가는 곧 한문단편이 실린 야담집의 편찬자들이다. 한문단편 연구의 초창기에는 한문단편의 작가들이 주로 비판의식을 지닌 몰락한 사(士)계층이라고 보았다. 당대 현실정치에 참여하여 자신의 포부를 펼칠 수 없음을 알고 조용히 은거를 택한 『삽교만록(霅

橋漫錄)』의 편자 안석경(安錫儆)이 바로 그런 인물이다.

그런데 한문단편에 대한 연구가 진전되어 각 야담집의 편찬자들이 속속 밝혀지면서 실상이 좀 달라졌다. 한미하고 비판적인 사계층뿐만 아니라, 명문 사대부집안 사람들도 야담집 편찬에 참여했던 것이다.

그 예를 들면『천예록(天倪錄)』의 편자인 임방(任埅)은 노론 명문가 출신이고,『잡기고담(雜記古談)』의 편자인 임매(任邁)는 임방의 손자이다. 또한『동야휘집』의 편자 이원명(李源命)은 이조판서까지 지낸 인물이고,『기리총화(綺里叢話)』의 편자 이현기(李玄綺)는 노론 명문가 출신이다. 한편『차산필담(此山筆談)』의 편자 배전(裵婰)은 향반(鄕班) 출신으로 중인계층의 의식을 대변했다고 할 수 있는 사람이다. 한문단편을 연구할 때 야담집 편찬자의 계층이 중시되는 이유는 어느 계층에 속하느냐에 따라 의식세계가 달라지고, 이것이 야담집 편찬에 의식적이든 무의식적이든 반영되었기 때문이다.

편자들의 의식세계와 관련하여 관심을 가져야 할 것이 두어 가지 있다. 하나는 18, 19세기초 야담집 편자들은 대체로 노론계 문인들이었으며, 이들은 일정하게 서로 교유했다는 점이다.『학산한언(鶴山閑言)』의 편자 신돈복(辛敦復)은 삽교 안석경의 외삼촌이었고, 임방과 매우 가까이 지내는 사이였다.『동패낙송』의 편자 노명흠(盧命欽)은 그 자신 비록 남인이었지만, 반평생을 당대 노론계 벌열가문인 홍봉한(洪鳳漢) 집안의 자제들을 가르치는 가정교사로 지냈다. 홍씨 집안 사람들은 노명흠의 재능을 아껴 상당한 후원을 했을 뿐 아니라 일부는『동패낙송』에 서발(序跋)을 남기기도 하였다. 이처럼 홍씨 가문에서 야담집에 서발을 써줄 정도로 야담집 향유에 적극성을 보였다는 사실은 홍봉한이 임방의 사위였다는 점과 무관하지 않을 것이다. 또한『계서잡록』의 편자인 이희평(李羲平)도 노론 가문 출신인데, 홍봉한 집안과 매우 가까운 인척관계로 왕래가 있었다고 한다. 이처럼 노론계열에 야담집의 편자와 독자 들이 많다는 사실에서 노론계 문인들의 소설에 대한 인식이 어떠했는지를 엿볼 수 있다.

다른 하나는 시기에 따른 편찬의식을 살펴볼 필요가 있다는 것이다. 야담집은 크게 18세기와 19세기에 편찬된 것으로 나눌 수 있는데, 18세기와 19세기는 정치·경제 등 다방면에서 상당한 차이를 보인다. 이 때문에 편자들의 사회적 처지나 가치관 등에서 편차가 있을 수밖에 없었다. 18세기 편자인 안석경·신돈복·노명흠과 19세기 편자인 이원명·이희평의 편찬의식의 차이를 통해 야담의 시대적 변모를 밝혀낼 수도 있을 것이다. 실제로 이원명이 19세기 중반에 편찬한『동야휘집』에는 18세기 후반 즈음에 편찬된『청구야담』에서 볼 수 있는 민중의 생기발랄함과 진취적인 모습은 사라지고, 고답적인 지배계층의 사고방식으로 이야기를 왜곡하여 매너리즘화되는 경향이 농후하다.

3. 한문단편의 작품세계

임병 양란을 겪은 후 조선사회의 지배이념과 질서는 차츰 무너져 내렸고, 17세기말부터 발전하기 시작한 상품화폐경제는 이를 더욱 가속화시켰으며, 마침내 조선사회는 새로운 패러다임 속으로 진입하면서 서서히 동요하기 시작한다. 이로 인해 기존 봉건질서를 고수하여 자신들의 입지를 더욱 공고히 하려는 기득권층과 새로운 역사적 가치창출의 기초를 쌓던 사람들이 서로 갈등하고 타협하면서 전에 볼 수 없던 다양한 삶의 모습들을 빚어냈다. 한문단편은 이처럼 변화무쌍했던 18, 19세기 격동의 사회상을 구석구석 순간순간 포착해내 마치 독자들이 새 역사의 현장을 직접 가서 보는 것처럼 생동감있게 묘사했다. 즉 한문단편은 이 시기 역사의 파장을 여러 빛깔로 나누어 면밀히 보여주는 프리즘 같은 역할을 하였다.

한문단편에 속하는 작품들은 내용상 크게 치부·애정·신분동향·세태·민중기질 등으로 나눌 수 있다.

치부, 새 가치의 발견과 부를 향한 질주

인간의 모든 활동은 경제활동과 직간접적으로 관련되어 있다. 따라서 인간의 생활은 경제문제와 불가분의 관계에 있다. 일찌감치 사마천은 이러한 사실을 간파하여 『화식열전(貨殖列傳)』을 지었다. 그런데 문(文)을 숭상하고, 사·농·공·상의 계층을 수직적으로 인식하던 유교국가 조선에서는 상층계급인 양반이 직접 경제문제, 즉 축재(蓄財)에 관여하는 것을 천시하였다.

연암 박지원의 『양반전(兩班傳)』을 살펴보면, '손에 돈을 만지지 않고' '쌀값을 물어보지 않으며' '농사도 짓지 않고' '장사도 하지 않는다'라고 하였다. 이는 조선후기 사회가 양반이 경제활동에 관여하는 것을 일절 허용하지 않았음을 의미한다. 양반이라면 으레 과거공부를 하여 관직에 나아가야 한다는 것이 사회 통념이었고 치부는 중인 이하 계층 사람들이나 하는 행위로 인식되었다. 실제로 농촌의 생산력이 향상되고 도시가 상품화폐경제체제로 편입되어가던 조선후기에 부에 대한 관심이 증폭되면서, 어느 재상가의 여종은 각 지방의 특산물을 수매하여 되팖으로써 큰 이득을 얻기도 했고, 아전 출신의 한 사내는 어영청 소속 황무지를 개간하고 그곳에 농사를 지어 부자가 되었다.

하지만 이 시기 몰락해가던 양반층 일부는 양반의 허울을 벗어던지고 직접 치부활동에 뛰어들기도 한다. 「고향(故鄕)」(원제 以鴻毛報泰山)의 주인공 최생은 여러차례 과거에 낙방했다. 그사이 집안살림은 탕진되고, 부모님은 늙었으며, 주위 사람들은 아무도 돌봐주려 하지 않았다. 이렇게 속수무책인 상황에서 최생은 과감한 결단을 내린다. 즉 희망 없는 고답적 선비생활을 청산하고 귀향하여 종래의 농업경영방식에 의존하지 않고 자신이 직접 대토지를 경영한다. 이뿐만 아니라 농지를 팔아 곡물을 매입, 곡가 변동을 이용해서 큰 이익을 얻는다. 자신이 꿈꾸던 선비의 길을 버렸지만 그대신 엄청난 부를 획득한 것이다. 최생에게는 부모와 처자식을 거느리고 현실적으로 풍족한 삶을 누릴 일만 남아 있었다. 하지만 그는 자신만의 안락에 빠져들지 않고, 기근이 들어 굶주리는 이웃들을 아낌없이 도와주어 그들로부터 생불(生佛)이라는 말을 듣는다. 최생의 이러한 행동은 비록 그 자신 양반사회의 테두리를 벗어나 있었지만 여전히 선비로서의 애민정신을 품고 있었기에 가능했으리라. 최생은 새로운 농업경영방식이 도입되고 상업자본이 활발히 움직이던 조선후기에 새롭게 탄생한 역사적 인물이라고 할 수 있다.

애정, 성정의 긍정과 여성에 대한 인식의 변화

애정문제는 동서양을 막론하고 서사문학의 제재로서 애용되었다.

17세기 우리 소설사를 풍요롭게 해준 전기소설의 주된 테마도 애정이었다. 남녀간의 순수한 사랑, 그 자체가 서사의 중심에 놓인 소설이 다름아닌 애정전기소설이다. 반면 18, 19세기 한문단편에 나타난 애정문제는 전기소설의 경우처럼 단순하지 않다. 물론「소설(掃雪)」(원제 聽妓語悖子登科)처럼 남녀간의 순수한 사랑을 그린 작품도 있지만, 대개는 빠르게 변화해간 조선후기의 사회상과 밀착되어 남녀의 성(性)과 정(情)의 문제를 종전에는 생각할 수 없었던 다양한 형태로 다룬 작품들이 등장했고, 그런 작품들 속에서 바야흐로 달라져가는 여성들의 모습과 여성에 대한 시선을 감지할 수 있다.

「의환(義宦)」에 등장하는 환관은 자신이 데리고 있던 젊은 여인으로 하여금 선비를 따라가게 하여 그 여인에게 새 인생을 열어주었고,「피우(避雨)」(원제 權斯文避雨逢奇緣)에서는 시아버지가 음양의 이치를 모르고 살아가는 청상과부 며느리의 처지를 안쓰러워하여 재가시키려 한다. 한편「마(馬)」(원제 信卜說湖儒探香)의 여주인공인 부농의 딸은 관습에 매몰되지 않고 새 인생을 개척하려 애쓴다. 이들 작품은 모두 조선후기 사회가 봉건적 도덕률에 얽매여 규범과 체면만 중시하기보다는 서서히 인간의 본원적 욕망인 성을 긍정하는 방향으로 나아가고 있음을 알려준다. 이처럼 성과 정을 긍정하는 작품들에는 특히 여성을 남성과 마찬가지로 독립된 인격체로 바라보려는 시선이 담겨 있다. 이러한 시선은 막연하게나마 남녀가 평등하다는 인식을 당대 독자들의 마음속에 심어놓는 계기가 되었을 것이다.

신분동향, 일부 양반의 몰락과 하층민의 신분상승

당시 사회변화의 물살은 기존 신분제도에도 경종을 울리기 시작하였다. 양반들 중에 관직을 얻지 못했을 뿐 아니라 물려받은 재산도 없는 사람들은 몰락의 길을 걷게 되어 비참하게 살아갔다. 반면 농사나 상행위를 통해 부를 축적하고 또 이를 바탕으로 학문과 예술 분야에 관심을 보인 중인과 상민, 그리고 노비계층의 일부 사람들은 새로운 인간형으로 떠올랐다.

「평교(平交)」(원제목 鄕弁自隨統使後)에서는 무변이 통제사에게 감히 평교를 자처하였고,「정기룡」에서는 천민층의 신분해방이 활발히 진행되던 시대적 흐름을 잘 부각시켰다. 이들 작품은 유교적 신분질서가 와해되어가고 있음을 단적으로 보여주는 예이다.

「구복막동(舊僕莫同)」(원제 宋班窮途遇舊僕)에서는 몰락한 양반집 종 막동이 도망하여 재산을 모은 다음, 사족(士族)의 칭호를 얻고 승지의 벼슬을 얻기까지의 피나는 노력과 세심한 배려가 생생히 그려져 있다. 옛 종의 현재 지위를 그대로 인정하고 도움을 받아 부자가 된 송생과는 달리 이것을 불의(不義)라 규정하고 무너진 기강을 바로잡겠다고 대들던 송생의 집안아우는 최승지의 무서운 힘에 굴복하고 만다. 이것은 명분을 벗어나 현실을 긍정하지 않을 수 없었던 당시의 사회적 추세를 반영할 뿐만 아니라, 천민이라도 자신의 재능과 노력으로 얼마든지 양반처럼 벼슬할 수 있다는 내용에서 계층을 수평적으로 바라보려는 태도가 엿보인다. 이는 인간 평등사상의 시발점이다.

한편「금령(金令)」(원제 結芳緣二八娘子)은 무력해진 양반층과 합리성과 적극성으로 무장한 중인층이 갈등을 빚는 이야기다. 이들 작품에서는 공고하던 신분질서가 와해, 재편되면서 서서히 새로운 사회가 등장하고 있음을 직감할 수 있다.

시정주변, 많은 사람들의 사연이 이야기꽃으로 피어나던 공간

　도시를 중심으로 상품화폐경제가 날로 활기를 띠며 발달해가던 조선후기 사회에서 각양각색의 사람들이 모여들던 시정주변은 다양한 이야기들이 만들어지는 공간이었다. 특히 약방은 사랑방처럼 저잣거리에서 사람들의 출입이 잦은 장소로, 이곳에서 많은 이야기꽃이 피어났다. 즉 근원사실이 구연되어 이야기화되는 과정에서 약방은 중요한 역할을 했던 것이다. 심지어 어떤 약방은 책방을 겸하기도 했다는 사실에서 약방이 그 당시 시정의 문화공간으로 자리잡았으리라 추측할 수 있다.

　조수삼은 『추재기이(秋齋紀異)』에서 시정주변 인간군상의 다양한 삶의 모습과 생각들을 묘사해놓았는데, 먼저 산문으로 서술한 다음 한편의 시로 압축하여 서정적 분위기를 한껏 자아냈다. 매년 단풍들 무렵 피리를 불며 북한산성에서 내려오던 취적산인(吹笛山人), 시를 잘 지었지만 일부러 미친 척한 송생원(宋生員), 인심이 넉넉한 참외 장수 노인, 따비밭을 옥토로 일군 스님, 경서를 읽던 나무장수, 안경 갈이가 직업인 절름발이, 금사(琴師) 김성기, 약주름 달문(達文), 전기수(傳奇叟) 등이 바로 이들이다. 이들은 비록 부와 권력에서 소외된 미미한 존재들이지만, 세속적 잣대에 개의치 않고 소신을 갖고 살아가던 개성적인 보통사람들이었다.

　반면 이옥은 「시간기(市奸記)」에서, 온갖 무뢰와 협잡이 횡행하던 서울의 시전 상황을 시정의 교활한 무리들의 생태를 통해 묘파했다. 이는 17세기 이후 자유상인들이 활발하게 활동하여 크게 번창했던 장시의 모습이다. 조수삼은 시정을 중심으로 살아가던 아름다운 사람들의 모습을, 이옥은 그곳에서 사기를 일삼던 간악한 자들의 모습을 형상화하였다. 이렇듯 시정이란 공간은 아름다움과 추함이 공존했고, 그렇기에 작품의 소재로는 매력 넘치는 공간이었다.

민중기질, 모순된 봉건체제에 대한 민중들의 저항

갈수록 심화되던 삼정의 문란은 민중들의 삶을 구렁텅이로 빠뜨렸고, 이에 참다못한 민중들은 저항에 나선다. 특히 무거운 조세와 각종 부역에 시달리던 농민층은 유리걸식했는데, 이들 가운데 일부는 집단을 형성하여 무장항쟁을 벌이기도 했다.「월출도(月出島)」(원제 語消長傃兒說富客)에는 민중들이 대장의 지휘 아래 신출귀몰한 전술을 써서 대부호의 재물을 빼앗는 과정이 묘사되어 있는데, 여간 흥미롭지 않다. 작품에 보이는 대부호는 농민들의 피땀으로 거대한 부를 축적하여 호화롭기 그지없는 생활을 해오던 자였고, 게다가 늘 서울의 권문세가에 줄을 대어 출세할 기회만을 노리고 있었다. 월출도 대장은 대부호에게 '재물은 천하에 공번된 것이다. 한 사람이 독점할 것이 아니다'라고 당당히 말하면서 아무런 죄책감 없이 300~400필의 말에 대부호의 집에서 나온 억만금의 재물을 나누어 싣는다. 그리고 벌열층과의 교제가 부질없음을 따끔히 충고하고 떠난다. 여기서 주목해야 할 인물은 바로 월출도 대장이다. 그는 민중 군도(群盜)를 이끌어 부패한 탐관오리나 부도덕한 부자들만을 약탈하여 부조리한 세상에 경종을 울린 조선후기의 민중영웅이었다. 홍경래나「명화적(明火賊)」에 나오는 산적대장 김단(金檀)도 바로 이런 인물이다.

한편 민중들의 저항은 풍자·골계로 변형되어 나타나기도 했다. 민중들은 자신들의 삶을 피폐하게 만든 탐관오리나 도덕군자인 척하는 양반들의 형태를 그저 소극적으로 지켜보고만 있지 않았으니, 그들 특유의 감각으로 일격을 가했던 것이다.

4. 문학사적 위상

무수히 많은 사람들의 주검이 마치 조개무지처럼 쌓여 이루어진 것이 역사라 하지 않던가. 근대시민사회로 나아가는 역사의 흐름에서 이름모를 수많은 민중들은 중요한 동력으로 작용하였다. 한문단편은 이들 민중의 진취적이고 역동적인 삶의 모습을 고스란히 담아놓았고, 민중들의 삶을 소재로 했기 때문인지 고식화되고 보수화된 당대의 문학전통에서 상당히 벗어나 있다. 비록 한문으로 씌어졌지만, 속담이나 생활어휘를 적절히 사용하여 문장이 비교적 평이하고, 창작 원천이 주로 18, 19세기의 생활현실과 밀착되어 있기 때문에 내용이 핍진할뿐더러 비현실적인 신이한 내용이 거의 없다. 그뿐 아니라 인물이나 사건의 핵심만을 집중 포착하여 단편소설 형식으로 서사화했기 때문에 구성이 비교적 단순하다. 게다가 이 땅의 평범한 사람들이 살아가는 모습을 진솔하게 담고 있다. 따라서 간혹 천상세계나 저승 등의 이계(異界)가 작품의 배경으로 설정되는 등 낭만성을 보이더라도 엄연히 현실생활에 밀착된 까닭에 허무맹랑하게 느껴지지 않는다.

한문단편은 '개똥밭에 굴러도 이승이 좋다'는 속담처럼 민중적 가치관이 투영된 작품이 주류를 이루고 있고, 이들 작품들에서 현실주의문학의 성취를 찾아볼 수 있다. 이런 이유 등으로 한문단편은 조선후기 문학의 시대적 사명과 책임을 훌륭히 감당한 문학양식이라고 평가할 수 있다.

　한편 한문단편은 그 형식이 열려 있어서 양식의 틀이 견고하지 않다. 한문단편에 있는 동일한 소재의 이야기가 기사(記事)나 전(傳) 양식으로도 만들어졌다는 것이 이를 말해준다. 이는 한문단편이 비교적 자유롭게 장르를 넘나들었다는 증표이며 이 때문에 양식이 유동적이라는 특징을 보인다. 이러한 유동성은 한문단편이 자기정체성을 끊임없이 변모시키는 역동성을 발휘하게 하였고, 이로써 근대 서사문학과도 맥이 닿게 되었다. 애국계몽기 구문학이 퇴조하고 신문학이 발흥하던 문학사의 전환점에서 한문단편은 신소설로 수용되면서 창조적으로 변역되기도 했다. 이는 한문단편에 내재한 긍정적 요소들이, 근대 서사문학이 새로운 지평을 열어나가는 데 일조했다는 증거이다. 한문단편은 우리의 고전문학과 현대문학이 비록 외형상으로는 단절되어 보일지라도 내재적으로는 면면히 이어져 있음을 확인해주는 것이다.

　한문단편은 18, 19세기 사회문화적 환경에서 산생된 것이어서 좋든 싫든 그 자체로 인정해야 하지만, 잊어서는 안될 것이 두 가지 있다. 하나는, 근대소설로 향한 우리 소설 발전의 주체적이고 자생적인 역량을 보여준 중요한 서사양식이라는 것이다. 다른 하나는, 고전문학과 현대문학을 이어주는 가교역할을 하여 우리 근대문학사를 온전하게 만들어주었다는 점이다. 지금 우리에게 필요한 것은 새로운 시각으로 문화창조의 원천인 한문단편에 다가가는 일이다. 다양한 삶의 양상이 담긴 한문단편은 그야말로 문예의 보고이기 때문이다.

:윤세순:

● 더 읽을거리

이 글에 인용된 작품 제목은 편의상 이우성·임형택이 편역한 『이조후기 한문단편집』(일조각 1973)의 것을 이용하였는데, 원래의 제목이 있는 경우에는 이를 병기하였다.

한문단편의 기원과 형성에 대해 논의한 논문으로는 임형택 「한문단편 형성과정에서의 강담사」, 『창작과비평』 49(창작과비평사 1978); 「18·9세기 이야기꾼과 소설의 발달」, 『고전문학을 찾아서』(문학과지성사 1976); 김상조 「야담의 강담형성설 비판과 전대문헌 수용」, 『야담문학연구의 현단계』 권1(보고사 2001); 박희병 「조선후기 야담계 한문단편소설 양식의 성립」, 『한국학보』 22(일지사 1981) 등이 있다.

한문단편의 작가에 대해 논의한 논문으로는 김상조 「학산한언(鶴山閑言) 연구」, 『야담문학연구의 현단계』 권2(보고사 2001); 김영진 「조선후기 사대부의 야담 창작과 향유의 일양상」, 『어문논집』 37(민족어문학회 1998); 「기리총화」에 대한 일고찰」, 『한국한문학연구』 28(한국한문학연구회 2001); 김준형 「19세기 야담 작가의 존재양상——계서 이희평론」, 『민족문학사연구』 15(민족문학사연구소 1999); 진재교 「잡기고담(雜記古談)의 저작 연대와 작자에 대하여」, 『서지학보』 제12집(한국서지학회 1994) 등이 있다.

한문단편의 전반적인 것을 알고자 한다면, 한문단편 연구자들의 논문을 선집한 『야담문학연구의 현단계』 1·2·3(보고사 2001); 이강옥 『한국야담연구』(돌베개 2006)를 참고하길 바란다.

조선후기의 여항문학

1. 여항문학과 여항의 한시

여항인(閭巷人)이란 조선후기 들어 경제적·문화적으로 성장해 새로이 형성된 서울의 중간계층을 가리킨다. 주로 중앙관서의 기술직 중인과 경아전이라 불리는 각사(各司)의 서리층(書吏層)이 산출한 문학이 곧 여항문학이다.

여항문학은 그동안 위항문학, 중인문학, 평민문학 등 여러 용어로 불렸다. 여항, 위항(委巷), 또는 이항(里巷)이란 성시의 작은 골목을 말한다. 따라서 여항인이라는 호칭에는 중인서리층뿐만 아니라 상민과 천인까지 포함된다. 여항문학의 주요 창작자가 중인서리층이고, 이들은 평민과 분명히 구분되므로 '중인문학'으로 칭해야 한다는 견해도 있다. 조선후기의 문헌에는 이들 중서층에 대해 '여항인' '중인'

이라는 칭호가 공존하고, 또 두 용어와 관련된 작가군이 대체로 일치하기 때문에 한쪽이 옳고 다른 쪽은 그르다고 할 수는 없다. 다만 '여항인'이란 말이 성시의 발달이라는 조선후기의 역사현상을 여실히 반영하고 있고, 또 중인이 포괄하지 못하는 중간계층의 여러 부류를 포괄할 수 있다는 점에서, '여항인' '여항문학'이라고 칭하는 것이 타당한 듯하다.

여항문학은 17세기초 인조(仁祖)대 이후에 성립하여, 19세기말까지 250여년간 지속되었다. 여항의 한문학에 한정할 경우, 60여인이 문집을 남겼고, 『육가잡영(六家雜詠)』에서 『풍요삼선(風謠三選)』까지 6종의 시선집을 산출하였다. 또한 산문자료로 『호산외기(壺山外記)』를 비롯한 4종의 전기류(傳記類) 문헌이 편찬되었으며, 백경현(白景炫)의 「연행록」이나 유재건(劉在建)의 「동유록(東遊錄)」같은 특수한 잡록도 지어졌다.

60여종의 여항인 문집에는 조수삼(趙秀三)의 『추재집(秋齋集)』처럼 널리 알려진 작품도 있으며, 김부현(金富賢)의 『항동유고(巷東遺稿)』나 김석준(金奭準)의 『연백당초집(研白堂初集)』처럼 최근에야 그 존재가 알려진 문집도 있다. 이들의 시문(詩文)은 『이조후기 여항문학총서』 1∼10(여강 1986; 1991)에 대부분 집성되어 있어, 이 영인본을 통해 여항문학의 윤곽을 파악할 수 있다. 6종의 시선집에 뽑힌 인물이 700여명을 상회하므로, 여항의 문학활동에 참여한 인물은 거의 1천여명에 달하는 것으로 파악된다. 수적으로나 직능으로 매우 다채로워, 조선후기 문학사에서 유력한 흐름을 형성했다.

그런데 1천여명에 달하는 작가들이 직능에 따라 고르게 분포된 것은 물론 아니었다. 주목할 만한 여항작가는 기술직 중인에서는 역관,

서리층에서는 규장각 서리 가운데서 주로 배출되었다. 시로 이름난 홍세태(洪世泰) 이언진(李彦瑱), 이상적(李尙迪), 정지윤(鄭芝潤)이 모두 역관 출신이며, 천수경(千壽慶), 장혼(張混), 박윤묵(朴允默), 유재건 등은 모두 규장각 서리를 지냈다. 즉 업무상 글에 대한 소양이 필요한 역관이나 규장각 서리들이 풍부한 문학적 성과를 남겼다.

여항문학은 사족층의 문학에 견주었을 때, 시가 산문보다 압도적으로 우세한 양상을 보인다. 이들 한시는 시사(詩社) 모임과 연관되어 주로 창작되었다. 이러한 시사를 주도하던 여항인들은 자기 동류들이 지은 시를 한데 모아 세상에 알리려 했다. 여항시선집의 단초는 1668년의 『육가잡영』으로, 최기남(崔奇南)을 비롯한 6인의 작품을 모은 것이다. 16세기말에 태어나 17세기 전반기에 활동한 이들은 동류모임을 통해 결속하면서 여항문학의 기치를 올렸다. 본격적인 여항시선집은 홍세태가 편집한 『해동유주(海東遺珠)』(1712)로서, 48인의 시 230여수를 수록하였다. 『육가잡영』이 동인지에 가까운 데 반해 『해동유주』는 16세기부터 18세기 초반까지 비사족층(非士族層)이 지은 이름난 시를 10여년의 공력을 들여 수집한 것으로, 여항시 집성의 효시라 일컬을 만하다.

18,19세기 들어 시사의 결성과 활동은 더욱 번성해졌고, 이는 곧 시선집 편찬이 정례화되는 동인이 되었다. 『해동유주』에 이어 발간된 『소대풍요(昭代風謠)』(1737) 『풍요속선(風謠續選)』(1797) 『풍요삼선』(1857)은 모두 당대에 활동한 수백인의 시를 총망라한 여항시선집의 대표적 성과물이다. 60년 간격을 두고 연속된 이러한 시선집의 편찬을 통해, 여항인의 자기정체성과 결속력 그리고 문학적 표현욕망이 서얼·향리 등 다른 계층에 비해 한층 강렬했음을 알 수 있다.

여항시인들은 신분적 질서를 넘어설 수 없는 처지에서 그들의 심사를 시로 표현했고, 또 자신을 포함한 서민층의 시를 모아 후세와 역사에 남기려 하였다. 이러한 욕구는 일차적으로 상층문화에 대한 갈망과 거기에 다가가려는 의욕의 산물이었다. 그러나 그 저변에 깔린 의식과 실제 창작에는 사족층의 시와 차별되는 관심사와 감성이 담겼다.

이 책은 『동문선』과 표리를 이루니	與東文選相表裏
한 시대의 풍아(風雅)가 빛나 감상할 만하네	一代風雅彬可賞
귀천의 구분은 사람이 정한 것일뿐	貴賤分岐是人爲
하늘이 빌려준 선한 노래, 다를 바 없네	天假善鳴同一響

── 고시언 「서소대풍요권수(書昭代風謠卷首)」, 『소대풍요』

고시언은 사족층과 여항인의 신분차이를 어쩔 수 없는 현실로 받아들였다. 그러나 자신들의 감회와 그 표현으로서의 시는 하늘이 내렸으므로 사족이 읊는 것과 다를 게 없다고 생각했다. 자신들의 시집이 관찬(官撰)의 『동문선』과 표리를 이룬다는 선언은 중하층 지식인이 상층 지식인과 더불어 체제를 떠받치는 주력이라는 문화적 자긍심의 표출이었다.

17세기의 홍세태에 이어 18세기 전·중반의 여항시인으로는 정래교(鄭來僑), 임광택(林光澤), 이언진이 명성이 높았다. 특히 정래교와 임광택은 하층민의 궁핍한 생활을 작품화하여, 사대부 시인의 현실주의적 시풍에 육박하는 문학적 성취를 거두었다. 임광택의 시는 고사와 전대 작품의 차용이라는 낡은 수사학과 매너리즘을 청산하고, 서민의 삶에 밀착된 생생한 언어를 구사하였다. 그리하여 조선후기 사회체제의 위기국면을 통찰하고, 현실정치의 부패와 민중생활의 파산을 날카롭게 형상화했다.

이언진은 일본어 역관으로서, 남인 이용휴(李用休)에게 가르침을 받은 탁월한 여항시인이다. "한 사람의 부처가 여기에 있으니, 여항에 사는 이언진이라네"라는 표현에서 보듯, 그는 자신의 주체성을 예민하게 자각하였다. 그러나 스물일곱살의 나이에 병들어 죽어가면서 자기 재능과 신분의 어긋남을 한탄하고는 시 원고를 불살라버렸다. 이언진은 특히 6언시를 잘 지었는데 「동호거실(衚衕居室)」이라는 연작시를 통해 서울에서 살아가는 당시 서민층의 면면을 세밀히 포착하였다. 이언진이 죽은 뒤 연암 박지원은 「우상전(虞裳傳)」을 지어 그를 만나보지 못했음을 한스러워했지만, 이언진은 세상 누구도 자신을 알아주지 않는다는 비분을 품은 채 땅에 묻히고 말았다.

18세기 중반 이래 여항의 시사모임은 더욱 성행했다. 천수경은 차좌일(車佐一), 장혼 등과 함께 송석원시사를 결성하여 여항시운동의 절정기를 구가했고, 장혼과 그 제자들은 칠송정시사(七松亭詩社)라는 모임을 만들었으며, 박윤묵 등은 서원시사(西園詩社)를 통해 시사모임을 이끌었다. 이들은 19세기 들어 소규모 시사로 분화되는 경향을 보인다. 『풍요삼선』을 편찬한 최경흠(崔景欽)·유재건의 직하시사(稷下詩社), 서화의 창작과 감평(鑑評)으로 관심을 넓혔던 유최진(柳最鎭)·조희룡(趙熙龍)의 벽오사(碧梧社) 등이 새 국면을 열었다. 또한 19세기말의 육교시사(六橋詩社)에 이르러서는 강위(姜瑋)와 역관이 중심이 되어 개화운동의 한 구심축으로 부상하기도 했다.

18, 19세기 여항시는 활발한 시사(詩社)모임을 통한 문학적 결속

과정에서 주로 산출되었다. 여항인들은 정기적으로 시선집을 발간함으로써 자신들의 역량을 드러내려 했다. 즉 문학운동의 성격을 지녔던 것이다.『소대풍요』등에 실린 시는 주로 회고적이거나 자연을 담담하게 읊은 것이다. 그러나 홍세태·이언진·정지윤 등 독특한 개성을 강조하는 시인이 연이어 출현하였고, 또 이들은 시대변화에 능동적이어서 시적 관심의 영역도 문화 전반으로 확산되었다. 여항시인들은 사대부문학의 기본전제인 재도론(載道論), 즉 시에 경세적 가르침을 실어야 한다는 불문율에 동의하지 않는 경우도 많았다. 신분적 불평등에 민감했던 이들은 성정(性情)과 천기(天機)를 강조했으며, 이를 자신들의 문학론으로 구체화했다.

2. 여항인의 문학론, 천기와 성령

여항의 한시 작가들은 시를 짓고 시선집을 발간하면서 자신의 시 이론을 정립해나갔다. 17세기 여항문학을 대표하는 시인 홍세태는 『해동유주』서문에서 "우리 같은 미천한 이들의 시는 학식이 넓지 못하고 소양이 원대하지는 못하다. 그저 마음속 깊숙이 느낀 바를 읊어낸 것이다. 모두 천기 가운데 저절로 흘러나온 것이기에 '진시(眞詩)'라 할 만하다"고 언명하였다. 즉 자신들의 시는 천성의 진솔한 표현으로서, 상투와 가식에 빠지기 쉬운 사대부문학보다 고귀하다는 논리를 폈다. 독서를 통한 지식의 축적에서는 사대부에 미치지 못하지만, 오히려 그 때문에 전고나 격률에 구애되지 않고 천기와 자연에 충실할 수 있다고 했다. 정래교 역시 임준원의 시를 논하면서, 전문적으로 공부하지는 않았지만 그 시가 천기를 얻어서 당시(唐詩)와 같이 맑고 곱게 되었다고 평했다.

이렇게 여항시인들은 천기를 강조하였고, 이취(理趣)보다는 정취(情趣)를 우위에 두면서 정감의 자연스런 발로를 중시했다. 이러한 천기론에는 신분제적 불평등에 울분을 느끼는 의식이 일정하게 투영되어 있다. 다만 여항의 시인들은 사회제도적 불평등과 차별을 감내하면서도, 오직 문학의 창조자로서 평등을 확고히 인식하여 문학하는 일로 자기 존재를 드러내려 했다. 천기론은 19세기 들어 정지윤, 최성환(崔瑆煥), 조희룡 등에 의해 성령론(性靈論)으로 나아갔다.

가장 영롱한 곳에 성령이 있으니	最玲瓏處性靈存
깊은 공력 쏟지 않고 쉽게 말해선 안되네	不下深功不易言
묘오에 들려면 응당 호랑이굴을 더듬어야 하니	入妙應經探虎穴
기이한 표현, 어찌 용문산 뚫기보다 쉽겠는가	出奇何減鑿龍門
밝은 해에 금당의 꽃은 빛을 잃었고	金塘融日花無質
맑은 저녁에 옥전의 달은 혼이 서렸네	玉殿淸宵月有魂
외진 길 다만 홀로 거닐기에 적당하니	幽徑只堪時獨往
대가의 울타리에 기대지 말기를 원하네	勸君莫寄大家藩

――정지윤「작시유감(作詩有感)」,『하원시초(夏園詩鈔)』

성령론은 성정(性情)의 영성적(靈性的) 측면을 강조한 것으로, 특히 자신이 느낀 자유롭고 진솔한 표현을 중시하였다. 즉 전통적인 규범에 속박되지 않고 개인의 재능과 정감을 우선시하는 입장이었다.

이는 원매(袁枚) 등 청대 성령파 시인들에게서 자극을 받은 것이기도 하지만, 다른 한편 중인층이 사족층의 문화적 자장에서 벗어나려는 고투 속에서 문학론으로 형성된 것이기도 했다.

　성령의 강조는 문예론의 차원을 넘어, 인성론의 지평에서 제기되기도 했다. 천기론이 창작과정에 초점을 두었다면, 성령론은 창작주체에 중점을 두었다. 그 결과 성령의 강조는 중인서리층의 독자적 입장 표명이면서도, 궁극적으로는 인간 존재의 개별성을 긍정하는 지평으로 나아갔다. 대가의 울타리에 기대지 말고 홀로 자신의 길을 가라고 읊은 정지윤, '무엇보다 성령을 표현한다(獨抒性靈)'는 모토 아래 새로운 감각의 시문·서화를 창작한 조희룡, 그리고 방대한『성령집』을 '유아(有我)'의 관점에서 편집한 최성환은 결국 자기존재에 대한 자각과 독립을 지향했던 것이다.

　성령론을 기치로 내건 정지윤과 조희룡은 여항이 낳은 인물이면서도 이전의 중서층과는 달리, 관료체제와 일정한 거리를 유지한 존재들이었다. 이 둘은 역관 혹은 서리라는 직임을 잠시 맡은 적이 있었지만, 상시적으로 관에 예속되지는 않은 특수한 경우였다. 요컨대 이들은 여항문화권에서 생장했으면서도 이 문화권에 속한 실무적 기능인에 머물지 않고, 국외자이자 자유인이 될 수 있었다. 그리하여 신분문제로 느껴오던 불평(不平)한 마음을 넘어서 더욱 보편적인 평등의 지평을 상상할 수 있었다. 이 시기는 1840~50년 무렵이었다. 요컨대 이들이 말한 '성령에 따라' '홀로 가는 길(獨往)'은 구호가 아니라 실제 그들의 삶에서 구현되었다. 따라서 19세기 중반에 산출된 정지윤의 성령시와 조희룡의 여항인전은 여항문학 종말기의 한 극점이라고 할 수 있다.

3. 여항의 전기문학

여항문학의 주류는 시사활동에서 산출된 한시라고 할 수 있다. 여항의 한시에 비해 산문문학은 상대적으로 미약하지만, 여항인 고유의 감성이 발현된 작품 또한 적지않게 창작되었다. 특히 여항의 특별한 '인간'에 대해 주목한 전(傳)문학이 가장 뚜렷한 성취를 보여주었다.

여항인의 전 창작은 홍세태의 「김영철전」, 정래교의 「화사 김명국전(畵師金鳴國傳)」, 조수삼의 「이단전전」 등에 이어, 19세기 중반에 들어서는 조희룡의 『호산외기』, 유재건의 『겸산필기』 같은 전기작품집이 나왔다.

조수삼은 『추재기이(秋齋紀異)』 71편에서 서울 여항인의 다채로운 면모를 포착하였다. 이 『추재기이』는 산문과 시가 어울린 독특한 소품문학이라고 할 수 있는데, 그 성격은 경이로운 여항인물에 대한 새로운 발견이었다. 조수삼은 제46항의 「일지매」에서, 이 도둑을 탐관오리의 재물을 털어 백성을 구휼하는 '협도(俠盜)'라고 칭하였다. 그는 본론격인 시에서 이 협도에 대해 "불우한 영웅은 예로부터 있어왔다"고 하여, 일지매를 때를 만나지 못한 영웅에 견주었다. 조수삼은 인격의 보편적 평등을 전제로 하여, 미천한 여항인의 범상치 않은 자질에 주목하였다. 이 '범상치 않음'에 대한 강조는 여항인에 대한 그의 긍정의 논리에서 나온 것이다. 그뿐 아니라 18, 19세기 이래 변화해온 사회관계와 문화를 배경으로 성장해온 여항인의 '인격적 자질'을 부각시킨 것이기도 했다.

조희룡은 『호산외기』에서 중인서리층 가운데 그 행적이 '빼어나거나 그윽한(奇·幽)' 운치를 풍기는 인물을 입전하였다. 그리하여 이언진·최북(崔北) 등 이미 이름이 알려져 있던 시인·화가는 물론이고, 당대 주류의 시선에서 소외되었던 무명의 소수자를 탁월하게 형상화하였다.

원래 집이 가난하여 간혹 끼니를 잇지 못하였다. 하루는 어떤 자가 매화 한그루를 팔려고 하는데 맵시가 매우 기이했다. 돈이 없어 못 사고 있는데, 마침 돈 3천전을 보내준 사람이 있었다. 그림값을 미리 보내준 것이었다. 이에 2천전을 떼어 매화 화분을 사고, 8백전으로는 술을 사서 동인(同人)들을 모아 매화를 감상하는 자리를 마련했다. 나머지 2백전으로 쌀과 땔나무를 사니, 하루를 넘기기도 어려웠다. 그의 소탈하고 광달(曠達)함이 이와 같았다.
찬하여 말한다. "(…) 김홍도가 김득신, 최북, 이인문과 활동하면서도 독보적으로 뛰어났던 것은 어째서인가? 나는 '인품이 높아야 필법 또한 높은 까닭이다'라고 말하고 싶다.

— 조희룡 「김홍도전」, 『호산외기』

단원 김홍도를 입전한 작품이 여럿 있지만 『호산외기』의 이 기록이 가장 생동감있는 서술이라는 평가를 받는다. 조희룡은 단원의 호방하고 시원한 성품으로 인해, 옹졸함이 없는 탁 트인 그림이 나왔다고 보았다. 맵시있는 매화 화분을 그 자리에서 흔쾌히 살 줄 아는 단원의 인품을 이 일화에서 단적으로 알아챌 수 있다는 것이다. 조희룡은 여기서 화가로서 단원의 재능과 기량보다는 그의 '인품'에 초점을 맞추었다. 이 '인품'은 물론 조희룡이 선망하고 지향하는 바이기도 했다. 또 이러한 '소탈하고 광달한' 성품은 종래의 성리학적 인성론에서 주목하지 못한 바였다.

조희룡은 금강산의 예를 들면서, 이름난 봉우리와 무명의 일구일학(一邱一壑)이 본질적으로는 다르지 않다는 상대주의적 인식을 지녔고, 그런 논리로 중인층 인물을 평가했다. '개별자의 발견' '개성의 발견'이라 할 이 관점은 19세기 여항문단의 지도적 인물이 획득한 새로운 인식지평이라고 할 수 있다. 조희룡은 이런 관점을 바탕으로 최북, 전기(田琦) 등의 화가와 이언진, 천수경 같은 시인을 입전하였고, 기존 인성론으로는 포착된 바 없던 무명의 효자와 동자(童子) 등을 정감있게 재창조하였다.

여항인을 입전한 전기집은 『호산외기』(1854년경) 이후 1850, 60년대에 연속 출현하여, 『진휘속고』(1854~62), 유재건의 『이향견문록』(1862), 이경민의 『희조일사』(1866), 장지연의 『일사유사』(1918)로 이어졌다. 『호산외기』는 그 이후의 전기집에 전폭적으로 수용되어 큰 영향을 미쳤다. 유재건 같은 여항의 기록자가 있어 문헌으로 집성되기는 했지만, 중인층의 전기가 새롭게 창작되지는 못했다. 중인서리층이 해체되는 국면을 맞아, 『호산외기』가 성취한 '개인(개별자)의 발견'은 더는 계승되지 못했다.

앞에서 논의했듯이, 여항문학의 지향점은 문학예술의 창조를 통한 자아의 구현에 있다. 여기에는 봉건적 제약에 대한 인간적인 자각이 수반되었다. 그러나 여항인은 자신들에게 가해진 불평등에 대해 정치 사회적 차원의 해결을 모색하지 못했고, 그럴 수도 없는 조건이었다. 그들은 오직 문예 방면의 성취를 추구하였으니, 여항문학의 지향처는 '나 자신'과 '나의 동류들'에 집중되어 있었다.

조선후기 여항문학은 17~19세기 조선이라는 신분제사회가 낳은 문화현상이었다. 이 시기의 조선사회는 청나라에 비해 신분제질서가 공고하게 유지되었다. 이러한 사회적 억압에 가장 민감하게 반응한 인물들은 서얼과 중인서리였다. 이들의 경제적·문화적 역량은 그 전에 비할바 없이 성장하였다. 그러나 자신들의 존재감을 자각하면 할수록 내면의 갈등은 깊어질 수밖에 없었다. "다시는 이 땅에 태어나고 싶지 않다"고 말하는 이들까지 있었다. 이러한 괴리감 속에서 여항인은 문학예술에서 내면의 안식을 찾고자 했다. 다만 이들은 중하층 지식인이자 기능직 실무관료로서 사회체제를 유지하는 한 축이었으므로, 체제 너머를 상상하기는 어려운 조건에 처해 있었다. 심리적으로는 반발했을지언정 현실의 체제 안에서는 순응 이외의 대안을 쉽사리 찾을 수 없었다. 그 결과 여항문학은 반발과 순응이 공존하거나 착종되는 양상을 보였다.

여항의 문학에는 체제에 대한 순응과 반발, 반발을 통해 개별자의 독립으로 나아가는 모습이 혼재해 있다. 순응의 측면이 우세하다고 해서 그것이 곧 여항문학의 성격이라고 말할 수는 없겠다. 문학을 통해 기능인이라는 존재조건을 넘어서고자 했던 소수의 월경자(越境者)들이 여항문학을 한층 빛나게 했기 때문이다.

: 한영규 :

● 더 읽을거리

논쟁이 되는 요소

우선, 여항문학의 가치를 평가하는 기준으로서 현실주의의 문제이다. 강명관(『조선후기 여항문학 연구』, 창작과비평사 1997)은 여항시의 전개를 현실주의라는 기준으로 고찰하였다. 그는 육가(六家)에서 홍세태에 이르는 초기 여항시가 신분모순에 대한 회의와 갈등을 드러내다가 18세기의 이언진·홍신유(洪愼猷)·임광택에 이르러 현실인식이 심화되고 그 시적 표현력 또한 정점을 향했는데, 송석원시사 이후 19세기에 들어서는 18세기의 현실주의적 성취가 계승되지 못하고 시사 중심의 고답적인 유흥시가 지어졌다고 분석하였다. 즉 18세기의 현실주의적 성취가 19세기에 들어 관념적으로 흘러, 쇠퇴의 길로 나아갔다는 것이다. 이러한 일원적 시야에 반하여 윤재민(『조선후기 중인층 한문학 연구』, 고려대 민족문화연구원 1999)은 예교주의와 낭만주의라는 대대(待對) 개념을 가져와 분석하기도 하였다. 강명관의 관점은 기본적으로 여항의 한시에 한정하여 얻은 결론이었다. 여항문학은 19세기에 들어서 한시보다는 성령론 등의 문학론이나 전기(傳記), 제발(題跋) 등의 산문영역으로 그 의제가 확산되었다. 또한 그 관점은 사회·역사적 측면에 중점을 둔 것으로, 창작자인 여항인의 자의식이나 내면적 지향, 감성 등의 문제에는 그다지 유의하지 않았다. 여항문학의 기본방향은 '문학활동을 통한 자아의 구현'에 있었다.

  여항문학에 표현된 계층의식을 어떻게 인정할 것인가의 문제도 존재한다. 여항인의 시문에는 자존의식, 평등에 대한 갈망이 강하게 드러나 있고, 또 사족층에 대한 반발감의 표현도 적지 않다. 이러한 반발감에 주목하여 중인서리 집단의 계층의식을 읽어내려는 시도도 있었다. 그러나 『추재기이』와 『호산외기』에서 보았듯이, 그 관심은 중서층을 중심에 두면서도 하층 인물들의 삶의 모습도 포함하고 있다. 즉 여항인의 계층적 정체성이 분명치 않다고 하겠다. 또한 「최북전」에서 최북이 드러낸 반발은 신분체제에 대한 비판으로 해석될 소지도 있으나, 그보다는 최북의 불기(不羈)의 기질을 환기시켜 그의 예술가적 개성을 드러내려는 의도가 더 근본적이지 않을까 한다. 즉 여항문학을 통관할 때, 당대 현실의 사회계층적 대립이나 갈등을 의도한 성향이 별반 간취되지 않는다. 게다가 여항문학을 산출한 이들을 단일한 하나의 사회계층으로 볼 수 있느냐는 의문도 제기된다. 서울이라는 지역적 국한, 사대부층과 운명을 같이하는 중하층 지식인으로서의 특성 등을 고려할 때, 여항인은 독립적 사회계층이 아니라 조선후기에 존재했던 특수한 계층의 하나로 보아야 할 듯하다.

또한, 여항문학이 사대부문학과 어떤 차별성을 보이느냐가 논란거리이다. 여항문학이 사대부문학과 구별되는 독자적인 성격을 창출하지 못했다는 지적과 그렇지 않다는 반론이 공존한다. 이는 문학뿐만 아니라 여항의 문화 전반에 걸친 문제로, 여전히 논쟁중에 있다. 여항문학은 사대부문학을 닮으려는 속성을 지녔고 한문이라는 언술체계를 구사했다는 점에서, 여항인에게 새로운 무엇을 바라는 기대 자체가 무리일 수도 있겠다. 그러나 여항인의 존재 조건, 감수성, 자기표현 방식은 사족층과 다른 면이 존재했고, 실제 문학의 양상도 상이하게 나타났다. 중서층이 경이롭게 느끼는 인물은 사대부가 주목하는 인물과 달랐다. 또한 미적 감수성도 방향을 달리하였다. 예컨대 김정희는 침중하면서 간일한 묵란과 묵매를 중시했지만 조희룡은 경쾌하면서도 번화스런 홍매에 열광하고 그것의 창작에 경도되었다. 요컨대, 사대부문학의 기본이념은 19세기말까지 대체로 유지되었지만, 여항문학은 사대부문학의 성리학적 인성관과는 다른 지평을 전망했다는 점에서, 그 미적 지향이 구분된다고 할 수 있다. 사대부문학이 '정(正)'의 측면에 여전히 긴박되어 있었다고 한다면, 여항문학은 '기(奇)'의 측면으로 나아가는 경향성을 지녔다고 하겠다.

여항문학의 전반적 성격에 대해서는 임형택「여항문학총서 해제」「여항문학총서의 續刊에 부쳐」, 『이조후기 여항문학총서』(여강출판사 1986~91); 김흥규「조선후기의 문학」, 『한국사』 35(국사편찬위원회 1998)와 강명관(앞의 책), 윤재민(앞의 책)의 논의 등이 있다.

여항의 시사와 시에 대해서는 송재소「실학파의 시와 여항인의 시」, 『한국문학연구입문』(지식산업사 1982); 정우봉「19세기 詩論 연구」(고려대 박사학위논문 1992); 천병식 『조선후기 위항시사 연구』(국학자료원 1991); 정옥자 「詩社를 통해서 본 조선말기 중인층」, 『한우근박사 정년기념논총』(논총간행위 1981)의 논의를 참고할 수 있으며, 성령론 및 인물전에 관해서는 이우성 「金秋史 및 중인층의 성령론」, 『한국한문학연구』 5(한국한문학연구회 1981); 정우봉 「19세기 성령론의 재조명」, 『한국한문학연구』 35(2005); 박희병 「전기작가로서의 조희룡 연구」, 『관악어문연구』 10(서울대 국문과 1985); 한영규 「중인층 전기집 '호산외기'의 성격과 위상」, 『고전문학연구』 29(한국고전문학회 2006)의 논의 등을 참조할 수 있다.

조선후기 실학파 문학과 박지원의 문학적 성취

1. 실학파 문인의 사상적 지향

 18세기 들어 성리학(性理學)이 역사적 기능을 다하고 점차 사변적으로 흐르자, 원시유학의 실천적 성격을 회복하고 민중의 입장에서 현실을 개혁할 것을 주장하는 비판적 지식인들이 등장했는데, 우리는 이들을 실학파(實學派)라 부른다. 조선후기에 이르러 이러한 실천적 학문과 현실주의문학이 일어난 까닭은 대략 두 가지 이유에서이다.
 첫째는 당시까지 양반사대부와 그 자제들의 공부가 과거급제를 목표로 한 것이었기 때문에, 현실사회나 민생 문제를 해결하는 데 직접 도움을 줄 수 없는 시부(詩賦) 위주의 사장지학(詞章之學)으로 흘러 많은 문제점이 드러나기 시작했다는 점이다. 다산(茶山) 정약용(丁若鏞, 1762~1836)은 과거공부를 하는 사람들이 입으로는 성현의 도를 말하지만 실상을 따지고 보면 문자나 도둑질하고, 허황(虛荒)한 내용을 짜내어 자기가 가장 박식한 듯이 과장하며, 과거 보는 날 하루 동안의 행운을 도박하듯이 얻으려 한다고 하였다. 다산은 이와같이 총명하고 재주있는 인재를 버릴뿐더러 현실문제를 해결하는 데 아무런 도움도 되지 못하는 과거(科擧)의 학을 버리고, "실용의 학문에 마음을 두고 세상을 구했던 글을 읽어야 한다"(留心實用之學 樂觀古人經濟文學,「寄二兒」,『與猶堂全書』)라고 말했다.

둘째는 조선조 성리학자들이 전통적인 중국 중심의 화이관에 기반을 두고 관념적 사상체계인 주자학에 배타적으로 집착했기 때문에, 조선 현실의 특수성을 간과하고 다른 사상과 학문들에 대해 폐쇄적인 태도를 취했기 때문이다. 연암(燕巖) 박지원(朴趾源, 1737~1805)은 "요즘 부지런히 독서한다는 사람들은 거친 안목으로 내용 없는 글들을 뒤적이는데, 이것은 소위 술찌꺼기를 먹고 취하려는 자들이니 어찌 슬프지 아니한가"라고 개탄했다. 독서를 부지런히 해도 문리(文理)를 깊이 깨닫지 못하는 것은 바로 과거공부 탓이라고 하였고, 성명(性命)과 이기(理氣)에 대해 고담준론하면서 자기주장만 펼치는 당시의 관념적인 성리학은 참된 학문을 해치는 것이라고 비판했다.

이와같은 실학자들의 사상은 역사현실에 실천적 관심을 갖고 당시 중세사회를 개혁하려 했다는 면에서 근대지향적이라고 할 수 있고, 종래 성리학자들의 화이론적 세계관과 달리 조선의 현실과 민중의 입장을 우선 사유했다는 측면에서는 주체적이라고 할 수 있다. 그래서 실학을 근대지향적이고 주체적인 개신유학(改新儒學)이라고 하는 것이다.

이러한 실학자들은 학문적 관심과 사상적 지향에 따라 대체로 성호학파(星湖學派)와 연암학파(燕巖學派)로 대별된다. 반계(磻溪) 유형원(柳馨遠, 1622~73)을 비조로 성호(星湖) 이익(李瀷, 1681~1763), 다산 정약용으로 이어지는 성호학파는 균전론(均田論) 같은 토지의 균등한 분배를 통한 민생안정 등 정치·경제 제도의 개혁에 주로 관심을 가졌으며, 연암 박지원을 중심으로 홍대용(洪大容, 1731~83), 이덕무(李德懋, 1741~93), 박제가(朴齊家, 1750~1815), 유득공(柳得恭, 1749~?) 등의 연암학파는 서울에 모여 살면서 상공업의 유통과 이용후생의 문제에 더욱 관심을 보였다. 이 글에서는 실학파를 대표하는 박지원과 정약용을 중심으로 그들의 문학관을 살펴보고, 우리나라 사실주의문학의 거봉인 연암의 문학적 성취를 점검하기로 한다.

2. 현실주의적 문예관과 주체적 미의식

연암 박지원과 다산 정약용은 실학의 두 유파인 연암학파와 성호학파를 대표할 뿐만 아니라 우리 문학사에서 '연암소설(燕巖小說)'과 '다산시(茶山詩)'가 독자적인 개념으로 자리잡았을 정도로 우뚝한 문학적 성취를 이루었는데, 이 바탕에는 실학자 특유의 현실주의적 문예관과 주체적 미의식이 자리잡고 있다.

박지원은 문학을 하되 옛글을 그대로 답습하거나 중국의 전범을 따르지 않고, 당시의 조선 현실에 맞는 문학을 주창하면서 탁월한 문필력으로 자유분방한 창작활동을 하였다. 그는 과거의 문학유산을 계승하되 결코 거기에만 머물러서는 안되며 새 시대에는 그에 걸맞은 형식과 내용을 갖춘 새 문학을 창조해야 한다는 법고창신(法古創

新)의 관점을 갖고 있었다. 당시에 문필가들은 중국의 글과 얼마나 유사한가를 가지고 글의 우열을 논하는 경향이 있었는데 연암은 이러한 풍조에 매우 비판적이었으며, 그렇게 해서는 참된 문학이 나올 수 없다고 생각했다. 연암의 이러한 주체적이고 사실주의적인 문학정신은 「전가(田家)」라는 시에서 핍진하게 드러난다.

늙은 첨지 새 쫓느라 남녘 둑에 앉았는데	翁老守雀坐南陂
개꼬리 같은 조이삭에 노란 참새 매달렸네	粟拖狗尾黃雀垂
큰 머슴아 중머슴아 모두 다 들일 가니	長男中男皆出田
농삿집 온종일 낮에도 문 닫혔네	田家盡日晝掩扉
솔개가 병아리를 채려다가 빗나가니	鳶蹴鷄兒攫不得
호박꽃 핀 울타리에 뭇 닭들이 꼬꼬댁 꼬꼬댁	群鷄亂啼匏花籬
젊은 아낙네 광주리 이고 시내를 건너려는데	小婦戴棬疑渡溪
어린아이 누렁이가 줄지어 뒤따르네	赤子黃犬相追隨

— 「전가」, 『연암집(燕巖集)』

농가의 가을 풍경을 사실적으로 보여주는 작품이다. 연암은 가을 들녘의 풍경과 농가의 정경을 그림처럼 묘사하면서, 병아리를 '계아(鷄兒)', 누렁이를 '황견(黃犬)'이라고 표현하는 등 정감있고 토속적인 시어를 구사함으로써 당시의 조선 현실을 실감나게 그려냈다.

그런데 우리는 이 시를 현실주의적 지평에서만 바라봐서는 안될 것이다. 이 시에는 당시 농촌현실뿐만 아니라 인간생활 본연의 모습과 자연의 아름다움이 시의 행간에 배어 있기 때문이다. 연암은 현실주의적 미의식을 추구하면서도 "백성을 이롭게 하고 자연만물에는 늘 혜택을 주려는(利民澤物)" 생각, 즉 인간에 대한 따뜻한 배려와 자연과의 친화감을 잃지 않았다. 이 시에는 인간과 자연, 현실을 풍요롭게 감싸는 연암의 깊은 성찰이 담겨 있다.

　연암은 이러한 문학정신으로 수많은 작품을 남겼다. 서른 이전에 지은 작품으로는 상하의 봉건윤리를 대체하여 새로운 우정의 윤리를 모색하는 「마장전(馬駔傳)」「예덕선생전(穢德先生傳)」, 몰락한 양반의 실태와 신흥부자의 상승을 보여주는 「양반전(兩班傳)」, 당시 시정 주변에서 협객으로 활약하던 인물을 입전한 「광문자전(廣文者傳)」 등이 있고, 사상이 원숙해진 40대 중반에 지은 작품으로는 『열하일기』에 실린 「허생전(許生傳)」과 「호질(虎叱)」이 있는데, 이 두 작품과 『열하일기』에 대해서는 다음 장에서 상론하도록 한다. 이밖에도 연암은 앞의 「전가」같이 뛰어난 한시 40여수와 수많은 명품 산문을 남겼다.

　연암의 문학이 도시적 분위기에서 형성되어 엘리뜨적이고 근대적 지향을 보인다면, 다산의 문학은 농촌의 현실 속에서 형성되어 민중의 삶에 좀더 다가가 있고 민족주체적 성격을 띤다고 할 수 있다.

　다산은 "임금을 사랑하지 않고 나라를 걱정하지 않는 것은 시가 아니며, 어지러운 세상을 아파하고 퇴폐한 습속을 통분하지 않는 것은 시가 아니라"(不愛君憂國 非詩也 不傷時憤俗 非詩也,「寄淵兒」,『與猶堂全書』)고 언명한 데서 드러나듯, 그의 문학은 나라의 현실과 민중의 삶에 초점이 맞춰져 있었다. 젊은시절 암행어사의 명을 받아 적성촌에 이르러 목도한 농민들의 모습을 그린 「봉지염찰도적성촌사작(奉旨廉察到積城村舍作)」이나, 흉년에 굶주린 백성들의 참상을 그린 「기민시(飢民詩)」, 탐학한 관리를 이리와 승냥이에 비유한 「시랑(豺狼)」

같은 작품은 바로 다산의 애국연민(愛國憐民)사상과 현실주의적 문학관의 소산이라 할 것이다.

여기에서 우리가 특히 주목할 것은 다산의 문학관이 당시의 조선현실이라는 주체적 입장에 터 잡고 있다는 사실이다. 조선시대 문인들은 시를 짓고 글을 쓸 때 으레 중국문헌에 나오는 고사를 들먹이거나 중국 시구를 인용하는 경향이 지배적이었는데, 이에 대해 다산은 매우 못마땅하게 생각했다.

근래 수십년 이래로 한 가지 괴이한 논의가 있으니 이건 동방문학(東方文學)을 아주 배척하는 일이다. 여러 가지 우리나라의 옛 문헌이나 문집에는 손도 대지 않으려 하니 이거야말로 병통이 아니고 무엇이냐. 사대부 자제들이 우리나라의 옛일들을 알지 못하고 선배들이 의론했던 것을 읽지 않는다면 설사 그 학문이 고금을 꿰뚫고 있다 해도 저절로 소홀하고 거친 것이 될 뿐이다.
── 「기이아(寄二兒)」, 『여유당전서(與猶堂全書)』

우리나라의 역사책을 비롯한 옛 문헌이나 문집은 거들떠보지도 않고 맹목적으로 중국의 고사만을 인용하는 것은 큰 병통이고 비루한 문풍이라는 것이다. 다산은 이처럼 당시 조선현실이라는 주체적 입장에 서서 여러 현상을 인식하려 했기 때문에 우리나라의 역사책이나 문헌 문집들을 반드시 읽어야 하며, 시를 쓸 때에도 중국의 고사나 시구 들을 인용하지 말고 아무쪼록 『삼국사기』『고려사(高麗史)』『여지승람(輿地勝覽)』『징비록(懲毖錄)』『연려실기술(燃藜室記述)』을 비롯한 우리나라 글들에서 사실을 뽑아내고 그 지방의 특색을 고찰하여 시에 인용해야만 바야흐로 후세에 전해질 수 있는 훌륭한 시가 나온다고 했다.

다산은 "나는 조선인이므로 즐겨 조선시를 짓겠노라"(我是朝鮮人甘作朝鮮詩, 「老人一快事」, 『與猶堂全書』)고 선언하면서 실제 시창작에서 순수 우리말 또는 향토색 짙은 방언을 구사했다. 강진에 귀양 가 있으면서 그곳 농어민들의 질박한 삶을 민요조로 노래한 「탐진촌요(耽津村謠)」「탐진어가(耽津漁歌)」 같은 작품에서는 높새바람을 '고조풍(高鳥風)', 활선을 '궁선(弓船)', 낙지를 '낙제(絡蹄)'로 표현하는 등 토박이말을 시어로 자연스럽게 활용하고 있다.

한편 「느릅나무 숲을 거닐며(楡林晚步)」 같은 시에서는 어려운 유배생활 가운데서도 민중에 대한 굳건한 사랑을 잃지 않고, 정신적으로 여유있게 자연과 하나되어 살아가는 달관의 모습이 운치있게 형상화되었다.

작지 짚고 시냇가 사립을 나와	曳杖溪扉外
고운 모래 밟으며 천천히 걸어보니	徐過的歷沙
온몸은 병들어 약할 대로 약해지고	筋骸沈瘴弱
옷자락은 바람결에 너울거리네	衣帶受風斜
어여쁜 풀 위에 햇빛 비치고	日照娟娟草
고요한 꽃 위에 봄이 깃드네	春棲寂寂花
세상이 변한대도 상관없어라	未妨時物變
이내 몸 있는 곳이 내 집인 것을	身在卽吾家

느릅나무 잎사귀 토한 듯 무성한데	黃楡齊吐葉

우거진 녹음 아래 둘러앉은 촌사람들	環坐綠陰濃
파리한 꽃술에 벌들 다투어 날아들고	花廋峰爭蕊
따뜻한 숲속엔 사슴이 뿔 기르네	林喧鹿養茸
임금님 은혜로 목숨은 남았으나	主恩餘性命
촌 노인들 내 모습 가여워하네	村老惜形容
나라 다스리는 방책을 알려거든	欲識治安策
마땅히 농부들께 물어야 할 일	端宜問野農

——「유림만보(楡林晚步)」『여유당전서』

  다산은 이와같이 애국연민사상과 현실주의 미의식을 때로는 직설적이고 비장한 어조로, 때로는 우의적 수법과 부드러운 목소리로 다채롭게 표현한 2500여 편의 한시를 남겼다.

  연암과 다산의 경우에서 확인한 이러한 실학파 문학의 성격을 좀더 구체적으로 이해하기 위해서, 오늘날에도 여전히 동아시아인의 교양서로 읽히는 연암 박지원의 걸작『열하일기』를 중심으로 그 문학적 성취를 검토하기로 한다.

3.『열하일기』의 문학적 성취

  연암은 조선후기의 피폐한 현실을 바로잡기 위해서는 우선 중국의 발달한 문물을 배우고〔北學〕천하의 움직임을 살필〔審勢〕필요가 있다고 생각했다. 천하의 대세를 파악하여 우리 현실을 직시하고, 중국의 선진문물을 받아들여 우리 현실에 맞게 재창조해야 한다는 것이다. 그래서 연암은 같은 문제의식을 가진 북학파 동지들과 더불어 청나라의 발달한 문물제도를 연구하는 한편 직접 중국을 방문한다. 연암이 44세 되던 1780년, 그의 삼종형인 박명원(朴明源)의 수행원으로 청나라 고종의 70수(壽)를 축하하러 가는 사절단의 일원으로 중국에 건너간 것이다. 그는 발달한 청나라의 문물을 배워 낙후한 조선현실을 개혁해야겠다는 뚜렷한 사명감을 갖고 있었기에 중국의 심양, 북경, 열하 등지를 여행하면서 보고 듣고 체험하고 느낀 것을 어느 것 하나 빠뜨리지 않고 기록했는데, 그것이 바로 『열하일기(熱河日記)』이다.

그러나 『열하일기』는 단순한 기행문이 아니다. 『열하일기』의 실제 내용과 형식을 살펴보면 중국에서 견문한 것과 자기 생각을 다채로운 문체로 마음껏 펼쳐 보인 대교향악 같은 글임을 알 수 있다. 『열하일기』가 우리에게 아주 흥미진진하게 읽히는 까닭은 연암의 날카로운 통찰과 해박한 식견, 이용후생을 위한 진지한 태도와 더불어, 연암 특유의 뛰어난 문장력과 참신한 표현수법이 빛나기 때문이다. 연암은 여행체험과 중국의 실정, 자신의 혁신적인 개혁사상을 효과적이고 생생히 전달하기 위해 정통 고문체와 패사(稗史) 소품체를 망라한 다채롭고 독창적인 문체를 구사하였다. 이것이 소위 당대 문단에 풍파를 일으킨 연암체(燕巖體)이다. 전통적인 고문만을 숭상하던 당시에 이러한 패관소설식 문체를 자유롭게 구사한 연암의 글은 참신한 충격과 함께 격렬한 반발을 불러일으켰다. 이것이 소위 정조대에 일어난 '문체파동(文體波動)'으로, 우리는 이 사건을 통해 『열하일기』가 당시 문단에 준 충격과 영향이 어떠했는지를 짐작할 수 있다.

『열하일기』의 문체가 다른 기행문과 두드러지게 다른 점은 소설기법을 자유로이 구사하고 있다는 점이다. 연암은 다른 연행록처럼 여행체험을 평면적으로 서술하지 않고 장면 중심의 입체적인 묘사방식을 취했다. 이렇게 함으로써 중국인들의 살아숨쉬는 생활상과 청조 문물의 구체적 면모를 실감나게 전달할 수 있었다. 이러한 소설식 서술기법을 「관내정사(關內程史)」편에서 살펴보자.

이때 별안간 말몰이꾼 하나가 알몸으로 뛰어드는데 머리엔 다 해어진 벙거지를 쓰고 허리 아래엔 겨우 한 조각의 헝겊을 가렸을 뿐이어서 그 꼴은 사람도 아니요 귀신도 아니요 그야말로 흉측했다. 마루에 있던 여인들이 와자그르 웃고 지껄이다가 그 꼴을 보고는 모두 일거리를 버리고 도망쳐버린다. 주인이 몸을 기울여 이 광경을 내다보고는 얼굴빛을 붉히더니 교의에서 벌떡 뛰어내려 팔을 걷어붙이고 철썩하며 그의 뺨을 한대 때렸다. 말몰이꾼은 "말이 허기가 져서 보리 찌꺼기를 사러 왔는데 당신은 왜 공연히 사람을 치오?" 하자, 주인은 "이 녀석, 예의도 모르는 녀석, 어찌 알몸으로 당돌하게 구는 거야?" 한다. 말몰이꾼이 문밖으로 뛰어나가버린다.

―「관내정사(關內程史)」, 『열하일기』

이렇게 연암은 여행 도중에 벌어지는 여러 사건을 장면 중심으로 묘사함으로써 읽는 이로 하여금 눈앞에서 보는 듯한 느낌이 들도록 생생히 재현하고 있다. 또한 소설적 표현 기법을 쓸 때에는 백화문을 이용한 대화체를 빈번히 구사한다. 이는 다른 연행록류에서는 거의 찾아보기 어려운 것으로, 『열하일기』의 두드러진 특징이라 할 만하다. 『열하일기』의 또하나의 문예적 특징은 풍자와 우언(寓言), 해학을 즐겨 사용한다는 점이다.『열하일기』에서 풍자와 우언이 가장 잘 드러난 글은 바로「호질」과 허생 이야기가 들어 있는「옥갑야화(玉匣夜話)」이다.

위선적인 대학자 북곽선생과 소문난 절부임에도 성이 다른 자식을 다섯이나 둔 과부 동리자의 행위를 풍자한「호질」은 소설 기법과 함께 절묘하게 우언을 구사한 작품이다. 이 작품에서 우언의 묘미가 가장 잘 드러난 부분은 범이 먹잇감을 천거하는 악귀들과 문답을 나누는 대목과 북곽선생을 준엄하게 질책하는 대목으로, 여기서 작자는 역설적인 논리와 온갖 다채로운 고사를 종횡무진으로 구사하고 있다. 특히『시경』『서경』『주역』같은 유가경전에 나오는 문구를 따와 유자들을 풍자한 대목은 매우 신랄하다. 이러한 풍자 효과는 작품의 결말에서 절정에 달한다. 거름구덩이에 빠졌다가 겨우 올라와보니 범이 떡 버티고 서 있자 온갖 아첨을 떨며 땅에 엎디어 사죄하는 시늉을 하다가 뒤늦게 범이 사라진 사실을 깨달은 북곽선생은, 밭을 갈러 나온 농부가 어째서 새벽부터 들판에서 절을 하느냐고 묻자, 시치미를 떼고 "하늘이 높다 하되 몸을 어이 안 굽히며 땅이 두텁다고 해서 조심스레 걷지 않으랴"라는『시경』구절로 얼버무린다. 북곽선생은 난세를 당해 신중하게 처신해야 한다는 시구를 엉뚱하게도 자신의 비굴한 행위를 합리화하는 데 이용함으로써 위선을 드러내는 것이다.

이같은 풍자 기법은 연암의 대표작이라 할 수 있는「허생전」에서도 탁월하게 사용되었다. 명목상 북벌을 외치면서도 구체적인 준비와 성의를 도무지 찾기 어려운 당시 어영대장 이완(李浣)의 무능을 추궁해 들어가는 허생의 논변에서 적절한 사례를 찾아볼 수 있다. 즉 허생은 호란의 치욕을 씻고 명나라를 위해 청을 치려는 북벌계획의 총수 이완을 상대로 국왕이 인재 기용에 성의를 다할 것과 조선에 망명한 명나라 유민들을 우대할 것을 차례로 제안하나, 이완은 이에 모두 난색을 표함으로써 북벌에 대한 집권층의 소극적인 태도를 드러낸다. 이에 허생은 가장 현실적인 방안으로 나라 안의 자제들을 선발하여 유학과 무역 명목으로 청에 보내 정세를 탐지하는 한편 현지의 반청세력과 연대할 것을 주장한다. 이완은 이번에도 사대부들이 모두 예법을 지키는데 누가 기꺼이 머리를 깎고 오랑캐의 옷을 입으려 하겠느냐고 반문하면서 미온적인 태도를 보인다. 그러자 격노한 허생은 겉으로 북벌을 부르짖으면서도 허례허식과 어설픈 자존의식에 빠진 당시 집권층을 통렬하게 비판한다.

또한 『열하일기』에는 풍자·우언과 함께 해학적인 표현이 자주 등장한다. 연암은 원래 해학을 좋아했는데 고되고 먼 여행길에서 그의 이러한 기질이 유감없이 발휘되고 있다. 격식을 차리는 것을 싫어하고 누구와도 어울려 농담을 나누는 소탈한 면모는 도처에서 산견되지만, 다음 일화는 호기심 많은 연암의 인간적 면모를 보여줄 뿐 아니라 그의 해학정신을 잘 드러내준다.

사행들과 더불어 투전을 벌였다. 소일도 할 겸 술값은 벌자는 심산이다. 그들은 나더러 투전에 솜씨가 서툴다고 한몫 넣지 않고, 그저 가만히 앉아서 술만 마시라고 한다. 속담에 이른바 굿이나 보고 떡이나 먹으라는 셈이니, 슬며시 분하긴 하나 역시 어쩔 수 없는 일이다. 혼자 옆에 앉아서 지고 이기는 구경이나 하고 술은 남보다 먼저 먹게 되었으니, 미상불 해롭잖은 일이다. 벽을 사이에 두고 가끔 여인의 말소리가 들여온다. 하도 가냘픈 목청과 아리따운 하소연이어서 마치 제비와 꾀꼬리가 우짖는 소리인 듯싶다. 나는 마음속으로 '이는 아마 주인집 아가씨겠지. 반드시 절세의 가인이리라' 생각하고 일부러 담뱃불 댕기기를 핑계 삼아 부엌에 들어가 보니 나이 쉰도 넘어 보이는 부인이 문 쪽에 평상을 하고 앉았는데, 그 생김생김이 매우 사납고 누추하다.

──「도강록(渡江錄)」,『열하일기』

이렇게 진솔하고 해학적인 이야기는 다른 연행록에서는 도저히 찾아보기 어려운 연암만의 해학정신의 발로라 아니할 수 없다.

우리는 또 연암이 방언이나 속담을 자유자재로 구사함으로써 조선 사람의 정서에 와닿는 표현을 하고 있음을 주목하게 된다. 이 글에서도 '굿이나 보고 떡이나 먹는다'는 속담이 등장하지만『열하일기』에는 이루 헤아릴 수 없이 다양한 조선식 한자어와 우리 고유의 속담이 사용되고 있다. 이러한 표현은 정통 고문이나 소위 격조를 숭상하는 양반님네들의 문장에서는 금기시되는 것들인데도 연암은 대담하고 자유롭게 향토색 짙은 조선어들을 구사한 것이다. 연암은『열하일기』에서 사또를 '사도(使道)', 장가드는 것은 '입장(入丈)', 형님을 '형주(兄主)'라고 표현한다든지, '웃는 낯에 침 뱉으랴' '어린애 코 묻은 떡 뺏기' 같은 우리 속담을 다채롭게 구사하고 있다. 이러한 조선의 토착어에 대한 연암의 관심은 다산의 경우와 마찬가지로 민족적인 지향을 갖는다고 하겠다.

『열하일기』에 보이는 또하나의 표현상의 특징으로 대상의 본질을 있는 그대로, 구체적으로 그려내는 사실적인 묘사 경향을 들 수 있다.『열하일기』에서 연암은 중국의 이색적인 풍물과 인간군상을 가능한한 세밀하고 정확히 묘사하려 한다. 그리고 여행중에 겪는 사건이나 문물을 사실적으로 묘파할 때는 소설 기법을 적절히 사용한다. 연암은 만나는 사람과의 대화 내용뿐 아니라 그의 성품과 학식, 용모와 말씨까지도 생생히 그려냈다. 여기서 우리가 주목할 것은 연암이『열하일기』에서 지배층에 속하는 인물뿐만 아니라 하층민들에게도 시선을 돌려 깊은 관심과 애정을 가지고 묘사했다는 점이다. 그가 묵은 숙소의 가족들과 각종 장사꾼들, 직업적인 연희인들, 시골 훈장, 점쟁이, 라마교 승려, 창녀, 거지 등등 여행 도중에 만난 다양한 인간이『열하일기』에는 너무나 생생히 그려져 있다.

　이상에서 살펴본 대로『열하일기』는 한 창조적 지성이 경험한 연행 체험과 구상을 실학파 특유의 현실주의 미의식에 입각하여 다채로운 표현양식으로 마음껏 펼쳐 보인 대교향악이고,『열하일기』로 대표되는 연암의 문학은 우리나라 문학사에서 내용과 형식의 수준 높은 결합을 보여준 한 성취라고 할 수 있을 것이다.

4. 실학파 문학의 의의와 영향

　이상에서 살펴보았듯이 실학파 문인들은 우국애민사상을 바탕으로 민중들의 삶과 당대 현실을 사실적으로 그려냈으며, 표현에서는 우리 민족의 정감과 생활상이 녹아든 토속어와 속담을 자유로이 구사했고, 우리 고사를 활용했을뿐더러 일상언어를 사용했다. 그런 의미에서 연암과 다산으로 대표되는 실학파의 문학은, 내용과 형식 양면에서 종래의 고답적인 문풍을 쇄신하고, 주체적 자각과 현실주의의 발전을 끌어냄으로써 빛나는 성과를 거두었다고 평가할 수 있다.

그러나 우리가 실학파 문학을 현실의 충실한 재현만으로 이해해서는 그것의 풍부한 함의를 놓칠 수도 있다. 실학파 문학은 연암의 「전가」나 다산의 「느릅나무 숲을 거닐며」 같은 시에서 확인했듯이, 민중의 생활과 민족의 현실만을 그려내는 데 머물지 않고, 만물의 번성(蕃盛)과 세상과의 조화 등으로 관심을 확장해나갔기 때문이다.

그리고 실학파 문학이 주체성을 지향한다고 해서 결코 배타성을 띠거나 폐쇄적이지 않았다는 사실도 확인해둘 필요가 있다. 연암 박지원은 『열하일기』에서 '연암체'라 불리는 새로운 문체와 다양한 문학 양식을 통해 자기의 구상을 마음껏 펼치고 있다는 면에서 분명 주체적이지만, 늘 새것에 대해 호기심을 가지고 질문을 던지며[好問] '조선'과 '나'라는 울타리를 벗어나 늘 배우려는 자세[善學]를 견지하고 있었다는 면에서는 개방적이다. 이것은 연암이 주체성을 견지하면서도 세계를 향해 열려 있었음을 말하는 것이다. 이는 "부처의 눈으로 보면 내가 속이 좁다"라는 발언이나, 그의 유명한 '법고창신'적 문학관을 통해서도 확인된다. 옛 글만 배우다보면 고루해지기 쉽고 새것만 추구하다보면 종잡을 수 없게 되므로, 옛것을 배우면서 새것을 창조할 것을 주장했으니, 연암은 철저한 사실주의자라고 할 수 있다.

이러한 실학파 문학이 추구했던 '조선풍(朝鮮風)'과 '임사즉물(臨事卽物)'의 사실주의적 문풍은 당시는 물론 후대의 문인, 제자들에게 많은 영향을 주었다. 연암의 문학은 이옥과 서유구(徐有榘), 홍길주(洪吉周) 같은 문인들에게 심대한 영향을 미쳤으며, 다산의 현실주의적 시세계는 김해로 유배가 있던 시인 이학규 같은 후배와 황상(黃

裳), 이강회(李綱會), 윤정기, 이시승(李時升), 정학연(丁學淵) 같은 다산학단 제자들의 문학작품으로 계승되었다.

실학파 문학은 문학원론의 측면에서 내용〔實〕과 형식〔華〕의 수준 높은 결합을 이룩했으며, 우리 문학의 발전이라는 문학사적인 측면에서도 전통의 창조적 계승과 선진문물의 주체적 수용이라는 빛나는 성과를 거두어 사실주의를 진전시켰다고 평가할 수 있다.

∶ 김영 ∶

● 더 읽을거리

실학파의 대표적 문인인 박지원의 문집은 신호열·김명호 공역 『연암집』(돌베개 2007)이 신뢰할 만하고, 『열하일기』의 번역본은 남한에서 나온 이가원 역본(대양서적 1975)과 북한에서 번역된 리상호 역본(보리 2004)이 있으나, 최근에 고미숙이 새로 옮기면서 그림과 사진을 곁들인 『세계최고의 여행기 열하일기』(그린비 2008)가 현대적 감각에 알맞다. 연암의 글은 박희병 『연암을 읽는다』(돌베개 2006)에서 자세하게 따져 읽을 수 있다. 정약용의 시와 산문으로는 송재소 역주 『다산시선』(창작과비평사 1981)과 박석무 역주 『다산산문선』(창작과비평사 1985)이 있다.

박지원에 대한 연구논저로는 임형택 「박지원의 주체의식과 세계인식」, 『실사구시의 한국학』(창비사 2000); 김명호 『열하일기 연구』(창비사 1990); 『박지원 문학 연구』(성균관대 대동문화연구원 2001); 김혈조 『박지원의 산문문학』(성균관대 출판부 2002) 등을 들 수 있다. 정약용의 문학에 대한 연구로는 김상홍 『다산 정약용 문학연구』(단국대 출판부 1985); 송재소 『다산시 연구』(창비사 1986); 임형택 「정약용의 강진 유배시의 교육활동과 그 성과」, 『한국

한문학』 21(한국한문학연구회 1998); 정민『다산선생 지식경영법』(김영사 2006); 김용태「다산학단 시문학의 실학적 성격에 대하여」,『한국실학연구』 14(한국실학학회 2007)가 주목되고, 다산의 문인제자들의 문집들은『다산학단 문헌집성』전9권(성균관대 대동문화연구원 2008)으로 간행되었다.

 실학파의 학문과 사상에 대한 한문학 분야의 연구로는 이우성「실학파의 문학과 사회관」,『한국의 역사상』(창작과비평사 1982); 김영「연암의 사의식과 독서론」,『조선후기 한문학의 사회적 의미』(집문당 1993); 송재소『한시 미학과 역사적 진실』(창작과비평사 2001); 임형택「실학사상과 현실주의문학」,『한국문학사의 논리와 체계』(창비사 2002);「21세기에 다시 읽는 실학」,『국문과』42(성균관대 2003)를 참고할 수 있다.

조선후기 사행문학과 동아시아 문화교류

1. 연행사와 통신사

조선시대 대외관계의 주 대상은 중국과 일본이었다. 이들 국가와의 공식교류는 사행(使行)을 통해서 이루어졌다. 사행은 '사신행차(使臣行次)'의 준말로, 외교 목적으로 다른 나라에 파견되었다가 돌아오는 관원의 공식업무 수행을 일컫는다.

조선조는 사대교린(事大交隣)을 외교정책의 기조로 삼고, 중국에 대해서는 '사대(事大)'를 위하여 연행사를 파견했고, 일본과는 '교린(交隣)'을 목적으로 통신사를 파견했다. 그 결과 조선시대 중국 사행은 1893년까지 실시되었는데, 명대에 82회, 청대에 497회로, 총 579회에 이른다. 일본 사행은 태조 원년부터 시작하여 임진왜란 전까지 총 62회 실시되었고, 임진왜란 이후에는 일본의 요청으로 1607년부터 1811년까지 12회에 걸쳐 통신사를 파견했다.

사행은 상사·부사·서장관의 삼사(三使)를 비롯 이들의 종사관과 역관 등을 합쳐 공식인원이 30여명에 불과했으나 실제 참여한 인원은 상인 등을 포함 200~300여명, 많게는 500여명에 이르렀다.

사행 기록에는 행사의 실무를 맡은 서장관이 행사 임무를 마치고 조정에 제출한 보고서인 '등록(謄錄)'이 있고, 그 사행에 참여한 사람이 개별적으로 기록한 사행록이 있다. 사행의 횟수가 많고 사행에 참여한 사람이 다양했던만큼, 현전하는 사행록 또한 무수히 많다.

사행록의 명칭은 일정하지 않은데, 중국 사행 기록은 명나라 때인 15, 16세기 기록을 '조천록(朝天錄)', 청나라가 들어선 17세기 이후 기록은 '연행록(燕行錄)'이라고 했다. 일본 사행은 임진왜란 이후부터 통신사로 불렸는데, 통신사가 남긴 사행록의 명칭도 다양하다. 동사록(東槎錄), 동사일록(東槎日記), 해사록(海槎錄), 해유록(海遊錄) 등이다. 모두 조선통신사가 남긴 사행록이기에 두루 일컬어 통신사행록으로 부를 수 있다. 이후 이들 기록의 명칭은 각각 연행록과 통신사행록이라 하고, 함께 일컬을 경우에는 사행문학으로 통칭한다.

사행문학을 읽다보면 당시 중국과 일본의 변화상을 살필 수 있다. 조선 사행원은 중국에 대해서는 소중화 의식을, 일본에 대해서는 문화적 우월감을 견지하고 있었지만, 내심 조선과 대비되는 두 나라의 역동적 변화를 목격하면서 그 배경과 실상에 관심을 갖고 이를 기록하였다. 중국과 일본을 상대로 한 동아시아 문화교류는 연행사와 통신사를 중심으로 이루어졌고, 이러한 문화교류의 역사는 사행문학을 통해 확인할 수 있는 것이다.

초기 사행문학은 해당 국가에서 견문한 정치와 역사·문화·풍속·

경관 등을 서술하는 데 치중하였다. 그러나 조선후기의 사행문학은 겉에 드러난 부분만이 아니라 제도와 문물의 실상을 정교하게 묘사하는가 하면, 문사들과 필담을 나누면서 상대에 대한 새로운 이해를 모색하는 경향이 강화된다. 상대국에 대한 관념적 이해를 넘어 적극 소통하고 배우려는 태도로 바뀌어간 것이다. 바로 이것이 조선후기의 동아시아 문화교류에서 사행문학을 주목하는 이유이다.

2. 조선후기 사행문학, 연행록과 통신사행록

중국 청대의 사행문학인 연행록은 현재 370여종이, 일본 통신사행록은 12차례 통신사 왕래를 통해 40여종이 전승되는 것으로 보고되었다. 이 가운데 대표적인 작품을 거론하면서 조선후기 사행문학을 간단히 언급하기로 한다.

연행록의 대표적인 저술은 1883년 연경(燕京, 북경)을 다녀온 김경선(金景善)의 『연원직지(燕轅直指)』「서문」을 통해 확인할 수 있다.

연경에 갔던 사람들이 대부분 기행문을 남겼는데, 그중 삼가(三家)가 가장 저명하다. 노가재(老稼齋) 김창업(金昌業), 담헌(湛軒) 홍대용(洪大容), 연암(燕巖) 박지원(朴趾源)이다. 사례로 말하면, 노가재는 편년체(編年體)에 가까운데 평순하고 착실하여 조리가 분명하며, 홍담헌은 기사체(紀事體)를 따랐는데 전아하고 치밀하며, 박연암은 전기체(傳紀體)와 같은데 문장이 아름답고 화려하며 내용이 풍부하고 해박하다. 모두 스스로 일가(一家)를 이루어 각기 그 장점을 가지고 있으니, 이에 이어 기행문을 쓰려는 자가 또한 어떻게 이보다 더 나을 수 있겠는가.

사행의 안내서로 선배들의 연행록이 애독되었음을 짐작할 수 있는 글이다. 김경선은 선배들의 연행록을 가능한한 모두 찾아 읽었고, 김창업의 『노가재연행일기(老稼齋燕行日記)』, 홍대용의 『담헌연기(湛軒燕記)』, 박지원의 『열하일기』를 가장 저명한 연행록이라고 하였다. 이들은 각각 편년체, 기사체, 전기체 형식을 취했다. 연행록의 저술 형식이 다양했던 것이다. 주목할 것은 연행록이 일록 형식의 글을 넘어서 기사체, 전기체 형식으로 변화해간 점이다. 이는 단순한 기행문 형식을 넘어섰다는 의미를 지닌다. 특히 홍대용은 『담헌연기』 외에도 국문일기 형식의 『을병연행록』을 남겼는데, 한 작가가 여러 종류의 연행록을 저술했다는 점은 특기할 만하다.

『을병연행록』처럼 국문으로 기록된 연행록은 독자층과 관련해서도 의미가 있다. 한문 식자층에 국한된 연행록의 독자층을 국문을 사용하는 독자들에게까지 넓힌 것이다. 김창업의 국문본 연행록인 『연힝일기』, 박지원의 국문본 『열하일기』도 현재 전승되고 있다. 서유문(徐有聞)의 『무오연행록』은 국문본으로만 전한다.

조선통신사의 사행기록인 통신사행록은 1764년에 정사(正使)로 일본에 다녀온 조엄(趙曮)의 『해사일기(海槎日記)』를 통해 그 면모를 확인할 수 있다.

전후의 통신사 가운데 사신과 원역(員役)을 논할 것 없이 일기(日記)를 쓴 자가 많았다. 상서(尙書) 홍계희(洪啓禧)가 이를 널리 수집하여 『해행총재(海行摠載)』라 이름한 것을 부제학 서명응(徐命膺)이 다시 베껴써서 『식파록(息波錄)』이라 제목하여 모두 61편을 만들어 사신 일행이 참고하여 열람할 자료를 삼았는데, 그가 체임하게 될 적에 모두 나에게 보내주었다.

내가 원래 자세히 열람하지 못하고 대강 보니, 『전후사행비고(前後使行備考)』 1편을 시작으로 하여 전조(前朝)의 포은 정몽주가 사신 갔을 때에 지은 시(鄭圃隱奉使時作) 1편을 다음으로 하고, (…) 병오년(1606)에 부사로 갔던 경섬(慶暹)의 『해사록』 1편과 (…) 정묘년(1747)에는 정사 담와(澹窩) 홍계희(洪啓禧)의 기록이 있는데, 아직 내놓지 않았고, 부사 죽리(竹裡) 남태기(南泰耆)의 『사상기(槎上記)』 4편이 있고, 또한 초본(草本)으로 된 『사상기』 수십 편으로 나눌 만한 것이 있으니, 이는 역관들이 베낀 것이다.

전후의 일기가 이와같이 많아서 없는 말이 거의 없다. 산천·풍속·관직·법제의 큰 것은 전배들의 기록에 이미 다 말하였고, 의복·음식·기명·화훼 및 으레 거행하는 의절(儀節), 일공(日供)의 가감 등의 일은 모두 초본 『사상기』에 실리지 않은 것이 없는데, 자세하게 다 갖추되 번거롭고 세쇄함을 혐의하지 아니하여, 자못 그 모든 광경을 그려낸 것과 같아 족히 통신사로 갈 때의 등록책(謄錄冊)이 될 수 있다.

조엄 이전에 일본에 사행을 다녀온 사람들의 사행록을 묶은 『해행총재』의 존재와 이 책에 수록된 통신사행록의 전모를 알 수 있는 기록이다. 『해행총재』는 통신사행록을 집대성한 책이다. 이 기록으로 보아 통신사행록에는 일본의 산천·풍속·관직·법제는 물론, 의복·

음식·기명·화훼와 의절, 일공 등 실리지 않은 것이 없이 자세히 기록했음을 알 수 있다.

『해행총재』에는 수록돼 있지 않은 기록 가운데 눈길을 끄는 것은 계미통신사(1764)의 통신사행록이다. 이때의 통신사행록은 조엄의 『해사일기』 외에도 남옥(南玉)의 『일관기(日觀記)』 『일관시초(日觀詩草)』 『일관창수(日觀唱酬)』, 성대중(成大中)의 『일본록(日本錄)』, 김인겸(金仁謙)의 『일동장유가(日東壯遊歌)』, 원중거(元重擧)의 『승사록(乘槎錄)』 『화국지(和國志)』 등 현재 밝혀진 것만 모두 12종이다. 통신사행에 참여했던 삼사 외에 제술관 서기 같은 인물에 의해서도 통신사행록이 만들어진 것이다.

초기 사행문학은 견문한 바를 시로 써서 엮었다. 사행원의 견문과 감상은 시를 통해 표현되었고, 이를 묶어 시선집 형식을 취한 것이다. 대상에 대한 관념적 표현이 우세했기 때문이다. 그러나 조선후기에는 시보다는 일록을 중심으로 한 산문이 주요 형식으로 자리잡는다. 대상에 대한 구체적이고 객관적인 기록의 필요성이 제기됨에 따라 다양한 방식이 활용되었다. 사행문학이 축적됨과 동시에 견문 내용이 방대해져서 시문이나 일록 형식으로는 모두 수록할 수 없는 한계에 이르러 기사체, 전기체 같은 형식도 등장했다.

사행 대상국에 대한 새로운 정보와 문물은 사행원의 주된 견문 대상이고, 사행원의 견문과 자료의 수집활동은 매우 활발해졌으므로 사행문학에 담을 내용도 그만큼 늘어났다. 피상적인 관찰기록을 넘어 다양한 저술방식이 모색되었고, 이로 인해 동일한 사행 체험에 대해서도 한 종 이상의 사행문학작품이 나타났다. 홍대용은 필담(『회우록』), 잡지(『연기』), 일록(『을병연행록』)으로 나누어 저술하였다. 통신사행록 중에는 남옥이 일록(『일관기』)과 시문(『일관시초』), 그리고 필담(『일관창수』)으로 나누어 저술하였고, 원중거는 일록(『승사록』)과 잡지(『화국지』) 형태로, 김인겸은 일록(『동사록(東槎錄)』)과 가사(『일동장유가』)로 나누어 저술하였다. 홍순학(洪淳學)의 『연행가』와 김인겸의 『일동장유가』처럼 가사 형식을 빌린 사행문학의 등장은 눈여겨볼 만하며, 특히 국문가사 형식을 활용한 점은 사행문학의 독자층 확대와 관련하여 주목할 만하다.

3. 사행문학과 동아시아 문화교류

사행문학에는 새로운 세계를 경험하여 얻은 선진문물제도에 대한 견문과 문사들과의 교유내용이 주로 기록되어 있다. 초기 사행문학은 역사 유적지와 문물, 풍속 전반의 소개에 치중했으나, 18세기 이후의 사행문학은 해당 국가의 새로운 문물과 풍속에서 벗어나 문사들과의 교유로 내용이 확장되었고, 이것이 하나의 글거리가 되어 사행문학의 한 항목으로 자리잡았다. 이러한 교유를 통해 문화교류가 본격화되었는데, 문사들과의 교유는 주로 필담과 시문 창화(唱話)를 통해서 이루어졌다. 필담과 시문 창화는 한자를 공유하는 문화권 내에서 의견을 교환할 수 있는 중요한 수단이었으니, 필담 기록은 한중, 한일 지식인 교유의 전범을 보여준다.

계미년에 나는 서기로 충원되어 통신사를 따라 일본에 갔다. 대마도에서 강호까지 갔는데 수륙 4천리를 대략 열달에 걸쳐 돌아왔다. 그곳에서 붓으로 말을 대신하여 물음에 따라 답례한 자가 수천 명이었으며 시편으로 서로 창화한 자도 천여명이 넘는다. 일본인이 지나치게 과장하기 좋아하여 통신사가 그 나라에 들어간 것이 거듭되었고, 사화수창(詞華酬唱)의 폐단이 이미 누적되었다. 덕천가강(德川家康)이 나라를 향유하여 재위한 지가 충만하여 200년을 드리웠다. 파도는 이미 잦아들어, 인물은 날로 풍성하고 넉넉해졌다. 장기(長崎)에 책이 유통하여 혼돈의 구멍이 날로 뚫리고 이로 인하여 문필에 종사하여 관에 이른 자가 한 자리에 수삼백인이 된다. 시, 문, 문목, 필담이 혹 한 사람에 수십 장에 이른다. (…) 이 『건정필담(乾淨筆談)』두 권은 담헌 홍군 딕보가 연경에서의 일을 기록한 것이다. (…) 시중에서 역관의 말을 실마리로 하여 일거에 반정균(潘庭筠), 엄성(嚴誠)을 얻었으며 다시 육비(陸飛)를 얻어 마침내 두 권의 이야기책을 엮었다. 이것은 대개 기이하나 세속을 떠나지 않고, 고상하나 옛것에 얽매이지 않았다. 웃으며 이야기했지만 어느새 모두 실리로 돌아와 벗끼리 서로 격려하며 선도를 권장하며 의를 헤아리니 법도에 맞았다. 서로 물으면서도 또한 풍류운치를 잃지 않았고, 거기에는 반드시 세세한 일까지 밝혀놓았다. 하찮은 이야기를 대신하여 쓰거나 같이 보고자 하는 사람들이 각각 그 심안(心眼)을 전한 것이 완연하였다. 한번 경전이 수창의 자리에서 오면 서적은 각기 다르나 쓰는 글은 같았다. 대개 내가 일본에서 돌아온 때가 갑신년(1764)이며 실제 이 글이 지어진 때는 그 다음해(1765)이다. 이로써 내가 홍대용의 기록을 보니, 황홀함이 마치 축상(竺常)과 농장개(瀧長凱)를 실은 사신의 수레가 구름 속을 달려, 반정균과 육비를 마주하여 차로와 필상의 사이에서 붓을 휘

두르는 것 같았다. (…) 뒷날 남으로 북으로 사신 가는 자들이 만약 이 책을 얻는다면 눈여겨보고 취하고 버림을 살핌에 있어 이 『건정필담』이 도움이 될 것이며, 그 식견도 장차 넓어질 것이다. 마침내 두 책의 권말에 배하고 담헌 옹을 떠나 돌아왔다. 이때가 임진년(1772) 한여름 13일이다.

이 글은 규장각, 연세대 소장 필사본 『건정필담(乾淨筆談)』 말미에 수록된 원중거의 「발문」이다. 원중거는 1763년에 소위 계미통신사로 일본에 다녀왔고, 『건정필담』의 저술자 홍대용은 1765년에 중국에 다녀와서 각각 통신사행록과 연행록을 남겼다. 원중거는 박지원을 비롯한 이덕무, 박제가 등 북학파 지식인 그리고 홍대용과 교유했다. 특히 이 발문을 통해, 홍대용과는 사행체험에 관해 의견을 교환했으며, 각자의 연행록과 통신사행록을 교환해 읽었음을 알 수 있다. 사행 대상국가에서 교유한 문사들이 누구인지와 그들과의 교유수단으로 필담이 중요하게 쓰였다는 점도 알 수 있다. 원중거는 자신의 『승사록』에서 사행의 문제점과 개선방안을 기록했는데, 시문창화의 폐단을 거론하면서 "대개 필담이 중요하고 시문은 그다음이다. 우리 무리가 필담을 소홀히 했던 것은 몹시 잘못한 것이다"라고 했다. 필담을 통한 심도있는 인적 교유의 중요성을 역설한 것이다. 원중거는 필담을 가장 중요한 일이라고 인식했기에 『건정필담』의 효용성을 높이 평가하면서 일본이든 중국이든 사행 가는 자는 이 책을 반드시 보아야 한다고 주장했던 것이다.

홍대용의 『건정필담』은 북경의 건정동에서 항주의 문사인 육비·엄성·반정균 등을 만나 교유한 기록이다. 홍대용은 세 문사와 약 1개월 동안 만나서 필담을 나누고 만나지 못한 날에는 편지를 교환하며 교유하였다. 이를 통해 나눈 대화내용은 시문·서화·역사·풍속·과거 등에서부터 주자학·양명학 논쟁, 그리고 자명종·혼천의·농수각 등에 이르기까지 다양하다. 이들의 교유는 세대를 이어 이루어지고, 박지원을 비롯한 북학파의 여러 실학자들과 연계된 학문 교류로 발전하였다.

통신사행록 가운데 임수간(任守幹)의 『동사일기』에 들어 있는 「강관필담(江關筆談)」은 당대 일본의 대표적인 문사인 신정백석(新井白石)과 나눈 필담 기록이다. 신정백석은 자신의 시집 『백석시초(白石詩草)』를 묶어 미리 대마도의 우삼동(雨森東)에게 보내 통신사에게 서문과 발문을 의뢰하도록 했고, 정사 조태억과 제술관 이현의 서문, 그리고 부사 임수간과 종사관 이방언의 발문을 받았다. 후에 통신사 일행과 신정백석은 강호(江戶)에서 만나 필담을 나누었다. 「강관필담」에는 서양지식, 중국문명에 대한 평가, 조선과 일본의 외교에 대한 내용, 양국간의 의례와 문물의 비교 등이 담겼다. 신정백석의 이름은 필담을 통해 조선 문사들에게도 알려졌다. 조태억은 『백석시초』를 가지고 돌아와 신유한에게도 보이며 칭찬했다고 한다.

이렇게 필담은 사행원과 사행 대상국가 문사들의 교유에서 중요한 역할을 했으니, 학문·사상 등의 논쟁과 교유를 가장 활발히 펼칠 수 있는 수단이었던 것이다. 이와 더불어 시문 창화는 시문학 교류라는 측면에서 중요한 역할을 했다.

당대 일급 문인학사들은 연행사나 통신사의 일원으로 활발하게 사행에 참여하였다. 조선의 문인들은 전아한 문언에 모두 능통하여 이들이 쓴 시문은 그 기교와 풍격이 뛰어나다고 높은 평가를 받았다.

연행사의 일원이던 김상헌의 경우가 대표적이다.

김상헌은 연행사로 북경에 가서 중국 문인들과 시문으로 화답하여 중국에도 이름을 널리 알렸다. 김상헌의 시는 전겸익(錢謙益)·왕어양(王漁洋)의 문집에 수록되었으며, 청초의 시인 왕사정(王士禎)이 간각(刊刻)한 『감구집(感舊集)』에도 수록되어 일시에 중국에서 김상헌의 시가 전송(傳誦)되었다. 홍대용과 교유했던 엄성은 홍대용에게 『감구집』 전질을 선물로 주었고, 홍대용은 엄성에게 이율곡의 『성학집요(聖學輯要)』를 기증했으며, 또 세 문사를 위해 『동국기략(東國紀略)』을 지어주었다. 여기에서 그는 조선의 역사와 문화·풍속·산천 등을 체계적으로 소개하고, 신라의 저명한 문사였던 최치원 등과 그 작품들을 소개하였다. 홍대용은 귀국 후에도 이들에게 스스로 선편(選編)한 『해동시선』과 『대동풍요』를 보내주었다. 『해동시선』은 반정균의 요청에 의해 만들어진 것으로, 반정균은 조선의 한시에 더욱 흥미를 느껴 여러번에 걸쳐 친히 조선의 이덕무·유득공·박제가·이서구의 시문집을 위해 서문과 발문을 써주고 50여 수의 시에 비평을 해주었다.

조선통신사도 일본의 문사와 일반인과 시문 창화를 활발히 전개했다. 통신사행이 문화사행과 동일시된 때는 한일 문사의 창화가 전국적으로 확대되고 일본의 일반민중들까지 조선 문사에게 시문을 얻으려 한 이후이다.

연일 관에 있으매 심상한 시인들이 만나보러 오는 자가 잇달아, 시를 부르고 화답하기와 필담으로 수작하기에 한가한 틈이 없음이 괴로웠다. 또 밖으로부터 청하는 자들은 우삼동(雨森東)과 두 장로를 끌어대어 통하여서, 시문집의 서문이니, 그림의 화제(畵題)니, 화상에 찬(贊)이니, 영물시의 류(類)를 모두 내가 손수 쓰고 도장을 누른 것을 받아가지고 가기를 원하여 사람으로 하여금 골몰하여 겨를이 없게 하였다.

신유한(申維翰)의 『해유록』에 서술된 내용이다. 신유한은 사행 내내 수많은 사람들에게 시문을 요청받았는데, 때로 그 수가 너무 많아서 가마를 멈추고 시를 지어준 경우도 있었다. 신유한은 9개월간 6천여 수의 시를 지었다고 한다. 조선의 사신들은 우리의 문화적 우월성을 과시하면서 가능한한 요구에 응해 그들의 문화적 욕구를 채워주었다. 일본 문사와의 시문 창화에 대한 기록은 신유한의 『해유록』가운데 「문견잡록」에 잘 드러나 있다. 신유한은 우삼동, 송포의(松浦儀), 당금흥융(唐金興隆), 조산석보(鳥山石輔), 임봉강(林鳳岡) 등 일본 한문학사에서 중요하게 다루어지는 인물들과 교유했다. 이들과는 주로 창화로 교유했는데, 신유한은 이들에 대한 시문평을 기록해 두기도 했다. 이렇듯 시문을 통한 동아시아 문인의 교유는 문학교류의 주요한 형식이었다. 이들은 시문을 주고받는 과정에서 자국의 문학을 상대에게 소개하고, 상대의 문학을 받아들이면서 동아시아문학을 살찌웠던 것이다.

사행문학 가운데 빼놓을 수 없는 것 가운데 하나가 사행 대상국에서 얻은 서양 관련 체험기록이다. 연행사들이 북경에서 천주당 방문을 통하여 얻은 서양문물 체험이 대표적이다. 홍대용은 연경의 으뜸 구경처로 천주당을 꼽았다. 그밖에 많은 연행록에 천주당 방문기가 있다. 그 내용도 방문자의 성향에 따라 각기 다르다. 연행록 내용 중에 가장 흥미롭게 서술된 것이 바로 서양 그림이고, 다음으로 혼천의·자명종·온도계·원경·파이프오르간 같은 서양문물이다. 천주당의 선교사들은 성경 내용을 그림으로 그려 천주당의 벽과 천장을 장식했는데, 연행사들은 이 성화(聖畵)를 보고 경탄을 금치 못했다. 한결같이 진짜인지 가짜인지를 구분하지 못한다고 하면서 생동감 넘치는 그림에 놀라움을 표했다. 심지어 천장에 그려진 천사들을 실물로 착각하고 떨어지면 받으려고 두 손을 벌리고 서 있는 사람도 있었다는 웃지 못할 일화도 연행록에 전한다.

천주당을 통해 얻은 서학(西學)에 대한 정보는 연행사뿐만 아니라 일본의 통신사를 통해서도 들어왔다. 「강관필담」에는 임수간이 신정백석에게 이마두(利瑪竇, 마테오리치)에 대해서 묻고 신정백석이 대답하는 내용이 있다. 임수간은 서양 고리국(古里國)의 이마두란 사람이 여기 와서 문자를 남겨 전해진다는데, 사실이냐고 묻는다. 이에 신정백석은 「교우론(交友論)」이라는 논문 한 편이 있었을 뿐이고, 일본에서는 천주법(天主法)에 관한 문자를 엄금하기 때문에 모두 불구덩이에 묻어버렸다고 대답했다. 이마두에 대한 궁금증은 신유한도 갖고 있었다. 이마두에 대한 비슷한 질문과 대답이 『해유록』에 기술되어 있다.

조엄의 『해사일기』에는 역관 이언진과 나눈 이마두에 대한 대화가 실려 있다. 조엄은 이마두가 지은 「이함」 「기함」 등의 책이 천하에 두루 퍼졌는데, 그의 무리가 그 학술을 해외의 모든 나라에 넓히려 하니 이적이 중화를 어지럽히는 조짐을 더욱 알 수 있다고 기술하였다. 18세기에 들어와 이마두가 일본에서 포교한 사실이 조선 지식인 사이에 알려졌음을 보여준다. 이러한 정보들은 비록 단편적이기는 하나 당시의 젊은 지식인들에게 새로운 사상과 학문에 대한 호기심을 자극하는 중요한 요인이 될 수도 있는 것이다.

조선후기 지배층의 사상은 노론 계열이 이끌고 있었다. 이들의 이념을 보면, 반청 북벌론이 대명의리론과 함께 화이론으로 전개되었으며, 예론과 심성론 위주의 주자주의학풍이 학문적으로 뒷받침되었다. 조선이 소중화로 자처하는 가운데 북벌론은 지배적인 사상이었던 것이다. 그러나 18세기 들어 화이의 구별을 배척하고 중국에서 배울 것이 있으면 배워야 한다는 북학론(北學論)이 제기되었다.

홍대용이 중국의 문사들과 교유한 후에 자신의 생각을 정리한 「의산문답(毉山問答)」에서 "중국은 서양(西洋)에 대해서 경도(經度)의 차이가 1백 80도에 이르는데, 중국사람은 중국을 정계로 삼고 서양으로써 도계(倒界)를 삼으며, 서양사람은 서양을 정계로 삼고 중국으로써 도계를 삼는다. 그러나 실에 있어서는 하늘을 이고 땅을 밟는 사람으로서 지역에 따라 다 그러하니, 횡(橫)이나 도(倒) 할 것 없이 다 정계다"라고 하면서 중국 중심의 세계관에 회의를 드러내고 있다. 서양에서 중국으로 유입된 새로운 세계관과 우주관은 홍대용에게도 영향을 미쳤다. 그는 "각각 제 나라 사람을 친하고 제 임금을 높이며 제 나라를 지키고 제 풍속을 좋게 여기는 것은 중국이나 오랑캐가 한가지다"라고 하면서 화이론을 극복하려 했다. 이러한 홍대용의 연행체험과 그 기록은 박지원, 이덕무, 박제가 등에게 영향을 주었고, 바로 이들이 북학을 주창했던 것이다.

북학론의 핵심은 청의 새로운 선진문물을 도입하자는 것이었다. 이는 이 시기 청을 다녀온 연행사들이 청 문물의 우수성을 확인함으로써 촉발되었다. 그래서 북학론자들은 청의 선진제도를 열심히 관찰하고 기록하였다. 그것이 『담헌연기』 『북학의(北學議)』 『열하일기』의 주요 내용을 이루고 있다.

우리나라는 명나라를 신하의 입장에서 섬긴 지가 2백여년이다. (…) 그러나 청나라가 천하를 차지한 지가 1백여년이 흘렀다. 중국 백성의 자녀들이 태어나고 보석과 비단이 생산되는 것이라든지, 집을 짓고 배와 수레를 만들며 경작하는 방법이며, 최씨(崔氏) · 노씨(盧氏) · 왕씨(王氏) · 사씨(謝氏) 같은 명문가의 씨족은 여전히 그대로 남아 있다. 그런데 저들까지도 깡그리 오랑캐로 몰아세우며, 그들의 법까지도 팽개친다면 그것은 크게 옳지 못한 일이다. 만약 백성들에게 이익을 가져다준다면 그 법이 오랑캐에서 나온 것이라 하더라도 성인은 그 법을 채택할 것이다. 더구나 중국의 옛 땅에서 만든 법이 아닌가? (…) 그러므로 오늘날 사람들이 오랑캐를 물리치고자 한다면 차라리 누가 오랑캐인지를 먼저 분간하는 것이 우선되어야 한다. 그리고 중국을 높이고자 하면 차라리 저들의 법을 완전히 시행함으로써 더욱 중국이 높아질 수 있다. 만약 다시 명나라를 위하여 원수를 갚고 우리가 당한 치욕을 설욕하고자 한다면 20년 동안 힘써 중국을 배운 다음에 함께 논의해도 늦지 않을 것이다.

박제가는 『북학의』에서 이처럼 청을 힘써 배워야 할 필요성을 역설하였다. 당시의 청은 주자학과 양명학 등 이학(理學)의 기풍을 반성하여, 실학 즉 실용지학의 기풍이 풍미하던 상황이었다. 박제가의 주장은 국제정세에 대한 올바른 이해를 촉구하면서 소중화에 얽매인 조선의 현실을 직시하자는 것이다. 박지원이 『열하일기』를 통해 "진실로 민을 이롭게 하고 나라를 후하게 하려면, 비록 그 법이 혹시 이적(夷狄)에서 나왔더라도 그것을 취하여 본받아야 한다"고 주장했는데 이것도 같은 맥락에서 이해할 수 있다.

연행사들에 의한 서구문물의 유입은 당시 지식계층에 광범위하게 유포되었고, 이때 전래된 서구문물은 조선의 천문학·수학·역학 등 자연과학의 발전에 전환점이 되었다. 이와 함께 조선의 세계관에도 커다란 변화를 가져와 당시 지식층들의 관념적 사고의 멍에를 벗겨냄으로써 합리적인 과학정신을 계발하는 데 지대한 영향을 미쳤다. 넓은 세계와의 만남을 통해 낙후된 조선의 현실을 뼈저리게 직시하고, 이런 상황을 탈피하기 위해서는 북학이 절실히 필요하다고 믿었던 것이다. 북학은 당시 선진국이던 청의 문물과 문화적 자극에 대한 적극적인 대응논리였던 셈이다.

서구문물에 대한 관심은 통신사와의 교유를 통해서도 높아졌다. 계미통신사의 원중거는 북학을 주창하던 인사들과 교유하면서 그가 체험한 일본 문물의 번성함을 알렸다. 조선통신사는 일본의 경제적 형편이 조선보다 훨씬 앞선 것으로 인식했다. 통신사가 지나가는 지역의 잘 정비된 도로와 농경지, 정교한 성곽, 물자와 식량의 풍부함, 화려한 옷차림을 한 일본인들을 기록하였다. 통신사행원은 일본의 번영이 상업과 무역의 활성화에 기인하고, 경제수준이 조선보다 훨씬 높다는 것을 알았다. 조선문화의 우월성을 과시하며 일본을 멸시하는 태도의 이면에는 일본의 발달된 문물제도나 문화에 대한 놀라움이 있었던 것이다. 소위 연암학파는 통신사행록을 통해 일본을 간접체험했으며 이용후생의 이론을 구성하는 데 이를 참작한 듯하다.

4. 문학사적 의의

　사행은 동아시아를 넘어 세계로 향하는 창구 역할을 했고, 사행문학은 그 현장을 우리 눈앞에 생생히 보여준다고 해도 과언이 아니다. 연행사와 통신사를 통한 동아시아 삼국과의 교류는 삼국의 중간에 끼여 상대적으로 열악한 처지였던 조선을 세계에 눈뜨게 한 계기가 되었다. 중국과 일본에 대한 문화적 우월의식이나 상대국에 대한 멸시의 시각은 사행을 다녀온 사람들에 의해, 또는 그들이 남긴 사행문학을 통해 서서히 바뀌어갔다. 사행 대상국가의 실체가 조금씩 드러나면서 자국의 이념에 대한 회의가 일어나고, 이로 인해 조선에서는 새로운 사상이 싹트기 시작했다. 조선후기에 발생한 실학은 중국과 일본의 사행체험을 배경으로 하고 있다고 해도 지나치지 않다.

　사행문학의 작자층은 고위관료에서 중인에 이르기까지 아주 다양하다. 다양한 작자층의 등장으로 우리 문학사의 편폭은 그만큼 넓어졌다고 할 수 있다. 사행문학의 저술에서도 일록 중심의 글쓰기를 벗어난 다양한 글쓰기 방식을 시도함으로써 산문문학 발전에 기여했다.

　또한, 국문 연행록의 등장은 시사하는바가 크다. 사대부계층의 남성독자를 의식한 한문 연행록과는 별도로, 여성독자를 의식한 국문 연행록이 전해진다는 사실은 연행록에 대한 독자층이 다양하게 형성되었음을 보여준다. 연행록에 대한 관심이 집중됨에 따라, 공식보고문 성격을 띠는 한문 연행록과는 달리 사적 체험을 흥미롭게 쓴 국문

연행록이 요구되었고, 이러한 요구에 발맞추어 독서물로서의 연행록이 탄생한 것이다. 가사 형식의 사행문학의 등장도 이와 다르지 않다.

지금까지 연행록과 통신사행록은 별개의 텍스트로 연구되었다. 그러나 이들은 별개로 취급할 수만은 없는 텍스트이다. 연행록을 읽은 경험이 통신사행록 저술에, 통신사행록을 읽은 경험이 연행록 저술에 바탕이 되었다. 이와 동시에 중국과 일본의 체험은 조선의 현실을 다시 보는 계기가 되었다. 그러므로 이 둘을 한자리에 놓고 연구하는 태도가 필요하다. 그리고 사행문학은 사행원과 대상 국가 문사들과의 상호접촉의 결과 탄생한 것이다. 사행 대상국의 문사가 남긴 기록까지 포함해 사행문학을 연구해야 온전한 사행문학 연구가 가능하리라 본다.

사행문학을 통시적으로 들여다보면, 사행 대상국에 대한 인식이 멸시 또는 적대시에서 상호 인정과 이해로 변모함을 알 수 있다. 이는 사행문학에 대한 연구가 자국 문화의 우월성만을 강조하려는 쪽으로 기울어져서는 안된다는 것을 말해준다. 어느 한쪽으로 치우치지 않는 균형잡힌 시각으로 사행문학을 읽을 때, 동아시아 문화교류의 실상을 온전히 파악할 수 있다는 점을 잊어서는 안된다.

:장경남:

● 더 읽을거리

연행록과 통신사행록의 텍스트로는 『국역 해행총재』(민족문화추진회 1967);『국역 연행록선집』(민족문화추진회 1976)이 가장 기본적인 자료이다. 『해행총재』나『연행록선집』에 수록되어 있지 않은 사행록도 각각 단행본으로 출간되었다. 연행록의 경우, 홍대용의『국역 담헌서』(민족문화추진회 1974); 소재영·조규익·장경남·최인황 주해『을병연행록』(태학사 1997); 박제가『북학의』(안대회 옮김, 돌베개 2003); 박지원『열하일기』(리상호 옮김, 보리 2004)가 그것이다. 통신사행록은 원중거『승사록——조선후기 지식인, 일본과 만나다』(김경숙 옮김, 소명출판 2006);『화국지——와신상담의 마음으로 일본을 기록하다』(박재금 옮김, 소명출판 2006); 성대중『일본록——부사산 비파호를 날듯이 건너』(홍학희 옮김, 소명출판 2006); 남옥『일관기——붓끝으로 부사산 바람을 가르다』(김보경 옮김, 소명출판 2006)가 있다.

연행록과 통신사행록의 개별 작품에 대한 주요 연구성과는 한태문「조선후기 통신사 사행문학연구」(부산대 박사학위논문 1995); 박지선「김창업의 노가재연행일기 연구」(고려대 박사학위논문 1996); 김현미「18세기 연행록의 전개와 특성 연구」(이화여대 박사학위논문 2003); 정영문「조선시대 대일사행문학 연구」(숭실대 박사학위논문 2005); 구지현「계미 통신사 사행문학 연구』(보고사 2006); 정훈식『홍대용 연행록의 글쓰기와 중국 인식』(세종출판사 2007)이 있다.

사행록에 대한 전반적인 연구는 이혜순『조선통신사의 문학』(이화여대 출판부 1996); 김태준『한국문학의 동아시아적 시각(1, 2)』(집문당 2000); 임기중의『연행록연구』(일지사 2002)가 있다.

조규익 외 3인이 편찬한『연행록연구총서』(학고방 2006)는 연행록과 관련된 연구성과를 집대성한 책으로 유용하게 활용할 수 있다.

조선후기의 시정과 문학 속의 풍속

1. 시정, 시정인, 시정 풍속

시정(市井)은 흔히 서민이나 하층민이 많이 모여사는 공간, 장시(場市)가 열리는 서민 생활공간, 혹은 중인층 이하 계층의 주거공간으로서의 여항(閭巷)을 의미한다. 이익의 『성호사설』 제29권 「시문문(詩文門)」에서는 시정(市井)의 의미를 다음과 같이 설명하고 있다.

『풍속통(風俗通)』에는, "저자를 또한 시정(市井)이라고도 한다. 사람이 저자에 가서 살 물건이 있으면 우물가에서 깨끗이 씻어서 향기롭고 조촐하게 한 뒤에 저자에 간다는 것을 말함이다" 하였고, 또 어떤 사람은, "옛날에는 정(井)을 인하여 저자를 만들었기 때문에 시정이라 한다" 하고, 혹자는, "저자는 서로 물건을 교환하는 곳이요, 우물은 함께 물을 긷는 장소이다. 옛날에는 물을 긷는 곳에다 저자를 만들었기 때문에 시정이라 한 것이다"라고 하였다.

　어리석은 나의 소견으로는, "이상의 말들이 모두 분명치 못하다. 시정이란 것은 농상(農商)의 천한 사람을 말한 것이니, 장사꾼은 저자를 주로 삼고 농사꾼은 우물을 주로 삼는다. 속미(粟米, 곡식)와 도야(陶冶, 그릇) 같은 것은 그 형세가 반드시 교역을 한 뒤라야 각기 생리를 완수하게 되는 까닭으로 우물이 있으면 반드시 저자가 있기 마련이다. 그래서 시정지민(市井之民)이라 이른다"고 생각한다. (민족문화추진회 편역, 1976)

예전에는 우물 주변에 저자가 형성되었기에 '시정'이라는 말이 생겨났지만, 이익은 시정이라는 개념이 '농업과 상업을 하는 천한 사람들'이라는 뜻이 강하다 하여, 주로 그런 일을 하는 사람들이 모여서 교역을 하는 곳을 가리킨다고 '장시(場市)'의 의미를 강조하여 설명했다. 그런데 『홍재전서(弘齋全書)』 제49권 「책문(策問) 2」, '명분(名分), 초계문신(抄啓文臣)의 강의비교(講義比較)'에서는 시정인을 조금 달리 설명한다.

　중인으로는 비장·장교·계사(計士)·의원·역관·일관·율관(律官)·창재(唱才)·상기(賞岐)·사자관(寫字官)·화원(畵員)·녹사(錄事) 등의 명칭이 있으며, 시정(市井)에는 액속(掖屬)·조리(曹吏)·전민(廛民) 등의 이름이 있는데 이것은 중인과 시정의 명분이다. (김동현·조창래 공역, 1998)

중인과 시정인을 구분하면서, 시정인에 대궐 액정서(掖庭署) 소속의 잡직(雜職), 육조의 아전, 시전 상인들까지 포함했다. 시정인을 앞서의 개념보다 더 구체적이면서 좁게 설정했다. 여기서는 이 두 개념을 다 수용하여, 저자〔場市〕를 중심으로 한 생활공간을 시정으로, 농사짓거나 상거래를 하는 중인 이하의 서민층을 시정인으로 이해하고자 한다. 시정모리지배(市井牟利之輩), 시정열사지배(市井列肆之輩), 시정천류(市井賤類), 시정소아(市井小兒), 시정부랑지배(市井浮浪之輩), 시정무뢰지배(市井無賴之輩), 여항시정지민(閭巷市井之民), 시정소민(市井小民) 등의 말에서 느껴지듯이, 시정공간과 시정인의 이미지는 그다지 긍정적이지 않다. 주로 이익을 도모하고, 어리석고, 천하고, 평범하고, 불안정하게 떠돌고, 보잘것없고, 잡스럽다는 이미지를 풍긴다.

우리의 한문학 전통에서는 조선 전기와 중기까지만 해도 시정인이나 시정공간은 그다지 주목받지 못했고, 훈계나 경계의 대상으로 여겨졌을 뿐이다. 그러니 본격적으로 문학의 대상으로 포착되지 않았음은 물론이다. 이런 시정공간과 하층민들에 대한 기록이란 드물며, 간혹 있다 해도 '그들의 어리석음을 해학적 대상으로' 삼았거나, 혹은 '기대하지 않았으나 뜻밖에 충·효·열을 실천한 갸륵함'을 보인 대상으로 기록했을 뿐이다.

그런데 조선후기에 이르면, 문사들이 이들을 한문학의 창작적 기록의 대상으로 주목한다. 야담(한문단편 포함)과 필기류 산문, 그리고 개인문집의 인물전(傳)을 통해 이들의 인물상과 생활을 다채롭게 그려내기 시작하는 것이다. 그것은 문체의 변화와도 관련되어 있는데, 이런 글들은 대개 정조 임금이 교정대상으로 지목한 소품문체에 가깝다는 평을 들었다. 한문학 작품의 이런 변화에는 문체의 변화 외에도 이들을 보는 관점의 변화 또한 중요하게 작용했다. 훈계의 시선으로 시정인을 보는 것이 아니라, 그들 곁에 친근하게 다가가 대화하고, 질문하고, 함께 생활하는 사람의 자세로 기록한 것이다. 시정인들이 죄를 짓든, 통속하게 살든, 비루하게 살든, 이해타산적이든 간에, 그들 모습을 있는 그대로 담아내는 글이 조선후기에는 적지 않게 산출되었다.

문학사에서 하층민이 주인공으로 등장하고 하층민의 생활공간이 주 무대로 등장하는 것은 동서양을 막론하고 중세 이후 현상이라는 점에서, 한문학의 이러한 변화는 문학사적으로 특별한 의미가 있다. 시정공간에서 농사를 짓거나 상거래를 하는 중인 이하의 서민층을 평등의 눈으로 보고, 때로 그들에게서 양반계층보다 훌륭한 면을 발견하며, 비루한 모습을 보고서도 그렇게라도 살아가야 한다는 생활의 당위성을 옹호하는 관점은, 조선후기 한문학의 문예적 성취수준과 직결된다고 하겠다. 이런 점은 우리 문학사의 흐름에서 더욱 세밀하고 깊이있게 조명하고 그 의미를 평가해야 할 것이다.

2. 시정인의 생활과 정감에 가치를 부여한 문예논리

18세기를 전후하여 일부 양반 문인층의 문장관에 변화가 보인다. 그것은 문장을 통해 유학의 도(道)를 드러내고 시가를 통해 비루한 감정을 씻고 성정을 도야하려 했던 조선전기의 가치관과는 분명히 구별된다. 유교 도덕적 문장관과 일정한 거리를 두면서, '이곳에 있는 그대로의 모습, 그리고 타고난 자연스러운 정감'을 핍진하게 표현하는 것을 중시하는 문장관으로 바뀐 것이다. 그러한 변화는 임진·병자 전란 이후의 새로운 사회상, 농사법의 발달로 인한 경제적 풍요와 상품화폐경제로의 변화, 신분계층의 분화와 변동, 인구증가와 도시의 발달, 그리고 중국에서의 서적 수입과 명청 문인들의 문집에서 받은 자극, 사상의 변화 등, 다양한 갈래의 자극이 복합적으로 작용하여 일어났다. 이로써 한문산문이 소설투 문체로 변화했을 뿐 아니라, 그 작품의 소재와 주제를 양반층이 아닌 하층민에게로 옮겨갔으며, 하층민들의 시정공간을 그려내는 데 의미를 부여하게 되었다. 추상적이고 관념적인 문제보다 일상생활의 구체적 상황 속에서 '진정'과 '진실'을 발견하고 의미를 부여하는 논리가 조선 중·후기부터 여러 문인 학자들에 의해 전개된 것이다.

안정복(安鼎福)의 「천학문답(天學問答)」에는 남녀의 정욕을 천리로 여기고, 예교는 성인의 가르침이니 천리를 따르겠다고 했던 허균의 면모가 전하는가 하면, 홍세태는 「해동유주서(海東遺珠序)」에서 "사람은 천지의 중(中)을 얻어 태어났으므로 그 정에서 느끼는 바를 말로 나타내 시를 이루는 데 있어서는 신분의 귀천이 없이 누구나 마찬가지다"라고 하여, 시적 감성과 표현에서 신분평등론을 전개했다. 김만중(金萬重) 역시 『서포만필(西浦漫筆)』에서 "일반백성이 사는 거리에서 나무하는 아이나 물 긷는 아낙네가 서로 화답하는 노래는 비록 천박하다고 하지만, 만약 진실과 거짓을 따진다면, 참으로 학사·대부의 이른바 시(詩)이니 부(賦)이니 하는 것들과 함께 논할바가 아니다"라고 하여 서민의 생활정서가 고스란히 드러난 노래의 진실성에 가치를 부여했으며, 홍대용 또한 「대동풍요서(大東風謠序)」

에서, 농사꾼이나 나무꾼의 노래가 비록 말이 다듬어지지 못하고 곡조가 알맞지 못하더라도 천진함이 드러나는 노래는 자연에 가깝고 천기가 우러나온 것이어서 사대부의 시보다 낫다며 가치를 부여했다. 그뿐만 아니라 빼어난 것과 졸렬한 것, 선과 악을 잊은 채 자연에 의거하고 천기에서 나오는 것이 참된 노래라고 했다. 이러한 논리와 주장은 마악노초(磨嶽老樵) 이정섭(李廷燮)의「청구영언후발(靑丘永言後跋)」이라든가, 이가환(李家煥)의「풍요속선서(風謠續選序)」, 홍양호(洪良浩)의「풍요속선서」에서도 대동소이하게 전개된다. 이런 논리는 저마다 타고난 개성과 하늘로부터 받은 욕망을 '자연적'인 것으로 인식하고 절대적으로 긍정함으로써, 인위적 교육을 받은 양반들보다 오히려 하층민들의 생활정서가 더 자연에 가깝다 하여 더 큰 의미를 부여하였다.

그런가 하면 이옥은「이언인(俚諺引)」에서, "사람의 정에도 진짜와 가짜가 있어, 어느 것이 진실이고 어느 것이 거짓인지 모두 그 정의 진실됨을 살펴볼 수가 없다. 그런데 유독 남녀의 정에 있어서만은 곧 인생의 본연적인 일이고, 또한 천도(天道)의 자연적인 이치인 것이다"라고 하였다. '남녀의 정'이야말로 '진실'을 살펴볼 수 있는 시험대처럼 여긴 것이다. 이는 남녀칠세부동석을 옳다고 믿는 유교의 생활도덕관념과 정면으로 배치되는 관점이었으므로 유교·예교 논리의 허위성을 논파하는 역할을 했다. 또 이덕무는 『청장관전서』의「이목구심서(耳目口心書)」에서, "문인재사로서 통속(通俗)을 모르면 훌륭한 재주라고 할 수 없다. 이 두어 사람은 그 묘함을 곡진하게 했는데, 만약 상것들의 통속이라고 물리친다면 인정(人情)이 아니다. 청나라 선비 장조(張潮)가, '문사는 능히 통속 글을 해도 속인은 능히 문사의 글을 못하고 또 통속 글에 능하지 못하다' 했으니, 참으로 지자(知者)의 말이다"라고 했다. 제대로 된 문인재사라면 통속성에 대한 파악이 필수적이니, '상것들의 통속'을 잘 알고 있어야 진정한 글을 쓸 수 있음을 설파하는 논리인 것이다. 이러한 논리 역시 '예가 아니면 보지 말고, 듣지 말고, 말하지 말라'는, 기존 유교적 가르침에 정면 배치되는 논리라는 점에서 대단히 파격적이다.

  이상에서 예로 든 문예논리들의 기저에는 무엇이 진(眞)이며, 무엇이 실(實)인가, 무엇이 허위이며, 가식인가에 대한 성찰이 깔려 있다. '진과 실'에 대한 관심은 그동안 '선과 악'의 구분을 중심에 두고 '권선징악'을 문학의 과제로 여기던 문예론과는 상당한 차이를 보이는 것이다. 이러한 논리는 명말청초의 일군의 문인들, 주로 양명좌파 계열의 문인인 이지(李贄), 서위(徐渭), 종성(鍾惺), 담원춘(譚元春), 그리고 원종도(袁宗道)·원굉도(袁宏道)·원중도(袁中道) 삼형제의 문학론에 일정한 자극을 받은 것으로 볼 수 있다. 하지만 문예논리에서 공통분모가 뚜렷하다고 해도 각 개인의 문예창작 소재나 주제, 표현에서는 서로 개성이 뚜렷하다. 이러한 문예논리에 힘입어 한문학은 변화하기 시작했다. 중심부에서 소외된 계층의 생활정서가 적극 수용되고 향유되어 한시에서 민요취향의 여성정서가 두드러졌다. 그런가 하면 세시풍속이 그려지고, 여항 서민층의 문학활동도 양반층의 권장논리 속에서 더욱 활발해졌다. 그러면 조선후기 한문학에서 시정인과 시정풍속을 그린 대표적 작품과 작가를 살펴보기로 한다.

3. 한문학 속에 그려진 시정인과 시정 풍속

시정인을 그려낸 전(傳) 작품과 시정의 풍속을 묘사한 대표적 시문을 꼽아본다. 산문으로는 박지원의 「광문자전」 「마장전」 「예덕선생전」, 이옥의 「이홍전」 「협창기문(俠娼紀聞)」 「장봉사전」 「신아전」 「부목한전」 「유광억전」 「송실솔전」, 그리고 「봉성문여」 「시간기(市奸記)」 등을 들 수 있고, 시로는 강이천(姜彛天)의 「한경사(漢京詞)」 「남성관희자(南城觀戱子)」, 김려의 여러 풍속시와 「사유악부」, 그리고 여러 시인들이 「성시전도(城市全圖)」를 보고 읊은 일련의 시와 풍속을 읊은 악부시, 연작시로 지은 세시풍속 시들을 들 수 있다. 그 외에도 홍신유(洪愼猷, 1722~?)의 「달문가」, 조찬한(趙纘韓, 1572~1631)의 「한양협소행」, 이학규의 「걸사행(乞士行)」, 정약용의 「장천용가」 등의 시작품이 있다.

이러한 작품에 나타난 시정인의 모습은 그야말로 각양각색, 천차만별이다. 신분은 미천하지만 의협심이 있고 윤리도덕적인 사람, 학식이 없어도 지혜로운 사람, 배짱이 두둑한 도둑, 술수와 속임수에 능한 사기꾼과 소매치기, 간교한 사람, 빌어먹는 노총각 거지로서 『맹자』 읽기를 좋아하는 사람, 닭울음 흉내를 잘 내는 사람, 소금장수, 수박장수, 과거 대리시험 명수, 원숭이 재주를 보여주고 생계를 잇는 사람, 엽전 주조 도둑, 매음행위를 하는 사당패 등, 그 어떤 기준으로 규정할 수 없는 인간상들이다. 또 이들이 시정에서 보여주는 공연예술은 양반들이 교방의 기녀들에게서 보는 것과 현격히 다르다. 이들은 기기묘묘한 재주를 부리는데, 주로 악기소리나 동물소리를 입으로 흉내내거나, 만석중놀이 혹은 황진이 걸음걸이 흉내 등, 몸으로 할 수 있는 재주를 부려서 인기를 끌고, 입담으로 익살을 부리거나 소설책을 읽어주며 돈을 번다. 예능으로 어떤 가치를 추구하기보다 그것을 생계방편으로 삼는 것이다.

　이들의 삶의 방식은 인지상정(人之常情)만으로는 이해할 수 없는 것도 있다. 하지만 생존의 절박함 앞에서는 바르지 못한 삶의 모습도 묵인할 수밖에 없다. 이들의 인간관계 또한 불안정하며 거칠고, 투박하며 야성적이다. 앞의 작품들에서는 이들의 인간상과 삶의 양태가 비속하기 한이 없는데도 미워할 수 없고, 부도덕한데도 정죄할 수 없도록 묘사되어 있다. 현실을 있는 그대로 인정할 수밖에 없도록 이들을 그려낸 데에는, 그 글을 쓴 작가가 추구한 '문학적 진(眞)의 세계'가 결부되어 있다. 유교도덕의 가치기준으로 이들을 칭찬하거나 개탄하거나 훈계하지 않는 관점이 투영된 결과이기 때문이다. 따라서 간혹 작가가 글의 끝부분에 도덕적 논평을 덧붙였더라도 창작 구설수를 면하기 위한 면책용으로 느껴진다.

　중인층 산문작가로서 시정인을 많이 입전한 저술로는 겸산(兼山) 유재건의 『이향견문록』(1862), 조희룡의 『호산외기』(1844), 이경민의 『희조일사』(1866)를 들 수 있으며, 시로써 시정인과 시정풍속을 많이 담아낸 대표적 작품으로는 조수삼의 『추재기이』를 들 수 있다. 이들 중인층 작가는 중인 이하 계층 사람들에 대해 각별한 애정을 가지고 그들의 개성과 훌륭한 재주, 일화에 대한 정보를 수집했다. 사대부 문인들이 자신의 견문 내에서 중인 이하 계층에 관심을 보인 반면, 이들 중인층 작가들은 집중적으로 노력하여 이러한 성과를 일궈냈다는 점에서 차이가 있다.

이렇게 시정인과 시정공간을 주목함으로써 조선후기 한문학의 변화양상을 몇가지로 간추려보면 다음과 같다. 첫째, 서민적 주인공의 전형적인 상이 제시되었다. 다양한 생활현장에서 그 특징을 다층적·다각적으로 포착하여 사실적으로 제시했는데, 부도덕함을 훈계하기보다는 그들의 생리를 보여주는 데에 치중한다. 검객·도둑·유협·건달·사기꾼·과부·다모(茶母)·투전꾼·씨름꾼·기녀·포졸·가객·광대·도인·신선·바둑 두는 이·천민 부농·몰락한 선비 등을 문학의 주인공으로 삼아 전면에 드러냈다. 둘째, 그 시대 하층민의 생활을 문제화하여 담아냈다. 서민부자의 출현과 부의 형성과정, 탐관오리와 부당한 재판, 자생적 민중영웅의 출현, 과거 답안 대리작성 전문가의 등장, 신분 갈등과 애정문제, 가난과 노처녀·노총각 문제 등 당대의 새로운 사회문제가 문학으로 형상화되었다. 셋째, 새로운 윤리 정서, 즉 타고난 욕망을 긍정하고 진정(眞情)을 표현하며, 신분계급의 구별 없이 저마다의 재능과 소질을 인정하는 생각을 담아냈다. 이러한 생각의 변화는 민간의 통속한 문화를 적극 긍정하는 경향으로 나타났으며, 민간의 노래와 예능활동을 인정하여 민간문화의 유흥성과 상업성을 북돋우는 데 영향을 미쳤다.

요컨대, 앞에 거론한 작품들은 조선조 문학에서 통속한 생활의 실상을 가장 밀도있게 담아낸 작품들이자 그 당시로서는 첨단을 걸었던 실험작으로, 창의적이면서도 비판적인 의식을 담고 있다. 비루하고 통속한 세계를 재현해냄으로써 획득한 리얼리티를 통해 문학의 참된 생명력을 확보한 것이다. 그런 점에서 이 작품들이야말로 능히 통속한 글에 능했던 문사들이 심혈을 기울인 최고의 성과물인 것이다. 이들의 글은 요즘 글에 비교해보아도 재미있을 만큼 인물상이 개성적이고 인물이 처한 상황이 생생해서 현실감을 준다. 그것이 바로 조선후기 한문학이 시정인과 시정풍속을 통해 보여준 문학적 '진'의 세계이다.

4. 풍속적 관점으로 문학을 연구하는 이유

이 분야의 연구는 '여항(중인)문학 연구' '한문단편 연구' '풍속시 연구' '악부시 연구' '문체반정 연구'들과 겹치는 영역이 있다. 한문단편에는 여항인의 생활풍속과 예술풍속이 뚜렷이 나타나 있고, 악부시와 풍속시에는 세시풍속이 상세히 그려져 있다. 또 그런 풍속들을 현장성있게 묘사한 산문 문체는 통속하다고 규제받았다. 하지만 이들 작품은 당대에도 이미 인기가 있었으며 후대에는 문학작품으로서 완성도가 높아 주목받았다. 그 작품들 속에는 시정인과 시정풍속이 잘 드러나 있다. 그러나 시정인과 시정풍속 그 자체, 풍속적 관점에서 시정의 일상적 생활모습과 상거래 풍속, 예술풍속, 도덕의식, 인간상 등을 본격 연구한 성과물은 드물다.

그러면 왜 굳이 기존의 고전 텍스트를 연구하던 방식을 넘어, 이렇게 풍속의 관점으로 초점을 옮기거나 넓혀가야 할까. 그것은 아마 지식의 효용성 문제와 관련지어 생각해야 할 것이다. 분과학문 기준으로 문학전공자들을 위해 고전문학 작품을 연구할 경우, 연구성과 효용성의 범위는 극히 좁다. 기존 문학의 관점과 연구방법으로 고전문학 작품을 연구하여, 오늘날 지식 정보의 수요자에게 요긴한 정보와 지식을 제시한다는 것은 여간 어려운 문제가 아니다. 그것은 오늘날

삼베옷과 모시옷이, 최상품을 생산하지 못해서라기보다 극소수의 최상품조차 시대에 맞지 않아 외면당하는 것과 비슷하다. 고전문학 작품의 주제·소재·표현기법·구성·인물상·인물 심리·시대상·문학사상 등을 연구하는 것 자체는 그 자체로 일정한 의미가 있다. 하지만 그 연구결과가 오늘날 고전문학 독자, 문학창작자 혹은 비평가에게 얼마나 의미있게 수용되며 영향을 미칠지는 의문이다. 한걸음 더 나아가 오늘날 일반적인 문학독자에게는 더욱 공허하게 느껴질 것도 부정할 수 없다. 마치 개화기에 이(理)와 기(氣)의 사상논쟁이 일반인들에게 공허했듯이 말이다. 그런 이론의 효용가치는 극히 좁은 영역에서 구현될 수 있을 뿐이어서 사람들의 삶에 의미있는 지적·정서적 양분이 되지 못했다. 고전문학을 문학적 관점에서만 연구하는 데에는 이런 한계가 있다고 본다.

그런데 풍속의 관점으로 문학작품을 읽고 다른 사료를 곁들여 생활풍속과 예술풍속을 연구할 경우, 단편적인 현상의 의미를 일상의 차원에서 여러 경로로 접근하여 입체적으로 설명할 수 있다는 강점이 있다. 풍속의 관점은 그러한 현상이 형성된 사회적 맥락, 그 현상이 향유층의 사회적 위치에 따라 다르게 수용되고 향유된 의미 등을 포괄적이고 종합적으로 설명할 여지를 준다. 이렇게 드러난 일상생활의 구체성은 그것을 구성하는 다양한 현상과 그 바탕에 깔린 의미를 곱씹어보게 할 뿐 아니라, 오늘날과 옛날의 생활과 인간상의 공통점과 차이점을 대비해볼 여지를 준다. 물론 그러한 여지를 확보한다고 해서, 그것을 연구자가 감당할 수 있느냐 하는 것은 또다른 문제이다. 하지만 결국 포괄적 지식을 끌어낼 수 있다는 얘기는 그 지식의 효용성을 확대하는 것과 관련이 깊다. 만일 풍속의 관점으로 접근해서도 그런 성과를 얻지 못한다면, 그 연구결과도 오늘날의 지식정보사회에서 무기력하긴 마찬가지일 것이다. 그간에도 민속이나 풍속적 접근이 없었던 것은 아니다. 그런데도 지금 새삼 풍속의 관점을 강조하는 까닭은, 작품에 보이는 풍속의 현장을 단편적으로 제시하고 분석하는 것을 넘어서, 풍속의 사회생활적 맥락을 총체적으로 설명하는 관점을 확보하자는 의미에서이다.

그러면 왜 하필 문학연구에 풍속의 관점을 확보해야 하는가? 문학작품 속에 이미 그런 정보가 풍부하고, 여타 분야에 비해 문학연구자들이 인간의 생활과 정서에 섬세하게 접근하기에 유리한 자질을 갖고 있기 때문이다. 분명히 문학연구는 경제사나 제도사를 연구하는 분야보다 풍속의 관점으로 접근하는 데 유리한 점이 있다. 생활풍속 속에서라야 한 인간의 숨결이 느껴지도록 상황과 정감을 살려 접근하기 쉬울 것이다. 또 고전문학과 한문학에는 무수한 고사성어와 전고, 그리고 흥미진진한 일화들이 있는데, 그것은 풍속 연구에 중요한 보조자료나 힌트가 된다. 따라서 문학연구자가 이런 연구에 주목할 경우, 현상의 기저에 깔린 일관된 발상을 설명할 개연성이 높아진다. 그러므로 문화나 풍속으로 그 연구대상을 확장하는 것은, 연구대상의 무리한 확장이라는 부담에도 불구하고, 어떤 현상과 사물을 균형 있게 이해할 수 있다는 점에서 기꺼이 감당해야 할 과제인 것이다. 다만, 그 연구대상이 무한히 확장된다는 점 때문에, '얼치기 연구'의 우려를 받기도 하고, '틈새' 혹은 '경계선' 학문이라는 걱정스런 눈길을 받고 있기도 한다. 하지만 그 우려를 상쇄할 수 있도록 분과별 학문의 정밀하고 축적된 지식들을 정확히 소화하고 섭렵하면서 이러한 관점으로 옮겨갈 필요가 있다.

분과별 학문으로서의 문학연구는 부분적 현상이나 단편적 사실에 정밀하게 접근하고 확인할 수 있지만, 그 부분이 전체 삶속에서 어떤 위치를 차지하며 어떤 의미를 가지는가를 충분히 설명할 수 없었기 때문이다. 또 풍속 관점에서의 문학연구는 문화예술 분야의 창작이나 각색, 문화콘텐츠와 연계될 수도 있다는 점도 이러한 관점이 요청되는 이유이다.

: 이지양 :

● 더 읽을거리

'시정'과 '시정인'의 생활풍속과 예술풍속이 잘 표현되어 있는 문학작품으로, 독자가 읽기 쉽게 번역된 자료집들은 다음과 같다. 이우성·임형택 편역 『이조한문단편집』 상·중·하(일조각 1973); 이옥, 실시학사 고전연구회 역주 『완역 이옥전집』(휴머니스트 2009); 김려·오희복 번역 『김려작품집』(평양: 문예출판사 1990); 김려, 박혜숙 역주 『부령을 그리며』(돌베개 1996); 임형택 편역 『이조시대 서사시』 상·하(창작과비평사 1992); 유재건, 실시학사 고전연구회 역주 『이향견문록』(글항아리 2008); 박윤원·박세영 역 『조수삼·이상적 작품선집』(조선문학예술총동맹출판사 1965).

'시정'이나 '시정풍속'에 대해 풍속적, 문화적 관점으로 연구하는 것은 시작 단계에 있다 해도 과언이 아니다. 기존의 연구 가운데 관점과 연구방법에서 많은 도움을 받을 수 있는 성과를 제시하자면 다음과 같다. 이우성 「18세기 서울의 도시적 양상」, 『한국의 역사상』(창작과비평사 1982)은 18세기의 서울의 도시 문화적 성격을 파악하는 관점과 방법을 제시하고 있으며, 임형택 「18세기 예술사의 시각」, 『이조후기 한문학의 재조명』(창작과비평사 1983); 「18,19

세기 예술사의 성격: '취(趣)'의 미학적 인식」, 『한국문학사의 논리와 체계』(창작과비평사 2002)는 제목에서도 알 수 있듯이 18, 19세기 예술사를 보는 관점을 제시하고 있다. 그리고 박희병「조선후기 예술가의 문학적 초상」,『한국고전인물전연구』(한길사 1992)는 예술인들의 고뇌를 통해 그들의 개성적 인물상을 깊이있게 파악해내고 있다는 점에서 주목된다.

한시나 한문 산문 속에서 예술풍속에 관한 자료를 뽑아내어 예술풍속사에 접근하고자 한 논문으로는 이지양「18세기 중국 사행길의 악무(樂舞)공연」,『연행의 사회사』(경기문화재단 2005);「17세기 조선의 한문학에 나타난 음악과 무용 풍속」,『한문학보』17(우리한문학회 2007)이 있다. 단행본으로는 강명관『조선후기 여항문학연구』(창작과비평사 1997);『조선시대 문학예술의 생성공간』(소명출판 1999)이 두루 참조된다.

그리고 문학연구자들이 문학작품과 그 주변자료들을 섭렵하여, 풍속사·문화사에 관심을 가지고 쓴 교양도서들도 참고가 된다. 강명관『조선사람들, 혜원의 그림 밖으로 걸어나오다』(푸른역사 2001);『조선의 뒷골목 풍경』(푸른역사 2003); 정민『미쳐야 미친다』(푸른역사 2004); 안대회『조선의 프로페셔널』(휴머니스트 2007); 정창권『꽃으로 피기보다 새가 되어 날아가리―김만덕과 18세기 제주문화사』(푸른숲 2006); 이지양『홀로 앉아 금을 타고』(샘터 2007) 등이 있다.

여성문학의 전개와 여성의 목소리

1. 여성문학의 범위와 대상

여성문학의 범위는 여성문학의 개념을 어떻게 설정하는가에 따라 대략 세 가지로 나뉜다. 첫번째는 문학행위의 주체가 여성임을 강조하여 여성작가의 문학, 여성에 의한 문학을 여성문학이라고 하는 입장이다. 말하자면 작가의 성(性)에 따른 분류이다. 두번째는 여성해방문학을 비롯하여 그 주제가 여성주의 지향성을 보이는 작품들을 여성문학으로 설정하는 경우이다. 이때는 작가의 성보다는 작품의 주제가 판단준거가 된다. 세번째는 여성과 관련된 문학 전반을 여성문학으로 삼자는 견해이다. 여성문학을 가장 포괄적으로 상정하는 입장이며, 여기에는 남성의 시각에서 묘사된 여성의 이미지도 포함된다. 이중 두번째는 여성운동의 성격이 짙은데, 무엇보다 고전문학에서 관련 작품이 드물고, 또 관련 작품들을 첫번째와 세번째 부문에 나누어 포함할 수 있으므로 이 글에서는 별도로 다루지 않는다.

포괄적인 견해, 곧 여성과 관련된 문학 전반을 여성문학의 개념으로 삼을 경우, 그 범위는 매우 넓어진다. 여성작가의 작품은 물론, 작품 속의 여성과 여성화자, 작품 바깥의 여성 작가·독자·유통자를 망라할 수 있기 때문이다. 이때 작품의 생산·향유·유통을 포괄하는 관점을 따라가면 여성어문생활사와 만날 수 있고, 작중(作中)의 여성에 초점을 맞추면 여성의 이미지, 여성 화자, 여성 자신의 육성을 추적하게 된다.

그중 여성작가가 아닌 작중 여성을 기준으로 여성문학사를 구상하면 방대한 작품을 여성문학사의 영역으로 초대할 수 있다. 가령 「공무도하가(公無渡河歌)」에 나타난 백수광부 처의 목소리, 「황조가(黃鳥歌)」에 은유된 치희(雉姬)와 화희(禾姬)의 이미지가 이에 해당할 것이다. 고대시가·향가·한시·고려가요·경기체가·시조·가사·악장·민요·잡가·서사무가 등의 시가장르에 내재한 여성화자, 여성의 정감·이미지·자의식이 모두 여성문학의 관점에서 해석될 수 있는 것이다. 서사문학과 극문학에서도 마찬가지이다. 건국신화를 비롯하여 전설·민담·소설·한문산문·판소리·탈춤·일기·기행문 등에 등장하는 여성인물의 형상이 모두 그 대상이 되기 때문이다. 예컨대 신화 속의 여성신, 운영·박씨·춘향·심청·장화·홍련·옥단춘·금방울·홍계월·방한림 등 소설 속의 여성 인물, 열녀전에 등장하는 열녀들, 전설·민담·무가·민속극에 나타난 여성인물 등 방대한 소재가 여성문학사의 구성인자가 될 수 있다.

그런데 작중 여성(인물, 화자, 정감, 이미지)을 중심으로 한 문학사

구성에는 장단점이 공존한다. 우선 단점을 들자면, 이러한 접근으로는 남성중심으로 수립된 문학사의 장르체계를 수정하기 어렵다는 점이다. 남성 지식인의 문자생활에 초점이 맞추어진 장르체계와 서열을 그대로 둔 채 그 틀 안에서 특정 장르와 작품을 선별하여 다루는 한, 여성의 사고와 이해를 대변하는 대안적 체계 마련이 계속 미루어질 수밖에 없다.

반면 장점을 들자면, 기존 문학사의 장르체계를 유지하면서도 새로운 독법과 해석으로 이를 다채롭게 보강할 수 있다는 점이다. 대체로 한국 고전문학에 투영된 여성상은 참아냄, 기다림, 보살핌, 아리따움, 섬세함, 고분고분함 등을 근간으로 삼고 있으나, 이것은 작품이 생산될 당시의 지적 풍토와 작가의식이 짙게 반영된 결과이다. 그러나 작품에 대한 해석은 작중에 함축된 작가의 의도 외에도 다각적인 해석이 가능하다. 예를 들어, 여성과 여성성에 대한 사회적 관념이 어떻게 형성되고 어떤 변화과정을 겪었는가, 문학은 어떻게 여성을 왜곡했으며 왜 일정한 방향으로 여성의 이미지를 재생산하게 되었는가, 시대의 한계 속에서 여성은 여성 자신을 어떻게 이해하고 어떤 처신을 보여주었는가, 남성 주도의 남성적 문학은 어떤 결핍에 봉착했으며, 그 대안의 하나로 여성화자와 여성의 목소리를 어떻게 활용했는가 등을 비판적으로 성찰함으로써 한국문학사의 갈피갈피에 신선한 활력을 불어넣을 수 있는 것이다.

포괄적 견해에 따른 또하나의 통로는 작품의 생산·향유·유통을 포괄하여 여성어문생활사를 구성하는 길이다. 이 방법은 문자·문학텍스트를 중심으로 한 서열적 장르체계가 여성의 문학·어문 활동을 온당하게 수렴할 수 없다는 관점에서 반성적으로 제기되었다. 사실 여성의 문학활동 금지와 그에 따른 익명성은 전근대 여성의 문학생산력을 취약하게 만들었으며, 온전한 여성문학사 구성을 방해해온 요인이라 할 수 있다. 그렇기에 문자·문학텍스트로 한정하면 여성의 문학활동과 어문생활은 우리 시야에서 적지않게 사라져버린다. 이러한 한계를 극복하려면, 여성어문생활사는 여성의 삶, 어문생활, 문학에 대한 자료를 두루 갖추고, 그에 상응하는 설명체계와 논리를 구축해야 한다. 즉 말과 글의 영역에서 여성이 참여하고 성취한 인자들을 포괄하는 한편 미시적 자료를 거시적으로 배치·해석하기, 바로 그것이 여성어문생활사의 주요 과제와 방향이 될 것이다.

한편 여성작가에 의한 여성문학사의 구성은 포괄적 접근에 비해 비교적 차근하게 길을 열어왔다. 구비문학·한문학·시가·소설·산문 등 각 영역에서 여성작가와 자료의 발굴, 작가에 대한 전기적 고찰, 문학세계와 문학적 특징 등을 중요하게 다룬 까닭은 여성문학의 핵심에 여성작가의 문학이 놓인다는 사실을 전제로 한 것이다. 이 관점은 장르를 중심으로 구성해온 문학사의 설명 체계 내에서 남성과 함께 참여해온 여성의 비중과 그간 성취한 역량을 재발견하려는 궤도를 따랐다. 서민 여성들의 민요와 설화, 무녀들의 무가, 기녀들의 시조, 조선후기의 여성가사, 사족 여성들의 한시 등이 그렇게 해서 문학사에서 주목을 받았다. 오늘날 우리가 쉬 알 수 있는 여성작가들, 즉 진덕여왕, 허난설헌, 황진이, 혜경궁 홍씨, 의유당 남씨, 서영수합(徐令壽閤), 운초(雲楚), 김금원(金錦園) 등이 이런 흐름에 놓인 이들이다.

협의의 여성문학이라고 할 이 관점도 장단점을 동시에 지닌다. 단점이라면, 문학사의 체계를 구성할 만큼 여성작가가 골고루 분포하느냐, 당대의 문학담론을 주도한 여성작가가 존재하느냐, 과거의 역사적 사실에 대해 오히려 여성 편향적인 과도한 해석을 야기할 수도 있지 않느냐 등의 반론이 제기될 수 있다. 여전히 작가의 성별이라는 기준으로는 여성작가에 의한 문학사를 체계적이고 입체적으로 수립하기가 쉽지 않은 것이다. 반면에, 남성과 여성을 가르기보다는 상호관련성 속에서 더욱 건강한 문학사를 구성하자는 관점에서 보면, 여성작가와 작품은 문학사가 한층 넓고 깊어지는 데 긴요한 거점이 될 수 있다. 여성작가의 빛나는 결실과 더불어 그 속에 담긴 많은 실마리들, 즉 여성화자, 여성적 정감, 여성의 목소리를 비롯하여 문학의 수용과 유통이라는 더 넓은 장으로 문학사를 확장·전진시킬 수 있기 때문이다.

2. 여성문학의 개괄적 흐름

역사상 실재했던 모든 것이 현전하지는 않는다는 것을 유의할 필요가 있다. 문학을 말로 된 문학(구비문학)과 글로 된 문학(기록문학)으로 양분할 때, 서민들의 노동요, 엄마의 이야기 같은 구비문학은 대부분 기록으로 정착되지 않았고, 여성문학도 대부분 그렇게 미지의 영역으로 사라졌다. 실재했을 확률이 클 뿐만 아니라 그 가치 또한 소중한 것들이 비문(碑文)과 지면(紙面)의 선택을 받지 못하고 망각된 반면, 기록할 만하다고 판단된 특별한 사람과 사물 들은 문자의 선택을 받아 망각의 장애를 넘어섰다.

하지만 당대의 역사가 거두지 못한 가치들을 불완전한 기록을 통해서나마 다시 찾아내려는 자세는 잊혀진 삶에 대한 예의이자 인문학적 통찰로 나아가는 관문이 될 것이다. 여성문학사의 흐름에 있어서도 사정은 본질적으로 다를 게 없지만, 이 글은 응당 갖추어야 할 설명력을 충분히 갖추지 못했다. 이 글은 소망하되 그 소망을 실현할 수 없는 어느 지점에서 작성되는 중간보고서에 해당한다.

현전 자료와 현재까지의 연구성과를 중심으로 여성문학의 흐름을 개관할 때 우선 유용한 방식은 여성작가의 작품을 좇는 것이다. 그런 면에서 한국여성문학의 시발점은 백수광부(白首狂夫)의 처가 노래한 「공무도하가」이다. 하지만 통일신라시대까지의 여성작품은 진덕여왕의 「태평송(太平頌)」, 설요(薛瑤)의 「반속요(返俗謠)」, 희명(希明)의 「도천수대비가(禱千手大悲歌)」 등 실명작(實名作) 몇편을 포함하여 「정읍사」「선운산」「지리산」 등 10여편에 불과하다. 그럼에도 이들은 여성문학의 초기작이라는 의미와 더불어, 계층적으로 왕후에서 서민까지, 장르상 한시에서 민요까지 여성이 참여했음을 증명한다.

고려시대에도 현전 여성작품은 매우 드물다. 한시작가로서 동인홍(動人紅), 우돌(于咄)이라는 기녀와 어느 선비의 딸, 이 세 사람이 분명해 보일 뿐이다. 이외에 이규보가 진주 기녀에게, 전녹생(田祿生)이 김해 기녀 옥섬섬(玉纖纖)에게 한시를 보냈다는 기록 등으로 보아 문인과 기녀간 문학교류의 흔적을 짐작할 수 있다. 또한 『고려사』에는 작품내용은 전하지 않으나 「원흥(元興)」「거사련(居士戀)」「안동자청(安東紫靑)」「예성강(禮成江)」「제위보(濟危寶)」 5편이 여성의 노래로 소개되어 있다. 작자는 각각 뱃사공의 아내, 행역자(行役者)의 아내, 혼인을 고대하는 처녀, 상인의 아내, 어느 남정에게 손을 잡힌 여인인데, 이를 통해 하층여성들의 민요 구연상황을 추측해볼 수 있다.

 이때까지의 여성문학에 대한 보고가 이렇게 희소한 것은, 고려시대까지 주요 기록수단이 한문이었고 한문의 주요 담당층이 남성 식자층인지라, 자연히 여성의 작품은 예외적으로 소개했기 때문이다. 그러다가 조선전기(14~16세기)에 이르러 여성문학은 비로소 뚜렷한 모습을 드러낸다. 훈민정음의 창제, 여성들의 문학창작력 증대와 흐름을 같이하여, 산문·한시·시조·가사 등의 작품이 골고루 분포하고, 왕후·궁녀·사족(士族)의 정실·소실·기녀 등에 걸쳐 작가층이 두터워지며, 그에 비례하여 소재와 표현이 광범위하게 개발되는 모습을 보여준다.

 이 시기의 가장 주목할 변화는 훈민정음의 창제와 보급이다. 성종조 이후『삼강행실도』『열녀전』『내훈』등의 여성 교화서가 보급되면서 여성들은 비로소 한글을 글쓰기의 주요 수단으로 삼았다. 정철의 모친인 죽산 안씨의 편지, 순천 김씨의 묘지에서 나온 언간 다발, 이응태(李應泰)의 부인이 남편의 관에 넣었던 애틋한 편지 등은 간결한 실용문과 자기표현을 위한 글쓰기로 언간(편지)이 활용되었음을 보여준다. 이 한글 글쓰기는 조선후기에는 편지·제문·일기·가사 등의 자기표현을 위한 글쓰기로 발전한다.

 시조장르에서도 폭넓은 활동이 확인된다. 이 시기의 시조는 가창을 전제로 하는 것이어서 사대부들과 교유한 기녀들, 예컨대 15세기의 홍장(紅粧)·소춘풍(笑春風), 16세기의 황진이·진옥(眞玉)·한우(寒雨)·홍랑(紅娘)·이매창(李梅窓) 등이 여성시조 분야에서 주축을 이루었다. 이들은 사대부들이 함부로 표출키 어려웠던 애정을 소재로 하여 표현의 묘미를 개척했다고 평가된다. 특기할 사실은 조선후기에는 그간 발견되지 않던 사족 여성들의 시조가 등장한다는 점이다. 이현보(李賢輔) 모친 권씨의 「선반가(宣飯歌)」, 노진(盧禛)의 모친 권씨의 「모부인답가(母夫人答歌)」는 집안 잔치에서 아들들을 상대한 것이기는 하지만 이무렵 양반가의 여성들도 시조창에 참여했음을 알려준다.

한문학 분야에서는 상대적으로 활발한 양상을 보인다. 신사임당(申師任堂), 송덕봉(宋德峰), 허난설헌, 황진이, 이옥봉(李玉峰), 매창처럼 소양이 풍부한 한시 작가가 활약하며, 한두 편이기는 하지만 왕후, 부부인, 궁인, 사대부가의 여성들, 소실, 기녀 등이 두루 한시를 짓는다. 이렇게 작자층이 두텁다는 것은 여성의 시짓기를 금기시하던 당대의 분위기와 사뭇 대조되는데, 현전 작품의 이면에서 여성들의 시문활동이 훨씬 성행했음을 시사한다. 한문산문의 영역에서는 송덕봉이 남편 유희춘(柳希春)에게 보낸 한문편지와 허난설헌의 「광한전백옥루상량문(廣寒殿白玉樓上樑文)」 등을 통해 여성의 어문활동과 문학창작력이 매우 왕성했음을 추측할 수 있다.

조선후기(17~19세기)는 이전의 어느 때보다 여성문학과 관련한 문헌기록이 풍성한 시기다. 여성의 시문활동에 대한 공적 금기와 그로부터 비롯된 익명화가 더욱 심화되는 상황이었음에도, 계층별·장르별로 여성작가의 활동이 두드러졌음은 그만큼 문자생활과 문학활동에 대한 여성들의 욕구가 강했음을 반영한다.

계층별 분포에서 매우 왕성한 활동을 보인 층은 양반가의 여성들이었다. 이들은 가사·한시·산문 영역에서 비약적인 성과를 보여준다. 먼저 한시의 경우, "여자가 시사(詩詞)를 아는 것은 창기의 본색이지 사대부 집안에서 취할 바는 아니다"(이황 李滉 『규중요람(閨中要覽)』)

"여인들이 함부로 시사(詩詞)를 지어 외간에 퍼뜨려서는 안된다"(이덕무李德懋『사소절(士小節)』제7, 부의)라는 진술에서 알 수 있듯이, 남성 사대부들의 부정적 시각에도 불구하고 양반가 여성들은 가정이라는 비공식적 공간에서 주목할 만한 문학적 성과를 이룩한다. 대표적인 예로 개인문집을 남긴 작가들을 들 수 있는데, 김호연재(金浩然齋)의 『호연재시집(浩然齋詩集)』, 신부용당(申芙蓉堂)의 『부용당집(芙蓉堂集)』, 서영수합(徐令壽閤)의 『영수합고(令壽閤稿)』, 김삼의당(金三宜堂)의 『삼의당고(三宜堂稿)』, 강정일당(姜靜一堂)의 『정일당유고(靜一堂遺稿)』, 홍유한당(洪幽閑堂)의 『유한당고(幽閑堂稿)』, 남정일헌(南貞一軒)의 『정일헌유고(貞一軒遺稿)』 등이 그러하다. 부부·자녀·며느리가 어울려 시회를 열었던 서영수합, 부부·자녀·처첩·적서가 어울렸던 김호연재, 남매와 자질이 함께 했던 신부용당, 고부가 화창했다는 강정일당, 부부가 화답한 김삼의당 등의 사례는 가정 내의 시회(詩會) 상황과 여성들의 문학활동 욕구를 대변한다고 할 수 있다.

산문영역에서 보자면 한글편지가 가족간의 교통을 위한 실용문으로, 한문편지는 논쟁과 주장을 펴는 용도로 빈번하게 사용된다. 남편의 과거공부를 독려하는 김삼의당의 편지, 선비의 덕을 설파한 강정일당의 편지가 그런 예라 할 수 있다. 아울러 이런 개인문집에는 임윤지당(任允摯堂)처럼 한문학의 여러 하위 장르들, 즉 전(傳), 논(論), 발(跋), 설(說), 잠(箴), 명(銘), 찬(贊), 제문(祭文), 인(引), 경의(經義)를 두루 지으면서 학문과 논설의 영역까지 나아간 예가 있고, 김삼의당처럼 잡지(雜誌)를 지어 부부의 대화와 신혼일에 남편에게 한 말을 기록해둔다든지, 강정일당처럼 잡저(雜著)를 지어 조상들의 기호식품을 꼼꼼히 적어 봉제사(奉祭祀)에 대비하는 면모를 보여주기도 한다. 여기에 자전적 고백에 해당하는 이씨 부인의 『규한록(閨恨錄)』, 섬세하고 생동감어린 필치로 일출을 묘사한 의유당 남씨의 『동명일기(東明日記)』를 더하면, 양반가 여성들의 산문은 넓은 스펙트럼을 형성하면서 다채로운 모습을 띤다.

안타까운 것은 양반가 여성들이 소설과 밀착되어 있음에도 여성작가의 실체를 확인하기 어렵다는 점이다. 『제일기언(第一奇諺)』에서 소설의 작가로 '일 없는 선비와 재주있는 여자'를 들고 있고, 이유원(李裕元)의 『임하필기(林下筆記)』에서 '『소씨명행록(蘇氏明行錄)』을 이광사(李匡師)의 자식 남매가 썼다' 하고, 『옥원재합기연(玉鴛再合奇緣)』의 후기에 규방여인이 자기 작품이라고 밝히고, 현전 최장편인 『완월회맹연(玩月會盟宴)』에 대해 안겸제(安兼濟)의 모친 전주 이씨가 지었을 것이라 추정하는 설이 있으나, 소설 작가로서의 여성은 여전히 모호한 익명의 장막에 가려져 있다.

무엇보다 조선후기 여성문학을 대표하는 장르는 가사이다. 이중 양반가 여성의 참여가 두드러진 분야는 규방가사라고도 불리는 여성가사로 700여 편에 이른다. 계녀가(誡女歌), 탄식가(歎息歌), 화전가(花煎歌)로 분류되는 이 대규모 가사군은 조선후기 여성들에게 부여되었던 가내 규범들(전형계녀가 계통)과 여성윤리의 부당함에 대한 은연중의 저항(「복선화음가福善禍淫歌」), 여성의 삶에 대한 비판적 성찰과 현실적 체념(탄식가 계통), 양반가 여성들의 집단적 연대의식(화전가 계통)을 형상화하면서 생활인으로서 겪었던 갈등과 의식을 증언하고 있다.

한편, 양반가 여성 이외에 왕후, 소실, 기녀, 평민 계층에 의해서도 특기할 만한 작품들이 문학사의 표면으로 부상한다. 혜경궁 홍씨의 『한중록(閑中錄)』은 조선중기「인목대비술회문」을 이은 왕실 여성의 자전적 회고문이다. 소실의 경우에는「호동서락기(湖東西洛記)」를 지은 김금원을 비롯해『운초집(雲楚集)』의 운초, 『죽서시집(竹西詩集)』의 박죽서 등이 눈에 띈다. 특히 이들은 한강가에서 삼호정(三湖亭) 시사를 열어 여성들의 문학활동이 더이상 유폐적이지 않음을 몸소 보여주었다. 이중 금원은 어려서부터 고금의 문장과 시문을 익혔던 관동(關東)의 여성으로, 규중에 속박된 여성의 삶을 비판하며 홀로 금강산을 여행하는 등 당차고 호탕한 삶을 살았다. 반면 기녀의 경우는 시조장르와 애정이라는 주제에 집중하는 경향을 띠는데, 이는 사대부 남성의 풍류에 이바지해야 하는 직업적 속성에서 비롯된 것이라 할 수 있다. 현전 가집에서 다복(多福), 계섬(桂蟾) 등 16인의 이름이 확인된다. 평민 여성의 경우는「산유화가(山有花歌)」의 향랑(香娘)처럼 남성문인의 기록에 간접적으로 이름을 남긴 예가 있으나, 아쉽게도 당시에 불렸을 많은 이들의 노래가 기록의 뒤편으로 밀려나고 말았다.

    이상에서 현전자료와 고증이 가능한 여성작가를 기준으로 여성문학의 흐름을 개괄적으로 정리했으나, 이는 다분히 부분적이고 편의적인 것이다. 향후에 작가의 성별을 넘어 여성문학의 전체상을 실체화하는 연구가 나오기를 바라며, 아울러 더 많은 여성작가가 문학사에 등장하기를 기대한다. 그런 맥락에서 한편으로 우리는 익명에 가려진 작가와 작품을 상상할 수 있어야 한다. 가령 1930년대 이후에 채록된 할머니의 자장가, 며느리의 시집살이 노래, 여자아이들의 유희노래를 거슬러올라가면 여성 가사, 시조, 한시 속에서 비슷한 소재의 비슷한 목소리를 이따금 전해듣게 되고, 고려후기 이제현의 소악부(小樂府) 중 「제위보(濟危寶)」와 「안동자청(安東紫靑)」에 포함된 아낙의 목소리를, 고려가요 「정읍사」 「가시리」 「상저가(相杵歌)」에 내포된 여인들의 호흡을 느낄 수 있다.

또한 상상의 귀와 눈을 통해, 우리는 그 옛날 무당이 불렀을 신들의 이야기를, 여자아이들이 마당에 모여 함께 불렀을 노래를, 할머니와 어머니가 자라는 아이들에게 들려주었을 노래와 이야기를 만날 수 있다. 아버지의 시 읊는 소리를 듣고 따라 외는 딸의 흥얼거림이나, 남편의 글 읽는 소리를 듣고 어느덧 함께 운을 떼는 아내들의 동참이 이따금 기록에 자취를 남기고 있거니와, 어느 뛰어난 작가라 할지라도 어머니의 등과 품에서 말을 배우고 노래를 들으며 성장했을 것이다. 아직 우리가 꺼내지 못한 상상의 자료와 목소리는 언제든 다시 우리와 환담을 나누려 할 것이다. 지금의 여성문학사 탐색은 그 길에서 더 많은 여성의 삶과 목소리를 찾는 과정이라 할 수 있다.

3. 여성의 표정과 목소리를 찾는 문학사

남성과 여성이 함께하는 상생의 문학사를 구축하기 위해서는, 응당 여성을 바르고 풍부하게 이해해야 한다. 문학의 상위개념인 인문학이 인간 이해를 추구하는 학문이라 할 때 문학을 통한 인간 이해는 이미 그 속에 내포된 당위의 과제라고 할 수 있다. 그러므로 그간의 문학사에서 여성을 정당하게 이해해왔다면 애초에 여성문학 연구는 따로 존립할 필요도 없었을 것이다. 하지만 문학사의 시선은 대체로 남성의 관점에서 여성을 타자화함으로써, 균형잡힌 문학사의 이해를 방해하곤 했다. 그리하여 여성의 관점에서 여성의 감성과 체험, 꿈과 좌절, 이해와 시각을 충실하게 대변하려는 연구가 근래 페미니즘 논의 이후에야 비로소 본격적으로 등장했다.

초기의 여성문학 연구는 대체로 남성과 다른 여성적 특질을 찾는 데 집중했다. 주제의 측면에서 한(恨, 이별의 한, 사별의 한, 태생의 한, 성장의 한, 애정의 한)을 강조하고, 수사적 차원에서 섬세한 묘사를 드러내고, 인물 형상의 측면에서 순정(純情)과 정절(貞節)의 여인상, 배려하고 인고하는 여인상들을 추출한 예들이 그러하다. 그러나 이는 남성과 대비되는 여성적 특수성을 추출하려 한 나머지, 입체적 존재로서의 여성과 행간에 숨겨진 여성의 목소리를 간과할 수 있다. 즉 남성의 시각을 반영하는 내용들을 그대로 반복·수용하다보면, 여성은 어떻다, 나아가 여성은 어떠해야 한다는 편견을 반복하게 되고, 그럼으로써 여성의 다양성과 주체성을 배제해버리게 되는 것이다.

이러한 반성에서 출발한 근래 여성문학 연구의 흐름은 첫번째, 역사 비판을 통해 여성의 삶과 표정을 되찾는 방향을 택하거나, 두번째, 여성의 목소리(여성화자·여성 서술자·자기서사·자의식 등)를 추적·감별하여 그 가치를 설명하거나, 세번째, 문학사에서 여성적 성분(여성 정감 등)의 의의를 발견하는 쪽으로 진행하였다. 이외에 여성들의 어문생활로 시야를 확장하자는 의견이 개진되고 있는데, 현재는 자료와 해석을 축적해가는 단계라고 할 수 있다.

이중 첫번째 방향은 여성에 대한 역사의 억압과 폭력을 주시하는 한편으로 여성의 고난과 대응역량을 탐색한다. 건국신화를 통해 여신(女神)들이 어떻게 자기 이야기를 잃고 타율적 존재가 되었는지를 추적하고, 바리데기·자청비 같은 무속신화의 여신들이 왜 무한한 고난과 희생을 감당해야 했는지를 살핌으로써, 여성에게 가해진 사회적 차별의 체계와 수난 극복의 능동적 역량을 조명하는 사례가 전형적이라 할 수 있다. 이렇게 자료를 비판적·전복적으로 독해함으로써 여성에 대한 억압과 왜곡, 그에 항거하는 여성의 의지를 읽어내려는 방식은 고전문학작품 전반으로 적용대상을 확장할 수 있다. 가령 남편을 따라 순절한 열녀전의 비극적 주인공들, 소설·설화 등에 등장하는 선한 본처와 악한 계모, 계녀가사에 포함된 남성 중심적 덕목들, 서정시에서 반복생산하는 수동적 여성상 등은 가부장제와 남성 이데올로기가 야기한 폐해라는 각도에서 설명이 가능하다. 이와 짝하여 사회적 차별에 저항한 여성들의 저력, 즉 판소리계 소설에 등장하는 하층여성들의 강인한 삶과 저항의 목소리, 시대와의 불화를 앓는 악인형 여성의 갈등, 여성가사에 내포된 여성의 연대와 자각, 서정시에 아로새겨진 여성으로서의 자의식, 남성들을 구원하는 여성의 활약 등은 능동적 주체로 살고자 했던 여성들의 염원에 귀기울이게 만든다.

역사의 한계를 되묻는 지점에서 생성된 이 방향은 역사란 꼭 최선(最善)의 산물일 수 없음을 보여준다는 점에서 강력하고 의미심장한 비판력을 갖는다. 그러나 이 방향은 자칫 또다른 비판에 직면할 수 있다. 피해자로서의 여성을 부각하다보면 남성에 대한 공격이 강화되어 문학사를 남녀대결의 장으로 변질시킬 수 있고, 여성에 대한 역사의 무관심과 폭력을 고발하는 빈도와 반비례하여 본의 아니게 여성의 능동성을 훼손할 우려가 있다. 더불어 여성에 대해 다각적인 시선이 필요하듯이 문학사에 대해서도 다각적인 시선이 필요하다. 과거의 문학사가 계급모순, 성별모순에 둔감했다고 해도, 각 시대마다의 문학이 당면한 난제를 풀기 위해 노력했다는 측면도 유의해야 하는 것이다. 문학사는 비단 여성문학과의 관련성만으로 판단할 수 없을 만큼 복잡하고 다면적이다.

두번째와 세번째 방향은 첫번째 방향이 초래할 수 있는 한계를 경계하면서 출발한다. 여성이라는 개념으로 문학사를 가늠할 경우, 이 역시 여성 이데올로기에 경사되어 문학연구의 다양성을 위축시킬 여지가 없지 않다. 문학의 장치, 장르의 특성, 작품의 미적 성취에 대한 문학 내적 고려가 상대적으로 경시될 수 있기 때문이다. 여성문학은 여성에 강조점을 두느냐, 문학에 강조점을 두느냐에 따라 서로 다른 방향을 취할 수 있다. 이중 두번째, 세번째 방향은 문학적 고려 아래 여성의 의미를 탐색한다는 측면에서 같은 범주로 묶을 수 있다. 그러나 그 세부와 초점은 각기 다르다.

서정양식에서의 화자, 서사양식에서의 서술자는 작품 내에서 서정과 서사를 이끄는 목소리로 거의 모든 작품에서 긴요한 역할을 담당한다. 그런데 이 화자와 서술자는 작가의 실제 성별과 일치하는 것이 아니라, 남성작가가 여성의 목소리를, 여성작가가 남성의 목소리를 선택할 수도 있다. 이중 여성문학과 관련해서 주목할 점은, 여성의 목소리를 선택하는 경우 그것이 작품에서 어떤 기능과 가치를 지니는가이다. 문학작품에서 여성과 남성의 목소리는 어떻게 다른가? 왜 남성작가가 여성의 목소리를 이용하는가? 여성의 목소리는 문학사와 어떤 관련을 맺어왔는가? 이는 중요한 질문들로, 이 물음에 대한 대답도 사뭇 다기하다. 이별·고독·기다림의 작품 내적 상황에서 여성화자가 주로 차용되는 까닭은 여성의 목소리가 환기하는 공감도가 높기 때문이라는 의견에서부터, 고려가요·사설시조 등에 내포된 여성화자는 여성 자신의 목소리라기보다는 여성의 목소리를 빌려 강자에 대한 호소나 성(性)에 대한 일탈적 욕구 등을 좇으려는 남성들의 교묘한 문학적 장치라는 해석, 나아가 여성화자의 선택이 여성이 당면한 현실의 비극과 모순을 형상화하는 데 긴요한 역할을 한다는 견해 등이 공존하고 있는 것이다. 이런 다양한 견해는 소설·가사·서사민요·한문산문에 나타나는 여성 서술자를 살펴볼 때도 마찬가지이다.

문학사에서 여성성이 지닌 의의를 발견하려는 방향도 이와 크게 다르지 않다. 한 예로, 여성 정감은 여성화자를 포함하여 작품에 담긴 여성적 분위기와 어조 등에 근거한 개념인데, 이 계통의 작품이 문학사에서 어떤 긍정적 역할을 했는지 살펴보는 것이 의미 있는 과제가 될 수 있다. 최성대(崔成大), 신유한(申維翰), 이안중(李安中), 이옥(李鈺) 등 18, 19세기의 남성 한시 작가가 여성화자와 여성 정감을 활용하여 문학사의 생기를 보강했다는 견해나, 남성문학이 생기를 잃어갈 때마다 잠복했던 여성적 원리가 부상하여 문학사를 더욱 풍부하게 했다는 의견 등이 이 맥락에 상응하는 잠정적 결론이다.

화자, 서술자, 여성 정감 등, 여성의 목소리와 어조에 관심을 기울이는 이유 중 하나는 여성의 목소리가 문학사에 소중한 가치를 제공할 수 있을 것이라는 기대에서 비롯했다. 그리고 실제로 여성의 목소리는 남성의 목소리로는 해소하거나 대체할 수 없는 지점에서 더욱 생동감있게 빛을 발하기도 한다. 그러나 한편으로 이 목소리의 주인이 실제로 여성이냐는 반문에 부딪힐 수도 있다. 작품 속 여성의 목소리는 남성이 가면을 쓴 목소리이거나 남성의 관점을 대변하는 목소리일 수도 있기 때문이다. 이런 반문에 대해, 여성의 진짜 목소리를 감별해내기 위해서는 화자, 서술자, 정감 등의 보편적 문학장치보다 여성 당사자의 육성을 직접 들어보자는 입장이 제기될 수 있다. 여기서 여성의 자기서사, 작중 발언, 여성의 자의식을 더 가까이에서, 구체적으로 살펴보는 흐름이 갈라져 나온다.

여성 내부에서 울려나오는 육성은 불행에서 행복으로, 어둠에서 밝음으로의 긴 스펙트럼을 그린다. 체험이 다르고, 인격이 다르고, 처지가 다를 수 있기 때문이다. 그러나 여성이라는 집단정체성을 염두에 둘 경우, 고전문학에 등장하는 여성의 평균적 목소리에는 여성으로 태어나고 성장하는 과정에서 겪는 한이 매우 자주 나타난다. "불행한 이내 몸이 여자 몸이 되었으니"(「복선화음가」) "미물만 못한 여자 타문에 들어와서, 전전긍긍 종사하니 반등신이 되었구나"(「노탄이라」), "절통하다 부녀 일신, 만 가지로 생각하니 절통하기 측량없다"(「사친가」)에서 보듯이, 여성가사에 나타난 조선후기 부녀자들의 목소리는 "부러워라 부러워라 남자일신 부러워라"(「사친가」)처럼 남성을 선망하는 한탄의 육성이었다. 이 한탄의 근거는 주로 태생, 차별 교육, 혼인으로 인한 친정과의 이별, 시집살이, 소박, 가난, 자식과의 사별 등에 의한 것이다.

탄식 계통의 여성가사에 흔히 나타나는 비판과 체념의 내면화는 시집살이 민요를 비롯한 여타의 장르에서 흔히 드러나는 애절한 이별과 그리움, 남성의 변심에 대한 원망, 내당(內堂)에 갇힌 존재로서의 비극적 세계인식과 궤를 같이 한다. 이광정(李光庭)의 『임열부향랑전(林烈婦薌娘傳)』에서 작중 여주인공인 향랑이 부모, 지아비, 시부모로부터 외면당한 처지에서 "하늘은 높고 땅은 아득하지만 내가 어디로 가리오. 강물에 몸을 맡겨 물고기 배에나 들어갈 것을"(天地高遠 我何適兮 托體江流 載魚腹兮)이라고 절통해하는 장면이나, 19세기 여성시인인 박죽서가 「우음(偶吟)」에서 "몸은 조롱에 갇혀 자유롭지 못하네"(身在樊籠不自由)라고 할 때의 음성은 고단함과 속박으로 얼룩진 여성의 삶에 대한 회한을 짙게 풍긴다.

여성들의 육성이 대체로 회한의 정서를 띠는 까닭은 이들의 삶이 자신의 선택에 의한, 자신을 위한 것이 아니었을뿐더러, 주로 가족과 가문의 영역에 제한당하는 한편 사회활동이 봉쇄되어 있었기 때문이다. 즉 여성의 자아실현은 가족 내 존재에 국한된 반면 사회적 자아의 실현은 요원했던 것이다. 그렇기에 이러한 상황을 직시한 여성들은 조롱에 속박된 학(鶴)으로 자신을 묘사하거나 몽유(夢遊) · 유선(遊仙) · 기행 등을 통해 탈출의 해방감을 드러내기도 했으며, 「화전가(花煎歌)」에서 보듯이 여성간의 친목과 동류의식을 적극 표출하기도 했다. 14세에 남장을 하고 금강산을 여행했던 금원이 「호동서락기」에서 "남자가 귀한 바는 사방에 뜻을 둘 수 있어서이다. (…) 여자는 규중(閨中)에 깊이 있어서 그 스스로 총명과 식견을 넓히고 밝히지 못한 채 끝내는 미미하게 사라져버리니 슬프지 아니한가! (…) 가만히 생각하면 짐승이 되지 않고 사람이 된 것은 다행이고, 오랑캐땅이 아닌 조선의 문명국에서 태어난 것은 다행인데, 남자가 못되고 여자가 된 것은 불행하다"고 하면서도, 「관해(觀海)」라는 시에서 "모든 강이 동쪽으로 흘러드는데, 깊고 넓어서 끝이 없구나. 이제 알겠구나, 하늘과 땅이 크지만 한 가슴속에 담을 수도 있음을"(百川東匯盡 深廣渺無窮 方知天地大 容得一胸中)이라고 읊었던 데서 조선후기 여성의 좌절과 꿈을 동시에 살필 수 있다.

여성의 표정과 목소리를 찾는 여정은 끝나지 않았다. 가야 할 길은 더욱 멀어 보인다. 여성문학의 자장 안에는 가족의 범위를 넘어 사회적인 영역으로 나아가 자신의 역량을 발휘한 여성이 있고, 학문의 장에 당당하게 나아가 괄목할 만한 지적 성취를 이룬 여성도 있다. 제주도민을 구휼하는 대모(大母) 노릇을 한 만덕(萬德) 같은 여성이 있었고, 여성학자로서의 학술적 글쓰기를 시범했던 임윤지당 같은 여성도 있었다. 한 가지 형상으로 뭉뚱그릴 수 없는 각 사람의 표정과 음성을 존중하며, 더불어 여성과 남성의 소통이라는 궁극적 목표를 향해 여성문학이 나아가야 할 미래가 아득하게 펼쳐져 있는 것이다. 여성문학사는 지금, 문학사의 대양에 들어섰으며 다다라야 할 항구를 향해 돛을 펼쳤다.

∶ 김동준 ∶

● 더 읽을거리

여성문학에 대한 전반적인 자료와 흐름은 이혜순 외 6인 『한국고전여성작가연구』(태학사 1999)에 충실하고 짜임새있게 소개되어 있다. 여성문학에 대한 반성적 연구사로 신경숙 「고전시가와 여성」, 『한국고전여성문학연구』 창간호(한국고전여성문학회 2000); 이지양 「고전문학연구에서 여성주의적 관점이 낳은 쟁점들」, 『민족문학사연구』 22(민족문학사학회 2003); 이지하 「'고전소설과 여성'에 대한 문제제기와 전망」, 『국문학연구』 11(국문학연구회 2004) 등이 있으므로, 여성문학 연구의 반성과 전망을 간추려 취할 만하다.

여성문학의 독법에 대해서는 박무영 「'여성적 말하기'와 여성한시의 전략」, 『여성문학연구』 2(한국여성문학학회 1999); 정출헌·조현설·이형대·박영민 『고전문학과 여성주의적 시각』(소명출판 2006)의 논문을 주목할 만하다. 여성문학에 대한 전복적 독해의 필요성을 부각한 글들이다. 박무영은 또한 여성문학사 서술방법에 대해서도 논의를 펼친 적이 있다(『『한국문학통사』와 한국여성문학사」,『고전문학연구』 28, 고전문학연구회 2005).

한편, 여성화자론에 대해서는 박혜숙「고려속요의 여성화자」,『고전문학연구』 14(한국고전문학회 1998)를 출발로 삼아, 한국고전여성문학회 편『고전문학과 여성화자, 그 글쓰기의 전략』(월인 2003); 김병국 외『조선후기 시가와 여성』(월인 2005) 등을 참조하고, 그에 대한 쟁점과 전망으로서 고정희「고전시가 여성화자 연구의 쟁점과 전망」,『여성문학연구』 15(한국여성문학연구회 2006)를 안내서로 삼을 만하다.

여성의 자기서사에 대한 논의는 박혜숙·최경희·박희병「한국여성의 자기서사」(1)~(3),『여성문학연구』 7~9(2002~2003)가 대표적인 성과이다.

여성어문생활사를 구현해야 한다는 주장은 이경하「조선조 여성의 문학생활 연구 시론」,『한국학보』 100(일지사 2000);「여성문학사 서술의 문제점과 해결방향」(서울대 박사학위논문 2004);「여성주의 문학연구의 효용성과 고전문학사」,『여성문학연구』 16(2006)에 자세하며, 서영숙「여성가사에 투영된 작가와 독자의 관계」,『한국여성가사연구』(국학자료원 1996); 황수연「17세기 사족 여성의 생활과 문화」,『한국고전여성문학연구』 6(2003)도 이런 각도에서 눈여겨볼 필요가 있다.

이외에 한국구비문학회 편『구비문학과 여성』(박이정 2000); 이혜순·임유경 외『우리 한문학사의 여성인식』(집문당 2003) 등을 통해 고전문학과 여성의 상관성에 대해 이해도를 높일 수 있다.

판소리의 성립과 판소리계 소설의 확산

1. 판소리문학의 자리

조선후기의 문학사적 역동 가운데 가장 인상적인 장면으로 판소리의 성립과 성행을 빼놓을 수 없다. 본래 민간 연행예술로 출발한 판소리는 중인층과 양반층 사이로 퍼져나가면서 상하를 아우르는 '국민예술'로 자리잡는 한편, 소설로 널리 정착하여 대중독서물의 세계에 일대 변혁을 가져왔다. 18, 19세기와 20세기 문학의 연결지점에서 판소리는 완연한 주인공이었다.

판소리는 판을 차리고 부르는 소리, 또는 판을 펼쳐내는 소리라는 뜻이다. 사람들이 모인 현장에서 노래(창)와 말(아니리)을 섞어가면서 한바탕 어울림의 판을 신명나게 펼쳐낸다. 그 신명에는 한(恨)이 깊이 스며들어 있거니와, 흔히 판소리를 두고 '사람을 울리고 웃기는 소리'라고 말한다. 학자에 따라서는 '판'을 '장단의 변화가 있는 악조'라는 뜻으로 풀기도 하는데, 이때 판소리는 '변화무쌍한 악조를 짜임새있게 엮어가는 노래'로 설명할 수 있다.

구비연행물인 판소리가 독서물로 정착하여 소설로 거듭난 것이 곧 '판소리계 소설'이다. 『춘향전』『심청전』『흥부전』『토끼전』『장끼전』『배비장전』『옹고집전』같은 작품이 이에 해당한다. 작품수는 그리 많지 않으나 예외없이 당대인의 큰 사랑을 받았고 후대 문학에 큰 영향을 미친 터라 그 문학사적 비중이 크다. 이와 관련하여 수많은 연구가 수행되고 다양한 논쟁이 펼쳐졌다. 판소리와 소설의 선후 문제, 사실주의적 성취와 한계 문제, 양반 지식층의 개입에 따른 변질 문제, 문학적 근대성의 발현 문제 등이 그것이다. 여기에 개별 작품의 해석을 둘러싼 크고작은 수많은 논쟁에 이르기까지, 판소리문학은 가히 조선후기 서사문학사 연구의 중핵을 이루어왔다고 할 수 있다.

2. 판소리의 성립과 그 문화사적 의미

판소리의 성립에 대해서는 그 시기를 17세기 무렵까지 소급하는 연구자도 있으나 일반적으로 18세기 초반경에 형성되었으리라고 본다. 그 중요한 실마리가 되는 자료가 만화본(晩華本)「춘향가」이다. 유진한(柳振漢)이 판소리로 들은「춘향가」를 한시로 옮긴 작품으로, 씌어진 시기가 1754년(영조 30)으로 알려져 있다. 유진한이 지방 선비라는 사실을 고려하여 판소리의 성립시기를 추정한 결과 18세기 전반 또는 초엽으로 그 시기가 산정된 상황이다. 그러므로 앞으로 자료의 발굴 여하에 따라 성립시기는 더 거슬러올라갈 가능성이 있다.

　판소리의 성립과 관련하여 오랫동안 쟁점이 되어온 사항은 판소리의 기원 문제이다. 이에 대한 전통적인 견해는 판소리가 설화에서 발달했다는 것이었다. 판소리 작품마다 그 근원설화를 찾는 논의가 활발히 이루어졌으니,「흥보가」의 기원을「방이설화」에서 찾고「심청가」의 기원을「연권녀설화」에서 찾는 식이었다. 이러한 논의에서 주목하는 것은 '줄거리의 유사성'이라 할 수 있는데, 실상 그것만으로 양자의 관련성을 설정하는 것은 무리한 점이 많다. 설화자료와 판소리의 시공간 격차가 크고, 설화 텍스트와 판소리 사설의 양적·질적 차이 또한 크다. 또한 판소리 고유의 음악적·연행적 특성을 설명하기도 쉽지 않다.

　소재 차원을 넘어 판소리의 음악적·연행적 측면에 주목하며 새롭게 제기된 것이 판소리의 '서사무가 기원설'이다. 이야기가 있는 굿노래가 곧 서사무가인데, 이야기를 노래로 구연한다는 점이 판소리와 통하며, 그 음악적 계통도 서로 연결된다. 서사무가가 종종 판소리와 유사하게 노래와 말을 섞는 방식으로 구연된다는 점도 주목 대상이다. 초창기의 판소리 광대 상당수가 세습무(世襲巫) 집안 출신이라는 사실 또한 무가와 판소리의 연관성을 강력히 뒷받침한다. 이런 이유로 서사무가 기원설은 판소리 기원에 관한 가장 유력한 가설로 받아들여진다. 연원이 무속의 세계에 있다는 사실은 판소리가 본래 하층 민중예술의 속성을 지니고 있었음을 단적으로 말해준다.

　하지만 무가와 판소리의 깊은 관련성을 인정한다 하더라도 판소리의 기원과 형성과정에서 이야기의 역할은 경시될 수 없다. 조선후기 들어 민간의 이야기문화에 닥친 변화의 역동이 판소리의 성립과 무관한 것이라 할 수 없다. 그 역동의 중심에 누가 있었느냐 하면 '이야기꾼'이 있었다. 이야기꾼은 시정공간에서 널리 활동하면서 이야기에 질적 변화를 가져왔는바, 그를 통해 이야기는 일상의 담화를 넘어서 전문 연행 종목으로 거듭나고 있었다.

'이야기주머니'(說囊) 김옹은 이야기를 아주 잘하여 듣는 사람들은 누구 없이 포복절도하였다. 그가 바야흐로 이야기의 실마리를 잡아 살을 붙이고 양념을 치며 착착 자유자재로 끌고 가는 재간은 참으로 귀신이 돕는 듯하였다.
——조수삼『추재집(楸齋集)』권7, 기이(紀異)「설낭(說囊)」

익살과 이야기를 잘하여 인정물태를 묘사함에 있어 곡진하고 섬세하기 이를 데 없었다.
——유재건『이향견문록(異鄕見聞錄)』권3,「김중진(金中眞)」

유명 이야기꾼이 뛰어난 재담 표현력과 탁월한 묘사력 등으로 사람들의 마음을 사로잡았음을 잘 보여주는 대목이다. 그런데 그 구연 특성이 판소리와 통하는 면이 있어 주목된다. '살을 붙이고 양념을 치며 자유자재로 끌고 가는 재간'이나 '인정물태에 대한 곡진한 묘사'는 곧 판소리의 문학적 특성이기도 한 것이다.

이야기 텍스트와 판소리 텍스트의 유사성은 도시 공원을 무대로 활동해온 이야기꾼에 대한 근간의 현지조사 연구를 통해서도 확인된다. 특출한 이야기꾼은 남다른 표현기법과 묘사력, 노래와 몸짓을 포함한 다양한 연행기법 등을 통해 청중들을 휘어잡거니와, 그 텍스트는 보통의 설화와는 질적으로 다르다. 그것은 완연히 '판소리를 향해 다가간 이야기'의 모습이다.

판소리는 이야기 이상의 것이다. 이야기를 아무리 잘한다고 해도 판소리가 될 수는 없다. 중요한 사실은 이야기가 판소리를 향해 바짝 다가서 있었다는 사실이다. 결정적인 계기가 주어지면 장르의 전변이 이루어질 수 있는 상황이었다. 그리고 그 계기는 실제로 주어졌다. '텍스트와 연행에서 이야기와 노래를 유기적으로 결합하려는 시도'가 그것이다. 그 과정을 상상을 더해 재구성해보면 다음과 같다.

시정공간에서 수많은 예인들이 활동하는 상황이었다. 소리꾼과 재주꾼, 이야기꾼에 소설 낭독꾼이 가세했다. 사람들의 마음을 잡기 위한 치열한 경쟁과 새로운 모색의 시절, 그때 누군가——아마도 이야기꾼과 소리꾼의 재능을 함께 갖춘——가 이야기에 노래를 결합해보았다. 이야기 속에 노래를 집어넣어보고, 이야기 대목에 율조를 넣어 창으로 구연해보았다. 굿노래에서 종종 활용하던 방법이었다. 노래를 통해 서사에 얽힌 정서적 호소력이 입체적으로 발현되자 청중의 반응은 뜨거웠다. 시작이 어려웠을 뿐, 그다음은 일사천리! 예인들이 다투어 그 길에 나서는 가운데, 이야기와 노래가 긴밀하게 결합된, 그리고 연극 요소가 함께 얽힌 새로운 문학예술양식이 성큼 자리를 잡게 되었다. 판소리의 시작이다.

요컨대 판소리는 조선후기에 각기 혁신을 거듭하며 상승하던 이야기문화와 노래문화가 만나 성립된 새로운 문학예술양식이라 할 수 있다. 판소리의 성립은 조선후기 민간예능의 발흥에 따른 필연적인 귀결이다.

판소리는 사람들의 관심 속에 질적·양적으로 발전을 거듭하였다.

새로운 레퍼토리가 속속 마련되고, 이야기와 노래를 엮는 방식과 몸짓을 표현하는 방식이 가다듬어졌다. 텍스트에서 부분의 장면화와 사설의 운문화, 시제의 현재화, 이면의 형상화, 상황의 정서화 같은 다양한 변화를 이루었다. 음악적 측면에서는, 애초에 굿거리나 타령 장단 등을 기초로 했으나 점차 자진모리, 중중모리, 엇모리, 중모리 등의 장단이 분화됐고 뒤에 진양조와 휘모리 장단이 개발되었다. 자연과 인간의 수많은 소리를 담아내고 비장과 골계 등의 제반 정서를 효과적으로 표현하는 기법이 개발되었다. 서사적 곡절이 있는 장편 이야기를 음악적으로 살려내기 위한 노력의 결과였다.

지역과 계층의 한계를 넘어서 판소리라는 새로운 예술양식의 매력에 빠져드는 사람들이 급속히 늘어났다. 18, 19세기를 거치며 판소리는 시대를 대표하는 예술로 우뚝 서게 되었다.

3. 판소리계 소설의 충격

조선후기의 문학적 동향으로 주목할 만한 사항이 많으나, 그 가운데도 첫손 꼽을 만한 것이 소설의 성행이다. 17세기 이래 국문소설의 보급에 따른 문화사적 변화는 지대했다. 지식인사회에 한정돼 있던 소설 독자층이 규방여성을 거쳐 민간으로까지 열려 대중성을 발휘하면서 '소설의 시대'가 활짝 펼쳐졌다.

그렇게 소설이 한창 확산되던 무렵에 판소리가 성행했던바, 판소리는 소설로 옮겨지면서 독서시장에 새로운 충격파를 던졌다. 위에서 아래로 확산된 기성 흐름과 달리, 판소리계 소설은 하층 민간예술로 출발하여 문학사의 복판으로 진입했다는 측면에서 특별한 의의를 지닌다. 문학사적 반역(反逆)이라 할 만한 현상이다.

하지만 이보다 더 중요한 사실은 판소리계 소설이 기존 문학적 관습을 깨는 파격적인 설정을 통해 소설의 새 장을 열었다는 사실이다. 어떤 파격인가 하면, 무엇보다 '인물과 사건의 일상성'을 주목할 만하다. 돌아보면 초기 전기소설에서 문어체 국문소설에 이르기까지, 소설의 주인공은 남다른 용모나 감수성을 지닌 재자가인(才子佳人)이거나 비범한 영웅적 인물들이었다. 이에 대해 판소리계 소설은 일상적이고 평범한 인물을 작품 전면에 내세웠다. 흥부와 놀부, 배비장, 옹고집, 토끼, 장끼 등이 세속적이고 범상한 인물임은 단박에 확인된다. 춘향과 이도령, 심청 같은 경우는 특별한 면모가 있어 보이나, 그 구체적 행동양상을 보면 일상현실의 보통사람의 속성이 두드러진다. 판소리계 소설은 사건의 측면에서도 일상성을 강하게 드러낸다. 어떠한 일상적 소재나 비속한 상황이라도 주저없이 소설로 형상화하는 것이 판소리 소설의 세계다. 세상 누구라도 소설 주인공이 될 수 있으며, 소설 속에 담아내지 못할 현실이 없어진 상황이다.

판소리계 소설이 현실의 소설적 반영에서 한계를 허문 사실은 '구체적 형상화'라는 측면에서 더욱 주목된다. 장면의 생생한 재현은 소설문학의 일반적 특성이라 하겠으나, 판소리계 소설은 이 방면에서 가히 신기원을 이루었다고 할 만하다. 흔히 판소리계 소설의 미학으로 '부분의 독자성'을 들거니와, 판소리계 소설은 작품의 각 장면 장면이 서정적 혹은 극적으로 생생히 살아나면서 비장에서 골계에 이르는 다양한 미감(美感)을 입체적으로 살려내고 있다. 어느 한 장면을 떼어서 보더라도 충분히 재미있고 감동적일 수 있는 자족적 리얼리티가 판소리계 소설에 이르러 완성되었다고 할 수 있다.

파격적인 인물과 사건, 그리고 생생한 장면묘사를 통해 판소리계 소설이 세상에 던진 충격은 엄청났다. 삶의 이념적 해석과 포장에 익숙해 있던 당대 독자들에게 첫날밤의 풍경을 리얼하게 그려낸『춘향전』의 초야 대목은 얼마나 놀라웠겠는가.

"오냐 춘향아, 우리 둘이 어붐질이나 좀 하여보자."
"애고, 잡성스러워라. 어붐질을 어떻게 하잔 말이오?"
"너와 나와 훨씬 벗고 등도 대고 배도 대면 맛이 한껏 나지야."
"나는 부끄러워 못하겠소."
"어서 벗어라. 어서 벗어라."
"나는 부끄러워 못 벗겠소."
"에라 이 계집아. 안될 말이로다. 어서 벗어라. 어서 벗어라."
만첩청산 늙은 범이 살진 암캐 물어다놓고 이는 빠져 먹든 못하고 흐르렁흐르렁 어루는 듯, 북해상(北海上)의 황룡이 여의주를 물고 채운간에 넘노는 듯. 도련님 급한 마음 와락 달려들어 춘향의 가는 허리를 후리쳐 안고 저고리 풀며 바지 보선 다 벗겨놓았더니 춘향이 못 이기어 이마전에도 구슬땀이 송실송실.

"애고, 잡성스러워라."
"네가 뉘 간장을 녹이려고 이리 곱게 생겼느냐? 여봐라 춘향아. 이리 와 업히어라."

옷을 벗은 계집애라 어쩔 줄을 몰라 부끄러워 못 견디는 아이를 업고 못할 소리가 없다.

"애고 춘향아. 네가 내 등에 업혔으니 네 마음이 어떠하냐?"

"한정이 없이 좋소."

─ 완판 33장본(병오판) 「열녀춘향수절가」 부분

청춘남녀 첫날밤의 사랑놀음이 이보다 더 리얼하기 어려울 정도이다. 욕망에 휩싸여 덤벼대는 이도령의 손길과 이마에 구슬 같은 땀이 송글송글 맺힌 춘향의 모습이, 그리고 그들이 주고받는 말 하나하나가 생생히 오감(五感)을 일깨운다. 그 무엇도 더 감추거나 드러낼 것이 없을 정도이다.

일상적 삶의 소설적 형상화는 기성의 사상적 관념이나 문학적 관습의 틀을 보란 듯이 깨뜨리면서, 이렇게 훌쩍 정점으로 치달았다. 세상 밑바닥에서 치고 올라온 도발과 전복(顚覆)의 양식 '판소리문학'의 힘이다.

4. 시대현실과 이상 사이

앞서 판소리문학이 일상 삶의 양상을 생생히 담아냈다고 했다. 그 일상이란 시대현실과 따로 떼어 생각할 수 없는 요소이다. 시대현실 속에 일상이 존재하며, 일상을 통해 시대현실이 드러난다. 그 관계양상을 리얼하게 형상화하는 것이 현실주의미학이거니와, 판소리문학은 그것을 훌륭하게 구현해냈다. 그 복판에 '민중의 삶의 현실'이 있었으니, 이는 기존 소설과 구별되는 판소리문학의 문학적 정체성이 된다.

어떠한 현실인가. 먼저, 무겁고 끈덕진 가난의 현실. 배고픔을 견다 못해 제 몸을 팔아 매를 맞고서라도 식구들 먹을 것을 구해야 하는 현실이었고(『흥부전』), 동냥과 품팔이로 겨우 생계를 유지하던 철부지 어린 소녀를 죽음의 길로 밀쳐낸 현실이었다(『심청전』). 아무리 발버둥쳐도 벗어날 길이 도통 보이지 않는 가난과 고통의 터널. 그것은 소설적 과장이 아니라 당대 민중이 처한 현실의 전형적인 반영이었다. 다음, 비인간적인 신분차별의 현실. 태어나보니 천한 기생이었다는 기막힌 운명의 굴레를 벗어나보고자 발버둥치는 한 여인에게 돌아온 것은 무지막지한 권력의 폭력이었다. 저 좋아하는 사람을 따르겠노라는 몸짓이 가소로운 짓거리로 매도되며 무참하게 짓밟히는 그런 현실 말이다(『춘향전』). 그리고 국가권력이 백성을 기만하고 사지(死地)로 몰아넣는 현실. 변학도가 춘향을 유린하는 모습도 그렇거니와, 제 한 목숨 연명하기 위해 기만적으로 토끼를 납치해 그 간을 빼내려 하는 용왕의 모습은 얼마나 음험한지 모른다(『토끼전』). 나라가 백성의 의지처가 되어주기는커녕 거꾸로 백주대로에서 목숨을 노리는 무서운 현실이다. 판소리문학의 주인공들은 이러한 엄혹한 현실을 온몸으로 감당하면서 분투하고 있거니와, 이는 곧 당대 민중의 삶의 표상이다.

 이러한 현실반영성과 관련하여 판소리문학이 이룩한 사실주의적 성취에 특별히 이의를 제기할 사람은 없을 것이다. 시대적 전형성을 담보한 인물을 매개로 민중의 삶을 생생히 형상화한 것은 판소리문학의 독보적인 성취라는 것이 공통된 견해이다. 하지만 그러한 성취에 대해서는 비판적 언술 하나가 꼬리표처럼 따르는 것 또한 사실이다. 인물 형상과 문제 상황의 현실성에도 불구하고 작품의 결말부에 비현실적·낭만적 요소가 짙게 개입함으로써 그 문학적 의의가 퇴색

했다는 지적이다. 『흥부전』과 『심청전』 『토끼전』은 물론 『춘향전』까지도 이러한 평가에서 자유롭지 못했다.

　이들 작품의 결말이 현실보다 꿈(이상)을 투영한 것임은 재론의 여지가 없다. 관건은 그 꿈이 현실과 어떠한 관계를 맺으면서 작품의 가치를 실현하는가이다. 양자가 서사적으로 연관되지 못한 상태에서 겉돌 때 그 꿈은 문학적 의의를 부여받기 어려울 것이다. 하지만 그 꿈이 현실과 긴밀한 관계를 맺으면서 그것을 수렴하고 극복하는 위치에 놓인다면 상황은 달라진다. 특히 그 이면에 미학적·철학적 체계를 갖추고 있다면 더더욱 그러하다.

　판소리문학은 현실과 꿈(이상)이 겉도는 작품이 아니라 미학적·철학적 체계를 바탕으로 현실과 이상이 매개된 작품이라는 것이 필자의 시각이다. 환상적 결말이 특히 두드러진 『심청전』과 『흥부전』을 놓고 부연설명하면 다음과 같다.

　『심청전』과 『흥부전』에서 전반부의 현실적 서사와 후반부의 환상적 서사를 매개 또는 관통하는 요소로 주목할 사항이 천지신명(天地神明)으로 표상되는 '하늘의 이치(天道)'에 대한 관념이다. 그간 작품 후반부에서 보이는 초월적 요소의 개입이 작품 전반부의 현실적인 흐름과 단절된다는 시각이 우세했으나, 작품을 자세히 보면 '하늘'로 표상되는 섭리가 작품 전체에 일관되게 작용하고 있음을 확인할 수 있다. 작품 후반부에서 현시되는 '하늘의 이치'는 갑자기 튀어나오는 것이 아니라 이면에 잠재하던 것이 전면으로 나선 것이라 할 수 있다. 하늘의 섭리를 통한 문제해결이라는 서사적 구도를 통해 이들 작품은 엄혹한 현실이라 하더라도 열심히 바르게 살아가면 마침내는 좋은 날이 거짓말처럼 당도하리라는 주제적 의미를 발현하고 있다.

그 좋은 날에 대한 희망과 신념의 상징적 표상에 해당하는 존재가 바로 '하늘'이라 할 수 있다. 이들 작품의 환상적 결말은 허튼 공상이 아니라 '현실 극복을 향한 희망과 의지'를 문학적으로 표현한 것이라는 관점이다.

두 작품에서 또하나 주목할 것은 '웃음의 미학' 또는 '낙관의 철학'이다. 어둡고 힘든 현실 사이사이에 유쾌한 낙관적 웃음이 배어 있다. 이는 서술자의 희화적 시선에 의한 것이자 작중인물이 내보이는 삶의 태도에 따른 것이기도 하다. 주인공들이 어둡고 절망적인 상황 속에서도 끝내 여유를 잃지 않고 눈물 대신 웃음을 지으며 나아가는 모습에서 이를 볼 수 있다. 배를 곯은 상태에서도 가락을 넣으며 흥겹게 박을 타는 흥부 부부의 모습이나, 모든 것을 잃은 절박한 처지에서도 아낙들과 방아타령을 부르며 즐기는 심봉사의 모습이 그 좋은 예이다. 흥부나 심봉사에게 닥쳐온 찬란한 행복은 기실 이런 낙관적 태도에 힘입은 것이라 할 수 있다. 절망 속에서 오히려 힘을 내어 현실과 대면함으로써 마침내 역경을 헤쳐낼 수 있었던 것이다.

『심청전』이나 『흥부전』과 달리 환상적 요소를 배제하고 시종일관 현실적 맥락에서 서사를 풀어간 『춘향전』 같은 작품에 대해서는 따로 긴 설명이 필요치 않을 터이다. '암행어사 출도'라는 설정을 낭만적 공상으로 논단하는 관점도 있으나, 동의하기 어렵다. 암행어사에 의한 문제해결은 남원 백성들이 억울하게 핍박받는 춘향과 한몸이 되어 관권에 맞선 데 따른 필연적 결과라 할 수 있다. 백번 양보하더라도, 부당한 억압과 차별이 만연한 현실에 대한 민중의 극복 의지와 신념이 그 결말에 투영되어 있음을 부정할 수 없다. 그것만으로도 이 작품의 현실주의적 가치는 충분하다고 할 수 있다.

5. 근대성 논란을 넘어서서

판소리문학의 등장과 전개가 조선후기 문학사에 던진 충격의 핵심에는 소설미학에 기초한 일상적·민중적 리얼리티가 있다. 이러한 해석은 자연스레 한국문학사론을 지배해온 거대담론의 문제, 이른바 '근대성'의 문제와 연결된다. 판소리문학은 '근대(적)문학'이라 할 수 있는가? 우리의 근대문학은 내재적으로 발현되었는가?

이에 대한 답은 근대성을 어떻게 규정하느냐에 따라, 근대문학의 구성요건을 무엇으로 보느냐에 따라 달라질 것이다. 하나하나 짚어서 따지자면 판소리문학 속에서 현실적 요소와 관념적 요소, 진보적 요소와 보수적 요소, 민중적 요소와 비민중적 요소 등을 두루 발견할 수 있을 터이니 어떤 식의 답도 가능할 것이다. 하지만 판소리문학에 있어 실제로 중요한 것은 그것이 '근대적이다' 또는 '전근대적이다' 하는 식의 추상적 규정보다는 역사적 실상이다. 어떤가 하면 판소리문학은 당대의 삶을 '현실'로부터 '이상'에 이르기까지 일관된 서사 맥락에서 생생하고도 진실하게 펼쳐냈다. 그를 통해 사람들을 일깨우고 일으켜 앞으로 나아가게 했다. 그렇게 사람들이 걸어나왔고, 문학사가 이어져왔다. 그 흐름 속에 우리가 있고, 오늘날의 문학이 있다.

다소 과장된 설명이 아닌가 생각할지 모르겠다. 기껏해야 대여섯 작품뿐이 아니었느냐고 물을 수도 있겠다. 이에 대해서는 명확히 답할 수 있다. 많이 잡아 여남은 작품(열두 마당), 핵심으로 대여섯 작품(다섯 마당 또는 여섯 마당)이 맞다. 하지만 그 대여섯 편은 실상 수십 수백 편이다. 새로운 이본으로 계속 탈바꿈하면서 100년, 200년을 관통해왔으니 말이다. 더욱 중요한 것은, 헤아릴 수 없이 많은 작품이 이들 판소리문학의 연장선상에서 산출되었다는 사실이다. 19세기 이래 산출된 각종 애정소설(『옥단춘전』『채봉감별곡』 등)이나 세태소설(『이춘풍전』『삼설기』 등), 우화소설(『서동지전』『녹처사연회』 등) 가운데 판소리의 영향에서 자유로운 것은 없다고 해도 과언이 아니다. 어디 그뿐일까. 수많은 신소설(『은세계』『추월색』 등)이 그 연장선상에 있고, 이광수(李光洙)나 김동인(金東仁)도 그 흐름 속에 있다.

판소리문학이 열었던 소설사의 새 장은 '그들만의 것'이 아니었다. 판소리문학은 소설사를 통째로 흔들어 뒤바꾸는 본질적인 변화를 추동했다. 그러한 변화의 동력이 있었기에 한국문학이 오늘날의 모습으로 존재하게 되었다고 해도 지나친 표현이 아닐 것이다.

:신동흔:

● 더 읽을거리

판소리의 기원에 관한 논의 중 무가기원설에 대해서는 서대석「판소리와 서사무가의 대비 연구」,『논총』 34(이화여대 한국문화연구원 1979);「판소리의 전승론적 연구」,『전통사회의 민중예술』(민음사 1980)에 잘 나타나 있다. 판소리와 이야기의 관련성에 대해서는 조선후기 이야기꾼을 살핀 임형택「18·9세기 '이야기꾼'과 소설의 발달」,『한국학논집』 2(계명대 한국학연구소 1975), 도심 공원 이야기꾼을 고찰한 천혜숙「이야기꾼의 이야기연행에 관한 고찰」,『계명어문학』 1(계명어문학회 1984) 등의 논의에 이어 신동흔「이야기와 판소리의 관계 재론」,『국문학연구 1998』(태학사 1998)을 보면 그 맥락을 이해할 수가 있다.

판소리문학의 역사적 전개에 대해서는 김태준·박희병 교주『증보조선소설사』(한길사 1990)를 먼저 볼 필요가 있으며, 권순긍「민중의식의 성장과 판소리 문학」,『민족문학사 강좌』상(창작과비평사 1995); 김종철『판소리사연구』(역사비평사 1996) 등이 좋은 참고가 된다. 김현양「19세기 판소리사의 성격」,『민족문학사연구』3(민족문학사연구소 1993)은 19세기 판소리사의 문제를 집중적으로 다루었다. 이들 논의를 통해 판소리의 '근대성' 문제에 대한 논의의 맥락도 이해할 수 있을 것이다.

판소리의 미학과 주제의식에 관련되는 논문은 매우 많다. 대표적인 것을 몇가지만 추려 보면, 조동일「흥부전의 양면성」,『계명논총』5(계명대 1968);「갈등에서 본 춘향전의 주제」,『계명논총』7(1970); 임형택「흥부전의 역사적 현실성」,『한국문학사의 시각』(창작과비평사 1984); 박희병「춘향전의 역사적 성격분석」,『전환기의 동아시아문학』(창작과비평사 1985); 박일용『조선시대의 애정소설』(집문당 1993); 김종철,『판소리의 정서와 미학』(역사비평사 1996); 정출헌「춘향전의 인물형상과 작중역할의 현실주의적 성격」,『판소리연구』4(판소리학회 1993);「심청전의 민중정서와 그 형상화 방식」,『민족문학사연구』9(민족문학사연구소 1996) 등을 들 수 있다. 이 글에서는 신동흔「판소리문학의 결말부에 담긴 현실의식 재론」,『판소리연구』19(판소리학회 2005);「평민독자의 입장에서 본 춘향전의 주제」,『판소리연구』6(판소리학회 1995)의 관점을 많이 반영하였다.

연행예술의 전통과 가면극

1. 한국 가면극의 '탈': 존재론적 전환과 역설의 미학

'가면'은 극적 구조 안에서 단절과 소통을 동시에 만들어낸다. 종교적이고 주술적인 제의에서 사제 혹은 배우는 가면을 쓰는 순간 존재론적 변화를 경험하며, 연행현장의 시공간 역시 그 순간 신성한 우주적 공간으로 거듭난다. 가면을 착용하는 순간 일상세계와 단절될 뿐 아니라 신성세계(神聖世界)와의 내밀한 소통공간이 열리는 것이다. 제의적 성격이 상당부분 탈각(脫却)된 연희물의 경우에도 가면은 배우의 존재를 탈바꿈시킬 뿐 아니라 일상공간과 단절된 극적 공간을 연출한다. 존재론적 전환과 함께 극적 공간으로의 새로운 질서화가 시도되는 것이다.

연희의 전승현장과 연행현장이 분리됨으로써 하층민인 광대가 양반이 되기도 하고 속인(俗人)인 연희자가 노장 혹은 먹중이 되기도 하며 남성 연희자가 할미·소무 등의 여성 캐릭터를 연행하기도 한다. 천인이 사대부를, 남성이 여성을, 젊은이가 늙은이를, 인간이 동물을 표현하는 이 탈바꿈놀이는 현실과의 단절을 전제로 한다. 배우와 극에 몰입한 관객들은 일상에서 결코 만날 수 없는 성(聖)의 세계를 만나고 분리되었던 자연과 일체가 되며, 전혀 다른 성적 정체성과 사회적 지위와 역할을 경험한다. 현실과 통하는 문을 닫아거는 대신 '타자'와 소통하는 새로운 문을 여는 것이다.

> 우인(優人) 하나가 나무탈을 쓰고 아내와 더불어 한강 위에서 구걸을 했는데, 그의 아내와 함께 봄철의 얼음 위를 건너갈 때 귀신의 탈을 벗지 않고 놀이를 하며 가다가 문득 그의 아내가 얼음 속으로 빠졌다. 우인이 경황이 없어 귀신의 탈을 쓴 채 얼음 위에서 다리를 뻗대고 울었는데, 그는 슬퍼서 소리내어 울었건만, 구경꾼은 소리내어 웃지 않을 수 없었다.
> ──유몽인 『어우야담(於于野譚)』 권1 「배우(俳優)」

여기서 보듯 아내가 얼음물에 빠져 우인은 깊은 슬픔과 상실감에 빠져 있었지만, 구경꾼들이 본 것은 '우인'이 아니라 그가 쓴 '탈'이었다. 우인의 쓰라린 눈물이 오히려 구경꾼들에게는 웃음을 유발하는 유희거리가 되었다. 그 순간 가면을 쓴 우인은 생활세계에 속한 실제 인물이 아니라 당황해서 허둥지둥 어쩔 줄 몰라 하며 울음을 터뜨린 귀신에 지나지 않았던 것이다.

이처럼 가면이 만들어내는 '단절'은 극적 세계와 현실세계의 어긋남을 통해 '역설'의 미학을 빚어낸다. 비극적 상황이 희극적으로 그려지고 눈물이 웃음을 터뜨리게 하며, 성스런 존재가 속된 욕망에 찌든 인물로 나타나고, 근엄한 얼굴이 실소와 비웃음을 자아낸다. '단절'이 빚어낸 '분리'와 '간극'이 역설적 효과를 만들어내는 것이다.

사실, 한국 가면극의 탈은 그 형상만으로도 이미 역설적이다. 입은 웃고 있는데 눈은 사납다. 부리부리하게 부릅뜬 눈과 익살스럽게 올라간 입꼬리가 한 가면에 공존하는 것이다. 한 가지 얼굴에 성과 속, 대칭과 비대칭, 기괴함과 사실성, 토착적 요소와 외래적 요소가 묘하게 어울려 있다. 삿된 기운을 물리치는 벽사적(辟邪的) 기능을 하는 탈이 우스꽝스럽게 표현되기도 하고, 비극적 최후를 맞는 캐릭터의 가면이 해학적인 느낌을 자아내기도 한다. 근엄하고 지체 높은 양반의 가면이 옴에 옮은 얼굴이거나 언챙이인 경우도 있고, 세속을 벗어나 수도하는 중의 가면이 욕망에 가득찬 표정으로 표현되기도 한다.

이와같은 가면의 역설은 단지 '기괴하고 낯선' 수사적 효과를 빚어내거나 인물을 해학적으로 표현하는 데 머무르지 않는다. 가면의 역설은 한국 가면극 전승에 새겨진 이질성의 역사와, 가면극을 연행한 이들이 살아야 했던 현실의 모순, 더 나아가 한국 가면극에 고유한 미학적 자질까지 압축해 보여준다. 안과 밖이 만나고, 위와 아래가 소통하고, 굿과 놀이가 뒤섞이고, 수직과 수평이 교차하고, 중심과 주변이 교섭하는 가운데 '가면의 역설'이 탄생하는 것이다.

2. 가면극 형성의 다양한 원류: 외래와 내전의 만남과 창조

초기 가면극 연구의 최대쟁점이던 기원론은 동일한 근원을 발견하여 민족문화의 내용을 정립하고, 이를 통해 민족문화 정체성이라는 신화를 구성하는 데 초점을 둔 연구였기에 가면극 전승 전체를 동질적인 과정으로 파악할 수밖에 없었다. 그러나 가면극 역사 여기저기서 교류와 소통이 빚어낸 전승의 이질적 결들을 쉽게 발견할 수 있다. 탈춤의 대표적인 캐릭터인 취발이의 가면은 서역인의 얼굴과 흡사하며, 사자춤은 최치원 이래 지금까지도 서역에서 흘러들어온 연희로 인식된다. 조선후기 가면극의 성립과 발전은 이처럼 오랜 시간 지속되어온 문화교류의 결과물이자 타문화와의 소통에 기반한 창조의 성과였다.

이문화(異文化)와의 만남은 오래전에 시작된 것이었다. 선사시대 유물·유적과 고대문헌기록들에서 이미 서역과의 문명교류가 가면극 형성의 토대가 되었음을 보여주는 근거들이 발견되고 있다. 인도계 터번을 쓰고 서역 계통의 춤동작과 유사한 '발꾼 춤사위'를 추고 있는 고구려 고분벽화의 연희자 그림이나, 중국 고대문헌에 남은 한반도 연희 관련 기록들, 이백(李白)의 시에 형상화된 고구려 춤, 『신서고악도(信西古樂圖)』의 '입호무'(入壺舞, 항아리 속으로 몸을 감추는 환술)와 '신라박'(新羅狛, 동물 가면을 착용한 가면희) 그림 등은 모두 서역·중국과의 교류 흔적을 보여준다.

통일신라시대 최치원이 당시 연희를 직접 보고 지은 「향악잡영(鄕樂雜詠)」이라는 5수의 한시에 소개된 방울받기놀이 '금환(金丸)'과

골계희(滑稽戱) '월전(月顚)', 그리고 황금색 가면을 쓰고 귀신을 쫓는 춤인 '대면(大面)'은 중국 문헌에도 종종 등장하는 연희다. 또한 쑥대머리에 파란 얼굴 가면을 쓰고 추는 춤인 '속독(束毒)'은 중앙아시아 타슈켄트와 사마르칸트 일대의 춤과 유사하고, 사막을 건너온 사자춤인 '산예(狻猊)'는 서역 계통의 가면무일 개연성이 크다.

또한 외래(外來)의 문화유산인 산대희(山臺戱)·나례희(儺禮戱)·산악백희(散樂百戱)와 산대도감극(山臺都監劇), 기악(伎樂) 등은 한국 가면극의 기원으로 지목될 정도로 그 영향관계가 명확하다. 이들은 모두 다양한 캐릭터와 화려한 무대양식 등을 도입함으로써, 내용과 형식 면에서 한국 가면극을 더욱 풍성하게 만들었다. 이들 연희 중에는 서역이나 중앙아시아에서 유래한 것들도 많은데, 특히 산대희나 나례희, 산대잡극 등을 연행한 이들 가운데는 서역 계통 인물이나 수척(水尺)·달단(韃靼, 타타르족)으로 불리던 북방 유목민들이 많았다고 한다.

그러나 이들 외래문화 외에, 오래전부터 입에서 입으로 전해내려온 이야기·노래나 고대국가 의례 및 공동체 제의에서 시작된 굿의 전통 없이 한국 가면극의 역사를 생각할 수는 없다. 특히 가면극 형성에서 재래의 문화적 요소들이 저류로 면면히 흐르고 있음은 가면극의 캐릭터과 서사적 구성, 그리고 가면 자체에 내재한 제의적 속성을 통해 선명하게 드러난다.

북청사자놀이의 사자 가면, 봉산탈춤의 팔먹중 가면, 양주별산대놀이의 연잎과 눈꿈쩍이 가면, 가산오광대의 오방신장 가면 등은 모두 벽사적·제의적 상징성을 드러낸다. 호환(虎患) 방지굿인 동해안 범탈굿의 범탈, 광인 치병굿인 동해안 광인(狂人)굿의 귀신탈, 풍요제의적 성격을 띠는 거제도 할미광대놀이의 할미탈과 거제도 중광대놀이의 중, 소무(小巫)탈, 치병굿이자 구나의례(驅儺儀禮)인 전남 삼설양굿의 도시탈, 치병굿인 제주도 영감놀이의 영감신탈 등에서도 가면 연희의 역사에 지속적으로 흘러내려온 제의적 가면의 전통을 발견할 수 있다.

가면극에는 서로 대립하고 갈등하는 젊은이와 늙은이 쌍이 존재하는데, 언제나 젊은이가 승리하는 방식으로 싸움을 끝맺음으로써 만물의 생장과 다산·풍요를 기원하는 제의적 의미를 성취한다. 미얄할미와 들머리집의 대립에서는 젊은 들머리집이 이겨 할미가 죽고, 노장과 취발이의 대립에서는 젊고 기운센 취발이가 노장을 물리친다. 또한 가면극에서는 생식과 생산에의 기원을 표현하기 위해 남신과 여신의 성적 결합을 상징적으로 형상화하기도 한다. 황해도 풍어굿인 배연신굿의 탈굿에 등장하는 영산할맘(무녀)와 영산할아뱜(남무)의 모습과 행위는 그대로 어로신(漁撈神)인 여신과 남신의 성적 결합과 어로작업을 표상하는데, 이는 곧 풍어를 기원하는 주술적 행위에 다름아니다.

가면극은 이처럼 산대희·나례희 등의 외래적 흐름과, 풍농굿·서낭굿·마을굿·무굿 등 내재적 전승이 상호 접촉하고 충돌하는 가운데 새로운 전승역사를 창조해왔다. 그러나 외래와 내전(內傳)의 만남과 창조는 결코 단순하지 않아서 다양한 층위의 사회·문화적 제반 조건들의 변화와 궤를 같이 하면서 밖에서 안으로, 혹은 안에서 밖으로, 위에서 아래로, 혹은 아래에서 위로 이동과 창조, 통합과 분화를 계속하는 가운데 역동적인 흐름을 이어나갔다.

3. 내외·상하의 소통과 시정 유흥문화로의 성장: 상업화와 세속화

가면극 계통은 대체로 서낭제 탈놀이와 산대도감 계통극, 혹은 농촌 탈춤과 도시 탈춤, 마을굿 계통과 본산대놀이 계통 등으로 분류된다. 이와같은 계통의 분화는 하층과 상층, 내전과 외래, 제의와 연희 등을 기준 삼아 전승 좌표상의 위치를 점하고 있는 것으로 보인다. 하지만 이원화된 각 요소들은 전승역사상 연속된 흐름을 만들어낼 뿐 아니라 상호교섭하는 가운데 긴밀히 연계되어 있다. 상하층과 내외의 소통 없이, 제의성과 연희성의 뒤섞임 없이 가면극의 역사를 말할 수는 없는 것이다.

안팎·상하의 만남과 제의·연희의 뒤섞임을 보여주는 대표적인 예로 나례희 전통이 가면극 전승역사에 스며든 과정을 들 수 있다. 나례는 고려 이전에 들어왔을 것으로 짐작되는데, 기록에 남아 전하는 것은 11세기 이후이다. 고려초기 나례는 궁중, 관아, 민간에서 가면을 쓴 사람들이 일정한 도구를 가지고 주문을 외면서 귀신을 쫓는 의식이었으나 고려말에 이르러 의례적인 성격이 약화되다가 조선시대에는 본격적인 연희물로 정착하였다.

조선전기 나례의 모습은 성현의 시「관나희(觀儺戱)」와 그의 저서 『용재총화』 등에 묘사되어 있는데, 가면희에 판관(判官), 조왕신(竈王神, 부엌을 관장하는 신), 소매(小梅) 등의 배역이 추가되었음을 확인할 수 있다. 특히 조선시대 나례에는 주로 탐관오리를 풍자하는 내용의 우희(優戱)가 주요 공연종목으로 추가·확대되었는데 이는 길거리나 사냥터, 궁중연회나 사찰연회 등에서 풍자적인 내용을 연행하거나 난쟁이를 흉내내는 등의 우스갯거리를 연행하던 고려 우희의 전통을 계승한 것이다.

조선전기에 대규모 연희로 확대되었던 궁중 나례는, 임진·병자 양란 이후 국가재정 축소로 재인(才人) 동원이 어려워지고 대규모 연희에 대한 비판과 반성의 목소리가 높아지자 인조 이후 대폭 축소되었으며, 1784년(정조 8)에는 그나마 명맥을 유지하던 중국 사신 환영행사로서의 나례마저 폐지되었다. 이에 따라 나례에 동원되었던 전문 연희자들이 민간으로 흘러들고 민간의 오락문화에 대한 수요가 급증하자 나례는 점차 지방의 토착신앙 및 연행전통과 융화·습합하면서 서민대중의 유흥문화를 한층 풍성하게 했다.

중국에서 한반도로 유입된 나례의 전통이 국가행사에 동원된 전국 각지의 전문연희자들을 통해 내재적인 연희전통과 만나 새로운 연희문화를 창출하고, 이것이 다시 국가행사의 축소·폐지와 시정문화의 성장을 계기로 각지에 흩어진 연희자들을 통해 지역 연희 원류에 흘러들어감으로써 가면극 성장의 한 동력이 되었던 것이다.

가면극 성장과 발전에서 빼놓을 수 없는 것은 18세기 전반기에 성립된 본산대놀이다. 본산대놀이패는 산대도감·나례도감, 성균관 등에 소속된 채로 중국 사신 영접과 국가 주도 나례 등에 동원되는 연희자들—본산대놀이의 연희 주체가 누구인가 하는 문제는 여전히 논란거리다—로 구성된 놀이패였다. 이들은 산대희·나례희·사신영접 등이 폐지된 후 자신들만의 연희패를 형성하여 시정에서 활동했는데, 주로 서울·경기 인근 지역에 본거지를 두고 전국 각지를 돌아다니며 전문화된 레퍼토리로 서민대중의 유흥문화를 주도해나갔다.

본산대 패거리 가운데 가장 이름을 떨친 것은 애오개패였다. 애오개본산대의 근거지는 서소문 밖으로, 외어물전과 쇠고기를 거래하는 반인(泮人)들의 현방(懸房)이 있던 곳인데, 서울의 3대 시장 가운데 하나인 칠패(七牌)가 인접하여 사람과 물산이 넘쳐났다. 18세기 애오개는 서강(西江)으로 가는 길목으로, 곡물이 폭주하여 수레가 부딪히고 지나다니는 사람들이 서로 어깨를 부딪치며 걸어야 할 정도로 번성했다고 한다. 상업의 발달로 상인들의 후원이 늘어나고 시장의 번성으로 구경꾼들이 모여들면서 시정인들의 유흥문화가 성장하자, 본산대패 또한 활발한 공연을 통해 많은 수입을 거두어들였다.

1899년 4월 3일자 『황성신문(皇城新聞)』에는 당시 본산대패의 공연에 열광하는 대중의 모습을 짐작케 하는 기사가 실려 있다. 아현(애오개)에서 벌어지는 연희에 너무 많은 구경꾼들이 몰려들어 경무청(警務廳)에서 순검(巡檢)을 파견했는데, 이 때문에 여흥이 깨진 것에 분개한 구경꾼이 사경을 헤매게 할 정도로 순검을 마구 때리는 사건이 발생했다는 것이다. 결국 경무청에서 놀이꾼들을 해산시키고 연희 도구를 불태우는 등 놀이판을 해체한 후에야 사태가 잠잠해졌다고 한다.

이런 흥행세를 타고 본산대놀이는 지방의 초대에 응해 순회공연에 나서기도 했는데, 주로 장시가 열리는 곳이나 교통과 상업 요충지 등 사람과 물산이 모이는 곳이 본산대놀이패의 연희 터전이 되었다. 이를 통해 본산대놀이의 주요 연희내용이 각 지역 가면극의 성장과 분화에 큰 영향을 미쳤을 것으로 짐작한다.

그러나 낙동강 유역 탈놀이의 시원지 혹은 성숙지로 알려진 초계(草溪) 밤마리오광대의 전승역사는 개별 가면극의 형성과 발전과정을 단선적으로 파악할 수 없음을 보여준다. 초계지역은 육로와 수로를 연결하는 교통의 요지로 일찍부터 장시가 발달하여 거상들이 모여들던 지역이었다. 토착 민간의례로 전승되던 서낭굿탈놀이에 본산대놀이패를 비롯한 유랑예인집단의 연희가 영향을 미치면서 서낭굿탈놀이의 제의·주술적 성격은 약화되고 연희 성격이 강화되었다. 이렇게 해서 본산대놀이와 부분적인 유사성을 공유하면서도 지방색이 완연한 독자적인 가면극이 성립된 것이다.

이처럼 상업활동이 활발하고 시장이 성행하는 지역에서 연행되던 가면극들은 대부분 시정 유흥문화의 네트워크 안에서 상업화의 길을 걸었던 반면, 마을 토착제의의 맥락에서 연행되던 가면극들은 점차 의례에서 독립하여 독자적인 연희물의 성격이 강화되는 세속화의 길을 걸었다. 마을굿의 틀 안에서 제의적 성격을 간직한 채 상업적인 연희물과 다른 길을 걸어온 가면극들 역시 신성제의극의 성격을 조금씩 벗어가며 '굿'인 동시에 '놀이'로서 자리를 잡아갈 수밖에 없었던 것이다.

4. 무대양식적 특질과 판의 역동: 수직적 '산대'와 수평적 '마당'

가면극의 연행에서는 '탈'과 함께 '무대' 혹은 '판'의 작용도 중요하다. 국가의례나 사신 영접 등의 공식행사 때 연행되던 가면극에는 '산대(山臺)' '오산(鼇山)' 등으로 불리는 화려한 무대장치가 만들어졌다. 『고려사』 열전 최충헌조(崔忠獻條)의 기록이나 고려말 문인 목은 이색이 지은 한시 「동대문부터 대궐문 앞까지 이어진 산대잡극은 예전에 보지 못하던 바로다(自東大門至闕門前山臺雜劇前所未見也)」에 묘사된 '산대'의 모습은 다채롭고 화려하다.

    32년 4월 8일에 최이(崔怡)가 연등회를 하면서 채붕(綵棚)을 가설하고 기악과 온갖 잡희를 연출하여 밤새도록 즐겁게 노니, 도읍 안의 남녀노소 구경꾼이 담을 이루었다. (…) 이때 산처럼 높게 채붕을 가설하고 수단 장막과 능라 휘장을 둘러치고, 그 안에 비단과 채색 비단꽃으로 장식한 그네를 매었으며, 은과 자개로 장식한 큰 분(盆) 네 개를 놓고 거기다가 얼음산을 만들고, 또 큰 통 네 개에다 십여 종의 이름난 생화들을 꽂아놓아서 보는 사람의 눈을 황홀하게 했다.
—『고려사(高麗史)』권129 열전42 반역 최충헌(崔忠獻)

산대(山臺) 꾸밈은 봉래산 같고	山臺結綴似蓬萊
과일 바치는 신선은 바다에서 왔네	獻果仙人海上來
놀이꾼 치는 징소리 땅을 울리고	雜客鼓鉦轟地動
처용 소맷자락 바람 따라 도네	處容衫袖逐風廻
장대 끝 사내 평지 걷는 듯하고	長竿依漢如平地
폭죽 하늘 찔러 사나운 우레 터지듯	爆竹衝天似疾雷
태평성대 참모습 그리려 하나	欲寫太平眞氣像
노신(老臣)의 모자란 글재주 부끄럽기만 하네	老臣簪筆愧非才

—『목은집(牧隱集)』권33「自東大門至闕門前山臺雜劇前所未見也」

조선시대에 이르러서도 『실록』의 기록이나 산대놀이를 관람한 여러 문인들의 기술을 통해 웅장하고 화려한 산대의 모습을 살펴볼 수 있다. 특히 임진왜란 이전에는 산대의 규모가 더 크고 웅장했다고 하는데, 『광해군일기(光海君日記)』 등의 기록에 따르면 좌우편에 각각 봄·여름·가을·겨울 산을 만드는 데 총 90척 길이(약 27미터 이상)의 상죽(上竹) 24개와 80척 길이의 차죽(次竹) 48개, 그외 20자 이상 길이의 숱한 대나무가 들어갔다고 하며, 산대 설치에 필요한 인원만도 수군(水軍) 2700여명 이상이었다고 한다. 산대의 이러한 화려함과 웅장함은 조선후기 산대희(山臺戱) 축소·폐지의 결정적 계기가 되었다.

조선후기에 사신으로 왔던 중국 문인 아극돈(阿克敦)이 그린 「봉사도(奉使圖)」에는 사신 영접을 위한 연희에 설치된 이동식 산대의 모습이 그려져 있다. 산의 모습을 본뜬 산대는 노송(老松) 등으로 장식된 기암괴석의 형상을 띤 채 구멍이 뚫려 있는데, 구멍 안쪽에 너럭바위처럼 평평한 4층 단이 있어 무대 구실을 했던 것으로 짐작된다. 각 층에 원숭이, 춤을 추는 여인, 낚시하는 남자 등이 있고 누대, 혹은 산사(山寺) 같은 건물도 보인다. 산대에는 바퀴가 달려 있어 아래에서 사람들이 밀고 있는데, 이는 당시 산대가 이동식 무대장치였음을 짐작케 한다. 어떤 이들은 이것이 기계적으로 인형을 움직이는 장치였을 것이라고 추정한다.

산대는 연희자들의 배경으로 존재하는 무대설치 장식이기도 하고 연희자들이 위에 올라가 공연하는 무대 그 자체이기도 했다. 산대 앞마당과 산대는 수평적 구조와 수직적 구조의 교차점을 구성함으로써 더욱 역동적인 연행판을 만들어냈다. 관객들의 시선은 산대를 따라 위아래로 이동하거나 마당을 따라 좌우로 이동하였다. 높은 산대의 수직적 구조는 일상적인 삶과 단절된 채 임금과 하늘로 이어지는 상승과 승화의 이념을 표현하는 반면, 수평적인 마당은 일상적인 삶의 공간과 이어져 난장의 판놀음을 만들어낸다. 봉래산(蓬萊山) 등을 본떠 만들어진 산대의 모습은 그 자체로 당시 지배층의 세계관과 우주관을 반영하는 한편, 이처럼 독특한 무대양식을 창출해냈다.

조선후기 나례의 폐지와 산대의 소멸은 수직적 가치의 패퇴와 함께 마당의 시대가 열림을 뜻한다. 수평적 질서의 세계, 난장의 한판은 시정인들의 유흥거리로 자리잡은 가면극의 현장이자 서민대중이 주도하는 민중연희의 무대였다. 18세기 박제가의 시「성시전도응령(城市全圖應令)」에 나오는 '사고팔기 끝나자 연희 베풀기를 청하니'(賣買旣訖請設戱)라는 구절처럼, 조선후기 가면극은 물건을 사고팔던 난전거리나 장터거리 같은 곳을 가리지 않고 연행장소로 삼았다. 특정한 무대형식이 없어도 광대의 말 한마디가 극중 시공간을 설정하고, 두터운 장막이 없어도 등장하는 순간의 소개말이나 불림, 혹은 춤만으로 장면이 전환되었다. 공연을 위한 특정한 격식과 틀을 필요로 하지 않기에 언제 어디서나 가면을 쓴 광대의 등장만으로도 가면극이 연행될 수 있는 조건이 갖추어졌다.

물론 가면극의 연희효과를 높이기 위한 조건이 전혀 없는 것은 아니었다. 특히 관객들에게 물건을 팔려는 상인들의 후원으로 개최되는 일부 놀이판은 물건을 팔기 좋도록 연행판보다 관객석의 높이를 더 높게 설정하기도 했다. 조선후기 일부 문헌기록이나 1900년대 초반에 채록된 가면극 연행자들의 구술자료에 의하면, 가면극은 주로 한밤중에 여러명이 자유롭게 군무(群舞)를 출 수 있는 넓이의 야외마당에서 연행되었다. 놀이판 주변에 장작불을 피워놓고 햇불을 달아 조명으로 삼았는데, 탈을 쓴 연희자들은 고개를 움직여 조명에 가면을 맞춰가며 연행했다고 한다. 관객들은 삼면에서 둘러앉아 연희를 구경했는데, 일부 가면극의 경우 산기슭이나 무릎 높이의 낮은 축대 위에서 탈놀이를 연행하여 자연 지형을 이용한 무대효과를 자아내기도 했던 것으로 전해진다.

한국 가면극의 연행은 놀이꾼인 광대·악공과 구경꾼이 신명을 풀어내는 판의 역동 속에서 만들어진다. 놀이꾼과 구경꾼 사이에 높은 무대나 장막, 까다로운 격식들이 존재하지 않기에 양자의 거리가 좁고 접촉성이 높으며 구경꾼의 능동적인 참여가 보장된 열린 구조 속에서 연행이 진행된다. 광대와 악공, 구경꾼 사이에도 자유로운 소통과 교류가 가능해, 악공이 광대들의 연행에 끼어들어 극적 구성에 개입하거나 구경꾼과 광대 사이에서 중재 혹은 매개 역할을 자청하기도 한다. 구경꾼들 역시 다양한 형태로 광대들의 연행에 직접 개입하여 광대 혹은 악공들과 대화를 주고받거나 광대들의 연행에 추임새를 넣는 등의 행동을 한다.

이들 가면극에서 구경꾼인 관객은 광대들의 연행을 보완하는 보조자가 아니라 연행의 필수요소로 기능해왔다. 광대·악공·관객이 일상적인 대화를 주고받기도 하고 격려와 위로, 혹은 동의와 지지 등을 표현하기도 하는데, 이 모든 것이 연행의 일부다. 연희자와 구경꾼 사이의 소통과 공감이 즉흥적인 연행을 이끌어내는 골간이라고 할 때, 가면극 연행의 중심기제인 판의 역동성은 광대-악공-구경꾼의 네트워크를 기반으로 하지 않을 수 없다. 이 수평적 관계 및 소통구조야말로 민중적 네트워크의 방식이자, 민중연희의 독특한 자질을 형성하는 토대가 된다.

5. 변방인들의 탈주와 경계 넘기: 패러디와 아이러니

한국 가면극의 주체는 대부분 변방으로 밀려난 이들이었다. 가면극을 후원한 이들은 중심 권력에서 밀려난 중인계층과 이속·향리 등이었고, 가면극을 연행한 자들은 부와 권력의 구심에서 멀리 떨어진 시골의 토착농민이나 최하층 광대 들이었다.

역사적으로 볼 때, 조선시대 나례 연희자 중 서울에서 차출된 경중우인(京中優人) 가운데 상당수는 궁중의 천역(賤役)에 종사하는 이들이었고, 일부는 수척 등의 백정이었다. 경중우인의 일부로 지목되기도 하는 반인은 평인(泮人, 伴人, 편놈)으로 불리기도 하는데, 대대로 성균관에 속한 천민으로서 현방이라는 푸줏간을 운영하면서 성균관에 쇠고기를 조달하는 일을 맡는 동시에 나례희·산대희·사신영접행사에 불려나가 인형극과 가면극을 연행했다고 한다. 또한 강릉에서는 관노(官奴)들이 가면극을 연행하기도 했다.

조선후기 가면극을 연행하던 전문연희자들 가운데 일부는 삶의 터전을 상실한 유민들을 흡수하여 사당패·남사당패·대광대패·솟대쟁이패·초라니패·풍각쟁이패 등의 유랑예인집단으로 활동하기도 했다. 이들은 모두 조선사회의 중심부에서 밀려난 주변부 존재이자 변방인들이었다. 특히 사당패의 경우 연희만으로는 생계를 이어갈 수 없어 성매매를 해야 할 만큼 절박한 상황에서 전국을 떠돌며 놀이판을 이끌었다.

조선후기 가면극이 시정문화의 맥락에 존재했다면 가면극에 등장하는 캐릭터들은 연희 주체의 해석적·인식적 프리즘을 통과한 시정인들의 굴절된 초상에 다름아니다. 주변부에 머물던 연희 주체들을 통해 형상화된 가면극 캐릭터는 하나같이 그 정체성이 모호한 경계선 위의 존재들이다. 그들은 한편으로는 전형적인 형상을 지니고 있으면서도 다른 한편으로는 정체성의 범주가 불투명한 인물들이다.

> 완보 (꽁무니에 꽹과리를 찼다. 목중들이 있는 데 와서) 너 모두 명색이 뭐냐?
> 목중 우리가 중이다. (삼현청을 향하여 팔목중들이 반원형으로 섰다.)
> 완보 중이면 절간에서 염불이나 하지. 너, 이 덩꿍한 데가 당하냐?
> 목중 그렇지 않다. 앉은 것이 우리가 겉은 중일지라도 속은 멀쩡한 오입쟁이가 아니냐.
> 완보 옳ㅡ겄다. 너희가 겉은 중이라도 속은 오입쟁이라.
> 목중 아, 영낙없지.
> ㅡ「양주별산대 팔먹중과장」 부분

중 행색을 한 목중은 자신의 정체성을 밝히며 스스로를 '오입쟁이'라 칭하고, 노장은 종교적인 인물로 등장하면서 세속적인 욕망을 노골적으로 드러내 보인다. 말뚝이와 함께 탈춤을 이끌어가는 대표적인 캐릭터인 취발이 역시 사람인지 신인(神人)인지, 반도인(半島人)인지 서역인(西域人)인지 알 수가 없다. 죽었다 살아난 소매각시는 사람인지 귀신인지 알 수 없고, 살았는지 죽었는지도 알 수 없다. 귀면을 연상시키는 팔먹중이나 연잎, 눈끔쩍이 등은 인간세계에 속한 존재들인지 초월세계에 속한 존재들인지 알 수 없지만 인간계에 내려와 인간들의 갈등과 대립에 직접 개입한다.

> 말뚝이 (재담조로) 이때 대부인 마누라가 하란에 비껴 앉아 녹의홍상에 칠보를 단장하고 보지가 재 빨개 하옵디다. (너울너울 춤을 춘다.) 재 빨개 하옵디다.
> 네 양반 (잠깐 생각한다.) 이놈 재 빨개라니?
> 원양반 이놈 재 빨개라니?
> 말뚝이 엇다 이 양반아 보지가 재 빨개 하단 말이요.
> (…)
> 말뚝이 마리에 떡 올라가니 좆자리를 두루시 펍디다. (덩실덩실 춤을 춘다.) 좆자리 좆자리.
> 다섯 양반 (어깨춤을 춘다.) 좆자리, 좆자리? (갑자기 네 양반만 어깨춤을 멈춘다.)
> 종갓집 도령 좆자리, 좆자리. (혼자 춤춘다.) (넷째 양반만 담뱃대로 종가집 도령의 면상을 탁 친다.)
> 네 양반 이놈 좆자리라니?
> 원양반 이놈 말뚝아 좆자리라니?
> 말뚝이 엇다 이 양반아. 초석(草席)을 두루시 폈단 말이요.
> 원양반 우리 집이 근본 인심집인 고로 너 같은 쌍놈 오면 덕석도 가이요, 멍석도 가이지마는, 너만한 놈을 초석을 폐어주니 그리 알라, 이놈 그래서?
> ─「동래야류 양반과장」 부분

조선사회 최고계층인 양반은 말귀를 알아듣지 못할 뿐 아니라 하는 행동마다 모자라고 어리숙하기만 하다. 말뚝이는 양반의 시중을 들어야 하는 하층민인데도 오히려 양반을 희롱하고 야유하며 제멋대로 가지고 논다. 남성 연희자가 연행하는 할미 또한 여성으로 등장하지만 행동이 거침없고 남성화되어 있으며, 무엇보다 아이를 낳을 수 없다. 하다못해 동물 캐릭터인 사자마저도 인간을 호되게 꾸짖으며 인간사에 개입하는데, 동물인지 사람인지 신인지 분간을 할 수 없다.

가면극에서는 이처럼 사회가 명명하고 지시하는 정체성이 모두 뒤엉켜 있다. 인간과 동물, 세속과 신성, 사람과 신, 남성과 여성, 양반과 노비, 산 자와 죽은 자 등 사회질서를 지탱하는 모든 '구분'과 '구획'이 무의미해지는 것이다. 사회구성원들을 특정한 이름으로 불러세워 적절한 범주에 편입시킴으로써 주체를 구성 혹은 양산해내는 것이 사회적 권력의 핵심기능이라면, 가면극에서는 이 권력의 의도 자체가 언제나 불발과 실패로 귀결되도록 설정되어 있는 셈이다. 따라서 가면극의 캐릭터들이 지닌 '모호함'은 의도적이고 전략적일 뿐 아니라, 권력구도에서의 탈주를 지향한다는 점에서 다분히 정치적이다.

도끼 (누이를 데리러 삼현청 앞으로 간다.) 누니―임, 누니―임!
누이 거 누구냐?
도끼 나 도끼 왔오.
누이 까뀌?
도끼 도끼 왔어요.
누이 대패?
도끼 아이구 귀꺼정 먹었구랴. 도끼가 왔어요.

누이 오, 끌?

도끼 아이구 도끼가 왔어요.

——「양주별산대놀이 신할아비—신할미과장」 부분

가면극에는 '네가 누구인지'를 묻는 정체 확인형의 수사적 문답이 자주 등장하는데, 등장인물 상호간의 대화는 '정체 확인불가'를 넘어서 '소통불가' 상태를 보여준다. 끝없이 이어지는 말장난 속에 정체성 확인 자체가 오해와 오인(誤認)의 과정일 수밖에 없음을 은연중에 암시하는 것이다. 때로는 자신의 정체를 묻는 질문에 요리조리 답을 피하면서 의도적으로 상대가 자신의 정체를 오해하도록 질문자를 교란하기도 한다.

말뚝이 (가운데쯤 나와서) 쉬이. (음악과 춤 멈춘다.) 양반 나오신다아! 양반이라고 하니까 노론·소론·호조·병조·옥당을 다 지내고 삼정승·육판서를 다 지낸 퇴로재상(退老宰相)으로 계신 양반인 줄 아지 마시오. 개잘량이라는 '양'자에 개다리 소반이라는 '반'자 쓰는 양반 나오신단 말이요.

양반들 야아, 이놈 뭐야아!

말뚝이 아, 이 양반들 어찌 듣는지 모르갔소. 노론·소론·호조·병조·옥당을 다 지내고 삼정승·육판서를 다 지내고 퇴로재상으로 계신 이생원네 형제분이 나오신다고 그리하였소.

양반들 (합창) 이생원이라네.

——「봉산탈춤 양반과장」 부분

말뚝이는 양반이라는 이름이 가리키는 의미를 의도적으로 '잘못' 부르고 양반은 무엇이 호명되었는지 알지도 못한 채 비웃음거리가 된다. 이 과정에서 양반을 부르는 호명의 의도는 어긋나고 양반들 자신도 비켜간 호명에 응답함으로써 양반이라는 정체성의 경계를 스스로 허물어뜨리는 결과를 초래한다. 양반들과 말뚝이의 대화장면은 전혀 진지하지 않게, 그저 웃음을 자아내는 한바탕 소동으로 마무리된다. 정체성을 묻고답하고 규정하는 과정 자체를 무의미한 행위, 웃음거리로 만들어버리는 것이다.

이 모든 과정은 기존 사회질서, 사회적 관계망과 정체성의 부여와 확인 과정 등을 비틀어 인용하는 패러디라고 할 수 있다. 그리고 이 패러디를 통해 자명하게 받아들여지던 가치와 규범들에 의문을 제기함으로써 해체 혹은 재구성을 모색하는 것이다. 그런데 가면극은 이같이 중대한 문제를 우스갯거리로 만든다. 심각한 문제를 심각하지 않게 다루는, 이러한 전복적 놀이방식이 곧 가면극의 아이러니이며, 이것이 바로 가면극에 내재한 탈주의 전략인 셈이다.

: 김영희 :

● 더 읽을거리

김재철 『조선연극사』(조선어문학회 1933); 김일출 『조선민속탈놀이연구』(평양: 과학원출판사 1958). 김재철의 책은 최초의 연극사일 뿐만 아니라 연행전통이 여전히 계승되던 당대에 기술된 연구서이다. 김일출의 책은 북한에서 기술된 대표적인 연희사로서, 이북 지역 가면극에 대한 자료가 풍부하다.

심우성『한국의 민속극』(창작과비평사 1975); 이두현『한국의 가면극』(일지사 1979); 한국문화재보호협회 편『중요무형문화재 탈춤 대사집』(문화재보호협회 1981). 탈춤, 혹은 가면극 연행 채록본들이 수록된 책으로 주로 대사 위주로 채록되어 있다.

조동일『탈춤의 역사와 원리』(홍성사 1979). 마을굿의 풍요제의로부터 가면극이 형성되는 과정을 설명하고, 농촌탈춤과 도시탈춤이 서로 다른 과정을 거쳐 분화·발전해왔음을 논증함으로써 가면극의 기원과 형성과정에 대한 논의에 불을 지핀 연구서다. 탈춤의 미학적 특질을 규명하고 서사구조와 언어표현에 대한 시학적(詩學的) 분석을 시도함으로써 문화분석 및 문학연구 영역에서 탈춤을 본격적인 연구대상으로 삼게 만들었다.

서연호『한국의 탈놀이』1~5(열화당 1987~91). 지역별·유형별 탈놀이에 대해 자세히 안내하고 있다. 탈놀이 관련 사진들이 함께 실려 있으며, 부록으로 일본인 관학자들의 초기 연구나 탈놀이 연행채록본 등이 덧붙여져 있다.

박진태『탈놀이의 기원과 구조』(새문사 1990);『한국 고전희곡의 확장』(태학사 2006). 박진태는 무교제의극의 관점에서 탈놀이의 기원과 원리를 밝히고, 동아시아권의 여러 가면극과 탈놀이를 비교하며, 고전희곡의 관점에서 탈놀이의 대사를 분석하는 데 관심을 두고 있다.

김욱동『탈춤의 미학』(현암사 1994); 조동일『카타르시스·라사·신명풀이』(지식산업사 1997). 탈춤 미학에 대한 본격적인 저작들로, 조동일의『탈춤의 역사와 원리』에서 제기한 민중미학에 대한 반론이 김욱동의『탈춤의 미학』이라면, 이에 대한 재반론이 조동일의『카타르시스·라사·신명풀이』이다. 전자는 바흐찐의 카니발리즘·그로테스크 리얼리즘·해체주의 미학 등의 관점에서 탈춤을 분석한 반면, 후자는 서양극·인도 산스크리트극·한국 가면극의 원리를 각각 '카타르시스' '라사' '신명풀이'로 규정하고 상호비교하였다.

정상박『오광대와 들놀음 연구』(집문당 1986); 윤광봉『한국연희시연구』(박이정 1997); 사진실『공연문화의 전통』(태학사 2002); 전경욱『한국의 전통연희』(학고재 2004). 이들의 연구는 문헌자료를 분석·고증하고, 현지조사를 실시하고, 회화자료 등으로 연구대상 범위를 확대하는 등의 활동을 통해 가면극 역사 서술의 지평을 확대하고 분석시각을 정밀화하였다. 가면극의 기원·계통·교류·연희계층·사회사적 배경·무대양식·미학적 특질 등에 관한 연구를 심화시켜 한국 가면극의 역사를 새롭게 구성하는 데 기여한 논의들이다.

19세기 문학사의 여러 양상과 근대문학의 접점

1. 19세기 문학사의 문제의식

　19세기 문학사의 특징을 간명하게 압축하여 제시하기란 쉽지 않다. 그 이유는 분명하다. 첫째, 19세기 내부에 매우 복잡하고 다양한 문학적 흐름과 얽힘이 존재하기 때문이다. 둘째, 18세기와 구분되는 19세기 문학사의 특이성을 선명하게 드러내기 어렵다는 점도 문제이다. 또한 19세기는 근대전환기와 연접한 까닭에 근대문학과의 연속성 측면에서 논란이 되는 시기이기도 하다. 그러나 한 시대의 문학사는 연구자의 이념과 시각에 따라 끊임없이 재구성되는 것임을 감안하면, 19세기 문학사 이해의 편차는 결국 연구자들의 상이한 관점에서 기인한 것이다. 그간 19세기 문학사에 대한 시각의 변화를 일별해 보기로 한다.

내재적 발전론 입장에서 문학사를 살펴보면 19세기는 다소 실망스러운 시대로 인식된다. 한국문학사가 근대의 완성을 향해 나아가는 발전의 도정에 있었으리라는 예상과는 달리, 대체로 19세기 문학사의 실질은 오히려 18세기 문학사가 도달한 문예미학적인 성취나 발전의 내적 동력마저 약화되거나 상실되었다고 파악되기 때문이다. 18세기에 나타난 실학파 문인들의 혁신적인 사유와 현실주의적인 미의식, 여항예술의 창조적 기풍, 사설시조의 전복적인 상상력과 발랄한 언어, 판소리의 민중의식 등이 19세기 들어 제대로 계승되거나 새롭게 고양되지 못하였다는 점이 그 근거이다. 그러나 최근 이에 대한 인식은 달라지고 있다. 19세기 들어 식자층이 확대됨에 따라 한문학의 저변이 확대되고 다양해졌으며, 저층에서의 통속적 취향과 더불어 문예의 고급화·전문화를 통한 심미성이 고조되었고, 근대성의 한 범주로 간주되는 도시적 일상성이 문예에 포착되었다는 점이 주목받고 있다. 분명 전시대 문예와는 다른 지향과 소통환경의 변화가 나타난 것이다.

한편 근대와의 접점에 대해서도 문학사 인식의 변화가 발견된다. 한국문학사를 민족문학의 자생적 발전과정으로 보는 입장에서는 19세기 문학과 근대문학의 계기적 연관성에 대한 논리적 해명이 문제일 뿐, 그 접속에 대한 근본적인 회의는 제기되지 않았다. 그러나 이에 대해서도 최근 비판적인 문제제기가 있었다. 지난 세기말 거대담론의 붕괴와 더불어 탈근대주의 입장을 취하는 연구의 일각에서는 19세기 문학과 근대의 기원적 공간으로서 근대계몽기의 문학 사이에는 '인식론적 단절'이 존재한다고 본다. 한국의 근대성과 민족담론의 형성은 자본주의 세계체제로의 강제편입 이래 서구지식의 충격과 제국주의와의 대항과정에서 성립된 것인만큼 이전 시대와 불연속적인 지점이 있음을 인정할 수밖에 없다는 것이다. 나아가 탈근대론적 시각에서는 내재적 발전론 자체가 근대적 패러다임 안에서 작동하는 목적론적 시간관, 즉 진보와 발전을 선형적으로 배치하는 관점이 투사된 것이라고 비판한다.

이렇듯 19세기 문학사를 둘러싼 시비는 문학사 인식의 근본시각에서부터 문학사의 실제 국면에 대한 가치평가에 이르기까지 다단하다. 문학사에 대한 인식틀과 자료적 실체 그리고 이에 대한 해석이 좀더 긴밀한 연관성을 획득할 때 19세기 문학사는 더욱 선명해질 것이다.

2. 도시적 감수성과 소통영역의 확대

19세기에 들어 주목할 만한 문예현상 중 하나는 특정 계층에서만 향유되던 장르가 그 계층적 기반을 넘어서 소통영역이 확대되는 한편, 중앙과 지역 간의 문예교류가 광범위하게 확산된다는 점이다. 물론 이는 상품화폐경제의 발달과 더불어 17, 18세기 무렵부터 나타난 현상이지만, 19세기에 들어와 그 비중이 전폭적으로 확대된다. 시조의 경우를 보자. 주지하다시피 시조는 중세의 이원적 문자체제하에서 사대부들의 가창욕구를 실현하기 위해 창안된 양식으로, 단아한 형식에 평담한 미의식을 담아 전아하고 세련된 가곡창으로 불렸다. 17세기 후반에서 18세기초 여항가객층의 합류와 사설시조로의 확장을 통해 시조는 도시적 감수성과 중간계층의 미의식, 서민층의 욕망과 생활감각 등을 받아들이면서 전에 없는 창조적 활력을 보여주었다. 그러나 19세기에 들어오면 시조 창작은 안민영(安玟英)과 이세보(李世輔) 등 소수 작가를 제외하고는 작품수나 내용·미학적인 차원에서 현저히 뒷걸음질친다.

이러한 창작 쪽의 부진에도 불구하고 음악적인 전문성과 향유기반의 확대라는 측면에서는 주목할 만한 변화가 있었다. 시조는 가곡창과 시조창이라는 두 가지 방식으로 연행되는데, 19세기에 이르러 음악적으로 상당한 변화와 분화가 나타났다. 가곡창 쪽에서는 새로운 악곡을 파생하거나 곡목을 재분배하면서 최고 수준의 음악적 세련성과 전문성을 확보했다. 이렇듯 가곡창이 예술적 높이를 지향했다면, 시조창은 대중적 확산을 추구하였다. 영조조에 서울에서 형성된 시조창은 19세기초에 이미 지방에까지 널리 파급되었고, 이어서 서울의 경제(京制), 충청도의 내포제(內浦制), 전라도의 완제(完制), 경상도의 영제(嶺制)로 정착되었다. 지역적 특색에 따른 창법과 악곡이 발현된 것이다. 이는 시조창의 전국적 확대와 대중화의 진전을 보여주는 뚜렷한 증거이다.

그러나 서울의 음악예술이 지방으로만 확산된 것은 아니다. 거꾸로, 지역의 교방에서 정련된 노래나 정재(呈才)가 서울로 전파된 경우도 없지 않았으니 서울과 지방간의 동시 소통이 이루어진 셈이다. 예컨대 17세기 후반 전라도 강진의 교방에서 불리던 「춘면곡」이 18세기 중반 서울에 입성하여 그 노랫말이 19세기 초반 서울지역 가집에 기록되었고, 평안도 선천 교방의 무극(舞劇)이던 「항장무(項莊舞)」가 빠른 속도로 전래되어 궁중에서 공연되기도 했다.

이와같은 지역간 문화소통의 중심에는 선상기(選上妓)라는 매개자의 존재, 안민영·신재효(申在孝)같이 전국을 활동무대로 삼은 후원자의 역할이 있었다. 그러나 도시의 발달과 유흥문화의 흥성에 따른 예술 수요층의 확대가 더 근본적인 요인이다. 무숙이타령으로 알려진 「게우사」의 내용을 살펴보면 주인공인 김무숙은 거금을 들여 전국의 유명 예인들을 동원하고, 이들과 더불어 한강에서 호화찬란한 선유놀음을 차리는 장면이 나온다. 여기서 벌인 놀이의 성격과 선택된 레퍼토리를 살펴보면, 진지한 향유보다는 쾌락적 풍류와 통속적 정취가 더 강하게 느껴진다. 예술의 상업화에 따라 이제 돈이 있다면 전국의 어느 예인이라도 불러들여 수용자 취향에 맞는 다종다양한 음악회를 구성할 수 있는 시대가 된 것이다. 달리 말하자면 19세기 들어 신분에 따른 예술의 특권적 독점이 완연히 사라졌다는 뜻이다. 상업성에 기반한 유흥문화의 흥성과 그 파급력은 향유층이 뚜렷이 준별되던 정가(正歌)와 잡가(雜歌)의 위계까지 무너뜨린다. 19세기 후반에 이르면 궁중에서도 민속악 계통의 공연을 유치하는가 하면 궁정의 나인조차도 「육자배기」나 「널늬리야」를 흥얼거릴 정도가 되었다.

유흥의 만연은 수요층의 확대뿐만 아니라 전통 노래의 장르 경계까지 해체하는 쪽으로 나아간다. 19세기에는 장르간의 교섭·전이·혼종의 양상이 전에 없이 증폭되었다. 민요에서 가사로, 가사에서 판소리 단가로, 사설시조에서 잡가로 전이되는 사례가 적지 않다. 그 가운데 가장 특징적인 장르가 잡가이다. 잡가는 그 기원조차 단일하지 않다. 잡가의 유형에는 삼패나 사계축 등 직업적 또는 반직업적 전문예인들이 부르던 좌창계열의 잡가, 사당패라는 유랑예인들이 부른 「산타령」 같은 입창계열의 잡가 등이 있다. 19세기 중후반부터 대중적인 음악취향을 그 어떤 장르보다 민감하게 포착했던 잡가는 특유의 음악적 세련성으로 인하여 텍스트의 내적 질서를 파괴해갔다. 이종의 가창장르들을 특유의 음악적 질서로 혼종화한 이 노래는 형식적인 면에서 시가의 정형성을 가장 크게 깨뜨렸고, 세련된 수사를 동원하여 통속적 정조를 극단까지 끌어올렸다. 타 장르의 노랫말과 정서적 효과를 재조합한 잡가에서는 창신의 면모를 발견하기 어렵다. 그럼에도 불구하고 잡가가 20세기초 근대계몽기에 가장 인기있는 레퍼토리로 부상한 까닭은 도시 유흥의 발달과 새로운 감성의 음악적 견인력 때문이다.

18세기의 금사(琴師)이자 가객이던 김성기(金聖器)는 세속적인 영합을 거부하고 만년에 서호에 은거하여 자신의 예술세계와 예술가의 자의식을 견결하게 지킨 이로 알려져 있다. 또한 18세기 중엽의 김수장(金壽長)은 『해동가요 부 영언선』에서 "30년 전만 하더라도 산림이 그윽하게 우거진 곳이나 폭포수 떨어지는 소나무 아래 삼삼오오 짝을 지어 종일토록 창습(唱習)하여 마침내 일가를 이룬 자가 많았는데, 세상이 어찌될지는 알 수 없으나 이런 일들을 볼 수 없게 되었으니 어찌 탄식하지 않겠는가?"라고 개탄한 적이 있다. 이처럼 18세기 예인들에게서 우리는 자기 예술세계의 완성을 위한 치열성과 그 과정의 고뇌를 발견할 수 있다. 그러나 19세기 예인들의 태도는 사뭇 다르다. 자기 예술의 정체성에 대한 인식은 물론 예술가로서의 자의식도 희미해진다. 정음(正音)이 사라져가는 것을 한탄하여 가곡창의 정수를 추구했던 박효관(朴孝寬)과 안민영이 판소리 광대들과 거리낌없이 놀이를 벌였고, 판소리와 잡가가 정가·가곡과 향유층을 공유했다. 이러한 모습에서 우리는 대중의 취향에 따라 장르의 경계를 넘나드는 19세기 예인들의 변화된 태도를 확인할 수 있다. 따라서 필경 19세기 예술은 통속화로 경사될 수밖에 없었던 것이다. 또한 이 시대 예술의 물적 토대는 봉건해체기 국가권력의 이완을 틈타 치부된 자본이 소비적으로 흘러 조성된 것이라는 점에서도 그 성격이 약여(躍如)하게 드러난다. 통속화는 소비자의 유락적 욕망과 상업주의에 복무하는 예술이 나아갈 예정된 길이었다. 그러나 통속성을 반드시 부정적으로만 평가해서는 곤란하다. 통속성은 그 특유의 흡인력으로 인하여 예술의 대중화를 촉진하고 예술 향유층의 저변을 확대했으며, 그 자체로 중세적 이념과 가치영역에서 분리되는 경향을 보이기 때문이다.

요컨대 19세기 가창영역의 시가는 장르적, 지역적, 계층적 경계를 크게 해체했다. 달리 말하자면 음악적 양식과 향유계층에서의 개방성과 유동성이 현저히 확대되었다. 또한 전대의 시가가 주로 신분 단위에서 향유되었다면, 이 시대에는 신분보다는 경제적 능력에 의해 좌우되었다. 여기에 기층민중들까지 모두 포함되는 것은 아니지만, 문예의 대중화란 측면에서 근대적 지평에 한걸음 나아간 면모를 보인다. 그러나 내용미학적인 측면에서는 창신의 고뇌보다는 누적된 텍스트의 재배열과 소비자 기호에의 영합이라는 길을 택했기 때문에 통속으로 기울고 말았다. 신분을 초월한 개인의 취향이 음악회에 반영되고, 계층을 넘어선 음악유통이 가능해졌다는 점에서 19세기 음악 분배방식은 근대적이다.

3. 체제모순의 심화와 민중문예의 부상

　19세기 전반은 세도정치라는 권력집중구조가 성립되어 운용된 시기이다. 집권세력들의 체제유지를 위한 자구노력이 없지 않았지만, 제반 사회모순이 증가하여 초기부터 민중들의 격렬한 저항을 야기했다. 19세기 중반의 대원군 집정기를 거쳐 서양열강과 일본제국주의의 침탈로 이어지는 후기에 이르기까지, 체제모순의 심화는 1811년 홍경래의 봉기, 1862년 임술민란, 1894년 갑오농민전쟁이라는 대규모 민중항쟁을 불러일으켰다. 이처럼 민중들이 변혁운동의 주체로 성장한만큼 문예 방면에서도 민중양식이 부상했으니, 이 역시 당대의 특징이라 할 수 있다.

　체제모순에 대한 민중저항 과정에서 직접 이를 반영한 작품이 있으니 바로 현실비판가사이다. 이 유형의 가사는 1733년 직후에 지어진 「임계탄」을 비롯하여 18세기에도 몇몇 작품이 있다. 하지만 본격적인 창작은 크고작은 민요(民擾) 형태의 민중저항이 거세진 19세기에 이루어졌다. 1804년 장연작변(長淵作變)에서 이달우가 지었다는 「장연가」(가칭), 1826년쯤 청주괘서 사건과 관련된 「풍덕가」(가칭), 1862년경 임술민란시 유계춘이 지었다는 「진주가」(가칭) 같은 실전(實傳)가사와 1839~41년경 작품으로 추정되는 「거창가」를 비롯하여, 「향산별곡」이나 「정읍군민란시여항청요」 등 현전가사는 모두 19세기에 창작되었다. 19세기 민중의 저항형태는 다양하지만, 그 가운데 생존투쟁의 일환이자 모순에 찬 현실의 개선을 요구하는 정소(呈疏)운동이 광범위하게 전개되었다. 「거창가」는 삼정의 문란과 서원

침탈 등, 관장(官長)과 이서배(吏胥輩)의 늑탈로 인한 민막(民瘼)과 폐정을 핍진한 묘사와 격정적 어조에 담아 날카롭게 비판하였다. 근래의 연구에 따르면 「거창가」는 그 지역 순찰사에게 올린 의송(議送)의 일종인 「거창부폐장」과 밀접한 관련이 있다고 한다. 따라서 현실고발의 성격이 강할 수밖에 없다. 또한 실전가사들의 창작 정황을 고려해볼 때, 현실비판가사는 민란의 유발과 확대를 위한 선동 목적에 활용되기도 했을 것이라는 주장도 있다. 현실비판가사는 주로 향촌의 몰락양반, 즉 비판적 지식인들이 지은 것으로 추정된다. 현실비판가사가 도달한 현실주의적 성취나 사회비판의식은 이후 근대계몽기에 계몽지식인에 의해 산출된 계몽가사와 맥락이 닿는다.

이 시기 민중 성향의 노래 가운데 종교가사도 제외될 수 없다. 동학가사와 천주가사는 인간의 존엄성을 강조하고 평등을 노래하며 사회변혁을 지향하는 민중종교운동의 성격을 띠기도 했다. 특히 19세기 중엽 최제우가 창도한 동학에서는 '사인여천(事人如天)'을 강조했는데, 이는 반상이나 적서·남녀·빈부의 차별을 뛰어넘어 모든 사람을 하늘처럼 받들라는 의미로 해석된다. 이렇게 본다면 이 노래는 조선왕조의 유교적·신분적 체제를 거부하는 것으로 이해할 수 있다. 이 종교는 19세기 내내 유교와 대립적인 관계에 있었다. 그리고 그 교리를 설파한 노래에서는 반봉건적 이념들이 뚜렷이 나타나며, 이러한 이념이 불평등한 사회제도로 피해를 입은 민중들의 환영을 받았기에 체제의 근간을 위협할 수 있었다.

질곡의 현실에서 더이상 물러설 곳이 없는 민중들이 직접 자신의 목소리로 저항과 비판을 담아 민요로 부르기도 했다. 예컨대 제국주의의 침탈이 노골화되던 동학농민전쟁 직후에 민중들은 민요 아리랑의 형식으로 '봉준아 봉준아 전봉준아/양에야 양철을 짊어지고/놀미 갱갱이 패전했네'라고 노래하면서 패전의 안타까움을 표함과 동시에 새로이 전의를 다지기도 했다. 반면 승리의 기쁨을 함께 나누기 위해 창작된 민요도 있다.「춘천의병아리랑」가운데는 '우리나 부모가 날 기르실 제/성대장 줄려고 날 낳으셨다/귀약통 납날개 양총을 매고/벌업산 대전에 승리를 했네'라는 구절이 담겨 있다. 이 노래는 1896년 항일의병으로 성익현(成益鉉) 대장의 막하에 출병한 어느 병사가 춘천시 서면의 벌업산 전투의 승전을 기리기 위해 지은 것으로 알려져 있다. 이처럼 19세기 민중문예의 한 방향은 체제 저항의 성격을 짙게 담아내면서 반봉건적 민중운동과 결합했던 것이다.

민중문예의 또 한 방향은 계층의 제한성을 넘어 이른바 근대적 대중예술로 나아가고 있었다. 지배층 양반에 대한 통렬한 풍자, 남성 가부장적 횡포의 폭로 등 중세사회의 모순된 현실을 극적 구조에 담아 주제적으로 실현한 탈춤은 대표적인 19세기 민중문예양식 가운데 하나이다. 실증자료의 부족으로 그 성립시기를 정확히 고증하기는 어렵지만, 대체로 현재와 같은 공연형태를 갖춘 시기를 19세기 무렵으로 추정한다. 봉산탈춤은 18세기 중엽에 성립했다. 그러나 양주별산대는 대체로 19세기초중엽, 야류나 오광대도 19세기 이전으로 그 성립시기를 소급할 수 있다고 한다. 마을굿의 전승 형태인 서낭굿 탈놀이와 농악굿 잡색놀이의 민중연희 전통에서 기원했을 것으로 추정되는 탈춤은, 신명이라는 특유의 미적 체험과 비판적인 주제의식을 유지하면서 19세기의 대중적 공연물 가운데 하나로 성장하였다. 전문예인층의 결합과 상인층의 후원으로 세련된 대중공연양식으로 정착한 탈춤은 당대의 유행민요나 사설시조, 잡가들을 자기 양식 안에

흡수했다. 이러한 요소들이 극적 기능의 한 부분을 담당했으며, 대중적인 흥취를 고양하면서 대중예술로서의 토대를 더욱 공고히 했던 것이다.

지방의 미천한 광대들로부터 출발한 판소리가 19세기 들어 보여준 약진은 놀랄 만하다. 양반층 좌상객들의 참여가 점차 늘어나면서 문희연(聞喜宴)이나 지방수령의 연회에서 판소리가 불렸으며, 중앙 고관과 왕실에서까지 판소리를 향유했다. 나아가 서울과 지방의 중서층이나 평민부호층 그리고 하층의 애호를 받았으니, 전국에 걸쳐 전 계층이 즐기는 대중예술로서의 위상이 확고해졌다. 특히 판소리는 도시 유흥가에서 전문적인 흥행예술로 자리잡아 여타의 가창장르와 경쟁하는 지위를 확보하게 되었다는 점도 주목할 만하다. 이러한 요인을 작품 내적인 측면에서 찾는 논자에 따르면, 판소리는 그 특유의 예술적 형식, 즉 창과 아니리의 주기적 교체를 통한 긴장과 이완의 반복, 상황적 정서에의 몰입, 평범한 주인공들의 파란만장한 인생역정과 운명의 서사시적 전개, 고도의 음악적 기교 등이 계층의 차별을 넘어서 동질적인 정서적 체험을 유발한다고 한다. 이 시기 판소리의 동향과 관련해서는 부정적인 면모까지 지적한 견해도 있다. 즉 19세기 들어 판소리는 양반좌상객 등의 참여로 상층부까지 진출했지만, 신재효의 개작 판소리에서 볼 수 있듯이 민중적 발랄함과 비판의식이 상당부분 소거되고 말았다는 것이다. 그럼에도 불구하고 판소리의 향유층이 확대된 것은 사실이다. 판소리가 공연에만 머문 것이 아니라, 기록된 사설은 판소리계 소설 양식으로 전환되어 방각본으로 출간되기도 했다.

4. 근대문학과의 접점, 그 비연속의 연속

1876년 조선은 개항과 더불어 세계자본주의체제에 강제편입되어 급속하게 근대화의 길을 걷게 된다. 시시각각 진군해오는 제국주의 열강의 침탈에 맞서 조선정부는 갑오경장을 통한 정치·사회적 개혁을 단행했고, 근대계몽기에 들어서면서 계몽지식인들은 국민국가 건설을 위한 계몽운동을 광범위하게 추진했다. 한국의 근대문학은 이렇듯 서구제국주의와의 치열한 대항과정에서 민족현실과 자기 정체성에 대한 새로운 인식을 기반으로 싹트기 시작했다고 볼 수 있다. 이제 근대계몽기(1895년 청일전쟁 직후~1910)의 대표적인 문학양식인 계몽가사와 서사단편 그리고 신소설을 통해 우리 문학사의 접점을 살펴보기로 한다. 사실 우리 근대문학의 형성과정에서 서구문학이나 메이지시대 일본문학의 영향을 완전히 부정할 수는 없다. 일찍이 일본에 유학했던 이인직(李仁稙)의 신소설이나 최남선(崔南善)의 신체시 창작과정에서 유학생활 당시 그들이 접한 외래 문학양식의 영향이 전무했다고 보기 어려우며, 창가의 경우 서양의 악곡은 물론 일본의 노랫말이 이식된 경우도 있었다. 그러나 우리의 근대문학 형성에서는 다음의 몇몇 요인이 더 직접적인 역할을 했다고 보는 편이 타당하다.

우선, 낡은 봉건유제의 청산과 민족주의·근대화를 중핵으로 하는 계몽이념의 확산이다. 근대적인 의식의 각성이 시대적 소명이었으며 각종 매체와 담론체계를 통해 대중들에게 전파되었던바, 자주독립, 문명개화, 남녀평등, 신교육, 미신타파, 조혼철폐 등은 계몽가사와 신소설의 주요 주제로 구현되었다. 다음으로 근대적인 인쇄술과 신문매체의 출현을 들 수 있다. 이러한 근대계몽기 문학장르들은 주로 신문을 통해서 보급되었는데, 이는 종래의 문학 유통방식과 문예양식의 전환에 크게 영향을 미칠 수밖에 없었다. 즉 시가는 부르는 노래에서 읽는 시로, 소설 역시 이야기하거나 읽어주는 것을 듣는 방식에서 독자가 직접 읽는 방식으로 전환됨에 따라, 구술성의 한계를 넘어선 상상력과 묘사의 확대가 가능해진 것이다. 또한 시사성을 생명으로 하는 신문매체의 특성상 여기에 실린 작품들의 소재는 당대의 생생한 현실에서 취택되어, 작품이 사실성을 구현할 수 있는 토대가 될 수 있었다. 셋째, 국어의 발견이다. 근대 국민국가의 기획과정에서 국민의 정신적 통합을 위한 기제로서 '국어'라는 개념이 성립되었고, 언문일치의 활용으로 인해 문학이 당대 대중사회의 주도적인 예술형식으로 부상하는 계기가 되었으며, 근대적인 문학양식의 형성에 커다란 영향을 미쳤던 것이다.

그렇다면 실제로 근대계몽기의 문학양식에는 어떠한 변화가 있었으며, 근대문학에 어느 정도 근접했던가.『대한매일신보』에 집중적으로 실린 계몽가사는 한시·가사·잡가·창가 등 선행의, 또는 동시대의 주요 시가양식들을 분절, 채취하여 자기 양식의 요소들로 흡인하면서, 동시에 논설이나 잡보 등에서 주제가 될 만한 내용들을 끌어왔다. 따라서 계몽가사는 선행의 양식들을 절취, 변환하여 등가화 원리에 입각한 연의 구성, 서사·본사·결사의 유기적 구성 등을 통해 독특한 자기 양식을 만들어냈다. 이 계몽가사는 주제 측면에서 광범위한 계몽담론을 수용하였고, 표현 측면에서 현실의 매개가 명징하게 드러나는 은유를 활용하고 수준 높은 사실성을 구현하였으며, 소통 측면에서 '읽는 시'로의 전환을 완성하여 근대시로의 도정에 한결 근접하였다. 그러나 엄정한 정형률에서 탈피하지 못한 점, 집단화자를 통해 계몽의 열정을 담아내긴 했으나 개별 존재의 서정을 표출하기 위한 내면공간을 확보하지 못한 점, 투명한 수사적 전략으로 고도의 상징과 비유를 담아내지 못한 점에서 근대 서정시에 다가서지는 못하였다.

소설사의 전환 또한 이와 유사한 측면이 있다. 신소설의 선행양식으로서 근래에 주목받는 것이 역사전기소설과 단편서사양식이다. 「이순신전」같이 민족영웅을 형상화한 역사전기소설은 전(傳)과 군담소설 같은 전통서사양식에 뿌리를 두고 근대계몽기 역사물이나 전기물의 영향을 받아 형성된 양식으로 알려져 있다. 이 작품들은 서사의 외피를 쓰고 있지만 실제 관심은 민족영웅을 통한 계몽의 효과에 있었다고 할 수 있다. 야담이나 한문단편 같은 전통양식에 근대적 문화양식인 논설이 결합하여 탄생한 단편서사양식은 사실성의 확장과 계몽주의 시대정신의 전파, 율문적 문체에서의 이탈, 묘사의 확대, 다양한 양식적 실험 등에서 근대문학의 토대를 마련하였다. 그러나 대중적 기호의 획득에는 어느정도 한계가 있었다.

이런 점에서 이후에 등장한 신소설은 대중적인 정서와 기호에 한결 부합했다. 신문에 발표된 신소설은 대중독자와의 직접적인 만남을 계기로 소설의 근대적 전환에 일층 근접할 수 있었다. 신소설이 고소설과 확연히 다른 점은 인물과 사건 설정의 현실성에 있다. 예를 들면, 『혈의 누』가 청일전쟁시 옥련이가 겪은 가족이산과 해외유학을 소재로 하듯이, 신소설은 실재하는 현실의 구체성을 포착한다는 점에서 근대소설에 가깝다. 구성의 측면에서도 시간 순서에 따른 사건의 나열을 탈피하여 서술적 역전구조를 활용하고 있으며, 문체의 측면에서도 더러 구어체 문장을 사용, 언문일치를 지향한다. 또한 신소설은 때로는 주인공의 내면심리까지 포착하는 묘사력의 확대를 보이기도 한다. 이러한 점들이 고소설과 확연히 분변된다면, 근대소설에 미치지 못한 점 또한 분명히 드러나고 있다. 서사전개에서 우연성의 남발, 내적 필연성이 결여된 결말구조, 작가의 과도한 개입과 주제 제시로 인한 개성있는 인물형상화의 실패, 권선징악의 서사구조를 차용한 이상주의의 표출 등이다. 무엇보다 신소설 작가들은 소설의 계몽적 효용에만 너무 집착하였다. 따라서 대중적 흥미와 여가를 위해서 존재하는 근대소설의 기반을 고려하지 못하여, 작품의 유기성과 주제의 방향성을 제대로 구현하지 못했다.

이상에서 살펴보았듯이 고전문학과 근대문학의 접점은 단선적인 경로로는 파악하기 어렵다. 어느 연구자의 지적처럼 이 시기의 문학사는 거시적인 관점에서 보면 연속이지만, 미시적인 차원에서 보면 다단한 비연속성이 존재한다. 자생적 발전인가 외래적 이식인가라는 점에서도 마찬가지이다. 한국의 근대성이나 민족담론의 형성이 자본주의 세계체제로의 강제편입 이래 서구지식의 충격과 제국주의와의 대항과정에서 성립된 것이었으며, 문학 개념 자체도 근대에 이르러 새롭게 번역·창안된 것인만큼 서구적인 요소의 개입도 적지않다. 그러나 위에서 살펴보았듯이, 내재적 요인이 없었다면 우리 문학사의 근대적 전환은 성립되기 어려웠을 터이다. 이러한 점을 무시하고 텍스트 내부의 특정 요소나 컨텍스트 가운데 특정 요인을 특화하여 단선적인 연결고리로 삼으려 한다면 환원론적 오류에 빠지기 십상이다. 근대문학은 특정한 시간 단위의 한 좌표점에서 일시에 실현된 것이 아니고, 작품에 관여하는 근대적 요소 또한 복합적이다. 무엇보다 고전문학의 근대적 전환을 위한 자기갱신 노력, 그리고 상당기간 지속된 고전문학과 근대문학의 공존과정 등을 상기한다면, 성급한 이식론이나 단순화된 연속론 모두 문학사의 실상과는 거리가 있다. 요컨대 고전문학과 근대문학의 접점은 단 하나의 결절이 아니라, 다종다양한 선들의 접속과 단절 그리고 변이의 양상을 띠는 것이며, 이런 점에서 비연속의 연속이라 할 수 있다.

: 이형대 :

● 더 읽을거리

19세기 문학사에 대한 기본시각과 개괄적인 이해를 갖추고자 한다면 임형택「문학사적 현상으로 본 19세기」, 『한국문학사의 논리와 체계』(창작과비평사 2002)에서 적절한 안내를 받을 수 있을 것이다. 한편, 18, 19세기의 사회사 및 문학·예술사의 추이와 관련한 연구로는 강명관『조선시대 문학예술의 생성공간』(소명출판 1999)에 실린 논문들이 간명하다.

19세기라는 단일 시기의 문학현상을 집중적으로 구명한 성과는 고전시가 분야에서 많이 나왔다. 19세기 시조사의 추이와 관련해서는 고미숙『19세기 시조의 예술사적 의미』(태학사 1998): 신경숙『19세기 가집의 전개』(계명문화사 1995): 최규수『19세기 시조대중화론』(보고사 2006) 등의 연구성과를 참조할 만하며, 가사 및 잡가를 당대의 가창문화 공간과 관련하여 구명한 연구로는 성무경『조선후기 시가문학의 문화담론 탐색』(보고사 2004); 박애경「19세기 도시유흥에 나타난 도시인의 삶과 욕망」, 『국제어문』(국제어문학회

2003)을 들 수 있다. 19세기에는 다양한 유형의 가사들이 창작되었는데, 그 가운데 현실비판가사에 대한 연구로는 고순희「19세기 현실비판가사 연구」(이화여대 박사학위논문 1989); 진경환「19세기 반봉건항쟁과 문학적 대응」, 민족문학사연구소『민족문학사 강좌』상(창작과비평사 1995)이 대표적이다.

19세기 판소리사의 전개양상에 대해서는 김흥규「19세기 전기 판소리의 연행 환경과 사회적 기반」,『어문논집』30(고려대 국어국문학연구회 1991); 김종철「19세기~20세기초 판소리 변모양상 연구」(서울대 박사학위논문 1993)를 꼽을 수 있으며, 탈춤에 대한 개괄적 이해로는 김현양「민중연희의 전통과 탈춤의 성장」,『민족문학사 강좌』상(1995)을 참조할 만하다.

최근 들어 근대성에 관한 관심의 증대와 더불어 근대계몽기 문학에 대한 연구가 활발하다. 일찍이 민족문학사연구소 편『민족문학과 근대성』(문학과지성사 1995)에서 다양한 논의가 이루어졌으며, 포괄적인 이해를 위한 입문서로서는 고미숙『한국의 근대성, 그 기원을 찾아서──민족·섹슈얼리티·병리학』(책세상 2001)을 들 수 있다.

계몽가사의 연구로는 권오만『개화기 시가연구』(새문사 1989); 고은지「계몽가사의 문학적 형상화 방식과 그 의미──양식적 원리와 표현기법을 중심으로」(고려대 박사학위논문 2004)가 자세하다. 근대초기 소설사의 형성 및 전개와 관련해서는, 최원식『한국근대소설사론』(창작사 1986); 김영민『한국근대소설사』(솔출판사 2003); 한기형『한국근대소설사의 시각』(소명출판 1999) 등을 참고할 만하다.

| 찾아보기 |

ㄱ

가곡 468
『가곡원류』 296
가곡창 466
가담항설 326
가면극 441, 444~46, 448~50, 453, 455, 459
가문소설 312, 260, 266
가사 30, 121, 122, 135, 201, 212, 215, 225, 297~300, 377, 388, 406, 411, 412, 415, 420, 467
가산오광대 445
가악무 77
「가야산 독서당에서 쓰다」 115
「가을밤 비내리고」 114
가전체소설 85
가정소설 266, 309, 322
가창 29
『감구집』 381
『강관필담』 380, 383
「강남의 여인」 111
강호가사 217, 222, 223, 232
「강호사시가」 217
강호시가 216, 217, 231

강호시조 217, 219, 224, 232
강희맹 190, 193
강희안 190
「거창가」 469, 470
건국서사시 43
건국신화 43, 44, 47
『건정필담』 379
「걸사행」 274
견문가사 216, 224, 225
『겸산필기』 347
경기체가 121, 122, 129~35, 201, 203, 210~12
계급문학 39~41
계몽가사 474
『계원필경집』 110
고대가요 58
고대시가 406
고려가요 121, 135, 406, 419
『고려도경』 142
『고려사』 49, 59, 60, 73, 123, 148, 410, 449
고려속악 123
고려속요 128
『고문진보』 244
「고산구곡가」 220, 221

『고승전』 85
고시언 342
「고시위장원경처심씨작」 285
「고인행」 280
「고향」 331
『고향』 41
「공무도하가」 406, 410
공자 89, 90
「관내정사」 363
『관동별곡』 226
『관동와주』 160
「관북민」 279
『관서별곡』 225
관인문학 134
「관해」 422
「광개토대왕릉비문」 80
『광해군일기』 451
구결 28
『구당서』 91
『구래공정충직절기』 311
구문학 34, 35, 337
「구복막동」 333
구비문학 408
『구삼국사』 142
구술문화 43
『구운몽』 31, 260, 306~308, 310, 320, 321
구전서사시 42~44
국문소설 30, 32, 261, 265
국문시 206
국문시가 212, 217, 229, 233, 292, 293
『국사』 79
궁중속악 124
궁중악가 202, 212, 213

궁중음악 125
권근 134, 205
권필 241, 262
권헌 279, 280
권호문 134
규방 31
규방가사 217, 221, 230
「규원가」 230, 231
『규원사화』 54
『규중요람』 412
『규한록』 414
균여 69
『균여전』 86
근대문학 34
「금령」 333
「금릉죽지사」 275
『금오신화』 173~75, 183~85, 190, 251, 253~56, 262
금와 45, 51
기녀시조 229
기록문학 75
「기면주곽원외」 166
「기민십사장」 281
『기재기이』 256
기행가사 216, 224~26, 233
기행문학 85, 86
김경선 373, 374
김광욱 235
김구 134
김려 275, 285, 286, 397
김만중 258, 260, 265, 284, 305, 307, 310, 317, 394
김무숙 467
김소행 317~19

김시습 29, 173~75, 178, 180~81, 182~85, 190, 251, 253, 317
김안로 175
김운경 83
김창협 245
김천택 292
김홍도 348

ㄴ

나철 54
『난학몽』 318
남성영웅소설 321
「남염부주지」 178, 180, 181
남영로 318
남한문학 34
「남행월일기」 145
「남훈태평가」 296, 298, 300
노명흠 328, 329
「노옹화구」 95
「녹익위군어」 167
「녹진변군인어」 165
「농가탄」 277
「누항사」 234
「느릅나무 숲을 거닐며」 360, 368
『님의 침묵』 39

ㄷ

단가 215
단군신앙운동 54
단군신화 45, 49, 50, 52, 53, 55, 56
「단천절부시」 284
단형서사 94

「담부탄」 280
『담헌연기』 374
당시 240, 242
당악 122, 123
『대가문회』 245
「대농부음」 145
『대동풍요』 381
대하소설 305, 306, 308, 310, 312~14
대한매일신보 55
「도강고가부사」 285
도교 118
「도동곡」 211
「도산십이곡」 30, 219, 221, 232
「도이장가」 121
「독락팔곡」 130, 210
동국 20
『동국기략』 381
『동국이상국집』 139
동명왕신화 143
「동명왕편」 140~44
『동명일기』 414
『동사일기』 380
동아일보 55
『동야휘집』 327, 329
「동호거실」 343
「들을 태우다」 111

ㅁ

「마운령가」 277
「만복사저포기」 176, 177
「만분가」 228
『만세전』 39
「만전춘」 126, 128

『만횡청류』 293
맹사성 217, 218
「면앙정가」 222
『명주보월빙』 314
『명행정의록』 310
「모죽지랑가」 70
목릉성제 239
『목민심서』 277
「묘향산지」 47
무가 121, 128
『무당내력』 50
무속신화 43
무신집권기 138
「문덕곡」 204
문이재도 243
『문장궤범』 244
민간가요 124
민간설화 94
민담 327, 406
민요 122, 126, 127, 129, 301, 406, 467
민족계몽운동 54
민족문학 41
민족신화 44, 56

ㅂ

박세구 227
박영희 40
박인로 233, 234
박인범 108~109
박제가 356, 381, 384, 385
박지원 29, 33, 269, 330, 355, 361, 374, 384, 397
「밤에 다듬이소리를 듣다」 82

「방옹시여」 235
「방주가」 286
「방한림전」 321
백거이 91, 92
백광홍 225
백운거사 150
「법장화상전」 86
변격산문 248
변계량 134, 205
변려문 244
변려체 84
병자호란 238, 283
보한집 189, 191
「보현십원가」 70
본산대놀이 448, 449
봉산탈춤 445, 472
북새기략 273
『북새잡요』 273
『북유록』 278
북조선문학 34
북청사자놀이 445
『북학의』 385
불함문화론 55
「비고인」 280

ㅅ

사뇌가 66
「사모곡」 127, 128
「사산비명」 113
사설시조 265, 293~96, 419, 467
『사소절』 413
사시가 217, 218
『사씨남정기』 258~60, 265, 306~308,

310, 322
사악 123
사언고시 78
『사유록』 175
사장학 117
사행 371, 372, 387, 388
사행문학 372, 373, 376, 382, 387, 388
산문 77, 111, 115, 244, 245
「산중요」 166
『삼국사기』 73, 84
삼국속악 59, 60
『삼국유사』 51, 71, 72
『삼국지연의』 311
삼당파 239, 240
『삼대』 41
『삼대목』 94
삼성신화 48
『삼한습유』 319
『삽교만록』 327
상대시가 135
「상률가」 164
「상저가」 127, 128
「상춘곡」 221, 222
「상후위효문제표」 80
생육신 178
서간문 80
서거정 190, 192~94, 197
「서경별곡」 126, 128
『서기』 79
서민소설 32
서사 95, 101
서사단편 474
서사무가 406
서사문학 92, 101, 325, 331, 337

서사문학사 118
서사시 206
서사한시 282~84, 288
『서포만필』 394
『선사』 118
선진양한고문 248
「설공찬전」 252~54
설암 47
설총 84, 89
설화 79, 94, 117
성당시 248
성리학 157, 158, 354
『성산별곡』 223
『성현공숙렬기』 311
『성호사설』 390
세종 27, 202, 207, 208
『세종실록』 49
『소대성전』 320
『소대풍요』 344
『소현성록』 306, 308, 312
속악 123
속악가사 123
『속어면순』 194
속요 30, 121~23, 125~27, 129, 130, 135
송가체 시가 202
『송도기이』 195
송별시 161
송시 240, 242, 243
「수궁가」 302
「수성지」 256, 259
「수신기」 95
『수이전』 93~96, 101
「수졸원」 277

「술파가설화」 93
『승사록』 379
시가 30, 60, 77, 157, 302~303, 408, 469
시가문학 129, 201, 212
시가사 291
「시간기」 334
시문학 159
시어 292
시용향악보 205
『시용향악보』 205
시정 390~92
시정인 392, 396~99
시조 30, 121, 122, 135, 201, 212, 215, 229, 230, 291~93, 296, 297, 406, 411, 415, 466
시조창 466
신광수 278, 284
신광하 277~79, 283, 284
신광한 254, 259
『신단민사』 54
『신단실기』 54
「신도가」 201, 205
신문학 27, 34, 35, 38~41
『신문학사』 36
신문학운동 33
「신서고악도」 443
『신선전』 95
신성서사시 43
신소설 337, 438, 474, 476
신이사관 141
신재효 467
『신집』 79
신채호 20, 28, 49

신흠 235, 244, 246
신흠사대부 155~62, 164, 169
「심생전」 264
『심청전』 434~436
「심화요탑」 92, 96
『쌍천기봉』 311

ㅇ

아악 122
악장 135, 406
악장가사 201, 205
악장가사』 205
『악학궤범』 123, 205
「안민가」 68, 69
안민영 467, 468
안석경 328, 329
안정복 394
안축 160
안확 36
애국계몽운동 33, 28
「애절양」 277
양명학 239, 386
『양반전』 330
양송 89
양주별산대놀이 445, 456, 459, 472
양태사 82, 83
『어면순』 194
어부가 218
「어부가」 218, 219
「어부사시사」 232
어숙권 193, 197
『어우야담』 196, 197, 326, 327, 442
여성문학 405~23

여성영웅소설 316, 321
여악 290
여항문학 339~40, 347, 349, 350
여항시 341, 343
여항시인 270, 277, 282, 342, 344, 345
『역옹패설』 189~92
연시조 217, 219
『연원직지』 373
연의소설 310, 311
「연행가」 377
『열하일기』 269, 358, 362~68, 374, 386
염상섭 39, 41
영웅소설 309, 320
예악 203, 213, 290
「옛 뜻」 114
「오륜가」 216, 224, 225
「오륜전전」 253
오언고시 78
「오호가」 184
『옥교리』 312
『옥루몽』 318, 319
『옥수기』 319
『옥원재합기연』 309, 311
『완월회맹연』 314
왕거인 107
왕건 45
『왕오천축국전』 82, 85
「외로운 바위를 노래하다」 77, 78
「용궁부연록」 183
「용비어천가」 45, 206
『용재총화』 193, 326, 446
「우거행」 280
「우상전」 343
우언산문 86

「우활가」 234
「운영전」 263, 305, 306
원중거 377, 379
원천석 163
『월인석보』 208, 209
「월인천강지곡」 208
「월출도」 335
위백규 273
「유거사」 284
『유관서록』 182
「유구곡」 127
『유기』 79
유득공 356, 381
유몽인 196, 243~46, 326, 442
유배가사 228
「유산가」 302
『유선굴』 92
유재건 398, 428
유진한 426
『유충렬전』 320
유형원 356
『육가잡영』 340, 341
육경 244
윤보 92
윤선도 232
윤여형 164, 168
윤정기 275, 369
『윤하정삼문취록』 315
융천사 67
은일가사 221
『을병연행록』 374
음절문자 76
「의환」 332
이곡 158, 161, 162

이광사 309
이광정 284
이규보 28, 49, 117, 158
이규상 280, 283
이기영 41
『이담속찬』 273
이덕무 356, 381, 384
이두 28, 248, 275
이상화 39
이색 28, 156, 157, 160, 163, 166, 245, 450
「이생규장전」 176, 177, 263
이세보 297
이수광 197, 237, 240, 245
이식문학 28
이양유 280
『이언』 275
『이언인』 395
이원명 329
이이 117, 220
이인로 189~191
이인직 474
이제현 28, 124, 155, 159~62, 189~92, 194, 416
『이조한문단편집』 325
이학규 274, 275, 281, 397
이현보 218
「이화암노승행」 283
이황 30, 117, 219
이휘일 233
이희평 329
익제 189
『일동장유가』 377
일연 56, 51, 61, 71, 72

『임꺽정』 40
「임신서기석」 76
「임열부향랑전」 421
임유후 232
「임장군가」 283
임제 29, 186, 256
임진왜란 245, 246, 283, 452
임화 21, 36

ㅈ

「자육당육가」 219
「잠녀가」 278
잡가 297, 300~302, 406, 467
잡록 188, 193, 196
장가 215
『장화홍련전』 322
재자가인소설 307, 312
「전가」 357, 368
「전가팔곡」 233
「전간기자」 281
전기소설 92, 96, 101, 102, 261, 265, 266, 305~308, 332
전대문헌 326~27
『전등신화』 175
전등신화 175, 180
전란시 165, 168
「전불관행」 284
「접시꽃」 112
「정과정」 126
정극인 222
정도전 157, 201, 204, 205
정래교 277, 342, 347
정몽주 165, 375

「정석가」 126, 128
정약용 29, 33, 269, 273, 277, 279~81, 284, 285, 354, 397
「정읍사」 126
정철 223, 225, 226, 228, 233
『제대조기』 47
「제망매가」 62
제석천 65
『제왕운기』 50, 51
조선문학 20
『조선문학사』 36
『조선상고사』 49
『조선왕조실록』 253
조성기 305
조수삼 280, 281, 334, 340, 347, 398, 428
조엄 375, 383
조우인 233
조위 228
조위한 263
조익 244
조종세계 192
조희룡 345~49, 398
주몽 45, 48, 49
「주생전」 262
주세붕 134, 211, 225
주자학 243, 355
「주청숙위학생환번장」 89
「죽창한화」 195
「죽통미녀」 95
중광단 54
중세문학 75, 155
중용 179
지괴 94~96

「지리산쌍계사진감선사비명」 113
『지봉유설』 196, 237
직한림원 139
「진성여왕거타지」 107
「진흥왕순수비문」 80

ㅊ

차자 28
참요 121
『창선감의록』 31, 260, 306~308
창세서사시 44
채만식 41
『천수석』 311
천학문답 394
『청구영언』 292, 293, 296, 298
「청산별곡」 126, 128
『청장관전서』 395
『청학집』 51, 52
「최고운전」 117, 320, 253
최광유 108~109
최남선 55, 474
최립 246
최승우 108
최언위 108
최자 189
「최척전」 263
최충헌 139, 140, 148
최치원 28, 83, 84, 86, 88~90, 92, 94, 97~100, 108~19, 173, 251, 381, 444
「최치원」 97, 98, 101, 109, 117, 251
최학령 227, 228
최행귀 64, 65, 67, 89, 90

『추강냉화』 193
『추재기이』 334, 347
「춘면곡」 298
「춘천의병아리랑」 471
춘향가(만화본)』 426
『춘향전』 285, 298, 426, 432, 435, 436
충담사 68, 69
「충효가」 210
「취유부벽정기」 181
치사 145

ㅌ

「탁목」 184
「탄궁가」 234
「탕유관서록후지」 174
『태평광기』 92
『태평천하』 41
『토끼전』 434
통속소설 309, 320

ㅍ

『파한집』 189~191
판소리 32, 43, 300, 406, 425, 427~30, 438, 468, 473
판소리계 소설 285, 426, 431, 473
판소리문학 426, 433, 437, 438
팔관회 65
패설 188~89, 193~97, 326
『편년통록』 45
「평교」 333
표문 80
「풍요삼선」 343

「피우」 332
필기 188, 189, 195~97, 326
필담 377, 378~380

ㅎ

「하생기우전」 254, 255
「하일대주」 281
한국문학 20~41, 104, 105, 117
『한림별곡』 92, 130, 134, 210
한문단편 325~28, 330, 332, 336~37, 476
한문산문 394
한문소설 173, 261, 305, 406
한문학 26, 33, 88, 105, 107~109, 121, 246, 247, 276, 408
한시 111, 121, 130, 165, 180, 205, 241, 247, 269, 270, 275, 279, 292, 341, 406, 410, 412, 415
「한식」 241
한용운 39
한유 244, 245
한자문화권 105, 106
『한중록』 415
할미광대놀이 445
「항순중생가」 69
해동공자 142
『해동시선』 381
『해동유주』 341, 344
해모수 45, 47, 48
「해사일기」 383
『해행총재』 375, 376
『행록』 86
향가 28, 30, 59~73, 94, 121, 126, 127,

129, 135, 406
향악 122, 123
『향악잡영』 115, 443
향찰 28, 59, 76, 90, 121
「향촌십일가」 226
허균 29, 241~43, 257, 311
허난설헌 230, 408, 412
「허생전」 364
혁거세 47, 48
현대성 21
현진건 39
「혜성가」 67, 68
『호동서락기』 422
『호본집』 108
『호산외기』 347, 349
「호질」 364
『홍길동전』 257, 258, 265, 320
홍대용 356, 374, 376, 378~82, 384, 394

홍만종 311
홍명희 40
홍세태 341, 344, 347, 394
홍신유 280, 284, 397
홍양호 273, 277, 283
『홍재전서』 391
『화랑세기』 85
『화산선계록』 314
『화식열전』 330
화이관 237, 270
「화이도」 144
『환단고기』 54
『황성신문』 448
「황조가」 406
황진이 230, 398, 408, 412
『후청쇄어』 195
「훈민가」 225
훈민정음 202, 206
『흥부전』 434, 435

| 글쓴이 소개 |

김동준 이화여대 국어국문학과 조교수
김수경 이화여대 한국문화연구원 연구교수
김승룡 부산대 한문학과 교수
김 영   인하대 국어교육과 교수
김영희 연세대 국어국문학과 강사
김용찬 순천대 사범대 국어교육과 교수
김준형 고려대 국어국문학과 강사
김창원 경기대 국어국문학과 교수
김현양 명지대 교양학부 교수
박애경 연세대 국어국문학과 조교수
송혁기 고려대 한문학과 조교수
신동흔 건국대 국어국문학과 교수
신상필 성균관대 동아시아학술원 연구원
윤세순 동국대 한국문학연구소 연구교수
이상원 조선대 국어국문학과 교수
이성호 전 성균관대 연구교수
이지양 연세대 국학연구원 전임연구원
이형대 고려대 국어국문학과 교수
임형택 성균관대 한문학과 명예교수
장경남 숭실대 국어국문학과 교수
장시광 경상대 국어국문학과 조교수
정우봉 고려대 국어국문학과 교수
정출헌 부산대 한문학과 교수
정환국 동국대 국어국문학과 교수
조현설 서울대 국어국문학과 조교수
진재교 성균관대 한문교육과 교수
한영규 성균관대 대동문화연구원 연구교수

새 민족문학사 강좌 1

초판 1쇄 발행/2009년 5월 29일
초판 14쇄 발행/2022년 10월 11일

지은이/민족문학사연구소
펴낸이/강일우
책임편집/김정혜
펴낸곳/(주)창비
등록/1986년 8월 5일 제85호
주소/10881 경기도 파주시 회동길 184
전화/031-955-3333
팩시밀리/영업 031-955-3399 · 편집 031-955-3400
홈페이지/www.changbi.com
전자우편/lit@changbi.com

ⓒ 민족문학사연구소 2009
ISBN 978-89-364-7162-0 03810
ISBN 978-89-364-7979-4 (전2권)

* 이 책 내용의 전부 또는 일부를 재사용하려면
  반드시 저작권자와 창비 양측의 동의를 받아야 합니다.
* 책값은 뒤표지에 표시되어 있습니다.